《桂学研究》编委会

本辑为广西高校高水平科研团队及卓越学者计划第一批项目“桂学与文化软实力研究”（桂教人〔2014〕7号）阶段性成果。

本辑获广西自治区一类学科中国语言文学学科和桂学研究院联合资助出版。

桂學研究

第四辑

国家文科（中文）基地·广西师范大学文学院/新闻与传播学院
桂学研究院
编

GUANGXI NORMAL UNIVERSITY PRESS
广西师范大学出版社
·桂林·

图书在版编目（CIP）数据

桂学研究．第四辑 / 国家文科（中文）基地·广西师范大学文学院/新闻与传播学院，桂学研究院编．—桂林：广西师范大学出版社，2018.9
ISBN 978-7-5598-1119-6

Ⅰ．①桂… Ⅱ．①国… ②桂… Ⅲ．①地方文化—广西—文集 Ⅳ．①G127.67-53

中国版本图书馆 CIP 数据核字（2018）第 182017 号

广西师范大学出版社出版发行
（广西桂林市五里店路 9 号　邮政编码：541004
网址：http://www.bbtpress.com）
出版人：张艺兵
全国新华书店经销
广西民族印刷包装集团有限公司印刷
（南宁市高新区高新三路 1 号　邮政编码：530007）
开本：787 mm × 1 092 mm　1/16
印张：19.25　　字数：350 千字
2018 年 9 月第 1 版　　2018 年 9 月第 1 次印刷
定价：46.00 元

目　录

广西现代名人研究

广西当代文艺理论家研究

灵渠历史文化研究

左江花山岩画研究

广西戏曲研究

广西历史文化及其现代发展研究

本刊特稿

开创“桂学研究”新局面

——国家社科基金重大项目“桂学研究”结题报告

胡大雷①

2012年11月,“桂学研究”立项为国家社科基金重大项目(批准号:12&ZD164);2017年2月,“桂学研究”顺利结题(证书号:2017&J020);历时四年的艰苦工作,终于给世人呈上一个较为完整的桂学研究体系,这是一个很令人满意的结果。这个最终成果,是由一个个阶段性成果累积而成的,在四年的辛勤工作中,项目组共出版了四本专著和两本论文集,发表七十二篇论文(据不完全统计)和两篇研究报告;这些阶段性成果,获得五项广西社会科学优秀成果奖二等奖和一项广西社会科学优秀成果奖三等奖,某些成果,还成功地运用于社会实践中。

在四年的桂学研究历程中,“桂学研究”团队被广西壮族自治区政府聘为“特聘专家”团队;团队整合区内桂学研究的人才和资源,组建的“桂学研究协同创新中心”,获批为广西高校协同创新中心立项建设。

回顾四年来的历程,现将本项目的基本设想、研究过程以及成果的各种情况,向大家做一个简单的汇报。

一、本项目研究的目的、意义与执行情况

广西在中华地域的边疆位置,广西在中华民族关系中表现出来的各民族的和谐融通,广西在对外开放中的面向东南亚的地位,这三大特殊性是当初桂学研究立项时最为重要的关注点。由此而确定了本项目的总目标。其一,构建桂学体系的总体框架。通过对桂学历时性纵向学术史及其历代文献资料、文化现象等的学术研究进行整合,探索桂学学术发展规律、性质、特征、功能、价值、意义,建构桂学学术史观、史料、史论、史鉴的学术史体系目标。其二,发现、总结

① 胡大雷(1950—),男,广西师范大学文学院教授,博士生导师,主要从事桂学研究、中国古代文学研究。

桂学在中华地域之学中的特殊性。通过对桂学共时性横向的文化形态、学术形态、类型、结构、构成要素、关系等研究,探索桂学特质、内涵、传统、精神以及理论构成和结构系统及其应用价值,达到建构桂学理论体系、知识结构、学科体系、学术范式的目标。形成桂学理论科学完整的框架,确立桂学的学科性质,使桂学成为一门具有自己独立品格和特色的地方学问、专业学科、专门学术。其三,探索桂学在当代的应用,服从于"传承文化、服务社会"的目标。

本项目立项后,时任自治区副主席的李康同志批示:"'桂学研究'项目获国家社科基金重大项目立项,可喜可贺,这是广西文化建设的重要事情。望课题组发奋努力,确保高质量完成任务。我们将给予热情的支持与服务。"李康同志批示中"发奋努力,确保高质量完成任务"的期望,时时激励着项目组的同志们。

经过精心的准备,本项目于 2011 年 11 月举行了开题报告会。各位专家与项目首席专家、各子项目负责人及承担者一起,探讨并制定了工作任务、工作计划、工作要求等。大家达成共识,确定了统一步调与完成任务的方法。

本项目在实施过程中,得到自治区教育厅精神上的鼓励与经费上的大力支持;得到广西壮族自治区"桂学研究会"的大力支持与工作上的协助,该会在研究方向、论文刊发、专著出版等方面给予指导与支持,并支持经费开办桂学研究培训班与研究生班。本项目的执行与完成,得到了我们广西师范大学的大力支持,社科处与广西文科中心的同志,为本项目的规划、申报、研究过程付出了辛勤的汗水,提供了极大的支持与帮助。文学院视本项目为本院的重大工作,创办刊物登载研究成果,拨发资金出版有关桂学的学术专著。本项目的立项与执行,极大地带动了广西师范大学文学院的科学研究工作与教学工作,学院鼓励大家以桂学研究作为研究方向,开设有关桂学研究的选修课,开办有关桂学研究的研究生班,等等。正是由于各方面的大力支持,本项目得以顺利地执行,能够按时完成。

二、本项目研究成果的主要内容

本项目的最终研究成果分为七大部分。

第一,桂学总论。此部分探讨桂学传统与粤西精神,探讨桂学研究的意义与学术构成以及桂学研究与全球性视野,探讨桂学为什么能够成为新型的地域学研究等。这是对项目整体问题的鸟瞰式观察与总体上的规定。此部分研究成果,由胡大雷、张利群两位先生完成。

第二,桂学理论研究。此部分的"桂学元理论研究",从桂学研究基本问题入手,在综述桂学研究现状及其学术史评价基础上,讨论桂学命名的合理性、桂学作为广西地方学的学科合理性、桂学的学科性质及其定位、桂学的基本特征、桂学研究的文献资源基础、桂学研究的理论基础等现实问题与理论问题等。其“桂学研究的理论基础”部分，主要内容包括桂学研究的理论基础总论、区域文化理论、后发理论、边缘发展理论、跨学科理论、审美人类学理论、海洋文化理论、地缘政治学理论、文化生产理论、文化软实力理论、文化产业理论、文化唯物主义理论、媒介生产与传播理论等，在以往广西文化研究及其理论研究经验总结与成果提炼基础上进一步进行理论升华与学术创新。其“桂学研究方法论”部分，主要内容包括桂学研究方法总论、人类学研究方法论、民族学研究方法论、民俗学研究方法论、社会学研究方法论、文化学研究方法论、历史学研究方法论、文献学研究方法论、生态学研究方法论、文学研究方法论、区域经济学研究方法论、比较研究方法论等。桂学理论研究从三个板块的结构系统进行研究，从内在逻辑、结构关系与系统构建出桂学理论的体系，即元理论（学科理论）、基础理论、方法论的三位一体理论体系。此部分研究成果，由张利群先生完成。

第三，桂学学术史。桂学是指以广西人、民族、学术、文化为主要研究对象的一门学问。广西人在广西本土及广西以外所创造者、外省籍人在广西所创造者，都属于桂学研究的范畴。桂学有其独特的发展历史，大致经历了六个时期：一、从先秦到唐代，这是桂学研究史上一个以传闻为主的时代，有关著作的作者多是非桂籍人，研究的方式则以叙述、描述为主，很少深入理论分析，而且多着眼于其风俗的奇特性。二、宋元时期。桂学研究的著作大量出现，真正的桂籍研究者开始出现。此时的著述，猎奇色彩和偏见渐淡，开始出现一些具有浓厚理论色彩的著作，理论研究的特色已开始显现，而且研究的内容更为广泛。三、明代至清代嘉庆时期，大批广西本土学者兴起，成为桂学研究的重要力量；涌现了一批以广西为研究对象的大型著作，这些著作规模远大于前人，内容更为丰富，带有集成性质，更具研究价值。四、道光至宣统时期，此时大量广西本土的学者主动加入到研究家乡文化的行列中来，成为研究的主要力量；也有更多的非桂籍学者研究广西，并产生了大量成果，具有全新内容的所谓“新学”逐渐走上历史舞台，成为一种时代风气。五、从民国至“文革”，新旧交替成为这一时期，尤其是20世纪初中期桂学研究最突出的特色，桂学研究对象、研究方法、学术观点、学术语言等，均发生了重大变化。六、“文革”结束以后至今，是桂学研究全面繁荣的时期，其最突出的特点和变化是桂学在这一时期已从一般的学术研究转变为一门专门的学问。此部分研究成果，由王德明先生完成。

第四，桂学中多民族文化精神研究。本部分研究分为上中下三篇，上篇为广西现代多民族文学世界。今广西境内的各族群，无论从血缘或文化上，都存在一个互相融合、演变的过程。在广西的现实状况中,用汉语或汉字进行写作既是适应现实,也是一种主动选择。此部分探讨广西多民族文学与文体,常常在进行一种跨越民族的界限、穿越文体的"越界写作"。中篇为民间文学与广西多民族精神。此处探讨民间文学与广西各民族的信仰观念,如万物有灵观、动物崇拜和图腾崇拜、生殖崇拜和花婆信仰、法术观念等之间的密切关系。认为民间文学与广西各民族抗争自然的精神以及改造自然与征服自然的愿望,通过神话、神性英雄人物、与自然的斗争表现出来,表现出广西各民族反抗压迫的意志。本部分探讨广西各民族民歌的五大功能:配合宗教仪式方面的功能、服务于民间各种礼仪的功能、恋爱交友的功能、自我教育的功能、传承历史的功能。下篇为广西当代审美文化中的多民族精神。本部分探讨民歌类审美文化中的多民族精神,探讨花山壁画类审美文化中的广西多民族精神,探讨铜鼓类审美文化中的审美特征及其在都市公共空间中的表现,探讨壮锦类审美文化与广西多民族精神,探讨绣球类审美文化与广西多民族精神,以及表现出的浪漫广西的文化形象。此部分研究成果,由黄晓娟、张柱林、陈金生、范秀娟诸先生完成。

第五,桂学古籍文献100种提要。本部分的"桂学文献研究总论",确定桂学文献包括著述文献、石刻文献、民间文献等,指出当前的桂学文献研究尤其应致力于梳理、掌握桂学文献历史发展的全貌,探究桂学文献的发展历程及规律。本部分的"古代广西著述文献概略",叙述广西古代撰著大要,包括其产生、发展、种类、数量、特点、存佚等。自西汉至清末的广西著述,分为三个发展阶段。宋元以前,广西著述的数量极少,并且,广西本籍人士的著述少于外籍人士有关广西的著述;明代,广西著述明显增多,且广西籍人士的著述已超过外籍人士有关广西的著述;清代,则是广西文化发展的鼎盛时期,其著述数量之多、范围之广、内容之丰富,超越了以前任何历史时期。本部分的主体为古籍文献提要,以著作产生的年代为序,介绍重要的或有代表性的"100种"桂学古籍(包括"桂籍"作者著述与外籍作者有关广西的著述)的成书过程、内容、文献价值等。本部分为桂学研究者提供一份简明、基本的桂学古籍书目,一份推荐性、导读性的桂学古籍文献提要。此部分研究成果,由钟琼、吕立忠、彭子龙诸先生完成。

第六,粤西古代士人研究。粤西古代士人,即广西古代知识分子,既有原籍粤西而土生土长的,他们的事迹或心理,有着根深蒂固的粤西文化精神;又有外籍人士远赴粤西任职为宦的,他们在粤西的事迹或由此的心理,是与粤西这片土地紧密相关的。他们是桂学传统的主要创造者,又是桂学传统的主要传承者。本部分研究,包括粤西士人的"君子之仕行"、诗学精神、得"江山之助"的文学创作、文学理论、史学精神以及贬谪士人对粤西的吟咏、家乡情怀、仙诗仙事与出世情怀、书院与粤西教育、家训、家风等方面。粤西古代士人与粤西精神的紧密相连的，粤西古代士人有着建造整体和谐家园的精神与实践，粤西古代士人有着领先风气的渴望，粤西古代士人有着对开拓发展的追求。此部分研究成果，由胡大雷先生完成。

第七，桂学应用研究。本部分研究以文化调查、文化研究和文化利用为研究路径。

对广西文化遗产和文化现状的调查，目的是寻找和发现最具价值的广西文化遗产，使广西文化遗产能得到社会的关注，进而得到保护、传承和利用。本部分总结了三个文化调查的实践：广西文化符号影响力调查、广西区域文化调查、广西邻省文化调查，其中论述湖南抗战文化调查对广西的启示，参照湖南抗战文化研究现状，如国家级抗战纪念设施和遗址、湖南人民抗日战争历史博物馆、抗战文物的征集、湖南抗战文化研究机构，提出重视和加强广西抗战纪念设施、遗址的保护、修复和建设，争取更多广西抗战纪念设施、遗址进入国家级抗战纪念设施、遗址名录等建议。

本部分对具有典型性的广西文化遗产和文化现状进行深度研究，其目的是通过对具有典型性的文化遗产和文化现状的深度研究，实现对文化遗产和文化现状由表及里、由浅而深的认识，拓展和深化我们对文化遗产和文化现状的认识。其一，抗战桂林文化城研究，包括抗战时期的广西人文的认知、桂系的文化自觉与抗战桂林文化城、抗战时期的广西建设研究会、抗战时期中华民族的心灵归宿、山水城的战时文学景观、抗战时期旅桂作家创作综论、抗战桂林文化城美术、音乐、舞蹈、文化活动。其二，文学桂军研究，以民族自觉、百越境界、边缘崛起、多元共生四个板块展开论述。其三，山水实景演出研究，包括山水实景演出的艺术法则与核心价值、用民族文化提升传统旅游风景名胜地的吸引力、《印象·刘三姐》人文价值及产业意义解读、《天门狐仙》的前世今生、地域文化与湘女神韵、一曲缅怀乡土的牧歌、论歌队功能在《天门狐仙·新刘海砍樵》的体现、旅游演艺产品创新发展路径探析等方面。

本部分探讨文化利用，是在调查研究的基础上对文化遗产的利用和开发，力图提供某些可资借鉴的案例。如制定桂林市文化发展规划（2010—2015）的案例，从文化资源、文化特色、存在问题和发展机遇等方面，提出发展规划的指导思想、基本原则、总体目标，提出文化发展的主要任务。又如新西南剧展案例，阐述从西南剧展到新西南剧展的历史进程，提出新西南剧展的多元视域的观点，列举抗战时期桂林文化城戏剧的经典之作；列举《秋声赋》导演手记，总结概括话剧《秋声赋》排演中的剧本改编、舞美设计、音乐设计的具体操作以及经验、体会。又如建立白先勇研究中心案例，讨论白先勇的“文化中国”观，探析白先勇回族家世溯源及文化性格，钩沉白先勇童年时期家族轶事，考释白先勇底层书写的人物原型；再论及桂林对白先勇文学创作的影响，论述白先勇短篇小说的孤独主题；最后从白先勇 2014 桂林行，提出白先勇研究中心建设方案。

桂学应用研究的研究成果已经转变为广西地区的文化建设，如《广西文化符号》的出版，在社会上有着巨大的影响；又如其阶段性成果——“新西南剧展”，先后在广西师范大学、桂林广西省立艺术馆、南宁锦宴剧场、上海交通大学剧场等演出，荣获第四届中国校园戏剧优秀导演奖、优秀剧目奖、优秀组织奖，《光明日报》《中国艺术报》等媒体进行了大量报道。

此部分研究成果，由黄伟林、李咏梅二先生完成。这是“桂学研究”中最为杰出、最为重要的成果。

三、本项目研究成果的学术价值和应用价值

本项目选取“桂学是什么”（桂学理论建构与体系构成问题）、“桂学有什么”（桂学存在与发展的独特规定性问题）、“桂学能什么”（桂学为区域经济社会发展服务及其服务路径与方式问题）这三者为本项目研究的总体问题。本研究的指向与目标是桂学的价值与在当今的应用。

第一，通过桂学研究，传承该区域最具有时代价值的和谐文化精神。广西是多民族地区，除汉族之外，还有壮族、瑶族、侗族等十一个少数民族，这是一个民族大家庭。虽然无论是唐宋还是元明清时期，广西境内的民族冲突从未间断，但到了近现代，特别是新中国成立后，各民族和谐相处，民族矛盾降到了最低。在某种程度上，广西是全中国，乃至世界范围内民族和谐相处的典范。研究如今作为多民族地区的广西，无论是将其放在当今复杂的国际背景还是置于国内背景下观照考察，都具有重大的现实意义。鉴于广西和谐民族关系的实际，近年来，国际敌对势力出现了要在广西制造不和谐民族关系的思潮与行动，桂学研究不但要传承和谐文化精神，更要防止破坏和谐的各种思潮的滋生与蔓延，这是桂学研究首先要承担的社会责任。

第二，通过桂学研究，为广西经济社会又好又快发展提供更广阔的人文空间。历史上的广西并非长期落后于全国，许多领域也有领先于全国的事例。但进入近代以来，受边境战争等因素的影响，广西逐渐落后于全国的发展，这已经引起了中央的高度重视，为了促进这个区域的发展，国家出台了《广西北部湾经济区发展规划》《国务院关于进一步促进广西经济社会发展的若干问题》等一些战略举措，近 10 年来，广西经济社会快速发展，地区生产总值总量已经突破一万亿。但广西的文化形象仍然停留在“老少边山穷”上，文化软实力的发展远落后于经济硬实力。这个问题不解决，广西区域的发展始终不是科学的发展，所

以,对无论是落后还是领先的文化现象,都要从桂学传统中找到某些缘由的一贯性,找到规避或借鉴。更为重要的是从广西文化资源的丰富性方面破除长期以来对广西的偏见,我们开展桂学研究,对于重整广西文化资源、重树广西文化形象、重拾广西文化自信,为中国这个重要区域的发展提供人文支撑是具有很强现实社会意义的学术行动。

第三,通过桂学研究,确立桂学在中华文化发展传播中的地位与作用,为中国东盟自由贸易区的发展提供文化智力支持。广西虽然是多民族区域,但历史上很少有分割独立的倾向,中华文化的向心力很强;广西的地缘条件又决定了广西是中华文化对外传播的窗口。至少自汉代起,北海湾就成为中华通向南洋或者说通向世界的通道之一了,桂学研究,将充分挖掘广西在这一特殊地理位置所起的特殊作用,为今日中华文化的传播、"一带一路"的建设做出更大的贡献。

四、再接再厉,开创桂学研究的新局面

今天,国家社科基金重大项目"桂学研究"虽然已结项,但是,根植于八桂大地的桂学博大精深,远远不是几个人和几个项目组就能够说得清、道得明的,其深厚的内涵,是值得我们世世代代探讨与传承的。历史赋予我们桂学研究者的使命并没有结束,社会给予我们桂学研究者的要求并没有停止,回顾以往,展望将来,任重而道远。而且,自治区政府文化教育的主管部门把"桂学研究"列为"桂学研究协同创新中心",把我们"桂学研究"列为"特聘专家"团队,也是要求我们为"桂学研究"做更多的工作,更要求我们文学院组织全区乃至全国的研究者为"桂学研究"做更多的工作。研究工作的头绪很多,这里着重谈两个方面。

第一,本次重大项目的子项目,分别以"学、源、本、魂、用"为宗旨,"学"为桂学理论,"源"为桂学学术史,"本"为桂学典籍,"魂"为桂学人的研究,"用"为桂学之用。但桂学研究的领域绝非这些子项目就能够涵盖。桂学作为以广西人、民族、学术、文化为主要研究对象的一门学问,涉及的面非常的广。就我们文学院的学科而言,桂学与广西文学、桂学与广西文学理论、桂学与广西语言、桂学与广西少数民族文学、桂学与广西现当代文学,都可以作为一个专项来进行研究,遑论从全校、全区的角度来看桂学研究子项目的开发了。因此,作为"桂学研究协同创新中心",应该怎样开发桂学研究子项目以及应该怎样组织全校、全区的桂学研究者来进行研究工作,是我们桂学研究者重中之重的工作。而我们"桂学研究"原有的团队,怎样把已经从事的研究工作进一步深化或及时选择新的研究方向,也是当务之急。

第二，日前，我们国家第一次以中央文件形式专题阐述中华优秀传统文化传承发展工作，那么，我们的桂学研究工作怎样配合中央的决策？中华优秀传统文化积淀着中华民族最深沉的精神追求，是中华民族独特的精神标识，是中华民族生生不息、发展壮大的丰厚滋养，是中国特色社会主义植根的文化沃土，是当代中国发展的突出优势。当前对待中华优秀传统文化，最主要最重要的工作是传承与发展，那么，我们的桂学研究的重心，就不仅仅是关注历史，更重要的是关注当前的桂学应用。我们研究桂学的成果，哪些可以实施在当前的现实之中？哪些可以解决当前文化建设以及中华优秀传统文化传承发展面临的实际问题？因此，对我们上述结项的“桂学研究”成果，最应该看重的是“桂学应用研究”部分，对于未来的研究工作而言，最应该提倡的也是“桂学应用研究”。我们要认真学习党的十八大以来习近平同志高度重视弘扬中华优秀传统文化的一系列重要讲话，尤其是其中包含的传承弘扬发展中华优秀传统文化的新思想、新观点、新论断，以此为理论指导，把我们的桂学研究推向一个新的高度。

纪念冯振120周年诞辰特辑

冯振教育思想探微
——从无锡国专到广西师大①

路 艳②

［内容提要］ 冯振是我国著名的教育家和诗人，早年在无锡国专任教师、教务长，后无锡国专因战乱迁至广西，冯先生任代理校长。抗战期间，无锡国专在代理校长冯振的领导下顽强发展。中华人民共和国成立后，冯振任广西师范学院（现广西师范大学）中文系主任、教授，为广西师范大学的发展做出了巨大贡献。冯振先生一生致力教育事业的发展，为教育鞠躬尽瘁。他坚持崇高的精神信念和先进的办学实践，对当代教育的发展影响很大。结合冯振先生从无锡国专到广西师大的教育经历和他的诗歌创作，微探冯振先生的教育思想。

［关键词］ 冯振 无锡国专 教育思想

冯振（1897—1983），生于19世纪末，卒于20世纪后期，字振心，自号"自然室主人"，有"广西才子"之称。他继承先师唐文治夫子"正人心，救民命""求实学，务实业"的教育思想，主张先人品、后学问，厚植基础，品学兼优，广交天下英才，广揽天下名师，致力教育工作68年。③ 冯振先生一生致力教育事业发展，为国家培养了一批批有用人才，为我国教育事业做出了杰出的贡献。他开创的优良学风是教育界的精神财富。

一、崇高的精神信念

（一）为民族复兴而坚持办学的不屈精神

冯振先生1927年开始在无锡国专任教师、教务长。④ 抗日战争爆发，冯振先生正在无锡国专任教务长。面对日本的疯狂侵略，中国人民坚强抵抗，无锡

---

① 本文系广西研究生教育创新计划项目"从无锡国专到广西师范大学——论冯振的教育理念及其对广西教育的贡献"（编号：YCSW2017095）成果之一。

② 路艳（1990—），女，广西师范大学文学院中国古代文学专业在读硕士研究生，研究方向为汉魏六朝文学。

③ 党玉敏、王杰：《冯振纪念文集》，桂林：广西师范大学出版社，2000。

④ 曾德珪：《冯振文选》，桂林：广西师范大学出版社，2003。

国专的学生们再也无法平静地上课，冯先生鼓励学生参军参战，奔赴战场，与日军对抗。他正在读中学的儿子森儿，在他的教育影响下，也毅然弃学从军，在第四战区参战。他在诗歌《哭森儿》序中写道："森儿于廿七年（一九三八年）春，愤楼寇之凭陵，痛国仇之未复，辍弃学校，投学生军，辗转四方，艰危备历，匪特不馁，顾甚乐之。"冯先生也拿起笔来不断揭露日寇的侵略罪行：

同时卢沟桥，蝠夷正来攻。
杀机一朝发，妖氛弥长空。
赤地几千里，烈焰天为红。
可怜无辜民，多少膏刀锋。
——节选《哭石遗师三十韵》

弥天掀浩劫，岛国来蛆夷。
首祸卢沟桥，播毒申江涓。
屈指五十日，杀人遍城池。
沙场赴国难，义死固不辞。
老弱与妇幼，惨戮竟何为。
铁莺尤肆虐，巨弹常妄施。
城市变瓦砾，人畜成肉糜。
一弹千百人，死者知是谁？
残尸无人收，徒饱豺犬饥。
——《伤楠儿》之四①

冯振校长为了弘扬中国传统文化，继承与发扬中国传统美德，不谋名利、艰苦办学，在烽火连天、封锁密布的境况下，冯先生排除一切困难，坚持不懈，以为祖国培育英才为己任，坚持艰苦奋斗的创业精神。冯校长鼓励自己的孩子和学生们一块参军参战，共同抵抗日军的侵略。他秉持抵抗日寇、民族复兴的伟大理念，没有被日寇的枪炮吓倒，坚持办学。1949年国立南宁师范学院的进步师生遭受当局种种迫害，学校处境十分艰难，冯先生毅然应聘该校中文系主任，直至解放。②

（二）艰苦办学、弦歌不辍的伟大精神

冯振先生率领师生不畏艰辛，为无锡国专的发展寻求出路，解决办学的各种问题。可以说，没有冯振先生领导的无锡国专在桂的顽强生存与艰辛发展的

① 党玉敏、冯采蘋：《自然室诗稿与诗词杂话》，桂林：广西师范大学出版社，1989。（注：文中冯振诗全部出自此书。）

② 黄荫荣、李冠英主编：《广西师范大学史稿（1932—1992）》，桂林：广西师范大学出版社，1992。

这段岁月,无锡国专是难以生存下来的。冯振先生写了许多抗战诗歌,再现了我国教育工作者在日军铁蹄下为发展民族教育而顽强抗争、艰苦办学的艰难历程。在硝烟弥漫、战争不断、百姓千里避难的年代,先生主持的无锡国专秉持民族气节,坚持办学。

1938 年,抗战形势严峻,冯振先生将学校迁往自己的老家广西北流县(现北流市)山围村。先生出面交涉,师生免费借住附近的二十余间房屋和盘石小学作为教学基地,先生还把自己居住的房子腾出来供教学使用;没有粮食,先生把自己家里的粮食拿出来供全校师生吃,把自己的钱拿出来用于学校的建设。后因不断招生,山围村办学难以支撑,又迁往 20 里外的萝村。采购食品蔬菜要"趁圩",每隔两三天才有一次圩期。采购教具用品,要翻山越岭到北流县(现北流市)买。最困难的是没有教材,教师只能自己编讲义,学生在课堂上做笔记或手抄上一届学生仅有的课本,或借读。基本没有文化生活。教师们待遇很低,与家人过着清贫的生活。抗战进入相持阶段,考虑到无锡国专在山村里位置偏僻交通不便,生活供应、医药补给都跟不上。为了学校更好地发展,先生决定将学校迁回桂林,经过先生的人脉关系,各方面筹集资金,终于在桂林市穿山地区建立了校区。教育部曾先后在 1939 年底和 1941 年底两次派参事孟寿春、督学王凤喈到北流、桂林视察。此二人深深被师生艰苦办学的精神感动,呼吁增加补助,但当时国民党危机四伏,救济问题不了了之。谁料 1944 年,日军炮火又燃烧到湖南衡阳,无锡国专的师生被迫再次转移,大部分学生回到自己家乡,仅有的少部分转移到了蒙山。在人数极少、环境极差、形势极危险的情况下,师生们顽强不屈,谨记唐校长明耻教战的教诲,在蒙山坚持上课。① 冯振先生在《蒙山开课示诸生》中写道:"播迁忽已七年余,又向蒙山强托居。"学校已经迁徙了七年,到了蒙山,师生也是居住在当地人家里,说明了办学的艰苦环境,但又蕴含着希望。末句"竖起脊梁坚定志,澄清大业看登车"具有坚定的信念,鼓励学生们在艰苦的环境中顽强坚持,坚信抗战一定会胜利。1944 年年底,日军又逼近蒙山,师生无奈,被迫分成两路转移,直到次年 3 月,两路师生再次在山围村会合,坚持教学到抗战胜利。②

几经摧残的国专,在抗战的磨难中,焕发出蓬勃的新姿态,出现于国人的面前;国专的学生,在饱尝艰苦的生活中,也提高了他们做事的技能,明白了做人的道理。苏州大学的广西校友汇编了《深切怀念冯振代理校长》的文章,其中写道:"在桂艰苦建校,严谨治学,带学生亲于子弟。在抗战艰苦、物力维艰、烽火

---

① 党玉敏、王杰:《冯振纪念文集》,桂林:广西师范大学出版社,2000。
② 黄明光、黄俊官:《抗日时期江苏迁址到桂高校简况、特点及原因探讨》,《玉林师范学院学报》,2015 年第 6 期。

连天的日子里,他披荆斩棘,排除万难坚持办学,其精神令人十分景仰。”

抗战时期,无锡国专在广西频繁迁徙,成了一所名副其实的“流亡大学”,从太湖之滨的无锡到漓江边上的桂林,冯振都亲力亲为、全身心投入工作。1941年和1942年,教育部两次派员亲临桂校视察,目睹了国专师生在如此艰难的环境下,自己动手种植蔬菜、养猪、铺路、制作简单桌凳和建设家(校)园,因陋就简进行爬山、跑步、骑马等体育锻炼,不畏艰苦沉浸于研读国学的孜孜志趣等景象而深受感动,称其“互相维系求精神上之满足,孜孜讲学,惟日弗足者,未始非寝馈国学,……服膺前哲遗训,有以致之。中国文化之伟大,于是又可获一显证”,并强烈建议“教育部”加以救济。① 先生作为一校之长,从办学理念、经费、师资,还有交通、校舍、供应、医药到师生的日常生活,都亲自筹划和解决。为了学校师生的生活和安全,为了民族的教育事业,忘我工作,奋不顾身。

(三)联系群众、依靠群众的朴素情怀

无锡国专的发展离不开当地广西人民的贡献,无锡国专每迁徙一个地方,都与所到地方的人民群众保持着密切联系。师生们服务群众、依靠群众,也在人民群众的帮助下,解决了最基本的吃住问题,与群众融为一体。

1939年,无锡国专在山围村,人口太多已住不下,借用萝村的陈氏宗祠作校舍;师生吃的食品、蔬菜等靠村民接济,通过冯振先生的努力,国专的师生与当地群众的关系搞得很好,不少群众主动送菜、送柴到学校;学校的安全也得到群众的保护。国专的师生也给当地群众带来丰富多彩的文化活动,学生有组织地去各村庄举行抗日宣传活动,举办文艺演出,上演一幅学校师生与村民同乐的美好和谐的画面。1944年,桂林沦陷,国专的师生员工及其眷属安全转移到蒙山县文尔村、古苏冲及大塘岑家。

避寇翻成避世人,桃源四面隔通津。
山中有酒何妨醉,手里无钱未算贫。
——《蒙山文尔村诒国专同人》

当时全校一分钱都没有,冯振先生仍然坚强乐观。师生们就主动到群众中扫盲,教他们学文化,深受当地村民的欢迎,当地村民主动帮忙解决师生的吃住问题。冯振先生在文尔村时,曾住在钟文典(曾任广西师范大学教授)家里,受到钟家兄弟的殷勤接待,先生无比感激,作诗纪念。

---

① 吴湉南:《20世纪上半叶无锡国专的社会影响综论》,《江南大学学报》,2010年第6期。

蓬飘念我无根蒂，慰藉殷勤比兄弟。
寇至入山同草屋，食悭与我共藜羹。
语言所露兼肝胆，患难真堪托死生。
归告妻孥应感激，乱离犹得酒频倾。
——《避寇蒙山寄居文尔村钟府仲纯济暨文会文海诸昆季殷勤接待慰藉备至感谢不足赋此以志》

在这样艰苦的环境中，冯振先生领导的师生们坚持把教育办下去，他们不忘群众，与群众融为一体，服务群众、依靠群众的质朴精神感动人心。

二、先进丰富的办学实践

冯振担任无锡国专教务主任时，在唐校长的带领下，借鉴国内外大学的办学经验，针对学校的具体情况，扬长避短，为国专量身打造了一套教学制度。在广西师范大学任教时，冯先生大搞教育改革，他在诗中写道：

长江后浪推前浪，学术今人胜古人。
讲义编成三结合，百花齐放万家春。
爱师吾更爱真理，此语千秋定不磨。
净帚浮云舒远眼，三峰顶上看黄河。
——《大搞教学改革二首》

（一）教学目的

主张先人品、后学问，培养品学兼优的人才，教育除灌输知识，应注重人格的教育。这种教育方法和我们当代的教育理念是一致的，教育的主体是人，良好的人格是一个人独立于世的基本保证，学问是其次。只有把人品和学问同时搞好，才是成功的教育。

（二）学习方法

1.读原著、背范文

钱基博的学生王绍曾回忆说："（钱基博）先生为什么要强调读原书呢？主要因为学习经典著作必须一部一部啃！不能光读些选本！一鳞半爪！浅尝辄止！而且选本的编者都有他自己的倾向，不一定都能全面反映原著的思想和内容。"国专对教材的选用也是尽量使用原著。教学方面重在教古籍原书，教学生掌握基本知识，即使编教材，也选录大量原著，结合理论，不是那种通论式的东西。①

冯振能背诵一万多首唐诗，从先秦诸子到唐宋八大家，不少范文他都能背出来。在桂教学期间冯振相继开展以唐宋八大家为主的《历代散文选》课程，和《论语》《孟子》《目录学》《中庸·大学》《诸子选读》等课程。主张学生必须读原著，不允许读概论和白话注解本子，着重加强基础教育。老师在课堂上讲明要旨大意，对疑难的词语，只作适当的解释，文章的辞章句读，要求学生在课后自己钻研，弄个明白，疑难处可向老师请教。这样极大地开动了学生的脑筋，调动了学生的学习积极性，起到了很好的效果。国专并非私塾式的旧式学堂，而是以弘扬国粹为己任的新型学校，除了学习国学课程外，还学习一些《修辞学》《心理学》《逻辑学》等西方的现代学科。

2.厚植基础，由浅入深，循序渐进

冯振教导学生"对于所学过的辞章义理要反复推敲、琢磨，力求理解，融会贯通，使之成为系统的知识……努力培养提高，这样才能有发展和创新"。他讲课形象、鲜明、贴切，"博百家之所长，化入自己独到见解"，例如，讲《说文解字》的象形字时，先生着重指出"不要把这个字直观，要将他横着看，就可以见到'马'字真似马的四脚踏地，身上脊骨明显，十分丰满"。从事文学研究、教学和创作，很强调"知"和"能"。他说："文学之事，约分二道，曰'知'，曰'能'。"作为一个文学教育工作者，知是主要的，只有知才能准确无误地向学生传授好知识。因此先生勤奋好学，治学内容广，读书、著作、执教都非常严肃、认真，对自己、对学生要求都很严格。他在《冯振小传》中写道："平生读书，好首尾无间，一字不轻放过，或随手校勘，丹黄遍其上。诲人不倦，育后学如培鲜花。"冯先生出任系主任期间，集中精力讲课，尤其是着重给青年教师开进修课，随时给青年教师答疑，按时上下班。冯先生认真批改作业，评阅试卷，面评各人所写的文章，十分认真负责。如果有人有问题请教冯先生，他立刻放下手中的工作，和蔼可亲地为其讲解，直至听懂。中文系组织的古典文学学习班，由冯振、彭泽陶教授主讲《文心雕龙》和《说文》等篇章。一般由一人或两人担任主讲师，参加人数比较多，这种方式适合当时老师少、指导力量不够的情况。学习班形式较固定，易坚持，效果好。

朱晦庵有两句诗："旧学商量加邃密，新知培养转深沉。"冯先生的一生正是按照朱晦庵指导的治学态度和治学方法来读书、治学，并以此来教育和要求学

---

① 王绍曾：《钱子泉先生讲学杂忆》，《华中师范大学学报（纪念钱基博先生诞辰百周年专辑）》，1987年。

生的。①

3.实行导师制

导师制是在国学馆改制为无锡国专之后,随着学生人数的增加、教师顾及不过来的情况下实施的。由学生根据自己的研究学习兴趣自行选择导师,具体的指导时间则由各教授根据自己的计划安排来支配。② 导师制改变了旧书院的传统的授业解惑的方法,老师和学生建立起了一种亲近和谐的关系。学生在自学和研究方面、撰写毕业论文方面,除课堂外,也可以得到导师的指导。但是又不会规定每个学生必须认定导师,采取自愿形式。导师制的实施充分尊重学生的研究兴趣,体现了学术自由的研究精神,即,学生选择导师自由、导师与学生的研究方法自由、导师指导时间自由。可根据学生情况在课外因材施教,采取多样指导方式,讨论、讲学或是演讲。导师制下的训练和指导增加了师生间的学术交流,在一定程度上弥补了课堂教学中师生对话不足的弊端,大大提高了学生的独立思考和研究能力。同时导师制也使得师生之间的关系更为密切。

4.注重办学质量

冯先生认为培养人才,就要形成浓厚的学风,就得依靠名师指点。无锡国专是一所尊重知识、尊重知识分子的典范学校。德高而景仰,才大而尊重。所以邀请许多有名气的教授来上课。早在无锡时期,他就很注重聘请国内闻名的专家、学者前来讲学,如武汉大学朱东润教授就应先生的邀请,前往无锡讲学。在北流,他竭力邀请自己的好友,国内有名的专家学者讲学,如:广西通志馆馆长封祝祁先生应邀讲解唐诗;钱仲联教授应邀讲民族文学和中国文化史;陈千钧先生应邀讲散文;蒋庭曜讲书法。冯先生虽担任校务领导工作,但亲自讲授中国文字学。特别是第二次复迁北流,国专各个分校都会合到山围村,蒋石渠、封鹤君、吕集义、陈一百、张世禄等名师学者都来北流讲学。梁漱溟先生也回忆道:冯先生为了提高教学质量,邀请了许多旅桂学者讲学,如巨赞法师、吴世昌、陈竺同等人。

1950 年下半年,广西大学对院系做了调整,广西大学师范学院的建制撤销,成立文教学院,曾作忠任院长(未到任),陈一百任副院长,设中文、外文、教育、史地四个系,冯振任中文系主任。在科学研究方面,1958 年学院开始总结 1955 年以来进行科研活动的经验,认为高等师范学校应当紧密结合教学,开展科学研究活动,以教学带科研,以科研促教学,相辅相成,从而提高教学质量和提高

① 陆振岳:《无锡国学专修学校述略》,《苏州大学学报》,2000 年第 2 期。

② 田良臣、王燕芳:《无锡国专国学经典教学方法探微》,《高等教育研究》,2015 年第 9 期。

师资水平。文科系的研究成果可人，有中文系冯振教授的《略谈〈诗经〉的爱情诗歌》。①

5.注重文体发展

在穿山校庆时，开展庆祝活动、举办文艺晚会、体育运动、展览会等。文娱晚会有杂技、话剧，话剧由学校训育主任向培良教授亲自导演。虽然同学不是专业演员，基本功不够扎实，灯光道具极其简陋，但全校师生仍然在艰苦中寻求乐趣，全面发展。在一些重大节日里，举办对对联、猜谜语、表演歌舞等文艺晚会。积极举办体育运动，如举行班际篮球赛。校董会董事长李济深先生亲自光临参加开球式。无锡国专，上到领导教授们，下到各年级学生，都积极参加文体活动。举办书法比赛，全校师生的书法作品展出。还举行展览会，规模较大，布置几个教室作为会场，展览老师的巨著，如冯校长的《自然室诗集》《老子通证》《说文解字讲记》等，梁漱溟先生的《朝话》《东西文化及其哲学》等，向培良教授有关戏曲的著作，还有学校其他老师的诗歌、文集等参展。此外，还展出同学们的文章。这样的课程内容和丰富多彩的学习活动，使学生更好地接触并了解了社会实践，避免了读死书、死读书的旧式的学习风气。

（三）学校建设

1.制定新的学籍制度

清理、改革过去十分混乱的学籍管理制度，采用新的学籍管理方法。给学生每人建立一份学籍表，将入学考试成绩和历年在校德智体各方面表现制成表格，加上导师评语，一概整理收录，这就使教务工作得到改进，跟上了学校发展的要求。认真实行奖惩制度，每到学期末，表扬一批同学，给予一定的奖励，让同学们再接再厉。又实行学分制，明确学分制的具体评分办法。

2.注重图书馆建设

冯振校长亲自开列图书馆书目采购单，加强图书馆的建设。开展形式多样的文体活动，保障学生的身心健康。经过先生的调整改变，无锡国专的各项工作都做得卓有成效，面貌焕然一新，学生数量也大幅度增加，由二三十人增到上千人。

注重资料室的建设。广西师范大学中文系资料室成立时，图书资料奇缺，而一个大学文科资料室，没有图书资料就等于上战场没有枪支弹药，教学和科研工作是不可能搞好的。先生了解了这个情况后，就把自己数十年来用微薄的薪金购置的古代各种珍本、善本线装书数百种，都捐赠给了资料室。1954年元月，先生又将从江苏师院寄来的三箱书籍及一个书柜全部捐赠给广西师院（现

① 校史修订组：《广西师范大学史》，桂林：广西师范大学出版社，2002。

广西师范大学）。直到先生病危时，还对中文系资料室的建设念念不忘，临终时还想着把家里的图书捐赠给中文系资料室。1979 年，周振甫给先生寄来数册《葵心诗词稿》，此诗词集中的一些诗词曾呈毛泽东同志看过。葵心，即石岩，是冯振先生在无锡国专早期的学生，《葵心诗词稿》是精心装订的刻印线装本，先生还特意托党玉敏将其捐赠给广西师范大学图书馆及中文系资料室。他明白这些书来之不易，希望更多的人看到。

3.大力筹集资金

在战火纷飞的岁月，无锡国专屡次迁校，办学十分困难。冯先生寻求各方面的资金支持来建设学校。为筹集办学经费，他与梁漱溟先生商量成立无锡国学专修学校校董会，由梁漱溟先生出面请李济深担任董事长，又请白崇禧的老师、南京国民党中央委员兼广西省参议会议长李任仁担任校董。通过广泛向社会募捐，国专筹集了一大笔经费，兴建校舍。

4.重新制定规章制度

冯先生重新制定了一系列规章制度，《学校组织大纲》《各部门办事细则》《学生学则》《学生规则》，让学校部门和学生的责任、义务都透明化，一切秩序井然。学校制度完备，纪律严明，学校切实实行，学生必须严格遵守。不论上课或者早操集队，秩序都很好。学校严格检查学生的人数，天天公布，不许迟到早退或者无故缺席，有事有病必须请假。保证了学生的安全，同时又利于学校的发展。

无锡国专有这样一种特殊地位与影响力，既体现了社会对其教育理念、教育质量的认可，也包含着人们对其致力弘扬民族文化精神的那份执着信念的敬佩。无锡国专自创办直至远迁广西，始终都能得到学界、商界甚至偏僻乡村人民的支持。1945 年日本无条件投降，无锡国专的师生也和全国人民一样，欢欣鼓舞。八年迁桂流离的苦难生活结束，学校可以从漓江边返回太湖之滨了，国专在劫难中顽强地生存下来，和冯振校长先进的、科学的教育思想密不可分。冯振先生崇高的理想信念和先进的教学思想在当今的教育中仍然有其现实意义，不曾过时。在 20 世纪二三十年代的艰苦岁月中，无锡国专的教育水平就已经接近于当下我们所坚持的教育理念。“全民抗战，学校南迁。耕耘花圃勤培李，栽育栋梁不息肩。沥血披肝胆，精神垂万年，人才辈出，学府名扬。心灵与山水同美，教育和兰蕙共芳。桃李满天下，成功育四方。”冯先生的一生是鞠躬尽瘁于教育的一生，是毕生致力中国的高等教育事业的一生。他秉持先进的教育思想，使学校的发展蓬勃向上；他处处为学生着想，注重学生的全面发展；他各方面筹集资金，为建设校园而辛劳奔走。广西师范大学中文系的发展离不开冯振先生的呕心沥血，他把个人和教育的发展紧密联系在一起，为学校的建设做出不可替代的贡献，培养出一大批文史专业人才，他又是教书育人的典范。

老教师们仍然能回忆起冯振先生的辛劳，图书馆里先生的赠书仍然完好地放在那里，成为一份珍贵的记忆，也是学子们的精神财富。

宋代文学家范仲淹在《岳阳楼记》中说“先天下之忧而忧，后天下之乐而乐”，这句话可以概括冯振先生一生的教育活动及其贡献。

博征约取,抉别入微

——评冯振先生《〈吕氏春秋〉高注订补》①

张阳阳②

［内容提要］　冯振长期致力诸子的研究与教学,著有《老子通证》《韩非子论略及提要》《荀子讲记》和《〈吕氏春秋〉高注订补》。冯振“把经学、诸子学与《说文》学结合起来研究,并善于博采众家之长,连类及彼,独抒己见”。这种治学方法在《〈吕氏春秋〉高注订补》中得到很好的体现,本文从释义、注音、考证、校勘四个方面进行论述,窥探先生此书的内容与价值。

［关键词］　冯振《〈吕氏春秋〉高注订补》内容　价值

《吕氏春秋》成书于战国末年,是秦相吕不韦召集门下宾客辑合百家九流之说编写而成的一部综合性著作。该书“上揆之天,下验之地,中审之人”③,可以说是对先秦诸子文化一次系统全面的总结。然成书已还,世无善本。学者多鄙吕氏为人,鲜有注疏。《四库全书总目提要》云:“自汉以来,注者惟高诱一家。”④高诱师从鸿儒卢植,是现存《吕氏春秋》最早的注疏者⑤,在很大程度上对《吕氏春秋》一书做了重新整理,使其得以完整的流传下来,成为后世研究《吕氏春秋》的必备之本。刘文典《吕氏春秋集释·序》谓:“汉代大师高诱,寻绎此书,以为大出诸子之右,复依师训,为之诂解,并举音读,甚可宝贵,直与许汶长《说文解字》并驱争先。”⑥评价不可谓不高。

高诱之注,瑕瑜互见,尚有可议之处。“由于他所处时代及传统语言学本身

---

① 本论文系广西研究生教育创新计划项目“从无锡国专到广西师范大学——论冯振的教育理念及对广西教育的贡献”(编号:YCSW2017095)成果之一。

② 张阳阳(1991—),男,广西师范大学文学院中国古典文献学专业在读硕士研究生,研究方向为汉魏六朝文学。

③ 陈奇猷校释:《吕氏春秋校释》,上海:学林出版社,1984,第648页。

④ 永瑢等撰:《四库全书总目提要》,北京:中华书局,2016,第1009页。

⑤ 班固曾为《吕》作过注,二十六篇,是文献可征最早的注本。《吕》即《吕氏春秋》,司马迁《史记》云:“人人著所闻,集论以八览、六论、十二纪,二十余万言,以为备天地万物古今之事,号为《吕》。”卢植亦为《吕氏春秋》作过训解,高诱《吕氏春秋·序》云:“复依先师旧训,辄乃为之解焉。”由此可知。可惜班固注、卢植训解今已亡轶。

⑥ 许维遹撰:《吕氏春秋集释》,北京:中华书局,2009,第3页。

发展的特定时期制约了视野，加上学识的限制，故在《吕氏春秋》高诱注中仍有与原文旨义不合之处。”①《四库全书总目提要》也指出：“然如称魏文侯虏齐侯，献之天子，传无其事，不知诱何以不纠？其谓梅伯说鬼侯之女好，妲己以为不好，因而见醢；谓白乙丙、孟明皆蹇叔子；谓宁戚扣角所歌乃《硕鼠》之诗；谓公孙龙为魏人；并不著所出，亦不知其何所据？又共伯得乎共首及张毅、单豹事，均出《庄子》，乃于共伯事则曰不知其出何书，于张毅、单豹事则引班固《幽通赋》，竟未见漆园之书，亦为可异。若其注‘五世之庙’曰《逸书》，则梅赜伪本尚未出，引《诗》‘庶姜孽孽’作‘钀钀’，‘龟鼓逢逢’作‘韸韸’，则经师异本均不足为失也。”②而且由于历时久远，高注在传播、刊刻的过程中，也增添了许多错乱讹误。

鉴于这种情况，冯振先生“鸠集毕氏后诸家考订之说，为《吕氏春秋》集解”，然因条件制约，所以仅成订补一书。但细窥全书，亦能观先生治学之广博、渊深。《〈吕氏春秋〉高注订补》③在体例和校勘方法上继承了乾嘉学派的传统，集校勘与训诂为一体，采取随校随释的方法，在原文及高注下或加按语或征引他说。先生以高诱注本为校勘对象，以校勘为主，兼及注释，主要是考订《吕氏春秋》原文及高注中值得商榷或有必要进一步解释的地方。先生以镇洋毕沅《吕氏春秋新校正》为底本，并以王念孙《读书杂志》、洪颐煊《读书丛录》、俞樾《诸子平议》、孙诒让《札迻》以及近人马叙伦《读〈吕氏春秋〉记》为副本参校，共出校注近千条，皆条录而系于吕氏原文及高注下。其间或有不同之说，皆一一比勘；凡数说并通者，皆罗列以供参考；间有一得之见，亦附其焉。所录前人校说，其非者固加说明，其是者也偶加疏证，于《吕氏春秋》原文和高诱注均有所创获，其中许多校勘成果被其后注家采用，或在注释中引用其说，或直接在原文中采用，对于《吕氏春秋》的研究具有重要的参考价值。本文主要从释义、注音、考证、校勘四个方面，阐释先生此书的内容与价值。

一、释义

释义是高注的核心内容，自然也就成了本书考订的主要对象，它包括训字和串讲文意两方面。高氏在训字时采取随文而释，这样做增加了释词的随意性，有时会使字词偏离原书本意。如《孟春纪》：“立春之日，天子亲率三公九卿

---

① 姚红卫：《〈吕氏春秋〉高诱注之误释》，《韩山师专学报》，1994年第4期。

② 永瑢等撰：《四库全书总目提要》，北京：中华书局，2016，第1009页。

③ 原书为抄本，是用500字一页的稿纸竖行正楷手写，字迹端庄秀丽。高氏注文，置相关句末，每格二小字竖写，与原文有别。此乃先生子女雇人从江苏某大学图书馆抄回，现收录于《冯振文选》中。

诸侯大夫以迎春于东郊。”高注云：“率，使也。”先生指出：“率，逹之借字。《说文》：逹，先道（今字作导）也。经传亦借帅为之，故月令作帅”，其后又引原文“下文云：‘乃择元辰，天子亲载耒耜，措之参于保介之御间。’率三公、九卿、诸侯、大夫，躬耕帝籍田，皆谓天子以身先之，故云‘亲率’、‘亲载’、‘躬耕’。若依高注，训率为使，则特天子使三公九卿等为之耳，与前后文意不合”。[①] 高注未悉“率”字古义，训“率”为使，先生的解释是精确的。“率”字当解为率领，若释为“使”于上下文则不可通。又《顺民篇》：“昔者汤克夏而正天下。”高注曰：“正，治也。”高注未得“正”字之义，先生云：“正，长也，君也，汤克夏而正天下，犹言汤克夏而君天下也。本书《君守篇》，可以为天下正，高注训正为主，得之矣。”[②]先生此说犹是，《广雅》曰：“正，君也”，正天下即君天下。因此注释古书，要做到不事穿凿、不加己意，确切把握文义。

串讲文意主要是疏通文句大意，高注在串讲文意时有附会牵强处，比如《重己篇》：“故有道者，不察所召而察其召之者。”高注：“所召仁与义也，推行仁义，寿长自至，故曰不察所召也。召之者不行仁义，残亡应行而至，故曰察其召之也。”高注以所招指仁义，招之者指不行仁义，有失偏颇。先生道：“其云所召仁与义也，召之者不行仁义，残亡应行而至，然则不察仁义而察其不行仁义残亡应行而至者，得谓之有道者乎？必不然矣。盖所谓吉凶祸福也，召之者谓己之善恶。仁暴也，不察所召之吉凶祸福，而惟察其所以召吉凶祸福之故，由于己之善恶仁暴，明乎祸福无不自己求之者，斯乃有道之士耳。”[③]其所招者，谓吉凶祸福，招之者，谓己也，高注既乖文意，又以仁义附会之，大失其旨。也有以儒家学说解释其他各家观点处，先生常谓其解说“不合书旨”“全失书旨”或“大误书旨”，如《精谕篇》：“故至言去言。”高注云：“去不仁不义之言。”先生指出：“至言去言，与下文至为无为，相对为文，意亦相似，盖谓大辩若讷，至言去言耳。”[④]注释《吕氏春秋》首要任务就是辨别各篇所属家派，“此篇系料子、宋钘、尹文流派所作”[⑤]，“至言即至精之言，至精之言不以声，故至言去有声之言”[⑥]，其下句为“至为无为”，《老子》第二章云：“圣人处无为之事，行不言之教。”[⑦]即此文所本。若依高注，则上下文不可解。此盖高氏以儒家仁义之道曲解道家学说。又

---

① 见《〈吕氏春秋〉高注订补》，曾德珪选编：《冯振文选》，桂林：广西师范大学出版社，2003，第194页。

② 同上书，第233页。

③ 同上书，第199页。

④ 同上书，第302页。

⑤ 陈奇猷校释：《吕氏春秋校释》，上海：学林出版社，1984，第1169页。

⑥ 同上书，第1175页。

⑦ 王弼注，楼宇烈校释：《老子道德经注校释》，北京：中华书局，2008，第6页。

《处方篇》："无其本也。"高注云："本谓虞商之君身不治，自取灭亡也。""有其本也。"高注云："有其本，言秦周之君，身正而治也。""其本也者，定分之谓也。"高注云："言其为君治理。"先生指出："篇首云：凡为治必先定分。其后云：其本也者，定分之谓也。然则本不审者，谓分不明也。即君臣、父子、夫妇六者不当位，同异之分，贵贱之别，长幼之义，不明也。无其本者，谓分不定也。有其本者，谓分定也。"又道："高注以君身释本，全失书旨。盖此篇大抵为法家言正名，定分，为为治之要术。与儒家身修国治之旨，固不同也。"①此处"本"皆指定分，吕氏自释"本"字之意甚明。高注以儒家之说讳解法家学说，因而与吕书本意相抵牾。甚至有引用谶纬迷信之说处，如《贵因篇》："胶鬲行，天雨日夜不休。"高注云："不休止降雨，天地和同也。武王所以克纣也。"先生指出："大雨日夜不休，固天时之偶耳。亦见武王之疾行不辍，欲救胶鬲之死之切也。"②武王之所以疾行不只是怕误了甲子之期，高注以"天地和同"释之，是以汉代阴阳五行之说附会于此，不合书旨。

在随文释义类训诂作品里，句读分析与串讲文意是密不可分的，句读标点隐藏在串讲文意之中，对理解文意关系极大，因不明句读而导致的误解，先生亦多有批评和匡正。兹举一例，《务本篇》："未得治国治官可也。"高注云："官小政也，推此言之，若此人者未任为大臣，但可为小政也。"又下文"若夫内事亲，外交友，必可得也。苟事亲未孝，交友未笃，是所未得，恶能善之矣"。先生谓："高读未得治国为句，治官可也为句，窃谓非是。'未得治国治官可也'，八字当作一句读，其音盖谓人所未得当治国治官之任，自谓有治国治官之才而无以显之，犹可说也，若事亲交友，必可得者也。苟所得者不能善，则所不得者安能善之乎？上句未得可也，与下句若夫必可得也，文意正相应，若上句分作两句读，则文气不贯矣。"③治国治官未必可得，而事亲交友则己所得焉，高氏以"未得治国"断句，不当断而断，则上下文意不连贯矣。

二、注音

先生继承并发扬了乾嘉学派"因声求义，不限形体"的训诂方法，摆脱了望文生训之弊，对高氏注音舛误多有纠正。今以《有始览》为例，其文曰："夏至日行近道，乃参于上。当枢之下无昼夜。"高注云："近道，内道也。乃三倍于上下

---

① 见《〈吕氏春秋〉高注订补》，曾德珪选编：《冯振文选》，桂林：广西师范大学出版社，2003，第341—342页。

② 同上书，第277页。

③ 同上书，第256页。

日高也。”先生引王引之云:“高读‘参’为‘三’,非也。参如立则见其参于前志参,参犹值也。言正值人上也。夏至日行北道,日中之时,正值人上,故曰近。《墨子·经篇》:‘直参也,直与值同。’”①高诱误读“参”字为“三”而进行注解,以致歪曲了原意。王引之以声音为线索,找到本字,并佐以典籍材料,结论确凿可信。又“《海岛算经》:‘令后表与前表参相直’,‘参相直’即相对直,相对与相值同义”②,亦可为证。

三、考证

诚如刘勰所言“有同乎旧谈者,非雷同也,势自不可异也;有异乎前论者,非苟异也,理自不可同也”③,对他人成说与自己相和处,先生直接引用他人的结论。比如《权勋篇》:“昌国君将五国之兵以攻齐。”高注云:“五国,谓燕秦韩魏赵也。”先生引俞樾云:“《战国燕策》曰:于是遂以乐毅为上将军,与秦楚三晋合谋以伐齐,然则所谓五国者,秦楚三晋也。高注谓燕秦韩魏赵,大误。燕是本国,不可当数。《燕策》又曰:‘昌国君乐毅为燕昭王合五国之兵。’其语甚明。可知五国不数燕矣。”④燕国为主兵,当不数燕,高注未明,谓五国乃燕秦韩魏赵,扭曲了原意。“《史记·燕世家》与《策》所说同,亦可为证。”⑤又《去宥篇》:“将奋于说以取少主也。”高注云:“奋,疆也。少主,惠王也。”先生引俞樾云:“人之老也,形益衰而智益盛,今惠王之老也,形与智皆衰邪?然则惠王是时已老矣,非少主也。盖因惠王年老,有汉景帝疑周亚夫非少主臣之意,故唐姑果以此言谮谢子耳。”⑥高注“少主”非谓惠王,“少主”实有其人,盖惠王太子也。“‘少主’即‘小主’。本书《当赏》‘秦小主夫人用奄变’,小主指出子。《史记·秦本纪》‘惠公十二年,子出子生。十三年,惠公卒,出子立’,是惠公卒,秦小主夫人奉劝小之太子用奄变,可知小主即太子矣。”⑦“凡采旧说,必明引之,剿说认为大不德”⑧,先生的看法与俞樾相同,便直接引用了俞樾的说法。这种实事

① 见《〈吕氏春秋〉高注订补》,曾德珪选编:《冯振文选》,桂林:广西师范大学出版社,2003,第250页。
② 陈奇猷校释:《吕氏春秋校释》,上海:学林出版社,1984,第674页。
③ 周振甫:《文心雕龙今译》,北京:中华书局,2003,第457页
④ 见《〈吕氏春秋〉高注订补》,曾德珪选编:《冯振文选》,桂林:广西师范大学出版社,2003,第271页。
⑤ 陈奇猷校释:《吕氏春秋校释》,上海:学林出版社,1984,第875页。
⑥ 见《〈吕氏春秋〉高注订补》,曾德珪选编:《冯振文选》,桂林:广西师范大学出版社,2003,第286页。
⑦ 陈奇猷校释:《吕氏春秋校释》,上海:学林出版社,1984,第1015页。
⑧ 梁启超:《清代学术概论》,北京:东方出版社,1996,第45页。

求是、不掠他人之美的治学态度，值得我们学习和借鉴。

而凡属先生自己的看法，皆用“振案”二字和引文隔开，提示下面是先生的考证。考证又分为两部分：一是提出论断；二是援引文献证明。譬如《古乐篇》：“乃令飞龙作效八风之音。”高注云：“八风，卦之风。”先生谓：“八风八方之风也。”其后曰：“本书《有始览》云，风有八等，炎风滔风熏风巨风凄风飂风厉风寒风。《淮南子》：何谓八风？东北曰炎风，东方曰条风，东南曰景风，南方曰巨风，西南曰凉风，西方曰飂风，西北曰丽风，北方曰寒风。”又引《说文》曰：“东曰明庶风，东南曰清明风，南曰景风，西南曰凉风，西曰阊阖风，西北曰不周风，北曰广莫风，东北曰融风，名称虽不尽同，而义并相仿。高注谓为八卦之风，虽八卦亦分配八方，然要非其朔。”①此例中先生首先提出“八风”本作“八方之风”的论断，纠正了高注的错误，然后又征引诸多文献证明该论断。其中以《有始览》篇文直接证明论断，是为主证；又引《淮南子》《说文》推断论证成立，是为旁证。“盖古人制乐，放效八方风声而为之音。《淮南·本经篇》云：‘雷霆之声（霆原作震，依王念孙校改正），可以鼓钟写也’，高注：‘写犹放敩也’。据此，鼓钟可以放效雷霆之声，则八风为八方之风声明矣。”②要之，校读古书不可望文生训，凭意妄改，需具备广博的文化知识，于天文历法、典章制度、衣食住行等均有所了解，有时还要联系当时的时代背景。先生学问渊深，博通经史，且不迷古注，充分发扬了乾嘉学派的优良学风。

四、校勘

古书在流传过程中，不可避免地会产生文字上的讹误衍脱。《〈吕氏春秋〉高注订补》详细地勘正了书中衍文、脱字、讹字、倒文、错乱等种种情况，还古籍之原目。根据纠误对象的不同，可分三种：

（一）订《吕氏春秋》原书之误

据《史记·吕不韦传》载，书成之后“布咸阳市门，悬千金其上，延诸侯游士宾客有能增损一字者予千金”③。可见此书当初是很简练精审的。然由于时代久远、社会动乱，又经后人广泛传抄刊刻，致使今本《吕氏春秋》原文有很多舛误。衍是传写、刊刻时多出的文字，原书衍文很多，常见的是衍一、二字，如《君守篇》：“故思虑自心伤也。智差自亡也。”先生征引俞氏樾云：“‘心’字衍文，思

① 见《〈吕氏春秋〉高注订补》，曾德珪选编：《冯振文选》，桂林：广西师范大学出版社，2003，第221页。

② 陈奇猷校释：《吕氏春秋校释》，上海：学林出版社，1984，第298、299页。

③ 司马迁撰，裴骃集解，司马贞索隐，张守节正义：《史记》，北京：中华书局，2014，第3046—3047页。

虑自伤也,智差自亡也,两句一律。注云:思虑劳精神而乱于心,故自伤也。正以自伤二字连文,可知本无心字,因涉注文‘乱于心’句而误衍耳。”①心字据下文当删。,“《韩非子·解老》云:‘思虑过度则智识乱,智识乱则不能审得失之地,心不能审得失之地则谓之狂’,与吕氏此文可互证。”②又《侈乐篇》:“世人之主,多以珠玉戈剑为宝,愈多而民愈怨,国人愈危,身愈危累。”先生征引俞氏樾云:“国人愈危句衍‘人’字,身愈危累句衍‘危’字。民愈怨,国愈危,身愈累,皆三字句。下文曰‘故乐愈侈,而民愈郁,国愈乱,主愈卑’,亦皆三字句,是其例也。今误衍人字危字,则不特句法参差,且国人即民也,既言民,又言国人,于义复矣。”③此句衍“人”“危”二字,前《当染篇》“国愈危,身愈辱”亦可为之证。还有衍三字的,如《爱类篇》:“匡章曰:公取代之乎?其不与。”先生指出:“匡章曰:三字,涉下文而衍。盖惠子曰:今有人于此欲必击其爱子之头,石可以代之,公取代之乎?其不与,施取代之。子头所重也。石所轻也。击其所轻,以免其所重,岂不可哉?皆惠子之言,公取代之乎?其不与,正惠子问匡章之语。若于其上增匡章曰三字,则文不成义矣。又其不与,不否同字,与欤同字,犹言其不然乎?高注曰:其不与欤,文意未晰。或本作其不邪?‘与’字涉正文误增。”④先生此言极是,“公取代之乎?其不与”依旧是惠子语,下直接“石可以代之”,不应有“匡章曰”三字。但文中竟有误衍十余字的,如《正名篇》:“未失其所以为士一,而王以为臣,失其所以为士一。而王不以为臣,则乡之所谓士者乃士乎?”先生先是征引俞氏樾云:“‘虽见侮而不斗,未失其四行也。’未失其四行者,是未失其所以为士一矣。然则此文失其所以为士,上无所承,且于义亦不应有,疑吕氏原文本云:‘未失其所以为士一,而王不以为臣,则乡之所谓士者乃士乎?’今衍十二字,遂不可读。”其后又简要说明“疑当作未失其所以为士一,而王不以为臣,误衍‘而王以为臣失其所以为士一’十二字”⑤。《孔丛子》亦载此事:“虽见侮而不斗,是未失所以为士也,然而王不以为臣。”⑥亦可为证。

脱也叫夺,即漏掉的文字。吕氏书中,此类情况也不少。如《求人篇》:“积水积石之山,不有懈堕。”先生指出:“积水积石之山下,疑脱‘至远也’三字。上文云:极卑极贱,极远极劳,而至卑也,至贱也,至劳也,即分别承之。不应独缺

---

① 见《〈吕氏春秋〉高注订补》,曾德珪选编:《冯振文选》,桂林:广西师范大学出版社,2003,第292页。

② 陈奇猷校释:《吕氏春秋校释》,上海:学林出版社,1984,第1060页。

③ 见《〈吕氏春秋〉高注订补》,曾德珪选编:《冯振文选》,桂林:广西师范大学出版社,2003,第219页。

④ 同上书,第327—328页。

⑤ 同上书,第287—288页。

⑥ 孔鲋撰:《孔丛子》,北京:中华书局,1985,第80—81页。

极远，无所相承，且自禹东至榑木之地以下，历言禹东南西北之所至，正以见其为至远也。”①盖上文已言及“至卑”“至贱”二事，下文说“至劳”一事，而独无“至远”，先生先是根据上下文的一致性，推断出存在脱文，后又根据句意及语法关系补出了具体内容，指出原文脱“至远也”，可谓是矣。尽管先生对吕氏原书出现的诸多舛误，“一一详辩之以复其旧”②，但对于那些没有确切证据的宁可保留原状，也不妄自论断，只是把疑问揭示出来供后人探知，如《贵因篇》：“故因则功，专则拙，因则无敌。国虽大，民虽众，何益？”先生指出：“因者无敌下，疑脱一句，意谓不能因者，故下云：国虽大，民虽众，何益？”其后又引《用民篇》云：“今外之不可以拒敌，内之不可以守国，其民非不可以用也，不得所以用之也。不得所以用之，国虽大，势虽便，卒虽众，何益？文法与此相似，彼有不得所以用之句，则此亦当有不能因句也。”③先生根据它篇语法与此篇类似，推测出可能存在脱文，这种宁愿阙疑也不强以为知的做法，显示了一个真正学者实事求是的科学态度，为我们树立了榜样。

讹即文字错误。吕氏原文出现的讹误较衍、脱更为普遍，原因也更加复杂，有的是传抄造成的，如《长见篇》：“鲁公以削，至于觐寸三十四世而亡。”先生云：“鲁公以削，文不成义。疑本作‘鲁日以削’，盖此三句与上文‘其后齐日以大，至于霸，二十四世而田成子有齐国’三句，正相对为义。彼作齐日以大，则此当作鲁日以削，传写偶误也。”④先生这一校勘成果也为陈奇猷《吕氏春秋校释》所才用，“‘日’原作‘公’。刘文典曰‘鲁公以削’，义不可通。‘公’当为‘日’，字之误也。《淮南齐俗》《韩诗外传》十并作‘鲁日以削’，正与上文‘齐日以大’相对，是其证也。……松皋园、吴汝纶、冯振、将维乔皆云当作‘日’”⑤。有的是涉上下文而误，如《异宝篇》：“五员过于吴。”先生引俞樾云：“此当云五员适于吴，涉上文过于荆而误耳。上文云：因如吴，过于荆，盖纪其所经历，故得言过。若吴则其所如也，不得言过矣。高注曰：过犹至也。庄子《天地篇》释文引司马注曰：适，至也。高氏训适为至，正与此同，足徵过字之误。”⑥

今本《吕氏春秋》不仅有大量的衍夺讹误，还有颠倒错乱等情况。以《制乐

① 见《〈吕氏春秋〉高注订补》，曾德珪选编：《冯振文选》，桂林：广西师范大学出版社，2003，第331页。

② 王念孙：《读书杂志》，南京：江苏古籍出版社，1985，第557页。

③ 见《〈吕氏春秋〉高注订补》，曾德珪选编：《冯振文选》，桂林：广西师范大学出版社，2003，第278页。

④ 同上书，第245页。

⑤ 陈奇猷校释：《吕氏春秋校释》，上海：学林出版社，1984，第610—611页。

⑥ 见《〈吕氏春秋〉高注订补》，曾德珪选编：《冯振文选》，桂林：广西师范大学出版社，2003，第241页。

篇》为例,先生指出:“本篇除首数句外,以下所举三事,皆明天人相感,人定胜天之理,与制乐无涉。窃疑本篇所举成汤、文王、宋景公三事,皆《明理篇》文,而首尾残缺,遂误置于此。而《明理篇》所载,则皆当属诸本篇,以其首尾所言,皆归于乐也。”①先生此言虽未成定论,亦可备一家之说。孙锵鸣也有此言:“此篇历引成汤、文王、宋景公之事,与乐制初不相涉,疑必《明理篇》文而错简在此。‘欲观至乐’五句盖即下篇之旨;‘欲观至乐必于至治’与下篇‘乱世之主乌闻至乐’首尾文正相应;其为一篇无疑。此二篇,除前五篇‘欲观至乐’五句外,文当互易,而篇名则仍宜《制乐》在前,《明理》在后也。”②至于一篇之中,颠倒错乱的情况,亦常有所见,如《振乱篇》:“天下之长民,其利害在察此论也。”先生指出:“长民疑当作民长,传写误乙。上文云:凡为天下之民长也虑,是其证。民长,犹人主也。”③又《安死篇》:“皆乡里之所釜鬲者,而逐之。”先生引俞樾云:“此句与上下文不属,疑乡里以下十字,乃后文扑击遏夺下之错简,文义始顺。《战国策·秦策》蔡泽见逐于赵而入韩魏,遇夺釜鬲于涂。此云扑击遏夺乡里之所釜鬲者而逐之,即其事矣。若在上文,则义殊不可晓。”④以上所及,高诱于注中皆未涉猎。当然,高氏作注时采用的底本与我们现在所能看到的版本又是另一种情况。

(二)订《吕氏春秋》高诱注之误

高注在流传过程中也出现很多讹误,这亦是造成今本《吕氏春秋》不可读的主要原因。略举如下:如脱,《诬徒篇》:“不能教者,志气不如和取舍数变,固无恒心,若晏阴喜怒无处。”高注云:“晏阴,喻残害也。”先生指出:“《说文》:晏,天清也。晏与阴对,犹喜与怒对也。阴喻残害可也,晏则不可以喻残害。”⑤如讹,《知士篇》:“容肯为寡人少来静郭君乎?”高注:“言,犹可也。”先生言:“注,言乃肯之误,正文有肯字,故注云,肯,犹可也。《国策·齐策》容肯为寡人来靖郭君乎注:肯犹可也,是其证。”⑥如倒,《当染篇》:“由其道,功名之不可得逃。”高注:“《淮南记》曰,人甘非正为蹠也。蹠而焉往,故曰不可得逃。”先生云:“注而蹠

---

① 见《〈吕氏春秋〉高注订补》,曾德珪选编:《冯振文选》,桂林:广西师范大学出版社,2003,第223—224页。

② 孙锵鸣撰,胡珠生编注:《孙锵鸣集上》,上海:上海社会科学院出版社,2003,第389—390页。

③ 见《〈吕氏春秋〉高注订补》,曾德珪选编:《冯振文选》,桂林:广西师范大学出版社,2003,第227页。

④ 同上书,第239页。

⑤ 同上书,第216页。

⑥ 同上书,第235页。

二字误倒，当依淮南乙。”①如错乱，《孟冬纪》：“戒门闾，修楗闭，慎关龠，固封玺。”高注：“玺，读曰移徙之徙，门闾，里门。关龠固坚，玺，印封也。”先生指出：“高注以里门训门闾，以坚训固，以印封训玺，而关龠之下无训，则独出此二字为无义，必有脱文。又“玺，读曰移徙之徙”七字，疑本亦在“玺，印封也”四字之下。”②凡此种种，不一而举。

（三）订前人各家注疏之误

王念孙曾言学者要“好学深思，必求其是，不惑于晚近之说，而亦不株守前人”③，冯振先生不墨守前人注解，对已往学者注疏偏颇疏漏之处亦作了纠改。如《察微篇》：“孔子见之以细，观化远也。”高注：“见其始，知其终，故曰观化远也。”俞樾云：“以细观化远也，甚为无义。高注亦曲说耳。观下盖脱‘大以近观’四字，‘化’字当在‘远’字之下，而化上又脱‘通于’二字，本作‘以细观大，以近观远，通于化也’何以明之？《淮南子·齐俗篇》载此事曰：孔子之明，以小知大，以近知远，通于论者也。故知此文当作以细观大，以近观远。《说苑·政理篇》亦载此事曰：孔子可谓通于化矣。此文有化字，故知当作通于化也。与《淮南子》字异而句法同。”先生不同意俞樾的说法，指出：“若如俞说，则‘孔子见之’亦当依《淮南》作‘孔子之明’而后义顺。窃谓不必增乙，但读孔子见之以细，观化远也，即得矣。犹云孔子见之于细微故远察于未萌耳。”④高读不误，俞樾增字为句，未得其读。“化即《知接》‘告之以远化’之化，谓日后必至之势。‘孔子见之以细，观化远也’，犹言孔子察事于细微，而推知日后必至之势也。”⑤又《审为篇》：“不能自胜而强不纵者，此之谓重伤。重伤之人，无寿类矣。”高注：“神伤则夭殒札瘥故曰无寿类也。重读复重之重。”毕校：“此重不当读平声，当从《庄子·释文》音直用反。”马叙伦曰：“重字高说是也。寿，章太炎读为畴，畴类犹噍类，其说是矣。”先生说道：“旧说云：不能自胜，一伤矣，而又强抑不舍，是再伤也。此犹揠苗助长，非徒无益，而又害之，故曰此之谓重伤。高读重字不误，毕云当音直用切，非是。”⑥先生勘正了毕沅的读法，其结论也为陈奇猷《吕

① 见《〈吕氏春秋〉高注订补》，曾德珪选编：《冯振文选》，桂林：广西师范大学出版社，2003，第206页。
② 同上书，第237页。
③ 王念孙：《高邮王氏遗书》，南京：江苏古籍出版社，2000，第131页。
④ 见《〈吕氏春秋〉高注订补》，曾德珪选编：《冯振文选》，桂林：广西师范大学出版社，2003，第284—285页。
⑤ 陈奇猷校释：《吕氏春秋校释》，上海：学林出版社，1984，第1007页。
⑥ 见《〈吕氏春秋〉高注订补》，曾德珪选编：《冯振文选》，桂林：广西师范大学出版社，2003，第327页。

氏春秋校释》所采纳，“俞（樾）、冯（振）说是。‘寿’字当从高说，读‘长寿’之寿”①。

五、结语

综上所述，《吕氏春秋》高诱注虽有释义、注音、考证、校勘等诸方面的失误，然瑕不掩瑜。“于引证颠舛之处，如《制乐》篇称成汤之时谷生于庭，则据《书序》以驳之，称南子为厘夫人，则据《论语》《左传》以驳之，称西门豹在魏襄王时，则据《魏世家》《孟子》以驳之，称晋襄公伐陆浑，称楚成王慢晋文公，则皆据《左传》以驳之，称颜阖对鲁庄公，则据《鲁世家》以驳之，称卫逐献公立公子黚，则据《左传》《卫世家》以驳之，皆不蹈注家附会之失。”②诚如陈寅恪先生所言，对于古人要抱有“同情之理解，理解之同情”。高诱注自有其不可忽视的价值，在训诂史上，高诱独辟蹊径，开拓了训诂的领域，把注释的范围由经书扩展至诸子杂史。③ 他对《吕氏春秋》所做的注疏，使得《吕氏春秋》得以较完整的保存和流传开来。《〈吕氏春秋〉高注订补》中冯振先生以其渊博的学识和过人的识断能力，校订讹字、删削衍文、勘正错倒、补缀脱文，纠正或补充了前人的注解，在很大程度上恢复了吕书及高注的原貌。“粗略统计，全书共出校注近千条，其中属冯师个人见解者517条，择引清代学者王氏父子、洪颐煊、俞曲园、孙诒让、卢文弨及近代学人马叙伦先生等人校文约400余条，洋洋大观，几乎可说是综集汉、清两代名家研究《吕氏春秋》学术成果的一部巨著，它不但有较高的学术价值，而且对我们现在整理和研究古籍也有很重要的启发和指导作用。”④

---

① 陈奇猷校释：《吕氏春秋校释》，上海：学林出版社，1984，第1461页。

② 永瑢等撰：《四库全书总目提要》，北京：中华书局，2016，第1009页。

③ 据高诱《吕氏春秋·序》：“诱正《孟子》章句，作《淮南》、《孝经》解诂。”知高诱著有《孟子章句》《淮南子注》《孝经注》《吕氏春秋注》《战国策注》等，惜《孟子章句》《孝经解》早已亡佚，现只有《淮南子注》《战国策注》《吕氏春秋注》三种传世，其中又以《吕氏春秋注》流传最广。

④ 曾德珪选编：《冯振文选》，桂林：广西师范大学出版社，2003，第32页。

冯振诗作“颇似诚斋”论[①]

刘　旋[②]

［内容提要］　冯振是一个诗人，周振甫高度评价了他的诗作，他的诗作被朱东润评价为“颇似诚斋”。冯振诗与杨万里诗在诗歌主题、风格上存在一定相似性，但在抒发感情的方式与创作方法上不尽相同。

［关键词］　冯振　诚斋　诗歌　比较

一、问题的由来

冯振作为诗人的代表作是《自然室诗稿》，由作者亲手编订（《自然室诗稿》第三集未经冯振亲手刊定）。1934年朱东润曾评价冯振的诗“颇似诚斋”。四十年后的1974年朱东润在给冯振的信中又说“今则尝谓诚斋似兄矣”。[③] 这实际上还是说二者的诗风格相似，只不过是换了一种说法而已。但实际上，冯振似乎是不愿意与杨万里诗作对比的，其《戏作》云：“我诗或说似诚斋，我实无从读一回。渠又先生七百载，不应能似我诗来。”[④]作者将其系年于己巳年（1929）。诗中提到“我诗或说似诚斋”，至于是谁“或说”，有可能是朱东润在1934年之前就对冯振的诗有如此评价，现在已经不得而知了，暂不做讨论。但是这说明早在1934年朱东润评价冯振的诗“颇似诚斋”之前，就有人在1929年评价冯振诗与杨万里诗有相似之处了，这是可以肯定的。可见冯振诗与诚斋诗的比较是由来已久的。

1974年冯振作《杂感答朱东润》答复朱东润评价“今则尝谓诚斋似兄矣”说：“我诗何敢望诚斋，活泼新鲜畅所怀。一事胜公差自幸，桑乾远北是天涯。”[⑤]比较此诗与《戏作》创作的时间，实际上可以发现冯振态度的转变。在必要的自谦中，他已经对杨万里诗的风格有所认同，不再说“我实无从读一回”了。

① 本文系广西研究生教育创新计划项目“从无锡国专到广西师范大学——论冯振的教育理念及对广西教育的贡献”（编号：YCSW2017095）成果之一。

② 刘旋（1991—），男，广西师范大学文学院中国古代文学专业在读硕士研究生，研究方向为中国古代文学。

③ 党玉敏：《冯振传略》，《自然室诗稿与诗词杂话》，桂林：广西师范大学出版社，1989，第359页。

④ 冯振：《自然室诗稿与诗词杂话》，桂林：广西师范大学出版社，1989，第93页。

⑤ 同上书，第181页。

而是谦虚地表明自己的诗不如诚斋诗,诚斋诗的特征是"活泼新鲜畅所怀"。至于"一事胜公"在此诗的自注中也写明了:"杨诚斋《初入淮河》诗云,'船离洪泽岸头沙,人到淮河意不佳。何必桑乾方是远,中流以北即天涯。'南宋偏安,将淮河以北割让金,和现在全国统一、金瓯巩若、朋友遍天下,国际地位,今昔对比何止天渊。"①所以冯振说的"一事胜公"指的是"桑乾远北是天涯",即自己比杨万里幸运的是自己处在一个国家完整且有地位的状态。只是在所处的时代上胜于杨万里,而在诗歌方面持"何敢望诚斋"的态度。据胡光舟描述"据我所知,当时中华书局曾邀他校订笺注《杨万里集》,他似乎也曾进入工作状态。但数年过去,'文化大革命'爆发,全部文化都毁于一旦,当然连同他校注的《诚斋集》"②。胡光舟是朱东润的学生,1960 年分配后,一直在今广西师范大学工作,而冯振在新中国成立后也一直在广西师范大学工作。二人在六七十年代一直是同事关系。由这段记载可知从 1929 年《戏作》到 1974 年《杂感答朱东润》两诗的写作跨度之间,冯振是读过杨万里的诗作,并对其风格有一定的了解后才作的《杂感答朱东润》。③

但是这也不能说明冯振是刚开始不喜欢、不了解或者不屑与诚斋诗进行对比,而后在了解诚斋诗后才又有所转变的。仔细考察冯振在 1974 年所作的《杂感答朱东润》一诗,左边有冯振所作自注"一九三四年曾得朱东润书,戏寄一绝云:千里迢迢一纸来,我诗仍说似诚斋。头衔如许宁嫌小,只恐人讥是眉牌。一九七四年得君四月五日函,略云:曩尝谓兄诗颇似诚斋,今则当谓诚斋似兄矣。书此答之"④。从"千里迢迢一纸来,我诗仍说似诚斋。头衔如许宁嫌小,只恐人讥是眉牌"可以看出早在 1934 年,于冯振与朱东润的通信中,他就表明自己不愿与诚斋诗相比较,怕别人说他有自夸之嫌。所以就算冯振之前对诚斋诗完全没有了解,也至少在 1929 年到 1934 年期间,还有六七十年代的那十几年对诚斋诗有过了解,并且知道是什么风格的诗,特别是六七十年代,冯振还校订笺注了《杨万里集》。从《戏作》的题名与内容上看,冯振应该知道有人拿自己的诗与杨万里诚斋体诗进行对比,才有了一时的玩笑之语"渠又先生七百载,不应能似我诗来"。从这里可以看出冯振对自己诗歌的自信,同时题为只是"戏作",又可以看出冯振还一直保持着一个学者应有的谦虚态度。冯振一直不肯与杨万里诗作对比,可能与旁人将其师陈衍的诗错比陈师道诗有关,冯振在《呈石遗

① 冯振:《自然室诗稿与诗词杂话》,桂林:广西师范大学出版社,1989,第 181 页。

② 胡光舟:《冯振的为人、为诗与为学》,《冯振纪念文集》,桂林:广西师范大学出版社,2000,第 95 页。

③ 时间顺序是 1929 年作《戏作》,1934 年作无题(诗原无题目。自注"一九七四年得君四月五日函,略云:曩尝谓兄诗颇似诚斋,今则当谓诚斋似兄矣。书此答之"),1974 年作《杂感答朱东润》。

④ 冯振:《自然室诗稿与诗词杂话》,桂林:广西师范大学出版社,1989,第 181 页。

师》云：

海内大师今几辈，天涯何幸得相亲。
公诗独造原无法，我语心平拟或伦。
羞与时贤共窠臼，每于常处见清新。
旁人错比陈无己，肯作江西社里人。①

无论是冯振对于诚斋诗持何种态度，无论这种态度是受什么影响，总体看来，从朱东润的评价，以及《戏作》中的“或说”及冯振自己来看，冯振诗与诚斋诗都是有可比性的，并非无中生有。证明这二者之间存在相似性，下面将具体展开分析。

二、“颇似诚斋”

（一）风格相似

“诚斋诗”指的是诚斋体诗创始人杨万里的诗。其诗风格特征活泼自然，饶有谐趣。单看这一点，实际上冯振诗与诚斋体已经在风格上有近似之处。诚斋诗给人的第一印象就是有一种奇趣，令人耳目一新。如其《过上湖岭望招贤江南北山》四首：

其一
远山高绝近山低，未必低山肯下伊。
定是远山矜狡狯，跳青涌碧角幽奇。
其二
岭下看山似伏涛，见人上岭旋争豪。
一登一陟一回顾，我脚高时他更高。
其三
一水横拖两岸峰，千痕万摺碧重重。
谁言老子经行处，身在江山障子中。
其四
晓日秋山破格奇，青红明灭舞清漪。
画工著色饶渠巧，便有此容无此姿。②

这四首诗写山都带有奇趣风格特征。第一首将从远山与近山的位置出发，

① 冯振：《自然室诗稿与诗词杂话》，桂林：广西师范大学出版社，1989，第 104 页。
② 杨万里撰，辛更儒笺校：《杨万里集笺校》，北京：中华书局，2007，第 1345 页。

说低山未必是肯到这个地方来,而是远处的山"矜狡狯"所以才"跳青涌碧角幽奇"。第二首是从自己登山的实际情况出发,在登岭看远山,起先看时,那山如伏涛般平伏不耸高,待自己每登高一段此山,就把刚才所看的山回顾一下,这时却发现,当我的脚已站得更高时,那山却又比我更高了。在岭下看远山,总觉得山势并不高远仿佛触手可及,待自己爬上更高山时,才发现远山仍旧比自己站的地方更高远。这个登山现象生动地说明了"仰之弥高,钻之弥坚"的道理。而且写活了自然界中的山,使之有了与人一争高低的性格。第三首描写的是自然景色"一水横拖两岸峰,千痕万摺碧重重",前两句描写了自然景色的美好,而后两句则是对老子的追思。实际上杨万里在这个地方还写过一首《过招贤渡》:"归船旧掠招贤渡,恶滩横将船阁住。风吹日炙衣满沙,妪牵儿啼投店家。一生憎杀招贤柳,一生爱杀招贤酒。柳曾为我碍归舟,酒曾为我消诗愁。"①结合这个地方"招贤江"与"招贤渡"的地名,《过上湖岭望招贤江南北山》其三提到的"老子经行处",让人联想到贤能之士的出世与归隐的问题。第四首才是完全的写景之作,重点在前两句"晓日秋山破格奇,青红明灭舞清漪"。后两句"画工著色饶渠巧,便有此容无此姿"是对景色的衬托描写。

这一组诗(四首)充分地呈现出诚斋诗的奇趣风格,有第一首"远山矜狡狯""跳青涌碧"的趣味"活法",第二首揭示生活现象中的哲理,第三首面对美景生发出对历史的追思,第四首有对眼前美景的生动描写。这都是自然奇趣的表现。至于诚斋诗"活泼"的特征表现,杨万里代表名作《小池》最能体现:"泉眼无声惜细流,树阴照水爱晴柔。小荷才露尖尖角,早有蜻蜓立上头。"②这首七言绝句写得小巧、精致,玲珑剔透,生机盎然,抓住了池塘的景色特点进行描写,可以算得上是诚斋诗"活泼自然"的最佳代表。

而冯振诗也有与"活泼自然,饶有谐趣"这一特征类似的风格特征。《游蠡园作三首》:

回廊行尽度红桥,曲槛临湖舞柳条。
一色水天浑不接,远林如带绕裙腰。
梅花丛裹起朱楼,更有亭台映水幽。
最好入诗还入画,画中仍许我来游。
曲沼明湖一带通,虹桥高跨柳阴中。
预邀明月兼诗友,来共荷香六月风。③

---

① 杨万里撰,辛更儒笺校:《杨万里集笺校》,北京:中华书局,2007,第446页。
② 同上书,第408页。
③ 冯振:《自然室诗稿与诗词杂话》,桂林:广西师范大学出版社,1989,第94页。

这组诗是冯振游无锡蠡园时所作,与杨万里过“上湖岭,望招贤江南北山”同样都是面对自然景观的诗作,冯振这组诗与《过上湖岭,望招贤江南北山》四首就有异曲同工之妙。在这两组诗中,对于景色描写,在语言方面,冯振与杨万里都习惯于用比较口语化的句子,“回廊行尽度红桥,曲槛临湖舞柳条”与“一水横拖两岸峰,千痕万摺碧重重”;“曲沼明湖一带通,虹桥高跨柳阴中”与“晓日秋山破格奇,青红明灭舞清漪”都是作者对自己所见景色的直接描写。这种描写对应的都是“自然”这种风格。《自题诗集六首》其六:“前有柴桑后辋川,瓣香敢妄望名贤。千锤百炼归平淡,妙手文章只自然。”①自然是怎样便是怎样,入我眼中是怎样便是怎样。而在饶有谐趣方面,“最好入诗还入画,画中仍许我来游”生动地表现了对自然风景的喜爱和不舍。《春日偶成》:“寒梅已咏影横斜,次第垂杨与落花。芳草绿波都赏遍,始知春色属诗家。”②与《小池》一样,这首诗也是写春天的到来。《春日偶成》描写的是自然景色的变化,寒梅已经被诗家写过了,现在的风景是“垂杨与落花”。等到看遍了所有春天的美景才知道这美丽的春色属于能描写出春色美丽的诗家。这虽然与《小池》单纯的描写景色来表现春色的活泼可爱不同,但诗中透露着诗人对春色的喜爱与惊喜。《小池》的乐趣在于对景物的独到发现与精致描写,《春日偶成》的乐趣在于变化的惊喜。

(二)主题相近

在朱东润的评价中,“颇似诚斋”既可以理解为与诚斋体诗类似,也可以理解为与杨万里诗类似。冯振诗与杨万里诗的相似之处很重要的一点在于爱国忧时的诗歌主题。作为南宋著名的爱国诗人,杨万里一生留下大量抒写爱国忧时情怀的诗篇。他任金国贺正旦使的接伴使时,因往来江淮,在迎送金使之间亲眼看到沦丧于金国的宋朝大好河山和流离失所的中原遗民父老,心中郁满国家残破的巨大耻辱和悲愤,如《初入淮河四绝句》③:“船离洪泽岸头沙,人到淮河意不佳。何必桑乾方是远,中流以北即天涯!”“两岸舟船各背驰,波痕交涉亦难为。只余鸥鹭无拘管,北去南来自在飞。”写出了灾难深重中爱国士人和广大人民的共同情感。又如在见到金山吞海亭已成专为金使烹茶的场所时,他在《雪霁晓登金山》发出痛苦的呼喊:“大江端的替人羞!金山端的替人愁!”④痛斥了南宋小朝廷的屈辱和无能。

而冯振同样生活在一个动乱的年代,他的感怀诗感时忧国,表现出对国家

---

① 冯振:《自然室诗稿与诗词杂话》,桂林:广西师范大学出版社,1989,第 88 页。

② 同上书,第 95 页。

③ 杨万里撰,辛更儒笺校:《杨万里集笺校》,北京:中华书局,2007,第 1403 页。

④ 同上书,第 1427 页。

命运的深切关注。如《读岳武穆文文山诗有感》云：

慷慨思将卫霍俦，无情逝水怅难留。
男儿不向江边老，壮志应先天下忧。
胡虏只今污净土，河山何日返神州。
遗诗读罢还长叹，感愤伤时涕泪流。①

1916年正是辛亥革命失败，北洋军阀统治最黑暗的时期。在读到岳飞、文天祥这样爱国名士的诗时，联想到中国遭外族凌辱的惨痛现实，只能感叹无卫青和霍去病那样的爱国名将来拯救。冯振早年的诗歌创作中，就涌动着一股强烈的忧国报国之情。在《感愤五首》②中，诗人描写道："四海困穷狼入室，陆沈凄惨旧神州"，"蓟北烽火连海岱，江南杀气暗潇湘"，揭露了旧中国内乱外患的现实，大声呼吁"四海兄弟应急难，莫教深负脊令诗"，最后诗人说道："伤时语苦千篇少，救国心雄一剑知。"③报国之心，天地可感。1932年日本侵略军进攻上海，十九路军奋起抵抗，诗人又作《感愤》："孤军御寇两旬余，日日欣闻报捷书。谁料天生杀贼手，依然窗下注虫鱼。"④为自己未能血战沙场亲手杀敌而遗憾。由于国民党奉行"攘外必先安内"政策，与日本签订了卖国的《淞沪停战协定》，诗人悲愤而作《哀闸北次张豫泉先生韵》，揭露日寇侵华野心，歌颂十九路军将士的爱国精神，痛斥国民党政府"攘外必先安内"政策。在艰苦卓绝的抗日战争中，诗人还写了不少诗作控诉日寇暴行，同情民众苦难，表现出强烈的民族自尊心和责任感。在《避寇蒙山闻容县陷敌焚烧极惨我军与之激战》中诗人希望中国军队"快驱残寇靖乡闾"⑤。在《桂林柳州相继失守悲愤填膺感而赋此》中诗人悲愤地写道："十万灾黎抛掷尽，宜山西望泪难收。"⑥冯振还有一些诗在描写山水风物中抒发了忧国忧民的情怀，《野望》："原野何寥阔，春归泪眼中。众山遥带雨，一水远浮空。民已三年战，今成四海穷。干戈悲未息，临眺气如虹。"⑦《万顷堂二首》："芦苇萧萧野水愁，采菱人去剩空舟。孤村已是惊鸡狗，胜地偏教列剑矛。万顷湖光添杀气，八方烽火扰群鸥。伤心欲向虞姬石，何以当年楚汉秋。"⑧与杜甫《春望》《登楼》一类爱国诗篇异曲同工。

---

① 冯振：《自然室诗稿与诗词杂话》，桂林：广西师范大学出版社，1989，第14页。
② 同上书，第23页。
③ 同上书，第23页。
④ 同上书，第103页。
⑤ 同上书，第148页。
⑥ 同上书，第149页。
⑦ 同上书，第20页。
⑧ 同上书，第73页。

冯振诗与诚斋诗的另外一个共同特点就是,浅近明白的语言和流畅的章法,近于口语。近于口语的句子,少用典故直抒胸臆的做法贯穿于他们创作的始终。基本上这个特点体现在冯振诗与诚斋诗的所有作品中,所以不再举例赘述。

三、"别于诚斋"

(一)抒情方式

冯振诗与诚斋诗的最大的不同在于抒情方式的不同。诚斋诗显得比较轻松幽默,而冯振诗感情比较深沉。这一点反而比较类似杜甫。1945 年冯振作《兰言生日赋此遥祝》:

岂知流落到何方,更料穷山尚举觞。
以我千艰兼万苦,祝君儿壮与身强。
却思骨肉家园聚,信念风霜客路长。
闻道前军消息好,青春作伴待还乡。①

对比与杜甫《闻官军收河南河北》:

剑外忽传收蓟北,初闻涕泪满衣裳。
却看妻子愁何在,漫卷诗书喜欲狂。
白日放歌须纵酒,青春作伴好还乡。
即从巴峡穿巫峡,便下襄阳向洛阳。②

对比这两首七律,同样是前线战事取得了胜利,可是冯振依旧写的是"以我千艰兼万苦,祝君儿壮与身强"。诗中依旧是主要表现对家人的关心,而较《闻官军收河南河北》少了"白日放歌须纵酒"这个享乐庆祝的过程。这是由于不同的战争取得胜利程度的情况不同,更多的是诗人自身个性的因素。冯振的感情在于对亲人多年分散未能团聚,而战争即将胜利对亲人团聚的期待。杜甫在于对国家战争形势取得胜利、收复失地的关注。冯振在听闻战争胜利的时候想到的是如何收拾故土,回想过去的苦难时光,希望家人能够尽快团聚,没有过分的描写自己的喜悦,情绪比较内敛。侧重点不同,这也从侧面说明了冯振对家人的关心程度是胜过关心自己的。而杨万里则有比较开放的精神,诗小巧精致又自然,表达的情感比较含蓄委婉。《闲居,初夏午睡起二绝句》:

---

① 冯振:《自然室诗稿与诗词杂话》,桂林:广西师范大学出版社,1989,第 152 页。

② 杜甫著,谢思炜校注:《杜甫集校注》,上海:上海古籍出版社,2016,第 1955 页。

梅子留酸软齿牙,芭蕉分绿与窗纱。
日长睡起无情思,闲看儿童捉柳花。

松阴一架半弓苔,偶欲看书又懒开。
戏掬清泉洒蕉叶,儿童误认雨声来。①

这可能与诗人的个人生活经历有关,杨万里虽然身处南宋时期,但是自身身居高位,并没有亲身处于战争之中。而冯振生于 1897 年,到中华人民共和国成立之前,一直颠沛流离,不仅担心自己和家人的安危,还要兼顾教书育人,支撑无锡国专。前大半生的风雨飘摇让冯振没有办法像杨万里一样,经常可以创作一些比较舒缓闲适的作品出来。

(二)写作手法

另外一点不同在于写作方法。如冯振学生周振甫所说:"师不同意有人以杨万里诗相比,杨万里诗所谓'万象毕来,献予诗材',在自然景物中偶有感触,立即加以捕捉,写入诗中,出之容易。师诗貌似平易,实是千锤百炼,又经层层深入,探索情景之美,求有味外味,故与杨万里诗不同。"②在诗歌创作过程中,冯振诗的确较杨万里诗多了许多推敲椎炼,自然最后表现得依旧与杨万里诗一样近于口语,通俗易懂。如《重九清晨大雨登高无望赋此遣怀》:

楼前楼后雨浪浪,打碎登高梦一场。
海内共知戎马遍,山中未见菊花黄。
便穷叠嶂重关目,只搅千回百结肠。
莫问茱萸插多少,音书久已隔家乡。③

首联"浪浪"语出《离骚》"沾余襟之浪浪"。韩愈《别知赋》也说"雨浪浪其不止"都是说雨落个不停。④ 在诗中"浪浪"这个词已经完全融入情境中了,既有出处又符合自己描写的情境,还通俗易懂。此诗中的"共知"一词体现了 1944 年抗战的严峻形势,湘桂两省的难民颠沛流离,惨不忍睹。"搅"是经过提炼的字词,准确地表达了当时国家形势的复杂性,搅动的"千回百结肠"不仅有对抗战形势的担忧,还有对国内局势的不安。仔细品味冯振诗中的句子,就会发现作者层层深入的意蕴,体会到"有味外味"。在诗歌创作"自然"这一方面,

---

① 杨万里撰,辛更儒笺校:《杨万里集笺校》,北京:中华书局,2007,第 189 页。
② 周振甫:《自然室诗稿与诗词杂话·后记》,《自然室诗稿与诗词杂话》,桂林:广西师范大学出版社,1989,第 298 页。
③ 冯振:《自然室诗稿与诗词杂话》,桂林:广西师范大学出版社,1989,第 149 页。
④ 吴子厚:《自然室诗稿百篇赏析》,《冯振纪念文集》,桂林:广西师范大学出版社,2000,第 483 页。

无论诗歌语言表现得如何平易通俗,冯振诗这种推敲椎炼表现得还是有迹可循的。而诚斋诗则在诗歌意蕴上,表现得具体又细微,使人重新发现身边事物之美。诗作显得浑然天成,姜夔评价杨万里的诗"风行水上自成文"是有道理的。

由于推敲椎炼这种做法,所以需要读者自己揣摩体会诗的深层意蕴,相较而言,冯振诗比诚斋诗读起来没有那么轻松了。但是"情真才有好诗篇"①,感情真挚需要细细体会,这也是冯振诗一大特色。

四、总结

冯振诗与诚斋诗有很多相似的地方。包括整体的诗歌风格,以及爱国忧时主题的诗。也有不同的地方,主要是冯振诗抒情风格和创作方法上的不同。从总体来看,冯振诗不如诚斋体"活泼",诗中感情较诚斋体诗表现得更直接深沉,诗歌风格更为真挚沉重,这一点更接近杜甫诗歌的沉郁诗风,冯振《自题诗集六首》其三:"转益多师是汝师,杜陵心法不吾欺。"②冯振自己不肯学习某一派的固定诗风写法,而是"转益多师"吸取了多位大家的优点,从而形成了自己独特的风格。冯振诗语言看似平淡但情味深挚,且意境深邃。评价冯振诗"颇似诚斋"是有其事实依据的,而评价冯振诗"胜似诚斋",也只能说各有其特点和长处,没有优劣之分。冯振诗有"颇似诚斋"如此高的评价,但是其创作的诗歌作品却较少有人关注重视,不得不说是一个遗憾。

---

① 冯振:《自题诗集六首》其二,《自然室诗稿与诗词杂话》,桂林:广西师范大学出版社,1989,第88页。

② 冯振:《自然室诗稿与诗词杂话》,桂林:广西师范大学出版社,1989,第88页。

论冯振的哀悼诗[①]

朱媛媛[②]

[内容提要] 冯振在中国古典诗词研究和创作方面成就尤为突出,他的诗具有强烈的时代气息,渗透着忧国忧民的爱国主义思想感情,尤其是哀悼诗。他的哀悼诗除了表现亲情、友情,还有更深的时代精神,常常把个人命运和国家命运紧密联系起来,把自己的哀悼之情与忧国忧民的情怀结合起来,表现出对祖国的热爱。他的哀悼诗是时代的产物,是其一生思想感情生活的真实反映,具有诗史的性质。本文就冯振的哀悼诗来进行论述,梳理其哀悼诗的概念、分类、艺术特色以及价值意义,探讨特定时代背景下文人情真意切、忧国忧民的爱国情怀。

[关键词] 冯振 哀悼诗 爱国情怀

冯振在中国古典诗词研究和创作方面成就突出,著有《诗词作法举隅》和《自然室诗稿与诗词杂话》。这些诗是冯振一生思想感情生活的真实反映。冯振一生经历了清末、民国以及新中国成立与建设时期;曾遭遇过军阀混战、抗日战争、解放战争、"文革"等中国重大的历史时期。可以说,古今交融,借鉴中有创新,用古典诗歌形式写时代内容和现代情感,是《自然室诗稿》中的突出特点。[③] 纵观冯振一生,几乎可以反观大半个20世纪,在旧社会里,他饱经沧桑,目睹了北洋军阀和国民党的反动统治。他的诗在一定程度上揭露了旧社会反动派的黑暗统治,对广大人民群众的疾苦表现出深切同情。新中国成立后,诗人热情讴歌了党和人民建设新中国的伟大成就。[④] 冯振的诗歌题材很广,涉及山水诗、爱国诗、交游赠答诗、哀悼诗、咏怀诗、爱情诗、祝寿诗,乃至淡泊明志诗、羁旅诗、离情别愁诗。这些诗率真自然,直抒胸臆,在思想和艺术上都有很高的成就,从中可以看到冯振对祖国的热爱、对日本侵略者的无比痛恨、对旧中

---

① 本文系广西研究生教育创新计划项目"从无锡国专到广西师范大学——论冯振的教育理念及对广西教育的贡献"(编号:YCSW2017095)成果之一。

② 朱媛媛(1991—),女,广西师范大学文学院中国古代文学专业在读硕士研究生,研究方向为中国古代文学。

③ 党玉敏、王杰:《冯振纪念文集》,桂林:广西师范大学出版社,2000,第190页。

④ 同上书,第211页。

国劳苦人民的同情、对师长的敬仰、对友人的坦诚、对家人的眷念,以及对后辈的期冀等。

一、冯振哀悼诗的概念

所谓哀悼诗,即为哀伤悼亡之诗,是为人生为社会的哀悼、为他人死亡的哀悼。冯振的哀悼诗不局限于抒写个人的悲痛之情,而把自己的哀悼之情与忧国忧民结合起来,在特定的时代背景下,抒发对国家的哀伤之情和对亲朋好友的悼念之情。冯振的哀悼诗中寄寓着深深的忧怀国事之痛,失去亲人故友之痛,感叹生不逢时、命途多蹇之痛。①

冯振虽生在乱世,但有着一颗赤诚的爱国之心。尽管终生从事教育工作,但他关心国家,关心民众,为国为民为教育事业鞠躬尽瘁。他在 1934 年编的《自然室诗续集自叙》中写道:"家国之变,离乱之苦,战士捐躯之壮烈,民众赴难之奋勇,不特生平所未经,抑亦亘古所稀有。其惊心动魄,可歌可泣,固足以播之诗章,传诸天下后世而不朽。"②冯振忧国忧民,胸怀博大,对国对民对亲朋好友都有真挚的感情。他的哀悼诗把个人命运和国家命运联系起来,写得十分真挚感人。他在无锡国专任教期间,适值日本帝国主义大举侵略中国。冯振以诚挚之心,写下了充满革命激情和爱国热忱的哀悼诗篇。这些哀悼诗揭露了日寇的滔天罪行,鼓舞人们抗击日寇侵略的斗志。他的哀悼诗不仅语言明白恳切,直抒胸臆,最重要的是感情真挚动人,有着强烈的现实主义精神。

哀悼诗在《自然室诗稿与诗词杂话》中约有 30 首,有哀国的、哀家的以及哀友人的。这些诗感情自然,真挚深沉。它们表现了诗人对祖国的热爱,对亲友的深厚情谊,对敌寇的无比憎恨,对时局的万分忧虑,是诗人爱国思想的一种表现。

二、冯振哀悼诗的分类

(一)哀国

冯振经历动荡的社会时代,他的很多哀悼诗富有人民性,充满爱国主义精神,揭露了那个特定时代的罪恶愤懑,渗透着忧国忧民的思想感情。

1931 年,"九一八"事变后,日寇的魔爪伸向了我国东三省。国难当头,冯

① 党玉敏、王杰:《冯振纪念文集》,桂林:广西师范大学出版社,2000,第 193 页。
② 冯振:《自然室诗稿与诗词杂话》,桂林:广西师范大学出版社,1989,第 111 页。

振怀着满腔愤怒之情，在诗篇中揭露日本强盗的暴行。《悼马烈妇殉国难》：

强寇狼侵一月更，斗机蜓集炸孤城。
冤魂有恨虚殉国，主将何心坐拥兵。
生不从军征北虏，死应填海到东瀛。
精诚犹恐无人会，付与啼鹃岁岁鸣。①

用"狼侵"和"蜓集"形容日寇如豺狼般凶残以及敌机像蜻蜓集结似的狂轰滥炸，揭露了日本侵略者惨绝人寰的罪行，表达了对日寇无比痛恨和对无辜受害人民的深深哀悼之情。

1932年1月28日，日本进攻上海，"一·二八"事变爆发。蔡廷锴等领导的国民党十九路军奋起抵抗，但国民党奉行"攘外必先安内"政策，与日本签订了丧权辱国的《淞沪停战协定》，诗人悲愤而作《哀闸北次张豫泉先生韵》，"哀闸北"是对闸北当日陷敌的哀悼，此诗揭露日寇侵华的野心和滔天罪行，歌颂了十九路军"赫然为国抗贼军，逾月无援敢辞苦"的爱国精神，痛斥了国民党政府"迁都长期唱抵抗，拥兵坐视知何心"的不抵抗政策。提出"不甘子孙作牛马，男儿尽合闻鸡起"的号召。气势悲壮豪迈，哀而不伤，在哀悼中有激励和感奋，有正义必胜的勇敢与信心，气魄雄大，振奋人心。

1937年7月7日，卢沟桥事变爆发，日本侵略者发动了全面侵华战争，举国上下掀起了抗日救国的热潮，拉开了全面抗战的序幕。冯振热血沸腾，挥笔愤怒地谴责揭露日寇的侵略罪行。在《哭石遗师三十韵》中有："同时卢沟桥，蝠夷正来攻。杀机一朝发，妖氛弥长空。赤地几千里，烈焰天为红。可怜无辜民，多少膏刀锋。"②诗篇揭露了日军烧杀的罪行，写出了日寇像妖气笼罩着中华大地一般阴森恐怖，并写了日军烧杀范围之广、屠杀百姓之多等惨状，触目惊心。

冯振的老师陈石遗于卢沟桥事变的第二天病逝，冯振与他感情极深。梁漱溟曾说："冯先生是近代国学大师陈衍（石遗）、唐文治（蔚芝）的得意门生。陈、唐二人在经学、诗学、训诂学方面功力过人，都有独到的成就。冯先生在上海受业此二人门下，勤奋努力，学问扎扎实实。他在《自然室诗稿》中有两句'海内大师今几辈，天涯何幸得相亲'，说的就是自己有幸得到这样的名师指点。后来在一九三三年印刷《自然室诗稿》时，陈衍还亲笔为他题写书名。"③对于恩师的不幸离世，诗人痛心疾首，赋诗志痛，在哀悼亡师的同时，又对战乱中的无辜人民表示深切的同情。

---

① 冯振：《自然室诗稿与诗词杂话》，桂林：广西师范大学出版社，1989，第105页。
② 同上书，第129页。
③ 党玉敏、王杰：《冯振纪念文集》，桂林：广西师范大学出版社，2000，第550页。

(二)哀家

冯振的一些哀悼诗抒写亲友之间的深情厚谊,把个人的命运和国家的命运联系起来,写得十分真挚感人。在日寇横行的黑暗年代,冯振的很多亲人都不幸离世,诗人在表达自己深深的哀悼之外,更表达出了对日寇的憎恨与愤懑。

1.哀父母

1940 年,抗日战争已进入第四个年头。中华半壁江山沦于敌寇。冯振随无锡国专由江苏无锡迁校到他的家乡广西北流县(现为北流市)萝村。在重阳节谒墓时有《重九后三日谒先考妣墓》:

高秋节物已重阳,谒墓情怀剧可伤。
永叔冈阡犹有待,放翁家祭怎能忘?
身行万里成何事,泪到重泉恐断肠。
凄绝下山回首望,风云凭护木苍苍。①

写出了对父母的哀悼之情以及对国仇家恨的忧愤与郁积,并化用宋代著名爱国诗人陆游"王师北定中原日,家祭无忘告乃翁"的诗句来表达自己驱除强敌、收复失地、统一祖国的愿望,抒发了诗人忧国忧民的崇高境界和深深的爱国之情。

2.哀兄弟

1927 年,冯振弟弟冯挥之逝世,享年 28 岁。1930 年,冯振在上海公墓葬其亡弟,并赋诗志痛,《葬亡弟用生于上海公墓赋此志痛》:

忍念棺中骨,平生友爱殷。
死仍羁异域,生已阻妖氛。
郁我六年泪,营兹半尺坟。
九泉呼不起,知否更谁云。②

这首诗不仅表达了冯振与弟弟之间的手足情深,更对造成弟弟早亡的时势充满怨愤之情。1934 年冯振再次来到其亡弟生活过的地方矫龛,当年狭窄的里巷已变为宽阔的大路,诗人不禁睹物思人,赋有《至徐家汇寻矫龛旧址追念亡弟挥之赋此志痛》和《馀悲未尽用前韵再作一首》,表现出诗人对亡弟的无比思念及深深的哀伤之情。

这三首诗可谓沉痛中有悲愤,写出了兄弟情深以及作者无限的悲痛,读之久久不能释怀。

---

① 冯振:《自然室诗稿与诗词杂话》,桂林:广西师范大学出版社,1989,第 139 页。
② 同上书,第 99 页。

3.哀妻子

冯振与妻子甘兰言于1916年结婚,夫妻相守长达60年。冯振有大量的表达伉俪之情的诗作,如《寄兰言》《断肠别》《同兰言出行至萝村追怀江南旧事感赋》《冬夜怀兰言》等。其中,《断肠别》为五古四首。

1976年兰言不幸逝世,对于80高龄的诗人来说,打击甚大。《兰言病危作临终语,书此答之》:

筵席终须散,齐眉谁百年。
久宗无鬼论,不说再生缘。
乘化聊归尽,安时且听天。
犹存万一想,心力免徒捐。①

沉痛之极,化而为平淡,而于呜咽吞吐中却蕴含至深的情与通透的理②。切切含哀,款款动人,冯振和妻子患难与共历久弥笃的情感令人肃然起敬,其经历60年风风雨雨都矢志不渝,令人感动不已。

在兰言去世后冯振又有《悼念兰言》《又悼念兰言二首》《参加修订辞工作悼念兰言》《又悼兰言》等诗,写出了诗人深深的悲痛与无限怆楚,足以见他们的伉俪情深。

4.哀子女

冯振的孩子玉英、骞兰、采芝、森儿、楠儿,生命都极其短暂。楠儿患病无医,1937年死于无锡。在万分悲痛之余冯振作了《伤楠儿》四首以悼之。"半夜值戒严,医药两无获;坐视病渐危,束手竟无策。"写出了对造成楠儿早逝的动荡时局的愤懑之情。采芝也因辗转奔劳,病中无医,在1939年死去。森儿在抗日战争时毅然参军,不幸患病,但他坚持不告假,奋起抗战,积劳成疾,后虽回家医治,但不出半年,也在1941年死去。去世时,无锡国专正在桂林穿山建校区,规模大,事情比较多。身为校领导的冯振因忙于校务工作,没有回家料理丧事。冯振伤心至极,作《哭森儿》八首以悼之。在《哭森儿》(其六)冯振悲痛地写道:

丧子一之真已甚,如何接二更连三?
两男一女五年失,不是钟情亦不堪!③

这对于一个父亲来说,中年丧子,可谓不幸,着实是一个巨大的打击!

《惠山访楠儿墓》是悼儿诗,也是祭文。自1937年楠儿殁于无锡至1946年

---

① 冯振:《自然室诗稿与诗词杂话》,桂林:广西师范大学出版社,1989,第178页。
② 党玉敏、王杰:《冯振纪念文集》,桂林:广西师范大学出版社,2000,第102页。
③ 冯振:《自然室诗稿与诗词杂话》,桂林:广西师范大学出版社,1989,第141页。

抗战胜利到学校复员后已达九年之久，诗人再访亡儿寄柩之处，已经50岁，已步入垂暮之年，沉痛之余，赋诗志痛：

九年重到亡儿地，忍泪先寻寄柩场。
抔土剩看埋骨了，短碑空对夕阳荒。
身更丧乱渐衰老，汝在泉台可健康。
楮帛手焚收到否？飞灰意绪共茫茫！①

开门见山写悼亡，老泪纵横，气氛惨烈苍凉，读起来无限凄恻，感慨万千！

此外，《伤玉英》《哭殇女搴兰》等诗也是使人思绪起伏，久久不能释怀。如前一首中“汝生吾未归，汝死吾他适”“昔如掌上珠，今为土中烁”，后一首中“到如今、掌上珍珠化尘土，游魂杳杳归何处？”等句更是催人泪下。白发人送黑发人，我们可以看到一个父亲无助哀鸣、泪眼婆娑的悲痛形象。

（三）哀友

冯振是著名学者，广交天下朋友。从冯振哀悼友人的诗中可以看出他非常看重友情，他的哀悼诗写出了与友人在战火中以及工作中的情谊。

在冯振的友人中，陈柱尊可以说是至交。陈柱尊和冯振不仅是同乡，更是知己，又都是诗人，且都研究群经诸子，又好饮酒，两人治诗治学兴趣爱好无乎不同。在《自然室诗稿》中，冯振写了大量关于陈柱尊的诗，约56首，足可见陈柱尊在冯振心中的分量。陈柱尊在《自然室诗稿叙》中说：“余好治诗、古文辞，而振心亦好之。久之，振心亦同受业于唐先生。于是，每日课后必相见。见则必论诗、古文辞。浸假而治小学，治经，治诸子，莫不同之。而吾以数年之长，凡所议论，振心尤私心好之。”②足可见他们的学问和爱好有很多相似之处，两人情谊极深。

陈柱尊爱国爱民，性格狷介，他曾对冯振说：“君性狷，余性狂。狷者固当有取于狂以求至乎中？然而不取焉，无大害也。若吾之狂，而不能取于君之狷，则必招杀身之祸。”③可看出他耿介质朴，所以当日本侵略者占领上海并残害中国人民时，他生不如死却只能默默承受痛苦，忧伤度日，这无疑是致死的重要原因。1946年，冯振回到无锡写了《吊柱尊墓》诗：

---

① 冯振：《自然室诗稿与诗词杂话》，桂林：广西师范大学出版社，1989，第153页。
② 同上书，第2页
③ 同上书，第2页。

一尊满意复同倾，岂料沧桑隔死生。
万劫不磨知己在，百端难语寸心明。
重泉应抱千秋恨，早世翻教后累轻。
宿草荒坟吾敢哭，迸攒酸泪只吞声。①

亲如手足的故人在抗战胜利前夕撒手长归了，这对冯振来说是一个巨大的打击。诗人开门见山地寄托了沉痛的感慨，并为陈柱尊的过早辞世、未能充分发挥其聪明才智感到惋惜。

《哭黄用溥先生》中的黄用溥不仅是冯振的长辈更是朋友，他气宇轩昂，抱负不凡，对国事世情的评议很精准，冯振非常敬仰他。但黄用溥不幸过早逝世，冯振非常伤心，赋诗志痛。《清明哭李穆樵步柱尊韵》是一首悼念亡友李穆樵的诗。全诗于浅语中含深意，情景交融，将哀伤之情淋漓尽致地展现在读者面前。《过香港悼苏铭卓》中苏铭卓是冯振的同窗好友，但不幸含冤惨死于香港。冯振经过其死处悲伤不已。“无天安可问，有地只埋忧！萧飒香江上，冤魂何处游？”②等句不仅流露出对友人的怜惜与同情，也饱含悼念者对当时混乱时局的怨恨与愤懑。《挽高天行教授》中高天行是冯振在广西师范学院（广西师范大学前身）的同事兼好友，他学识渊博，风流儒雅。对于友人的突然辞世，作者表达了巨大的悲痛：“文章经国空怀抱，儒雅流风只梦思。”③道出了高天行的逝世是中国教育界之大不幸。《挽冯伟教师》中的冯伟是冯振的同事更是忘年交。不幸得病，盛年早逝。“公私情谊难详说，更痛诸生失教师”④，作者的悲痛跃然纸上，令人不忍卒读。《挽陈克副院长》中的陈克是广西师范学院（广西师范大学前身）的副院长，她是一位极其负责任的领导。她尊重教师，对学生和蔼，平易近人，深为全院师生敬爱，但不幸因病逝世。这使得冯振非常悲痛，赋笔作诗，以示哀悼。《挽何奎垣鲁先生并题遗诗》中的主人公也是冯振亦师亦友的故人，他们曾一起学习，在学问乃至生活上都互帮互助，感情很深，重于道义，笃于友谊。面对故人的不幸离世，作者思潮起伏，无比沉重、悲痛。

另外《至无锡悼张友艺》《哭甘云菴先生》《哀汪生稼云》《哭朱叔子师》《挽徐管略二首》《千钧昆仲招饮二凡楼追怀迥凡老友》《挽区得潜》《挽高天行教授》《陆景周先生寄示悼亡之作赋此慰之》《挽冯伟教授》《挽陈克副院长》《挽何奎垣鲁先生并题遗诗》《挽黄克强先生二首》等哀悼友人的诗也将悲痛之情呈现

① 冯振：《自然室诗稿与诗词杂话》，桂林：广西师范大学出版社，1989，第153页。
② 同上书，第66页。
③ 同上书，第156页。
④ 同上书，第168页。

得淋漓尽致。足见冯振对友人深于道义,笃于友谊。

值得注意的是,在这些哀悼友人的诗中,作者一方面对友人的不幸离世充满了深深的哀悼,另一方面也写出他们的去世对整个社会来说是一种惨重的损失,是社会之大不幸!

三、冯振哀悼诗的艺术特色

冯振善用古典诗歌形式书写时代内容和表达现代情感,他的哀悼诗语似平淡,但情味深挚,字似寻常,但意境深邃。且处处用典,率真自然,直抒胸臆,情真意切,以高超的艺术手法显出真挚的思想感情,具有强烈的艺术感染力。

(一)语言自然,情感真实

冯振的哀悼诗语言平淡自然,情感真实丰富,毫不矫揉造作,在平实朴素的语言中蕴含着极其真挚自然的感情。冯振在《自题诗六首》中吟到:"无病呻吟等噪蝉,情真才有好诗篇。"①要求作诗时情感要真诚挚切,反对任何虚假与无病呻吟。冯振的哀悼诗都是富有真情实感的诗,是诗人感情的真实流露。冯振的学生冯其庸曾评价其诗"感情真挚动人,情见乎词"②,冯振的至交梁漱溟说冯振的诗"平易自然,感情真挚"③,而古典文学专家朱东润则说冯振的诗有杨诚斋之风④,这都是很高的评价。

如《吊柱尊墓》这首七律中写的"万劫不磨知己在""百端难语寸心明",足可见冯振与挚友情谊之深,既真情流露又自然感人。"重泉应抱千秋恨"这句,抗日战争,损失惨重,虽已胜利,但满目疮痍。陈柱尊作为教育者,要为祖国培育人才,可他竟然在祖国最需要他时撒手人寰,"责备"柱尊应抱恨重泉。然而诗人又感喟道:"早世翻教后累轻。"从反面来衬托故人之死,更增悲痛。"朋友之墓,有宿草而不哭焉",可见冯振至情至性,感逝念旧之意,写"宿草荒坟吾敢哭,迸攒酸泪只吞声",作者废弃古礼,长歌当哭,足见两人的情谊。冯振如此至情至性使人沉痛不已,感慨万千。周振甫评说:"知己之感,难言之情,生死之悲,早世之幸,欲哭而只吞声,其中感情之真挚深沉,足与杜甫《送郑十八虔贬台州司户》媲美。杜诗尚写生离,师诗写朋友死别之恨,沉痛尤为过之。"⑤冯振的

---

① 冯振:《自然室诗稿与诗词杂话》,桂林:广西师范大学出版社,1989,第88页。

② 冯其庸:《怀念我的老师冯振心先生》,《自然室诗稿与诗词杂话》,桂林:广西师范大学出版社,1989,第327页。

③ 梁漱溟:《我和冯振先生》,《自然室诗稿与诗词杂话》,桂林:广西师范大学出版社,1989,第549页。

④ 党玉敏、王杰:《冯振纪念文集》,桂林:广西师范大学出版社,2000,第196页。

⑤ 同上书,第559页。

诗正是由于语言平常浅易但感情真挚自然，所以才具有强烈的艺术感染力。

（二）用典

冯振的哀悼诗处处用典，且用典自然，事理契合，丝毫不牵强。

在《重九后三日谒先考妣墓》中颔联有："永叔冈阡犹有待，放翁家祭岂能忘？"借用欧阳修的《泷冈阡表》和陆游的《示儿》来言国难当头，不敢忘记父母生前对自己的勉励与教诲，抒发了诗人希望驱除强敌、收复失地、统一祖国的强烈愿望和深深的爱国之情。

《至徐家汇寻桥寬旧址追念亡弟挥之赋此志痛》中有"谁能更待听邻笛，忍泪归来强一觞"则是借用魏晋时期文学家向秀《思旧赋序》对故人的凭吊闻笛作赋来寄托诗人对亡弟的深深的哀悼之情，思旧之情难泯，可见诗人与亡弟的手足情深。

《哭黄用溥先生》颈联"天下滔滔谁与易，泉台杳杳返其真"则化用了《论语·微子》中"滔滔者天下皆是也，而谁以易之？"[①]是说现在天下像洪水一样泛滥，而这"矫世"之人已去世，那我将同谁一起去改变这浑浊不堪的状况？其实是说黄用溥的不幸离世对社会来说是一大损失。但"泉台杳杳返其真"则说生在乱世，友人可以保持自己的本性不受污染保全其真而离去，这未尝不是一件好事。尾联"盖棺定论公何恨，只是神州满棘榛"则化用了"盖棺定论"的典故用来说明友人清白的一生已经盖棺定论，但现实却又是残酷的，中华大地动荡不安，对敢于"矫世"的友人的离去忧心不已。

在《过香港悼苏铭卓》中颔联有"恨血千年碧，轻生一剑知"，上句化用"苌弘化碧"这一神话传说的典故。苌弘是周朝的忠臣，在蜀含冤被杀后，蜀人把他的血藏起来，三年过后，血竟变成青绿色的碧玉，用这一典故道出了苏铭卓是含冤怀恨而死。"轻生一剑休"则是化用刘长卿《送李中丞之襄州》中的诗句"轻生一剑知"[②]，用来表明苏铭卓见义勇为的那支剑竟然休止了，何其悲乎！颈联"无天安可问"则引用了屈原的《问天》篇，现在世道如此黑暗，苍天却默默无语，将愤懑之情推到了极致。

《吊杜尊墓》的尾联"宿草荒坟吾敢哭，迸攒酸泪只吞声"中的"宿草"出自《礼记·檀弓》中"朋友之墓，有宿草而不哭焉"[③]。宿草就是草之陈根，朋友相为哭一期，草根陈乃不哭。作者废弃古礼，祭奠时满腔愁绪泣不成声，足见诗人的情深义重。

---

① 杨伯峻：《论语译注》，北京：中华书局，2006，第 219 页。

② 彭定求等：《全唐诗》，北京：中华书局，1980，第 1492 页。

③ 崔高维校点：《礼记》，沈阳：辽宁教育出版社，2000，第 16 页。

除此之外，冯振的很多哀悼诗都用典，诸如《挽陈克副院长》《又悼念兰言二首》《挽高天行教授》等。运用典故可以将对友人深深的哀悼之情表现得淋漓尽致，足可见冯振文学功底之深厚。

四、冯振哀悼诗的价值意义

冯振的哀悼诗具有强烈的时代气息，高度的爱国主义精神。他的哀悼诗除了表现亲情、友情，常常把个人命运和国家命运紧密联系起来，把自己的伤悼之情与忧国忧民的情怀结合起来。在日寇横行的年代，冯振满怀愤怒之情，在很多哀悼诗中揭露了日本帝国主义的暴行。

在《哀闸北次张豫泉先生韵》中，诗人痛斥日本帝国主义的侵略，揭露了日本帝国主义的侵华野心，强烈地斥责国民党政府无所作为，高度赞扬了十九路军的爱国精神。并发出了"不甘子孙作牛马，男儿尽合闻鸡起"的号召，希望大家奋起抵抗日寇的侵略，振奋人心。

在《哭石遗师三十韵》中有"杀机一朝发，妖氛弥长空""可怜无辜民，多少膏刀锋"，揭露日军烧杀的罪行，极写日军烧杀之惨状以及遇难百姓之多，使人触目惊心，愤怒不已。诗人在哀悼亡师的同时，又对战乱中的无辜百姓表现出深切的同情和对死难者满怀深深的哀悼。

因为身处乱世之中，亲朋好友的亡故常与当时形势相关。在日本敌寇的侵略下，冯振的两个儿子和一个女儿相继被夺去了生命。楠儿因为乱中无医无药而致夭折，森儿因为投身抗敌之业而早逝，采芝也是由于战乱辗转劳累患病无医而不幸去世，就连他的弟弟也是病在无锡因战乱所阻无法及时送往上海医治而早亡的。

在《伤楠儿》四首中，冯振揭露了敌军肆意轰炸疯狂屠杀的暴行，"铁莺尤肆虐，巨弹常妄施""城市变瓦砾，人畜成肉糜"是多么的触目惊心，令人愤怒不已。这些诗篇揭露了日寇在中国领土烧杀掳掠的罪行，让世人看清了日军侵华的真面目。

在《哭森儿》八首之八中："久病经年气尚雄，闻鸡壮志竟成空。翻思恢复中原日，告汝凄凉累乃翁。"①冯振把哭亡儿的哀悼之情与关心国家命运的爱国之情紧密联系在一起，思想内容深刻，情感丰富，催人泪下。

冯振的哀悼诗除了表现对亲朋好友深深的哀悼之外，还有更深的时代意义，具有诗史的性质。它无情地揭露了日寇侵华暴行给中国人民带来的沉重灾

---

① 冯振：《自然室诗稿与诗词杂话》，桂林：广西师范大学出版社，1989，第141页。

难，表现了诗人热爱祖国、热爱人民、热爱教育事业的思想感情，我们也看到了诗人身上位卑不敢忘忧国的崇高境界。而且，冯振的诗歌还继承了杜甫诗歌现实主义的优良传统，具有深刻反映现实的意义。家痛即国痛，家恨即国恨，所以冯振的哀悼诗和其他伤时忧世的咏史诗、咏怀诗一样，都体现出一种沉重，正是“长歌之哀，过乎恸哭”①。

五、结语

总之，冯振的哀悼诗将亲情、友情、国情有机结合，把家国命运紧密地联系起来，直接抒发感慨，情真意切，真挚感人，具有高度的爱国精神。一方面，表达了诗人对亲朋好友离世的深深的哀悼之情；另一方面，也反映出作为一代教育家的冯振为了国家与教育事业孜孜不倦的高尚胸怀。这些诗歌具有诗史的性质，是那个时代风云和诗人生活的真实记录，多角度地再现了中国人民反抗日本侵略者的社会现实，表现了诗人强烈的爱国精神，细细品味之，一个铁骨铮铮的爱国者、教育家的形象如在眼前。② 从这些诗篇中，我们看到了一位正直爱国、忧国悯时的中国知识分子的高大形象，值得我们永远铭记。

---

① 党玉敏、王杰：《冯振纪念文集》，桂林：广西师范大学出版社，2000，第 194 页。

② 同上书，第 177 页。

粤西文人及其文献研究

新发现的广西末代状元刘福姚生年史料[①]

杨上元[②]

[内容提要] 关于刘福姚的生年,主要有三种说法:一是生年待考说,二是咸丰五年(1855)说,三是同治六年(1867)说。翻查晚清史料,发现《恽毓鼎澄斋日记》中"公祝刘伯崇殿撰四十寿"这则史料记载,结合对清代官场中官员"官年"与"实年"不符的问题的考察,再加上朱彭寿《清代人物大事纪年》中对于刘福姚生年记载的印证,从而判断刘福姚生年当为同治三年(1864)二月。

[关键词] 刘福姚 生年 恽毓鼎澄斋日记 新发现史料

刘福姚,清末最后一位广西籍状元,晚清临桂词派重要成员,在清廷历任翰林院修撰、秘书郎,贵州、广东、浙江、河南四省乡试考官,学部图书局总务总校等,预备立宪时期在宪政编查馆任职,负责考察湖北、江西、安徽、江苏四省筹办宪政事宜。清亡后,任北洋政府秘书,殁于民国。其著述传世的主要有《庚子秋词》两卷、《忍庵词》一卷,还有书法作品若干。《义和团史料》中收录刘福姚《庚子纪闻》,经笔者考证,其作者乃浙江学政文治,而非刘福姚。[③] 刘氏的生平事迹在正史(如《清史稿》《清史列传》)中没有传载,现存刘氏生平资料多在他人诗词集、志书及晚清民国人日记、笔记中有所涉及。

一、此前关于刘福姚生年的三种说法

一是生卒年待考。大部分史志及研究资料或持此观点,或未言及刘福姚生卒年,如《临桂县志》[④](1996 年版),《广西教育史料》[⑤],《粤西词载》[⑥],《中国

① 本文系国家社科基金重大招标课题"桂学研究"(编号:12&ZD164)的阶段性成果;青岛市哲学社会科学规划项目"近代青岛外来移民研究"(编号:QDSKL1601059)阶段性成果。

② 杨上元(1979—),女,广西师范大学文学院文学博士,研究方向为中国古代文学。现为青岛大学讲师。

③ 杨上元:《〈庚子纪闻〉作者考辨》,《近代史研究》,2016 年第 6 期。

④ 李荣典主编:《临桂县志》,北京:方志出版社,1996,第 798 页。按:(清)吴征鳌修:《临桂县志》1963 石印本,未见刘福姚传载。

⑤ 李彦福主编:《广西教育史料》,南宁:广西人民出版社,1990,第 71 页。

⑥ 曾德珪主编:《粤西词载》,桂林:漓江出版社,1993,第 940 页。

近代文学大系》①,《中国历代状元录》②,《清代江苏苏州府属状元书篚》③,《天下第一策:历代状元殿试对策观止》④,《中国近现代人物名号大辞典续编》⑤等。

二是生于咸丰五年(1855)。提出此结论的著述如2008年版《吉安县志》前志遗补与勘误⑥、《中国状元大典》⑦,《清代状元奇谈清代状元谱》⑧等。

三是生于同治六年(1867),同意此观点的研究资料主要有:《广西古代诗词史》⑨,《聚珍轩藏品赏鉴书画卷》⑩,《石景山文史》⑪等。

上述撰述均对刘福姚生平做出了或详或略的分析,为我们进一步探索提供了可贵的线索和思路。遗憾的是以上诸材料均为今人研究成果,且撰述中仅将刘氏生年列出,却并未加以论证,因此关于刘福姚生年的问题仍需辨析和考证。近来,笔者在读晚清民国史料时搜寻到了新的史料,这为刘福姚生年的判断提供了新的依据和补充,当可以论证刘氏生年的具体问题。

二、其他索解刘福姚生年信息的史料

第一种,光绪壬辰科刘福姚殿试策。

1984年台湾版《中国历史图说》清代卷中影印了光绪十八年(1892)四月刘福姚参加壬辰科殿试的'殿试策'首页,内容乃刘氏履历记载:

> 应殿试举人臣刘福姚年二十六岁,广西桂林府临桂县人,由附生应光绪八年本省乡试中式,由举人记名内阁中书应光绪十八年会试中式,恭应殿试,谨将三代脚色开具于后:曾祖仁未仕故,祖锡麟仕故,父济清未仕存。⑫

此卷《中国历史图说》为台北"故宫博物院"副研究员刘家驹先生所编,于

① 钱仲联主编:《中国近代文学大系1840—1919》第4集第15卷诗词集,上海:上海书店出版社,1991,第739页。
② 康学伟等著:《中国历代状元录》,沈阳:沈阳出版社,1993,第305页。
③ 苏州博物馆编著:《清代江苏苏州府属状元书篚》,北京:文物出版社,2006,第261页。
④ 李维新主编:《天下第一策:历代状元殿试对策观止》,郑州:中州古籍出版社,1998,第827页。
⑤ 陈玉堂编:《中国近现代人物名号大辞典(续编)》,杭州:浙江古籍出版社,2001,第73页。
⑥ 肖方远主编:《吉安县志》,南昌:江西人民出版社,2008,第701页。按,刘福姚小传被编进了前志补遗与勘误中,而李正谊编《吉安县志》,民国三十年铅印本中未见刘福姚相关记载。
⑦ 陈光辉主编:《中国状元大典》,北京:北京出版社,1998,第2186页。
⑧ 周腊生著:《清代状元奇谈清代状元谱》,北京:紫禁城出版社,2004,第359页。
⑨ 王德明著:《广西古代诗词史》,桂林:广西师范大学出版社,2009,第433页。
⑩ 雷鸣著:《聚珍轩藏品赏鉴书画卷》,上海:上海古籍出版社,2007,第169页。
⑪ 政协北京市石景山区委员会:《石景山文史》,2007,第203页。
⑫ 刘家驹:《中国历史图说·十一·清代》,台北:世新出版社,1984,第332页。

编辑说明部分明确提出:“本书提供一般大众阅读,不作专题考据,凡是太专门化或未定论的资料,一概不用,文后也不加辅助。”因此此图影印自何种资料我们无从得知,但据此推测,刘福姚生于同治六年(1867)。

此份殿试策还曾被常凤玄《从一篇状元策卷对清代朝野西藏观之管窥》一文作为附录引用过,虽然文章也未标注出此殿试策引自何处,但对这份史料的版本是有过具体描述的:“这是一篇属于晚清科举殿试策卷中的一甲第一名状元卷的刊印本,殿试中试后由作者亲手缮写并交付刻印以分赠业师亲友的。策卷红框黑字,分两部分:前一部分每面的边框上下及一侧为红色套版刻有三条长龙,框内楷书五行,行十七字,鱼尾中缝下方标有红色楷书页码,共七页十三面。后一部分每面为红栏边框及六直行,框内楷书六行,行二十四字,鱼尾中缝下方标有红色楷书页码,上方则标红色楷书‘殿试策’三字,共八页十六面。殿试考经史时务策,这份卷子遂称为‘殿试策’,其前一部分用红版龙框的便是朝廷的时务策问,后一部分用红栏边框的便是士子对所问作出的时务策对。这篇策卷用黄纸封面和红线装订成册,策卷扉页是全红套版,外框刻有红色长龙九条,内框刻有红色楷书‘钦定一甲第一名’七个大字。”①该文主要就刘福姚殿试策论中所反映出来的清代朝野上下对西藏问题的关注和重视展开论述,并以殿试策履历为依据判断刘福姚生于同治六年(1867)。

前述关于刘福姚生年的第三种说法“同治六年(1867)说”的依据大概就是这条刘氏的履历记录,此记录为刘福姚本人于其殿试策卷面首页亲笔填写,这似乎是可信的,是不容置疑的。

第二种,光绪朝上谕档案。

中国第一历史档案馆所编的《光绪宣统两朝上谕档》中有刘福姚在翰林院庶常馆的散馆记录,此则史料在之前的刘氏研究撰述中尚未被引述过,以此史料为依据,可推算出刘福姚生年为同治五年(1866),此生年与前述三种生年均不相吻合,这为刘氏生年的判断带来了新的疑点。

光绪二十年(1894)四月二十八日上谕档案记载了光绪皇帝召见翰林院庶常馆散馆庶吉士,此次散馆庶吉士分列十三排,其中第十二排是这样记载的:

> 第十二排,广西三员:修撰刘福姚广西人,国史馆协修,年二十九岁,光绪十八年一甲一名进士,散馆一等一名。庶吉士赖鹤年广西人,年三十七岁,光绪十八年二甲进士,散馆一等四名。范家祚广西人,年二十三岁,光绪十八年二甲进士,散馆一等十二名。云南二员:庶吉士朱家宝云南人,年三十岁,光绪十八年二甲进士,散馆二等一名。赵国泰云南人,年二十五

① 格勒、张江华编:《李有义藏学研究》,北京:中国藏学出版社,2003,第583页。

岁，光绪十六年二甲进士，散馆二等四十七名。贵州一员：五品衔庶吉士谭启瑞贵州人，国史馆协修，年二十八岁，光绪十八年二甲进士，散馆一等十三名。①

以此记录上推的刘氏生年，与“殿试策”上推生年相比，有一岁之差。“上谕档”是皇帝用来发布命令的官方文书，是研究清史的重要原始资料之一；而“殿试策”出自刘福姚本人之手，白纸黑字，言之凿凿。但根据二者所上推之生年又确有一年之差，这不免有些匪夷所思。究其缘故，应当与封建科举、职官中的“官年”现象有关。

第三种，科举入仕中的“官年”与“实年”之别。

所谓“官年”，指在封建科举时，士子向官方虚报年龄的现象，与之相对的是“实年”，即士子的实际年龄。不少文献对人物年龄的记载不一，很大原因就是“官年”与“实年”的并存。对此问题前人已有诸多论述，如朱瑞熙《宋代官员致仕制度概述》②、穆朝庆《论宋代官员致仕制度》③和《论宋代致仕思想的发展与士大夫的致仕活动》④等对宋代致仕制度的演变，致仕的动机、方式与过程，士大夫致仕后的待遇、社会活动及致仕的意义和影响等方面的问题，进行了详细论述。郗志群《封建科举、职官中的“官年”》⑤、钱茂伟《明代进士登科录的史料价值》及《国家科举与社会》、陈长文《明代科举中的官年现象》⑥等则对明清两代的“官年”现象进行了研究，具有重要的学术价值。

“官年”现象由来已久，前人在论及此问题时都会引述宋代洪迈《容斋随笔·四笔》卷三“实年官年”条目⑦，和宋代岳珂《愧郯录》“官年实年”条目⑧，两则史料都反映出“官年”这种虚报年龄的现象主要出现在士子应举之时。平民子弟一般会减岁，而官宦子弟则多增岁，二者都是为了在科举进仕中争取更多的利益，官方对于这种现象没有明令禁止，甚至在制书、奏疏里都会公然出现“官年”和“实年”这样的文字，因此在宋代官场上常常会出现“官年”与“实年”不符的现象。

朱熹在《答孙敬甫》中也说：

---

① 中国第一历史档案馆编：《光绪宣统两朝上谕档》第20册，桂林：广西师范大学出版社，1996，第252页。

② 朱瑞熙：《宋代官员致仕制度概述》，《南开学报》，1983年第3期。

③ 穆朝庆：《论宋代官员致仕制度》，《许昌师专学报》，1989年第2期。

④ 穆朝庆：《论宋代致仕思想的发展与士大夫的致仕活动》，《史学月刊》，1986年第4期。

⑤ 郗志群：《封建科举中的官年现象》，《历史研究》，2003年第4期。

⑥ 陈长文：《明代科举中的官年现象》，《史学月刊》，2006年第11期。

⑦ 洪迈：《容斋随笔》，上海：上海古籍出版社，1978，第647页。

⑧ 岳珂：《愧郯录》卷六，《文渊阁四库全书》影印本。

然官年实年之说，朝廷亦明知之。故今年有引年乞休致者，而朝廷以官年未满却之。①

以此可见，“官年”是朝廷决定是否批准官员退休的主要依据，而朝廷对官员虚报年龄的行为，在大多数情况下是睁一只眼闭一只眼的。

到了清代，这一情况一直在延续，雍正皇帝曾论及此问题，见《世宗宪皇帝上谕》雍正五年十月：

上谕。朕览文武官员履历开载年岁多有不实。或年岁本少而增之为多，或年岁本多而减之为少，此种陋习汉人最甚，近来汉军亦渐有之，惟满洲官员皆系真实年岁，无意为增减之事。至于外省文武则年岁不实者尤多，此甚无益而可笑也。国家用人惟论其才力之可以办事，任职原不以年岁之老少为重轻，如老成望重之人宜于居官服政，年岁虽多而精神尚健即属可用之员。若年虽未老而志气委靡，则不可用，是多者不必减之为少也。少年精壮之人宜于効力宣劳，年虽尚轻而办事勤敏亦属可用之员。若年齿虽大而才具庸劣，则不可用，是少者不必增之为多也。人之立身事事皆当诚实，岂可涉于欺诈？彼增减年岁者无益于功名，而有关于品行，不可习为固然也。今朕特为训谕，凡各官从前之年岁不实者俱着即行改正，令以实在年岁开明注册，嗣后文武官员倘仍行增减，甘蹈欺隐之习，则其人甚为无耻而不足责矣。②

这段上谕中，雍正皇帝严厉斥责了汉籍官员虚报年龄的现象，并责令即行改正。然而真实的情况是，这种现象仍然屡禁不止。郗志群从《清代朱卷集成》中选出了从嘉庆年间至光绪年间30位既有朱卷“履历”，又有年谱的清人进行对比研究，发现有17位朱卷“履历”上所填的官年与年谱所记生年不同。并得出朱卷“履历”所填生年一般都比年谱所记生年要小的结论③。

笔者又查阅了刘福姚同年进士张元济的朱卷“履历”，发现其乡试朱卷、会试朱卷与其年谱所记生年均不相同：

光绪十五年己丑(1889)恩科浙江乡试朱卷·张元济：字筱斋，号菊生，行二，同治己巳年九月二十八日吉时生，浙江嘉兴府海盐县学廪贡生，民籍。④

---

① 朱熹：《晦庵先生朱文公文集》卷六十三，上海涵芬楼藏明刊本。

② 爱新觉罗·允禄编：《世宗宪皇帝上谕内阁》卷六十二(官修)。

③ 郗志群：《封建科举、职官中的“官年”》，《历史研究》，2003年第4期

④ 顾廷龙主编：《清代朱卷集成》第278册，台北：成文出版社，第253页。

> 光绪十八年壬辰(1892)科会试朱卷·张元济:字筱斋,号菊生,行二,同治癸酉年九月二十八日吉时生,浙江嘉兴府海盐县廪贡生,民籍。①

张元济乡试朱卷所记生年为同治己巳年,即1869年,会试朱卷所记生年为同治癸酉年,即1873年,而以张元济著述和信札为资料来源编辑而成的《张元济年谱》所记的,已经广为接受的生年为同治六年丁卯(1867)②。后者与前二者相比分别早了2年和6年。

由此可见,少填几岁的"官年"现象一直到刘福姚应试的时代都是存在的,以此来看刘福姚"殿试策"所推生年和《光绪宣统两朝上谕档案》所推生年无法统一的现象,就解释得通了。

三、新发现的涉及刘福姚生年的史料

近来,笔者在读晚清民国史料时搜寻到一条新资料,据此可推刘福姚应生于同治三年(1864)二月。

《恽毓鼎澄斋日记》光绪二十九年癸卯(1903)二月十二日日记记载:

> 十二日 晴。写汪志。午刻至陶然亭,公祝刘伯崇殿撰四十寿。主人十一人。傍晚归。酉刻复至西砖胡同,赴曾焕如消寒局。③

这则日记中的第二句话是值得我们重视的,记录了他与另外十人于1903年2月12日中午在陶然亭,一起为翰林院殿撰刘伯崇庆祝四十岁寿辰的事情。据《清人室名别称字号索引》记录,清代人物中仅刘福姚一人号伯崇。④ 而"殿撰"一词在宋代曾是集贤殿修撰的简称,明代和清代进士一甲一名例授翰林院修撰,因此"殿撰"在明清又成为状元的代称。由此可知,此"刘伯崇殿撰"当为刘福姚无疑。

恽毓鼎,光绪十五年进士,历任日讲起居注官,翰林院侍讲,国史馆协修、纂修、总纂、提调等职。⑤ 任晚清史官长达十九年,是清代为数不多的皇帝近臣之一,曾随侍光绪皇帝,著有《崇陵传信录》,是记述晚清史事的一部信史。其《澄斋日记》在对日常生活的记录中保留有大量政治历史资料、生活细节和晚清官员及士大夫们的生活状态。鉴于恽毓鼎的史官身份,《澄斋日记》又是当时当事

---

① 顾廷龙编:《清代朱卷集成》第74册,台北:成文出版社,1992,第351页。
② 张树年编:《张元济年谱》,北京:商务印书馆,1991,第5页。
③ 恽毓鼎:《恽毓鼎澄斋日记》,杭州:浙江古籍出版社,2004,第211页。
④ 杨廷福编:《清人室名别称字号索引》(上册),上海:上海古籍出版社,1988,第187页。
⑤ 秦国经编:《清代官员履历档案全编》(第五册),上海:华东师范大学出版社,1997,第266页。

人论当时事，其记录的“公祝刘伯崇殿撰四十寿”事件当为可信，以此上推刘福姚生年应为同治三年(1864)二月。

朱彭寿在《清代人物大事纪年》中也有关于刘福姚生年的记载：

> 同治三年甲子(公元一八六四年)◎生辰：刘福姚 二月二十一日生，字伯崇，号守勤。广西临桂人。①

朱彭寿，同治八年己巳(1869)生，字小汀，号述庵，浙江海盐人，光绪二十四年戊戌(1898)进士。著有《旧典备徵》《国朝人物考略》《皇清纪年五表》《古今人书室诸名考》《古今人生日考》《三国人生卒年月表》《述庵诗草》《古今钱范》《寿鑫斋钱话》和《安乐康平室随笔》等，并总纂《清儒学案》，著述二十余种，近两百卷，“其涉及之广，用力之勤，考证之详，就有裨于文献整理而言，殊罕有能与之比俦的”②。《清代人物大事纪年》由《皇清纪年五表》《皇清人物通检》及《皇清人物考略》三书整理而成，是研究清史不可缺少的一部参考工具书。由此可见，朱氏关于刘福姚生年的论断是经得起推敲的。

对于上文中提到的“官年”现象，朱彭寿也有感触，他在《安乐康平室随笔》中论及这一现象，并对寿阳祁文恪的生年进行了辩证：

> 文人为士大夫撰墓志传状，于生卒年岁最宜详考，稍不经意，即易传讹。犹忆光绪壬辰八月间，寿阳祁文恪师世长，卒于工部尚书任内，时年六十有九，实生于道光甲申。然旧时所刻乡、会试卷，则皆作乙酉生，盖循俗例应试时少填一岁耳。少填岁数，南宋《登科录》中即已如是。迨接讣告，乃云生乙酉，卒壬辰，享寿六十有九。以生卒干支与年岁计之，殊不相应……后读王益吾祭酒《虚受堂文集》，其所撰《文恪神道碑》则云生乙酉，卒壬辰，年六十有八，殆仍据讣告所载，而以年岁推算不合，遂减去一岁，俾与生卒干支相符，然文恪实年，则竟遭改削矣。恐他人文集中似此者正复不少。且所叙生卒干支，与年岁不相应者，亦往往有之。偶阅疑年正续诸录，有因年岁不合，辄多方引证，加以说明者。爰举文恪事以破其疑，并为当代文人操觚率尔者勖。又按吾盐徐忠愍用仪，生于道光丙戌，至光绪庚子七月，以拳匪事遇祸，时年七十有五。乃当时有撰挽诗者，其起句云：“尚书授命时，年已七十六。”使此诗刻集流传，后之阅者以为诗中用六字入韵。其见闻必确，鲜不据为典要矣。因记祁文恪事，附识其误于此。③

---

① 朱彭寿编著：《清代人物大事纪年》，北京：北京图书馆出版社，2005，第1496页。

② 朱彭寿编著：《皇清纪年五表》，台北：文海出版社，1983，第2页。

③ 朱彭寿：《安乐康平室随笔》(卷一)，北京：中华书局，1982，第161页。

此条记录说明"官年"现象直至清末依然在流行，朱氏对这一现象的论述可证其在考证人物生卒年时，并不是以中举士人刊刻传世的朱卷履历或登科录等为依据。朱氏出身宦门，长期跻身仕途，学识渊博，对清代的人文、科甲、职勋、典章等极为详熟。时人称誉为"于先朝国故人物，详稽博考，原原本本，殚见洽闻，凡诸纪载，既备且确"（刘承干跋）。朱氏与刘福姚同为清、民之际的士人，朱氏应当是看到了当时其他有关刘福姚生年记录的材料，又或其记录的刘氏生年信息直接来源于刘福姚本人。

综合以上，恽毓鼎乃晚清史官，朱彭寿亦对晚清民国社会政治有深入研究，恽、朱、刘三人同为晚清人，又同在清廷为官，这些情况相互参照，两则材料均可将刘福姚生年定位于同治三年（1864）二月，这可谓确论。此史料在前人对刘福姚的研究中尚未引述过，特此拈出以与同好共享。

《晚晴簃诗汇》所录桂林江头洲周氏诗人事功考略

刘 振 沈海龙①

[内容提要] 徐世昌主编的《晚晴簃诗汇》,选诗标准倾向于诗人的社会地位、政治地位。这部丛书录有清代官宦世家江头洲周家四人(周启运、周冠、周炳蔚、周绍昌)共二十首诗作,可见他们在当时的社会事功得到了社会的肯定。这四位进士举人出身的国家大员、朝廷命官,从清代道光到民国初年,其在任期间的政绩存于清代、民国官方文献以及时人的文献归纳之中,可见其重要的社会事功。他们在清末民初时,在主政一方惠及于民、近代邮政铁路、近代法律制度建设等方面多有成就。

[关键词] 《晚晴簃诗汇》 江头洲周氏 事功

《晚晴簃诗汇》(也称《清诗汇》,下称《诗汇》)所录诗人从清初至民国初年,至今为中国诗人、诗歌作品总数最大的一套清代诗歌汇编丛书。这部汇编总集编选的标准不一,大致来说,诗人排序倾向于以传统政治地位为标准,侧重学问之诗。《诗汇》选有桂林灵川江洲头村周氏四公:周炳蔚、周冠、周启运、周绍昌。其历经清代道光至民国初年,均为进士、举人出身,对近代社会甚有功绩。此处略考此四人的主要事功。

《诗汇》由清末进士、民国总统徐世昌总编,其众多幕僚参与编选,一九二八年刻板,一九二九年初次印刷出版,所选诗人、诗作数量广大,选取标准不一。按所选诗人排序与所选某诗人的诗作数量看,其选取方向偏于诗人的政治地位、社会功绩的正统观念,对学问之诗尤偏重。如:排序上,先皇帝亲王,再到从祀孔庙的大儒,再到进士举人诗人,再到无功名的诗人;数量上,乾隆、张之洞、李鸿章等贵族大吏的诗作数量较之吴伟业、龚自珍等著名诗人多。另外,在皇族之后的是诸儒,同时大量录入史学家的诗作,可见《诗汇》偏爱"诗人之诗"。②

---

① 刘振(1989—),男,广西艺术学院美术学院教师,研究方向为美术史学理论。沈海龙(1987—),男,研究方向为中国古代艺术理论,现供职于中华书局(香港)有限公司。

② 陆瑶:《〈晚晴簃诗汇〉研究》,第二章《〈晚晴簃诗汇〉的诗学理念与审美取向》,硕士学位论文,苏州大学,2013年。

《诗汇》所录诗人有小传，诗作有对应诗话选录，这部分极有文献价值。《诗汇》录周启运诗五首、周冠诗二首、周炳蔚诗一首、周绍昌诗一组十二首。所录江头洲周氏四公，均为清代进士举人、国家大员，对清末民初的社会民生事功甚多，是近代多起大事件的当事人、参与者。四人的选入，从一侧面可见当时社会对他们事功的肯定，也可看出江洲头周氏为官者除了对社会历史甚有功绩，其文学功绩也在历史上留下痕迹。

桂林江头洲周氏为清代广西大官宦书香世家，清中期以降，科第连绵，人才辈出，家风敦正，为官多有事功且声誉佳。[①]《诗汇》所录江头洲此村四人诗作共二十首，也属罕见。

周绍昌会试朱卷[②]载，生于同治辛未年(1871)，进士，周启运是其嫡堂(叔伯)祖，周冠是其父。按周炳蔚乡试朱卷[③]知，周炳蔚生于咸丰丁巳年(1857)，举人，周冠为其嫡堂叔伯，即周炳蔚和周绍昌同辈，炳蔚为兄，绍昌为弟。故按辈分次序是：周启运、周冠、周炳蔚、周绍昌。四人在《诗汇》的排序为：周启运(卷一三二)[④]、周冠(卷一五七)、周炳蔚(卷一六五)、周绍昌(卷一八二)。《诗汇》在此按辈分年龄排序。

《诗汇》撰周启运小传："周启运，字景垣，灵川人。道光丙戌进士，改庶吉士，历官直隶按察使。有《有不为斋诗》。"[⑤]录其诗五首：《香溪》，《清明改舟由鄂城卞河晋发沙阳》，《汉阳舟次读张南山大令维屏听松庐诗集题此奉赠》，《岳州》(两首)。涉及湖北、湖南地名，似为在湖北任职时所作，另知他和清代广东

---

① 据当下江头洲周氏族人根据宗谱统计：明清两代，特别是清中期后，举人 28 人，会试员士 10 人，全村出仕 168 人，其中一品官 4 人，二品官 4 人。其他的功名、诰封或封赠更多。且作为周敦颐后人，秉承传统理学家风，出仕子弟忧国忧民、诚实朴质，为官政绩突出、廉洁。见周思雄：《古居秀雅莲风传承——桂林江头洲村》，《广西地方志》，2005 年第 5 期第 52—55 页。

② 顾廷龙主编：清代朱卷集成(80)，台北：成文出版社，1992。下同。

③ 《清代朱卷集成》(346)。"始居江头洲，继迁文家井，现居东头村。"(第 380 页)"父相辅，号弼丞……直隶州用五品衔江苏前先补用知县。"(第 372 页)生平详见孙雄：《清故直隶补用道灵川周公虎如墓志铭》，北京图书馆金石组编：《北京图书馆藏中国历代石刻拓本汇编》(第九十三册)，郑州：中州古籍出版社，1990，第 64 页。据墓志铭载："公少承家学。读书目十行。下又受业于从叔鼎卿检讨冠。所为诗古文词。下笔则惊老宿。弼臣先生宦辙所至。公必随侍。因徧讨山川之名胜。且友其邦之贤士大夫。故所学益达。"

④ 徐世昌主编：《晚晴簃诗汇》(退耕堂刊本)，1929。下同。

⑤ 生平详见《先河南公年谱》，北京图书馆编：《北京图书馆藏珍本年谱丛刊》(第 145、146 册)，北京图书馆出版社，1999。此谱述周启运详尽生平，里面录有周启运墓志铭及其大量文章。周幹臣撰墓志铭，况澄撰神道碑文，长子周永撰年谱。另周绍昌会试硃卷(第 406—407 页)载其履历：(道光九年〔1829〕至咸丰三年〔1853〕)翰林散馆—淇县知县—商丘县知县—祥符县知县—德安府知府—署襄阳府知府—江南盐法道—署江宁布政使兼护理两江总督—直隶通永兵备道—直隶按察使—河南按察使。并参考秦国经《清代官员履历档案全编》(卷 3，华东师范大学，1997，第 290—291 页)、钱实甫《清代职官年表》(册 3，中华书局，1980，第 2155 页)。

籍大诗人张维屏交好。

《诗汇》周冠小传："周冠，字鼎卿，晚号拙叟，灵川人。咸丰庚申进士，改庶吉士，授检讨，历官汝宁知府。有《宝拙斋集》。"[①]录其诗二首：《临洺关即事》，《赠长寿寺住持成果上人》。前诗在清末国事烦忧背景下凸显家国情怀，后诗见其佛学造诣颇深。

"周炳蔚，字升华，号虎如，灵川人。同治癸酉举人，历官直隶补用道。有《川明书屋诗钞》。"[②]录其诗一首：《临肃五弟以雨后江亭远眺诗见示即次元韵》。通篇用典，见其学问。述本意隐居，家国烦忧，无奈在此时局下，得出山报国。

"周绍昌，字霖叔，灵川人。光绪甲午进士，改庶吉士，历官大理院推丞。著有《霖叔诗文稿》。"[③]录其诗一组十二首《和郑斋同年落叶诗》[④]。并录时人诗话："霖叔才思敏胆，千言立就，散馆分刑部，殚勤谳牍，同曹推重。归安沈子惇思寇，被命修订法律，设馆延才，霖叔与武进董授经康、龙南许玑楼受衡、汾阳王志庵式通同馆十年，研摩靡间，曾作《桥西纪事》诗四十首，盖馆在象房桥西也。辛亥后，蒿目忧伤，婴疴累岁，恒竟夕不寐，以吟咏自遣。《落叶》诗用上下平韵三十首，为其绝笔，今录十二首。"诗话重点提到他是近代中国第一批法律专家，为前清遗老，重其忠孝之节。这组诗是他的绝笔之作，注重其诗"史"意味的赞扬，对诗的艺术性未多加分析，只在开头赞其诗才。该组《落叶诗》真挚而韵味足，述国运丧乱的伤痛，时人誉其诗"无愧诗史"。是为清末民国初年，广西籍诗人在京城甚有诗名者。

《诗汇》所撰周氏诗人小传均为清代官职，未提及民国时的任职。这四公均

---

① 其子周绍昌会试朱卷（第409页）有周冠部分生平，此处选取部分补《诗汇》生平：派名廷鼎……宁州学正……庚辰大挑一等分发河南补原武县知县。父启烈，妻五，子十一。

② 另有周炳蔚《挂秀山房诗集》三册不分卷稿本，诗自光绪二年（1876）至光绪十七年（1891），藏上海图书馆。见柯愈春：《清人诗文集总目提要》，卷五十三，北京：北京古籍出版社，2002，第1851页。

③ 其会试朱卷（第412—421页）在光绪甲午（1894），时年24岁，并载其早年受师情况：早岁幼蒙教育师卢秉政（岳丈）在四川，后夫子在北京景山官学汉学、河南等处。其间问师与其较有关系者：世伯秦焕（进士，桂林知府、广西按察使。"素承训迪，得以少有成就"），临桂周璜（经古、孝廉书院），临桂曹驯（秀峰书院），年伯徐桐（阅卷大臣），年伯翁同龢（阅卷大臣），年伯芝麒书（正蓝旗，翰林院掌院，读卷大臣），姻伯唐景崇（唐景崧胞弟，读卷大臣）。

④ 另有长篇百首组诗《庚子都门纪事》与此《落叶诗》相呼应，见阿英编：《庚子事变文学集》，第一卷诗词，"霖叔诗文稿"，北京：中华书局，1959，第38—42页。《庚子都门纪事》（百首录四）同见钱仲联：《清诗纪事（十九）·光宣朝卷》，南京：江苏古籍出版社，1989，第13703—13704页。前录《诗汇》的《落叶诗》诗话，后录有王遽常《国耻诗话》："广西周霖叔推丞绍昌有《庚子都门纪事》一百首，于此役始末完具，无愧诗史。"又有《读史杂咏》一卷，桂林市图书馆藏民国油印本。见《清人诗文集总目提要》，卷五十五，第1936—1937页。

用典密集,诗风中和,多种学问(佛学、易学等)入诗,为清代传统学问之诗。除道光年间的周启运,其余三人选诗内容均涉及时局丧乱和报国之痛,见周氏家风里的家国情怀。《诗汇》所录江头洲周氏的学问与家国怀抱,系个体的内在情怀,而关于他们外在社会事功的所见文献资料众多、散乱,这里对这些文献梳理归纳,重点论述他们的社会事功。

周启运,道光丙戌(1826)科进士,"读书务为有用之学"①,这里"有用之学"在他任职的事功包含了水利、教育、审理案件等社会实务。"所至皆有善政,独崇阳一役为平生最关系",林则徐誉其为"河南循吏第一"。②

治理水患。翰林院三年散馆后,历任河南淇县、商丘县(现商丘市)、祥符县知县,在任期间,致力于水患的治理,"两院稔其才"。在淇县期间,植树保土,疏通腊胫河、赵家渠,使河水流入卫河,由此解决淇县的多年水患问题。商丘县(现商丘市)多洼地,易生内涝,周启运花两年时间,"疏挑海濠,引水入河",治理好此处内涝。在祥符县,同样致力于水患的治理,"浚河渠,筑河湾"。以治理黄河水患得力有政绩,升调至长江水患频发地带湖北德安府任知府。

兴教育民。周启运每到一处任职,都兴办当地教育事业。在淇县"首复荥筠书院"。在祥符县修复大梁、百泉书院,并增设六艺学教童蒙。在德安府任职期间,亲自到当地的汉东书院教学上课。此外,他还在多处乡试、会试中任职。计有:道光十九年、道光二十年、道光二十三年文武乡试监视官,道光二十九年江南文武乡试提调官。而他最为后人所称道的是审查案件的实务能力,因文献多,此处不详述。太平天国运动期间,清廷认为河南是要冲之地,需要得力的河南旧吏才能主政,因他主政一方的实务能力,清廷就在咸丰二年(1852)将周启运调至河南任按察使,他在任职期间去世。由其长子周永抚棺回乡,并编写《先河南公年谱》,现存北京图书馆。

周冠③,道光乙酉年(1825)乡试解元,咸丰庚申年(1860)进士,早年受业于清末象州(来宾)大教育家郑献甫,受知于广西巡抚郑祖琛。散馆后仕途分三段:在京文书官、京外官、武汉讲学。光绪《灵川县志》所载周冠事迹,可见其作为传统读书人诗文渊博、性格耿直的特征。在京期间任职有:检讨、国史馆纂

---

① 所述周启运事迹见光绪《灵川县志》卷六人民三。

② 周幹臣:《通议大夫晋通奉大夫直隶按察使司按察使调任河南按察使司按察使周公墓志铭》,《先河南公年谱》,第587、588页。

③ 下文所述周冠事迹主要见李繁滋:《灵川县志》(1919年石印本),卷六人民三,《中国方志丛书·华南地方·第二一二号》,台北:台北成文出版社,1975。

修、本衙门撰文、日讲起居注官、文渊阁校理。在京主要在清国史馆任职，修国史①，撰写朝廷文书。其间发生较大的历史事件是左宗棠收复新疆和《伊犁条约》的签订，周冠上奏折主战。② 据周冠对此事的主张，可体味《临洺关即事》的报国情怀。卸任汝宁知府后到汉阳晴川书院、武昌江汉书院讲学任教，足见其渊博的学识。在汝宁任知府期间，有事功，因耿直而被查办。他的耿直事迹有两件：一是离开京城，刚上任汝宁知府期间，李鸿章贿赂千金，周冠不受；二是在查办王觉一教案中，有大功，但因上奏朝廷直言当时河南吏治的腐败——“河南吏治之坏，至今而纪纲法度荡然无存”③，得罪兵部尚书张之万妹夫，即河南巡抚鹿传霖。鹿传霖随即参了周冠一本，周冠被革职查办。在和李鸿章、鹿传霖的交往中，见周冠传统读书人耿介有傲骨的性格特征。其子周瑞琦痛于晚清政府割地卖国之耻，投河殉国，绝命书里道：“同学须努力同心以雪耻，毋遗羞于五分钟热度。”④见知其家族为家国苍生申命之烈，有其父遗风。

周炳蔚，同治癸酉年（1873）举人，早年曾参加“公车上书”⑤，在清末至民国初年，致力洋务运动等中国近代化事业，在中国近代邮电、铁路等事业的开拓发展上有事功⑥。如周炳蔚参与清末至民国初年各大铁路项目的修建。晚清修津榆铁路时任总文案，修京汉铁路南段时为总收支，在津浦铁路总局北段为铁核算，中间复总办津榆铁路报销，查办京汉正太汴洛沪宁萍株诸铁路及汉冶萍矿务委员，又曾任清末督办电政大臣行辕总文案、电政司副司长。民国初年，修汉粤川铁路时，詹天佑任督办，周炳蔚任会办，做詹天佑的副手。他也参与近代中国邮电事业的开拓，任两广电报电话局总办时，倡议创设无线电、创办无线电学

① 《清史稿校注（十四）》，卷八十七“邵懿辰”传，台北：台湾“商务印书馆”，1999，第 11017、11018 页，注 157、162 载：“案清国史馆周冠纂辑邵懿辰传。”查台北“故宫博物院”网“大清国史人物列传及史馆传包传稿目录资料库”，以“周冠”检索，有 71 件传包、30 件传稿，邵懿辰传包编号 702000499。

② 蒋廷黻：《近代中国外交史资料辑要》（中卷），第十章，伊犁问题，长沙：湖南教育出版社，2008，第 669—671 页。

③ “河南吏治之坏，至今而纪纲法度荡然无存。其故在案愈大，愈不敢办。刑幕以趋避为能，印官以讳匿为巧。与其获犯秉办，不唯解犯需费，且恐犯供翻复，经年屡月未能定谳，受累滋深。于是幕友为官运筹，相率灭迹。即有万不得已秉提之件，谳局各幕相视作难，又限于审期，设法舞文，曲为脱卸，非借口于犯供游移，即托词于案证未集，或竟至延搁不理。不唯寻常命盗为然，即谋叛逆伦亦不问，例章概置高阁，心法授受，官幕相沿，历来已久。渠魁漏网，良善衔冤，昏烟霾雾之中，泣血者不知凡几！”转引自韩志远：《王觉一与末后一着教新探》，《近代史研究》，2007 年第 4 期，第 27 页。

④ 《灵川县志》，卷六人民三。

⑤ 茅海建：《戊戌变法史事考二集》，附录一，十人以上联名上奏之名录，北京：生活·读书·新知三联书店，2011，第 93 页。

⑥ 下文所述周炳蔚生平事迹主要见《清故直隶补用道灵川周公虎如墓志铭》。

堂。晚清邮传部建立时,周炳蔚任电政司副司长。

周炳蔚精研文字学①的同时,也在近代中国的邮电、铁路开拓发展的历史上,留下深深足迹。而周炳蔚的堂弟周绍昌,则在近代中国法律、监狱的创设方面有大事功。

周绍昌,光绪甲午(1894)年进士,历任刑部大理院民科任推丞、京师法律学堂庶务提调,民国后任直隶省内务司长、评政院评事②,与沈家本、梁济等同事。京师法律学堂是清末一所直属朝廷修订法律馆、培养操作新法的司法人员的专门学校,该学堂创建的管理大臣是沈家本,周绍昌则是庶务③。《诗汇》所撰周绍昌《落叶诗》的诗话,与此职务相关。任职期间,周绍昌参与编写了沈家本主编的《钦定大清现行刑律》,为总纂官之一④。另外,他还参与创办了清末第一个近代中国的法院、看守所。⑤ 这两项文献所载事功可参考周绍昌在近代中国法律事业创办的事功。还有一件事功,是他参与整理同乡梁济的遗著《桂林梁先生遗书》。梁济,桂林籍,号巨川,梁漱溟之父,1918 年 11 月 10 日殉身积水潭,该事成为民初五四前启蒙的大事件。⑥ 投湖前给周绍昌留遗书一封:《留奉周霖叔兄书》⑦,说明投湖殉国之志,嘱托周绍昌照顾他的孩子和保管他的一些遗稿。五四运动前后,周绍昌的同乡挚友梁济、胞弟周瑞琦为国自杀,由此背景可感知其《落叶诗》的悲凉之境,有史诗之意味。

《诗汇》的选诗标准讲究传文化的正统,选择标准倾向诗人的社会地位、政治地位,所录入的江头洲四位诗人,并不以诗闻名于当世、后世,被录入一方面是他们均为进士举人,另一方面是他们对社会做出有积极作用的事功,在当时由此带来了社会声誉、知名度。简略考据所见文献,周启运是一代大名宦,政绩惠及所主政的一方黎民。周冠以文名为时所熟,离京后的任职也秉承着传统士人耿介的骨气,政绩也多有笔墨。前面两位是清代中期到晚期的名宦,后面两

① 《说文解字重文提要》影印本见董莲池主编:《说文解字研究文献集成 · 现当代卷》(第 2 册),作家出版社,2006。署名"桂林周炳蔚虎如"。《清故直隶补用道灵川周公虎如墓志铭》述:"研究经史小学益力。"

② 黄源盛:《民国第一个行政诉讼审判机关——民初平政院裁决书整编与初探》,张晋藩主编:《二十世纪中国法制的回顾与前瞻》,北京:中国政法大学出版社,2002,第 203 页。

③ 李贵连:《二十世纪初期的中国法学(续)》,《中外法学》,1997 年第 5 期,第 54、60 页。

④ 故宫博物院编:《钦定大清现行刑律》,海口:海南出版社,2000。

⑤ "有丁忧开缺臣院民科推丞周绍昌,熟悉工程,精明廉干。奏调回京,派令专办法庭及臣院附设之看守所工程。"《大理院奏遵章预陈次年筹备实情折》,《大清新法令 1901—1911 点校本》(第七卷),北京:商务印书馆,2010,第 136 页。

⑥ 参考《三君同杯一泓水——记彭翼仲、梁巨川、吴梓箴》,"梁巨川殉义积水潭",北京市政协文史资料委员会编 :《北京文史资料》(第 73 辑),北京:北京出版社,2007,第 282—285 页。

⑦ 梁济:《梁巨川遗书》,上海:华东师范大学出版社,2008,第 94 页。

位周炳蔚周绍昌，同是晚清大官宦，不同的是，民国后，他们仍身任重职，这些职务兼负社科高端技术人员的身份，炳蔚之于邮电、铁路事业，绍昌之于法律事业，在当时，他们都是这方面的组织者和一线人才，在推动中国近代化现代化事业上，有其一份功绩。同时，这四位除大官宦的身份外，还是读书人，他们既有作品收录于《诗汇》，也有其他学术著作传世。另外，他们处于乱世中对家国苍生的情怀，以及其社会事功被当时世人的肯定，也体现在《诗汇》的所选诗作里。这四位近代中国的大官宦、文士，都来自桂林一个偏僻普通的一个小村庄。除见于《诗汇》中这四位，江头洲在清末出了很多有政声、文名的读书人，如周履泰、周廷揆、周绍刘、周永、周学基等。① 江头洲周家和桂林近代多个大书香官宦世家有姻亲，如临桂龙启瑞、朱琦、况周颐家族，永宁韦业祥家族，平乐林世焘家族等。② 全村出仕者众，遍及各州县，交友众多。

① 仕途主要参见《清代官员履历档案全编》。周履泰，卷25，一二二上；周启运，卷3，二九〇上；周廷揆，卷6，五六〇下；周学基，卷27，六五七下。另参见《清代朱卷集成》：周绍刘，会试光绪癸未(1883)科，册54，第167页；周廷揆，会试同治乙丑(1865)科，册28，页267；周鸿钧(廷棻)，乡试光绪己丑(1889)恩科，册349，第27页。著录参见《灵川县志》卷四艺文：《定阳学制偶存》，周履泰著刊；《选择慎用》一卷，周启烈著；《方书撮要》六卷，周启烈著；《行文口诀》二卷，周启烈著；《方脉秘传》二卷，周启烈著；《绍濂堂制艺》周启运著；《有不为斋诗文集》，周启运著；《筠园文集》，周冠著；《浣香斋诗集》，周冠著；《粤氛录》，周冠著；《灵谷文集》，周永著。

② 徐雁平：《清代文学世家姻亲谱系》，南京：凤凰出版社，2010，第383—386页。又《通议大夫晋通奉大夫直隶按察使司按察使调任河南按察使司按察使周公墓志铭》。

诗皆能原本性情
——论谢良琦的诗学批评思想①

陈丕武 刘海珊②

［内容提要］ 粤西学人谢良琦取得很大的文学成就，在诗学批评领域，也提出了他的看法。他认为诗歌应当抒写性情，而这种性情的形成，大致有三类，即感于兴衰成败、感于穷达以及感于自然。但诗人的性情不能泛滥无归，而必须节之以儒家的礼义，即儒家积极入世、建功立业、济物惠民之道。他的诗学思想与明清之际的文艺思潮相左，但可以看作是当时经学致用思想在文学批评领域的反映，对粤西诗坛的创作具有启示性的意义。

［关键词］ 谢良琦 兴衰成败 穷达 自然 礼义

清王鹏运尝论谢良琦曰："粤西自永福吕月沧、临桂朱伯韩老先生以文名，嘉道间说者遂谓桐城一派在吾粤西，而不知先生固开之先矣。"③他认为谢良琦对粤西文学的繁盛起到了开风气之先的作用。而谢良琦确实工诗能文，在清初以文名当世。

谢良琦的诗学批评思想比较丰富，但前辈学者少有梳理者。唯熊柱先生作《评"湘中酒人"谢良琦》，论及谢氏的学术思想，认为论文强调宗经、载道，在技巧上追求气厚、格高。④ 熊先生所论固有开荒之功，但较为简略，且未能专论谢氏的诗学思想。故本文欲对此做深入的梳理，为学界研究粤西文学提供一些参考。

古人对诗言情还是言志有不同的争论，谢良琦认为应当"原本性情"，即诗歌的本质是抒写性情的。其《西湖函上人诗序》载："苟其人能不失其性情而寄

---

① 本文系广西壮族自治区哲学社会科学规划研究课题"广西古代文学批评思想研究"（编号：15DZW001）的阶段性成果。

② 陈丕武（1977—），男，文学博士，广西师范大学漓江学院讲师，研究方向为桂学、魏晋南北朝文学。刘海珊（1984—），女，哲学硕士，桂林航天工业学院电子信息与自动化学院讲师，研究方向为桂学、中国古典美学。

③ 谢良琦：《醉白堂诗文集》，南宁：广西人民出版社，2001，第 16 页。

④ 同上书，第 464—467 页。

志于诗文山水，虽退之必好之矣！”又曰：“其造语务原本性情，而涵泳之以风雅。”①《龚介眉诗序》言：“介眉之诗，以二十年之性情学问出之。”②《沈康臣诗序》言：“盖诗者发乎情。”③《〈程昆仑文集〉序》谓：“亦使世之读昆仑之集者，毋徒从事于外之山水，且内以求其性情也。”④《南平令苏君分校朱卷序》谓：“士方寂寞其精神性情以求当于一夫之目。”⑤《与王贻上书》曰：“其诗皆能原本性情，而不为其规摹剽窃之陋。”⑥

谢良琦认为，诗人面对大千世界所产生的情绪波动，形之于言即为诗。这些情感体验复杂而多变，但可以概括成三种：

> 少陵之称于天下者，亦以其性情深也，感于兴衰成败，而发于诗；感于穷达，而发于诗；感于道途、山川、虫鱼、花木、日月、风雨，而发于诗。其性情虽一，其感殊，其义无不殊也。⑦

“感于兴衰成败者”，此乃社会之情，诗人见家国人事的变化陆沉，有所感而发为诗；“感于穷达者”，这是个人仕途得意与失意之感，得意者之高歌放纵，固然发于真情，而失意者的困顿落魄，尤能为人感慨同情；“感于道途、山川、虫鱼、花木、日月、风雨者”，即感于自然的变化所带来的情感波动。

谢良琦较好地概括了诗人情感生成的缘由，故本文即据此而梳理他的诗学批评主张。

一、感于兴衰成败

谢良琦认为，士人应当关注社会现实，关心家国兴亡。他说：“人生不幸当乱世，至于国亡家破，其于伤心流涕之际，固有心可得而悲、口可得而言、手必不可得而书者，若乃心可得而悲、口可得而言、而手又必不可得而书，则其人盖将揭日月、挛泰山、亘天地云。”⑧又说：“君子谋人之国，食人之食，败人之事，使天下读之知家国虽亡，其草泽之士固有感时念乱、悲吟愁叹而不可禁者，虽无益于事，其志亦足悲也。”⑨君子忧心家国，则其文必与天地相侔。

---

① 谢良琦：《醉白堂诗文集》，南宁：广西人民出版社，2001，第18页。
② 同上书，第26页。
③ 同上书，第29页。
④ 同上书，第33页。
⑤ 同上书，第61页。
⑥ 同上书，第118页。
⑦ 同上书，第118页。
⑧ 同上书，第16页。
⑨ 同上书，第17页。

谢良琦最推崇《诗经》，认为《诗经》反映了社会的变迁、国家的兴亡。其《董文友诗序》载：

明堂、《清庙》则将享先王，《天保》、《卷阿》则诵美君父，以至燕飨赠劳，受厘陈戒，或感时念乱之深其旨，或忧谗畏讥之危其辞，或忠臣孝子之自言其情，或野夫游女之自致其思，或征夫思妇之自写其怀，若此者，皆诗之自然者也。①

《沈康臣诗序》谓：

其后明堂、《清庙》，莫不有诗；燕享赠劳，受厘陈戒，莫不有诗；以及一时贤人君子忧时悯俗，莫不有诗；或野夫游女之自言其情，忠臣孝子之自明其志，莫不有诗，则诗之正变，亦因以殊焉！②

《与王贻上书》曰：

夫"三百篇"之尊于天下者，以其性情深也。观于十五国里巷、男女歌谣之作，而以为《风》焉；观于朝廷、宗庙、燕飨、赠劳、升歌、告成之作，而以为《雅》、《颂》焉；观于俗之贞淫、奢俭与时之治乱，而有其正变焉。③

《诗经》叙写男女歌谣、朝廷宗庙、燕享赠劳、受厘陈戒、升歌告成之事，它所表现出来的种种情感，如感时念乱之旨，忧谗畏讥之辞，或者忠臣孝子、野夫游女、征夫思妇所体现的怀抱情思，都反映了国家社会的兴衰成败。

这种物是人非、沧海桑田的变化，容易引起诗人黍离之悲，发而为诗者，其感情最自然真切。因此，谢良琦反对规摹剽窃、为文造情，要求写真情实感，为情而造文。"三百篇"与杜诗之所以成为优秀的诗歌，在于诗人能写出真情实感。他认为王士祯的诗歌能抒写真性情：

贻上之诗，不知其为"三百"篇、少陵与否？窃观其意之所极，则莫不有其性情之自得者以应之、大之，天地、河岳、人物、事为之蕃，及于山巅、水湄、壶觞、啸咏之细，无非温柔敦厚之旨，一唱三叹之遗。此岂无所停蓄浸渍而然者哉？……今贻上之诗，一本于性情，谓为"三百篇"可，谓为汉魏可，谓为六朝、唐、宋、明亦可。即不以为"三百篇"、汉、魏、六朝、唐、宋、明之诗，而直以为王贻上之诗亦无不可。④

① 谢良琦：《醉白堂诗文集》，南宁：广西人民出版社，2001，第24页。

② 同上书，第29页。

③ 同上书，第118页。

④ 同上书，第119页。

正因为王士祯的诗写其性情,故其诗可视为独创,又因与古诗一样同为写性情之诗,故与古诗无别。

谢良琦要求诗歌寄托诗人对国家兴亡和社会变迁的期待与忧虑,此种诗论继承了汉人的“诗学”传统。汉人一直把《诗经》当作反映王政废兴的载体,《毛诗序》谓:“是以一国之事,系一人之本,谓之风;言天下之事,形四方之风,谓之雅。雅者,正也,言王政之所由废兴也。”①所以,这些诗歌都有诗人顺美匡恶的政治意图,如:“《黍离》,闵宗周也。周大夫行役,至于宗周,过故宗庙宫室,尽为禾黍。闵周室之颠覆,彷徨不忍去,而作是诗也。”②“《烝民》,尹吉甫美宣王也。任贤使能,周室中兴焉。”③“《駉》,颂僖公也。僖公能遵伯禽之法,俭以足用,宽以爱民,务农重谷,牧于坰野,鲁人尊之,于是季孙行父请命于周,而史克作是颂。”④郑玄谓:“论功颂德,所以将顺其美。刺过讥失,所以匡救其恶。各于其党,则为法者彰显,为戒者著明。”⑤诗人的美刺,使“闻之者足以戒”⑥,从而实现国家长治久安的美好愿望。

二、感于穷达

穷达指士人的困顿与显达,多指人生仕宦的落魄与得意。自唐代以诗赋取士之后,到宋代确立以“四书”作为考试内容的科举考试,科举考试逐渐成为士人读书入仕的主要途径。而科举考试的成败,也就往往决定了文人仕宦的穷达。失意者固然困顿落寞,得意者虽然“春风得意马蹄疾,一日看尽长安花”⑦,但他们也曾有过“十年寒窗无人问”的悲苦。所以,学业的成败、仕宦的显隐,各种复杂情感交织纠缠,发言为诗,其情也最为真挚动人。

不过,文士作诗为文,往往较多叙写失意穷愁的事相。因为,人生蹭蹬的伤痛,相较于科宦成功的喜悦,其体验更深刻。况且古人早已形成“和平之音淡薄,而愁思之声要妙;欢愉之词难工,而穷苦之言易好”⑧的创作经验,也在有意无意之中,引导了文士的以悲为美的创作倾向。而批评家也据此对文学作品作知人论世式的批评,在揭示文士的穷愁失意时,指明其写诗为文的用心。

---

① 阮元校刻:《十三经注疏》,北京:中华书局,1980,第272页。
② 谢良琦:《醉白堂诗文集》,南宁:广西人民出版社,2001,第330页。
③ 同上书,第568页。
④ 同上书,第608页。
⑤ 同上书,第262页。
⑥ 阮元校刻:《十三经注疏》,北京:中华书局,1980,第271页。
⑦ 华忱之,喻学才:《孟郊诗集校注》,北京:人民文学出版社,1995,第154页。
⑧ 马其昶:《韩昌黎文集校注》,上海:上海古籍出版社,1986,第262页。

谢良琦一生仕宦，大多困顿失意，故能体会此种滋味。吕集义《谢石臞先生传》载：

海氛方炽时，宜绅某走急足京师告变，谓先生与贼契，垣中柯素培遽上弹章，遂被吏议，废居兰陵。……居久之，再起为延平通判，以触权贵得罪。有慕容太守者，希贵人旨，诬先生贪墨，下之狱。先生居狱中颜色不乱，日手一编，默坐土堊上。慕容必欲杀先生，凌辱备至。先生愤激，至欲引刀自决。①

谢良琦孤直不容于时，再起再蹶②，沉沦下僚。又为权贵所谗，无端罹祸入狱，体验悲愤之情至深。

此外，谢良琦多灾多难的人生，使其郁积于心的无奈、痛苦，往往凭借诗歌来疏导。所以，他总结创作历程时，认为其诗最真实地反映了他的复杂情感：

悲夫，自昔遭逢之不幸，未有甚于余者也。人谁不愿为孝，而吾父死未及葬，母死不得视含殓，不能尽其孝；人谁不愿为忠，而吾崎岖险阻历落，不能尽其忠；人谁不愿兄弟相乐，而吾兄死，不得凭其棺、临其穴而哭；人谁不愿妻子相保聚，而吾妻亡子丧，乃至于今未有嗣；人谁不愿仕宦富贵，而吾狂妄戆直，十年不得调，且几于摈斥摧折以去。悲夫！自昔遭逢之不幸，未有甚于余者也。以此郁郁学为诗歌，以其陵厉激楚者抒写其悔恨，而世人不察，徒以为舒忧娱悲之词。③

这种凄惨的经历，使他诵读古人的诗文，很容易产生共鸣："诵《蓼莪》之诗，哀我父母；读《蟹匡》之歌，悲我兄弟，《春秋》思君臣，《易·归妹》蛊念妻子，《伊训》传命，徘徊致君之业，又未尝不拂袖起立，掩卷长叹也。"④

因此，谢良琦的诗论亦多本此立言，认为流离困顿方见其言之为用。其《龚介眉诗序》曰："三吴家工制举业，而为古文辞诗歌，率在释褐之后，独介眉屡举报罢用，能以沉淫涵咏之余，奋然发而为诗，故其诗尤工。"⑤《陈赓明诗序》言："赓明之言曰：'不阅历浮沉显晦、荣华知遇、流离憔悴，不能诗。'是说也，余犹乐称之。"⑥《〈芦中集〉序》谓："若乃流离况瘁，饥寒困顿而后托之立言以自见其

---

① 谢良琦：《醉白堂诗文集》，南宁：广西人民出版社，2001，第18页。
② 同上书，第16页。
③ 同上书，第77页。
④ 同上书，第77页。
⑤ 同上书，第25页。
⑥ 同上书，第28页。

意。夫言之为用而必有待于流离况瘁、饥寒困顿。”①《〈秋怀诗〉自序》曰：“诗者，穷愁离索之人为之也，故悲穷则诗，言愁则诗，叹离索则诗。”②《〈纺授堂集〉序》述：

> 虽然古郁郁不得意之流，且有不得已而至于饮醇酒、近妇人者矣！夫饮醇酒、近妇人，古之乐死而忧生者之所为也，著书立言，古之穷愁者之所为也。古之人以其不得意而托之醇酒、妇人以消折其形骸。……夫取古人之醇酒、妇人，倒行而借用之，则亦穷愁著书之类也。③

人生的浮沉显晦、穷愁离索是文士著书立言的叙写对象，而文章也是文士宣泄这种情感的载体。

谢良琦认为，士人的失意经历往往沉潜内化为精神气质。若立言为诗，则形成独特的风格。其《〈秋怀诗〉自序》曰：

> 故穷愁离索之人，虽居亦不能堪。不能居、不能堪，朕犹居之，故尝以其不能堪者发之于诗，诗无台阁峥嵘气，台阁之人无所事诗；诗无草野寒俭气，草野之人亦无所事诗。④

《陈赓明诗序》曰：

> （赓明）最后两射策南宫不第，道途羁旅，饥渴宵行，见月风霜冰雪，少时所读“国风”“大小雅”怀人寄远、忧时悯俗之篇，以及少陵睠怀宗国，每饭不忘君父之意，感动触发于中，则其为诗，又直写胸臆，往往累数百言，其音一归于沉郁顿挫、疏密曲折尽致，庶几古人温柔敦厚之旨。⑤

此种气象源于文士的穷居失意，且心怀故国，忧时悯俗。所以，此类诗作没有歌功颂德的台阁气，亦无抛家弃国的隐逸气，而与杜甫忧国忧民所形成的沉郁顿挫风格暗合。

三、感于自然

谢良琦论诗主性情，认为诗歌应当写真实的人生体验。但这些情感的喷发，必须借助于多姿多彩的自然山水。他认为程庄所居武乡山，“虽绵亘不土而

---

① 谢良琦：《醉白堂诗文集》，南宁：广西人民出版社，2001，第 38 页。

② 同上书，第 43 页。

③ 同上书，第 37 页。

④ 同上书，第 43 页。

⑤ 同上书，第 28 页。

石，无草木之蓊蔚，北土颇无水，间有不能浩荡”，故“累百世无诗人”①。但登临润州焦山，见长江浩荡，故诗思涌动：

庚子十月，余以拮据军旅事至润州，别驾程昆仑置酒焦山上邀余。是日，长风怒号，大江上下，波涛汹涌。余与昆仑蹑级至绝顶，顾望海门，寥廓震荡，划然一声，响动林木，同游八九人相顾毛发竖立，独昆仑把酒长啸。余观昆仑，意思超忽，知其胸中抑勃与涵澹澎湃相击发也。异日，昆仑乃出其所为诗文示余，虽不多，若其泛滥停蓄，则林莽丘壑之胜，与汪洋浩瀚、一泻千里之势，皆兼而有之。深信古人所称文章奇肆，类有得于江山之助。……至于登览之际，旷怀绵邈，则又落笔数百言，往往淋漓畅满，譬之高山大川，风日晴丽，人犹狎而玩之，忽然天气肃穆，雷霆风雨交至，虎豹鱼龙吟啸隐见。……以昆仑性情之深厚，乡者不借助于山水犹不易窥测，矧今日在润州，登高而赋以决眦荡胸者乎?②

江河变幻，山川寥廓，不仅可激发诗人胸中抑勃之情，使其喷薄而出，而且受江山气象的影响，诗文具有“林莽丘壑之胜，与汪洋浩瀚、一泻千里之势”，并形成“奇肆”之风，即所谓“性情所至，间有待于山水而发之也”③。

谢良琦对此有深切的体验，他认为瑰奇秀丽的自然山水可以内化为文士的性情品格，使文士发言为诗即可形成独特的诗风。吕集义评谢良琦诗文谓：“所为诗古文辞，汪洋恣肆，詄荡怫郁，称其志气。”④谢良琦的文章之所以具有这种风格，原因固然很多，但他得“空灵秀耸”的桂林山水的涵养，必是重要的原因：

吾家桂林多佳山水，峰峦空灵秀耸，行岩壑中数十里，危磴绝涧，纷然应接。湘水发源灵阳山，其流甚大，至如京口三山，长江襟带，南北舟楫往来，名贤高士经过，登临凭吊，啸咏无虚日。⑤

山水绝涧、峰峦岩壑总在潜移默化中成就士人的精神气质，显现在其所作的诗文之中，乃能成就其风格。

有此体验，谢良琦论诗，也比较重视自然山川对文士的影响。他论龚百药谓：

常自言少时肆志吟咏，每苦识见狭隘，不能如意。逮公车再上，舟楫车

---

① 谢良琦:《醉白堂诗文集》，南宁:广西人民出版社，2001，第32页。
② 同上书，第32—33页。
③ 同上书，第32页。
④ 同上书，第18页。
⑤ 同上书，第18页。

马,所见道涂山川险易,人物风俗之盛衰,州里都会,星霜寒暑荣落,可喜可愕,然后胸中浩浩落落,无所碍滞。……介眉之诗,以二十年之性情学问出之,其阅历不为不深,其停蓄不为不厚,必如是而后工与传,可得而几焉?①

谢良琦尝称扬龚百药"落笔为文,则又波涛汹涌,鱼龙之变化,而雷霆风雨之交至"②,这种文风的形成,也当然跟龚氏"见道涂山川险易"有密切的联系,龚氏的闻见作为阅历的一部分,遂造就其诗之"工与传"。

又论陈玉璂曰:

其后流连吴越齐鲁、泰山黄河、燕矶金焦、惊涛骇浪,北游长安宫阙,车马台观,气象肃穆,胸怀开朗,须眉轩豁呈露,则其为诗,又出而为沉雄舂雅之音。③

阅历深广,胸怀开朗,因此称陈氏诗风"沉雄舂雅"。

又论李长祥曰:

语天下山川之奇险,必首西蜀。其在夔州也,瞿塘、巫峡,苍苍莽莽尤胜。研斋钟天地磅礴郁积之气,笃生其间,其文章恢奇壮丽,卓尔不群,固宜也。然天地磅礴郁积之气,既已散为山林、海水、日月、雷霆、草木、花实,而又以其精者钟而为人,人又以其精者发而为言,此则何故?……研斋钟天地磅礴郁积之气,发为文章,其恢奇壮丽,卓尔不群又宜也。④

奇险的西蜀山川,涵育了李长祥磅礴郁积之气,使"其文章恢奇壮丽,卓尔不群"。

四、节之以礼义

谢良琦论诗重性情,但这种性情不能泛滥无归,而必须受儒家礼义的约束。这源于他一向以圣道自任的思想,努力做到立功在社稷、遗泽在生民。他说:"余不敏,窃尝有志于圣人之道,既旦暮遇其人,则未尝不乐得而称道之。"⑤"人生幼而学,壮而行,其能致君泽民,上也;跻卿相、都华膴,次也。"⑥"仆于圣人之

---

① 谢良琦:《醉白堂诗文集》,南宁:广西人民出版社,2001,第26页。
② 同上书,第26页。
③ 同上书,第29页。
④ 同上书,第22页。
⑤ 同上书,第35页。
⑥ 同上书,第38页。

道,仅曰好之而已。力而行之,以几其至,或犹可以自勉。"①"吾之道,尧舜、禹汤、文武、周公、孔子之道。吾之民,尧舜、禹汤、文武之民。其何敢自乱其道,以从于前?"②"盖扶竖道教我辈之事,不当居其实而辞其名也。"③"及长,读圣人之书,颇知其道,以为士君子立名砥行,莫先于自重其身。故往往严去就、慎取与,不苟为然诺。"④"行其道者,功在社稷,泽在生民,身享富贵之荣,而天下不以为贪;身退草野,讴吟歌诵,庙祀血食,而后世不以为异。"⑤自觉维护儒家之道,严于立身,以拯时救弊为己任。

谢良琦读书,以六经、周秦、两汉、唐宋八家之文为本,作文以载道为旨归。其《再与李研斋书》曰:

> 故于近世诸家所为文集颇见厌绝,间一开卷,十余行已昏倦欲卧。至于庄周、列御寇之徒,虽乐其奇肆,然切疑其用意奇僻,与圣人六经之旨不合。……故学者苟无志于圣人则已,如其有志于圣人之道,则必于六经、周秦、两汉、唐宋八家之书求之。⑥

《拟上某执政书》曰:

> 仆始年十六七时,有志于圣贤之业,自六经、周秦史汉而外,独喜唐、宋、韩、欧、苏诸家之书,以为能传圣人之道,唯此而已。⑦

圣人之道即儒家积极入世、建功立业、济物惠民之道,大别于庄子诸人的避世无为。六经传圣道自不待言,而周秦时,孟子光大孔子仁道,荀子发扬孔子礼法。两汉则"罢黜百家,独尊儒术"。唐宋八大家作文亦以传圣道为主,如韩愈《原道》曰:"斯吾所谓道也,非向所谓老与佛之道也。尧以是传之舜,舜以是传之禹,禹以是传之汤,汤以是传之文、武、周公,文、武、周公传之孔子,孔子传之孟轲,轲之死,不得其传焉。"⑧

谢良琦认为,"一书极小,而有以动天下治乱兴亡,新故今昔之感"⑨,即以有益世教作为衡量与评定诗歌的标准。他评其父谢日升曰:"其诗则愈出而为

---

① 谢良琦:《醉白堂诗文集》,南宁:广西人民出版社,2001,第 93 页。
② 同上书,第 109 页。
③ 同上书,第 111 页。
④ 同上书,第 120 页。
⑤ 同上书,第 124 页。
⑥ 同上书,第 107—108 页。
⑦ 同上书,第 128—129 页。
⑧ 马其昶:《韩昌黎文集校注》,上海:上海古籍出版社,1986,第 18 页。
⑨ 谢良琦:《醉白堂诗文集》,南宁:广西人民出版社,2001,第 58 页。

清明广大、温柔敦厚之音。”[①]论其兄谢良瑾曰：“为文章清丽和雅，又纵观上下数千百年事势成败利钝，忠臣孝子，审时观变，生死去就，议论证据经史，较然一秉于是非、义理之正。”[②]论董以宁曰：“作为文章，以申明先王所以立言垂训之意，……性情风雅不失其正若此！此得‘三百篇’之遗而少陵之嗣响者欤?”[③]论沈康臣曰：“康臣之所为诗，大略不离乐府及歌行古律者近是，独其能原本性情，而范围之以礼义，则淫哇靡缋之习，吾固知其免焉！”[④]称扬女子诗曰：“盖《清远阁》之诗，其言系彝伦风教之大，其音得和平庄雅之常。”[⑤]论邓子材曰：“若此矧子材之遇事感物，徘徊忠孝之交，流连新故今昔之殊。”[⑥]论刘秉三曰：“慨然于世道人心之不古，故其言语、文章、政事一出于正，而归之大雅。”[⑦]所谓忠孝、礼义、彝伦风教，均为儒家诗教，即要求诗文有助于教化、有益于人伦。这种主张与《毛诗序》的“用之乡人焉，用之邦国焉。风，风也，教也，风以动之，教以化之”[⑧]相同。故诗歌虽原本性情，但这种性情必须受儒家礼义的约束、涤滤。

与此相应，谢良琦反对离经叛道、徒工文采而无益风教的文章。其《〈才子必读书〉序》谓：“呜呼！圣叹天才独绝，余读其书，固多可称，其缪戾诡谲，亦不合于道。”[⑨]《再与李研斋书》曰：

> 而近世学者耻言卑近，必欲驰骛于高深幽远以自鸣得意。究其所得，不过庄周、列御寇与齐梁之文，甚者仅出入于近世诸家所为文集。呜呼！此于古今作者之流源，果何所归宿哉?[⑩]

《董文友诗序》曰：

> 降及近代家各专经，其于先王六经之理已不备，而天下之士莫不人人自有其诗。美人、香草竞以名篇，感怀吊古率焉寄志。舟车晨暮、亲朋会离，文采葩流，枝叶横溢。然而源流不深，群言淆乱，是尚不知诗之所由始，而遑与论工拙乎?[⑪]

---

① 谢良琦：《醉白堂诗文集》，南宁：广西人民出版社，2001，第 13 页。
② 同上书，第 16 页。
③ 同上书，第 24 页。
④ 同上书，第 30 页。
⑤ 同上书，第 31 页。
⑥ 同上书，第 32 页。
⑦ 同上书，第 48 页。
⑧ 阮元校刻：《十三经注疏》，北京：中华书局，1980，第 269 页。
⑨ 谢良琦：《醉白堂诗文集》，南宁：广西人民出版社，2001，第 52 页。
⑩ 同上书，第 108 页。
⑪ 同上书，第 24 页。

明末清初学者金圣叹在《〈三国志演义〉序》中说："余尝集才子书者六。目曰《庄》也，《骚》也，马之《史记》也，杜之律诗也，《水浒》也，《西厢》也。谬加评订，海内君子皆许余，以为知言。"①他腰斩《水浒》、评点《西厢》，并推为才子之书。谢良琦认为金圣叹的著作间有新意，有可读之处，其遭际亦可堪同情。但他也批评金圣叹"缪戾诡谲，亦不合于道"。此外，谢良琦以弘扬圣道自任，在诗论上，认为时人之作虽有寄托，或文采横溢，但因他们的诗歌未能以六经为源流，即未探源于六经圣人之理，故不足与议。

总体而言，谢良琦的诗学思想以写性情为主，并节之以儒家的礼义。他的主张与明清之际的诗学思潮相左，因为，"从明代中叶起，文艺上出现了一股前所未有的新思潮，它的基本特征是：强调文艺是未受封建'闻见道理'污染的纯洁心灵之体现，是具有个性解放色彩的自由情性之抒发，提倡真情而反对假理，主张师心而反对复古，它与传统的言志载道、美刺讽谏文艺思想形成了鲜明的对立，而具有很明显的叛逆性。"②但他的这种主张，未尝不可以看作是明清之际经学致用思想在文学批评领域的反映，对粤西诗坛的创作不无有益的启示。

① 金圣叹：《三国志演义》，上海：上海春明书店，1948，第1页。

② 张少康：《中国文学理论批评史（下）》，北京：北京大学出版社，2005，第129—130页。

陈柱《老子注》论略

郭玉贤[①]

[内容提要] 广西北流国学大家陈柱的《老子注》是其老学研究的重要著作，呈现了与同时期其他老学训诂校勘著作不同的特点。《老子注》不仅停留在老子与《老子》研究本身，而且将老子、庄子、韩非子的思想贯通起来研究，并在其中融入西学研究方法，使其老学研究体现出道家法家贯通、中西结合、见解精到的特点。

[关键词] 陈柱 《老子注》 老子 民国

一、陈柱事略

陈柱(1890—1944)，原名郁瑺，一名绳孔，字柱尊，号守云，生于广西北流县(今北流市)民乐镇萝村，自称"萝村山人"，1907 年东渡日本成城中学就读，1911 年回国考取上海南洋公学(交通大学前身)，师从国学大师唐文治，工诗赋，尤精于子学。1915 年毕业任广西梧州中学校长，大力提倡新学，亲授英语、数学、国文课。1921 年起先后在江苏无锡国专、上海大夏大学、上海暨南大学、光华大学、交通大学任教。一生著述颇丰，有涉及经、史、子、集四部的著述 90 余种，其中《中国散文史》《文心雕龙校注》《公羊家哲学》《诸子概论》《墨子十论》《墨子间诂补正》《老子韩氏说》《老子注》《小学考据》《守玄阁文字学》《三书堂丛书》等影响最为深远，深受学界推崇与赞赏。唐文治曾评价他为"横空出世，足使千古学人才人一起俯首"。

二、《老子注》的撰写背景

陈柱的老学研究主要体现在民国时期的五部著作中，包括 1926—1939 年共 14 年间出版的《老子集训》《老学八篇》《老子注》《老子与庄子》《老子韩氏说》，其中《老子注》完成于 1927 年 11 月，被收入朱经农、王云五主编的《学生国学丛书》中，由上海商务印书馆出版。

---

① 郭玉贤(1973—)，女，广西师范大学漓江学院中文系副教授，广西师范大学文学院古代文学专业在读博士研究生，研究方向为古代文学与文化。

陈柱撰写《老子注》的民国时期共涌现了70部《老子》研究专著，其中有24部训诂校勘方面的著作，包括马其昶的《老子故》、杨树达的《老子古义》、罗振玉的《老子残卷六种》、刘师培的《老子校补》、马叙伦的《老子校诂》、王力《老子研究》。24部解析译注类著作，包括奚侗的《老子集解》、冯振的《老子通证》、丁福保的《老子道德经笺注》、钱基博的《老子道德经解题及其读法》。在这一老学研究繁盛的民国时期，其老学研究在继承了传统的乾嘉学派重视训诂考证的基础上，融入了西学的研究思想与研究方法。在这样的大背景下，陈柱的老学研究，既承接了传统的老学研究传统，又融入了西方社会科学与自然科学的知识，《老子注》对《老子》原文进行考订、注释的同时，还通过注译对老子义理做了精到的阐释，具有独特的研究视角，使老学研究，不仅仅停留在老子与《老子》研究本身，而是将老子、庄子、韩非子的思想贯通起来研究，并在其中融入西学研究方法，使其老学研究体现出道家法家贯通、中西结合、见解精到的特点，是民国时期研究老学的典型代表之一。

三、《老子注》的阐释特点

陈柱在《老子》注的绪言中就老聃与太史儋是否一人、老子与老莱子是否一人、老子与孔子问礼之老子是否一人、老聃与老彭是否一人、老子之年寿如何、何以称为老子六个问题做了详尽的论述。在对这六个问题逐一阐述后的正文部分，是对《老子》原文的详尽注解，本书呈现出了与其他《老子》注本不同的特点。

（一）考订《老子》作者的身份

20世纪三四十年代，关于老子其人、其书的讨论是学术界研究的一大热点。梁启超、胡适、冯友兰等大家均对这一问题提出了自己的观点，诸家讨论的依据都是司马迁的《史记·老子韩非列传》，而各自的解读角度不同，如梁启超认为司马迁的时代，已经理不清老子、老莱子、太史儋三人之间的关系①，胡适则认为“我至今还不曾寻得老子这个人或《老子》这部书有必须移到战国或战国后期的充分证据”②。陈柱则通过史料记载，并结合音韵训诂知识，通过辨明老子六疑问来确定老子的身份。

1.对于老聃与太史儋是否一人的疑问，据清儒毕沅之说，老聃与太史儋本为一人，因古代“聃”和“聸”字音同，且《说文解字》中“聃”字意为“耳曼也”，“聸”字意为“耳垂也”，《山海经·大荒北经》《吕览》中描述南方儋耳之国均作“耽”，

① 罗根译：《右史辨》，上海：上海古籍出版社，1982，第305—307页。
② 胡适：《评论近人考据〈老子〉年代的方法》，《哲学论丛》（第一集），1933年第5期。

《说文解字》中“耽”意为“耳大垂也”，所以“聃”“瞻”“儋”三字声义相同。据此可判断，老聃与太史儋为同一人①。陈柱认为，单凭读音的相类关系并不足以证明二者为同一个人，据《史记》所述，儋乃预言家，而《道德经》第三十八章“前识者，道之华而愚之始”②，意思是说，那些制礼之人自认为有先见，其实都是使“道”沦为浮华，并且是愚蠢的开端。老子对自以为有先见的人如此痛恨，可见，二者不是同一人。

2.对于老子与老莱子是否一人的疑问，毕沅认为老子与老莱子是两个人，而汪中则认为老莱子与老聃以及太史儋都是一个人，毕沅认为：据《史记·老子韩非列传》记载：“老子者，楚苦县厉乡曲仁里人也。”可知老子是苦县人，而老莱子是楚人，二者籍贯不同；老子著书八十一篇，老莱子著书十五篇，二者著书篇幅不同；《左传》中有人名为莱驹，可见古代有莱氏，老莱子姓莱而称老，所以称为老莱子。是与老子有别的另外一个人。并且《史记》这样记述老子“老子著书上下篇，言道德之意五千余言而去”，而记述老莱子则是“老莱子亦楚人也，著书十五篇，言道家之用，与孔子同时云”。意思是老莱子也是楚人③。司马迁之所以在老子列传的同时提及老莱子，相当于在孟荀列传的时候，旁及慎到、墨子一样。陈柱从籍贯、著述情况以及古书资料作为佐证，辨明老子与老莱子是不同的两个人。

3.对于老子与孔子问礼之老子是否一人的疑问，汪中的观点得到的认可度颇高，他认为孔子问礼之老子与著书道德经的老子是两个人，原因有三：原因之一，《史记·孔子世家》和《史记·老子韩非列传》都记载孔子适周问礼。老子的言行，见于《礼记·曾子问》的记载有与《道德经》不相一致之处。第一处是“夫助葬而遇日食，然且以见星为嫌，止柩以听变”④，可见老子是谨慎对待礼的。但是《道德经》第三十八章却有“夫礼者，忠信之薄，而乱之首。”⑤意思是浮华的礼是忠信浇薄衰减的表现，是一切祸乱的根源。关于谨礼与斥礼在这里表现出了矛盾之处。第二处是“下殇之葬，称引周召史佚，其尊信前哲也如是；而其书则曰‘圣人不死，大盗不止’，彼此乖违甚矣”⑥。关于尊哲与斥圣在这里表现出了矛盾之处。原因之二，汪中认为：

本传云：“老子，楚苦县厉乡曲仁里人也。”又云：“周守藏室之史也。”

---

① 毕沅：《老子道德经考异》，北京：中华书局，1985，第1页。
② 王弼：《老子道德经注》，北京：中华书局，2008，第93页。
③ 毕沅：《老子道德经考异》，北京：中华书局，1985，第1页。
④ 汪中：《述学》，沈阳：辽宁教育出版社，2000，第103页。
⑤ 王弼：《老子道德经注》，北京：中华书局，2008，第93页。
⑥ 汪中：《述学》，沈阳：辽宁教育出版社，2000，第103页。

按:周室既东,辛有入晋(《左传·昭公二十年》),司马适秦(太史公自序),史角在鲁(《吕氏春秋·当染篇》),王官之族,或流播于四方。列国之产,惟晋悼尝仕于周,其他固无闻焉,况楚之于周,声教中阻,又非鲁郑之比,且古之典籍旧闻,惟在瞽史,其人并世官宿业,羁旅无所置其身。①

意思是,老子是楚国人,不可能成为"世官宿业"的周朝史官。

原因之三,汪中认为:"'老子,隐君子也。'"②老子身为王官,不可能谓隐,做官与隐君子是互相矛盾的。基于这三点原因,汪中认为老子与孔子问礼之老子是不同的两个人。汪中的观点看似很有说服力,但陈柱认为老子斥礼是斥责以往的礼制,他著书之说与回答孔子之言,含义是一致的。老子是先做守藏室之史,后做隐君子,《史记》中明确说"见周之衰,乃遂去也"③。由此看来,陈柱的观点,依据更为可靠,更令人信服。

4.对于老聃与老彭是否一人的疑问,历来存有争议,郑玄认为是两个人,包咸、皇侃认为是一个人,认为老聃与老彭是同一个人的依据在于:《论语·述而》篇有"述而不作,信而好古,窃比于我老彭"④。"我"加在"老彭"之前是前儒以为亲之之词。且"聃"与"彭"音通。《说文解字》"彭,从壴,彡聲",表示鼓的声音,属于侵类、阳部字。"聃"属谈类字,谈阳相通。孔子的学生在《论语》中称老子的字"聃"为"彭",是用孔子家乡的方言记录的。所以《论语》中的老彭与老聃实为一个人,都指的是老子。陈柱认为《史记》中没有相关的记述,不能因为声音相似就妄为断定,对这一问题持"付之阙疑"的态度。

对于老子之年寿如何的疑问,陈柱对《史记》中"盖老子百有六十岁,或言二百余岁"的解读是:老子虽然长寿,但是并非长生不死,二百余岁固然不可能,但是一百四五十岁,也不是绝对不可能的。

5.对于何以称为老子的疑问,认为老子生于李树之下,是唐以后的人妄为增改的,《史记》中记述老子姓李,不言其故。因为李老二字属于双声,就像离娄双声一样。且称老子为李聃的六臣本《文选注》的《景福殿赋》(李善注),提及《史记》,有"姓李氏,名耳,字伯阳,谥曰聃"⑤的记载。所以老子称老,并非坊间所言的生来就显老态。

陈柱没有视当时权威的观点为定论,根据著述中最早提及老子的《史记》进行深入解读,佐以历代古籍中的可信证据,对于当时讨论最盛的关于老子的六

① 汪中:《述学》,沈阳:辽宁教育出版社,2000,第103页。
② 同上书,第103页。
③ 司马迁:《史记》,北京:中华书局,1959,第2142页。
④ 朱熹:《四书章句集注》,北京:中华书局,1983,第93页。
⑤ 司马迁:《史记》,北京:中华书局,1959,第2139页。

个疑问,一一做了阐述,对于证据不足的观点,不强自为说,难能可贵。

(二)重视利用古本考订字句

历代注老子的注本可谓汗牛充栋,有人视其为养生之作,有人视其为用兵之作,有人视为修佛的虚无之作,有人视为学仙之作,在不同观点主导下的老子注本,也呈现出不同的面貌。陈柱视《老子》为哲学之作、政治之作,从哲学的角度而言,《老子》为主张天演物竞之说;从政治的角度而言,《老子》是打倒专制政府、反对复古之说;从社会的角度而言,《老子》主张损有余、补不足、抑奢侈、尚俭朴,使贫富阶级的差异不至于相差悬殊,以求社会秩序的安宁。本着这样的主旨,陈柱考订《老子》原文的字句含义,就有了自己独特的思考与阐述。且不为自己的主旨而强释老子原文,而是充分利用可信的古本、善本考订《老子》原文字句。如《老子》第十七章:

太上,下知有之。其次,亲而誉之。其次,畏之。其次,侮之。信不足焉,有不信焉。

悠兮其贵言。功成事遂,百姓皆谓我自然①。

"下指有之"胡适谓《永乐大典》本吴澄本皆作"不知有之",日本本作"下不知有之"。陈柱参考古本《韩非子·难三》与《淮南子·主术训》均与旧本同,这里的意思是:

此谓太上之民,止知有其应得之赏罚,不言说其是非也。唯其次者方誉其是,又次者乃畏其非,最下者乃辱其非矣,夫政府而至于使人侮,则不足以为政府矣②。

陈柱参考距离《老子》最近的典籍《韩非子》《淮南子》,以此考订"下知有之",而非"下不知有之",不但疏通了文义,也联系了当时社会现实表达出自己的观点,理由充分,结论可信。

(三)不拘陈言,破旧立新

在几千年的老学研究历程中,形成了诸多几成定论的观点,如出自《老子》的"大器晚成"用以比喻能担当重任的人,要经过长期的锻炼,所以成就比较晚。也用来安慰长期不得志的人。历代《老子》注本也都将这句话注为"最贵重的东西总是很晚才完成",几乎成为定论。而陈柱却从这句话的出处《老子》第四十一章"大方无隅,大器晚成,大音希声,大象无形,道隐无名"③的上下文中看出

---

① 王弼:《老子道德经注》,北京:中华书局,2008,第 41 页。

② 陈柱:《老子注》,上海:商务印书馆,1927,第 20 页。

③ 王弼:《老子道德经注》,北京:中华书局,2008,第 112—113 页。

了问题，认为“大器晚成”是“大器免成”之误，意思是“无成”，因为上下文中的“无隅”与“大方”相反，“希声”与“大音”相反，“无形”与“大象”相反，所以可知只有“免成”才与“大器”相反，“晚”借为“免”，意思相当于“无”。陈柱的观点并非空穴来风，从音韵学的角度而言，“晚”为微母山摄三等上声字，“免”为明母山摄三等上声字，且古无轻唇音，轻唇音“微”母是从同为次浊的重唇音“明”母字分化出来的。所以“晚”为“免”的通假字，是讲得通的。陈柱的《老子注》出版后46年的1973年，长沙马王堆汉墓出土的帛书甲乙本均为“大器免成”，可见陈柱的老学研究功底深厚，且多真知灼见。

陈柱的《老子》注是继《老子集训》《老学八篇》之后的又一部老学研究力作，三本书之间的见解略有不同，他解释为“乃学业见解日异之故”，望读者不要讥讽其自相矛盾。分析《老子》注的行文，可见其研究的深度也较《老子集训》《老学八篇》深入，体现了陈柱不囿于已有研究成果，不断探索不断进取的研究精神。

四、《老子注》的创新之处

陈柱的《老子注》作为民国时期重要的老学研究著述，所体现出的学术价值是显而易见的。无论是与同时代还是历代的老学研究著述相比，陈柱的《老子注》都颇值得后世学者深入研究与学习，其独特的创新之处主要体现在如下四个方面。

（一）灵活运用多种研究方法

陈柱的《老子注》除运用传统的文献调查法之外，还灵活运用了列举法、比较分析法、反观对照法、逻辑思辨法。对于古籍文献的研究，运用文献调查法最为普遍，陈柱却能根据每章主旨的需要，灵活运用多种研究方法，使得其老子研究较他人更加全面深刻。如运用列举法研究《老子》第二十六章：

> 重为轻根，静为躁君。是以圣人终日行不离辎重。虽有荣观，燕处超然。奈何万乘之主，而以身轻天下？轻则失本，躁则失君。①

释义列举了王弼、严复、李温陵的训释观点：

> 王弼云：凡物轻不能载重，小不能镇大，不行者使行，不动者使动，是以重必为轻根，静必为躁君也。
>
> 严复云：二语物理之公例，执道御时，则常为静动者矣。

---

① 王弼：《老子道德经注》，北京：中华书局，2008，第69—70页。

李温陵云：有辎重则虽终日行而不为轻，何也？以重为之根也。常燕处，则虽荣观而不为躁，何也？以静为之君也。①

陈柱将王弼、严复、李温陵对此章的见解列在《老子》原文之后，便于读者从多角度理解章旨，进而对全章思想内容有整体把握，这样的列举不是毫无目的的列举，而是经过陈柱深入分析后，认为符合老子思想本义的观点的列举，列举法的运用，为我们解读《老子》提供了更多的空间。

再如运用逻辑思辨法研究关于老子是否确有其人的辩说：

老子为与孔子同时人，自来鲜有疑者，至清儒汪中崔东壁始疑之。今人梁启超更取崔东壁汪中之言而综合之，定老子为战国时代之人②。

至日本人津田左右吉著《儒道两家关系论》（李继煌译，商务印书馆出版）更谓原无老子其人，其所提疑问，大约与梁启超相同；不过梁尚谓有其人，津田则并谓无其人耳。此事不须深辩，试问周秦诸子，言老子老聃者如此之多，赞成其说者有之，反对其说者有之，彼与老子皆相去不远，何以一人伪托之，百人附和之？岂诸子皆未尝学问者邪？由彼辈推论之方法，则虽谓孔子孟子，亦并无其人，亦未尝不可。③

陈柱针对梁启超提出的五点疑问进行一一批驳后，针对日本学者认为的史上并无老子其人的说法，以试问语气表明自己的立场，如果按津田的观点推演开来，那么历史上也没有孔子、孟子其人了。没有孔子、孟子其人，这一观点显然是不成立的，所以陈柱的逻辑思辨法是缜密入微的。

陈柱灵活运用多种研究方法，且有针对性地以简明扼要的语言层层深入展开论述，从多个角度、多个层面立体地展示了《老子》其书的原貌与思想精髓。

（二）《老子注》所呈现的时代意义

清末民初，随着西方列强的入侵，中国旧的政治体制逐步走向解体的同时，自汉代以来一直规范人们思想与行为的儒学秩序体系也受到前所未有的冲击。长期处于“异端”的诸子学出现复兴之势，加之西方文化的输入，这一时期便呈现出儒学、诸子学、西学三者之间错综复杂的关系。在这样的大背景下，民国时代的诸子学研究出现了以往历代所没有的特点。即在民国新政府的威信尚未正式建立之时，社会意识处于多元思想共生、文化秩序重新建构时期，各种文化主张相互竞争，既有失去儒学一统地位的彷徨与焦虑，也有试图建立新的文化

---

① 陈柱：《老子注》，上海：商务印书馆，1927，第29页。

② 同上书，第12页。

③ 同上书，第13页。

秩序的期待与茫然。也就出现了否定以往的独尊儒术，建立经子平等关系的尝试。

老学作为诸子学的重要组成部分，在疑古的思潮中引起诸多学者的研究兴趣，其目的不仅仅在于研究老学本身，也在于通过对老学的研究，建立经子平等关系，更在于通过老学的研究，将老学的思想应用于当世的治国方略上，以此探求救世救民的出路。在这样的大背景下，陈柱的《老子注》便具有民国时代老学研究的普遍意义：继承乾嘉学派务实的考据之风，集历代诸家研究老学观点之大成并提出自己的新创见，运用西方学术分科的方法指导老学的研究实践，研究内容更具思想性与多元性，还包含了通过老子的功成事遂、圣人之道为而不争、知止可以不殆、知人者智、无为而无不为、多言数穷不如守中、治人事天莫若啬、治大国若烹小鲜、以正治国以奇用兵以无事取天下、善用人者为之下十大思想精髓，以及探求富国强民的救国之道。陈柱作为名家辈出的民国老学研究者的一员，其研究规模宏大，见解独到，将老学、庄学、韩学贯通为一体的同时，更是融合了西方新学的理论，具有鲜明的时代特色，提出了诸多新创见，是民国时代老学研究的重要代表。

（三）浓厚的救世救国救民思想

陈柱的老学著作都有一个共同的撰写目的，即作为教学用的教材，向学生讲授老子，传播老子思想，这与其他学者为研究老子而注疏《老子》有明显的不同。所以，在社会政治经济文化均处在动荡不安环境下，陈柱作为教师，除了向学生传授知识本身之外，更重在从传统知识的讲授中，给学生以思想上的教育与启迪，也就是今天所说的教书的同时，更重在育人。在这样撰写目的的前提下，《老子注》渗透了浓厚的救世救国救民思想，陈柱在《老子注》的编余语中有这样的表述：

> 自来注老子者纷纭……就政治而论，则为打倒专制政府，反封复古之学说；其对于社会生活，则主张损有馀，补不足，抑奢侈，尚俭朴，使贫富阶级，不甚相悬，人之欲望，不致太奢，以求社会秩序之安宁，此其大旨也①。

陈柱认为老子之学不是简单的养生之学，不是简单的军事之学，不是简单的哲理之学，从政治层面而论，是反专制、反封建的学说，是以求得社会安宁为主旨的学说。这就为《老子》注的全书定下了基调，即围绕反专制、反封建、求得社会安宁为思想主线注解《老子》。

陈柱《老子注》的编写初衷是作为高校授课教材用，所以其在体例的科学严

---

① 陈柱：《老子注》，上海：商务印书馆，1927，第26—27页。

谨、考订的翔实可靠的基础上，通过对老子义理的阐释明确表明自己的救世救民主张，所体现的高尚师德与学者品格代表了民国时期诸子学研究的主流思想形态，对后世学者研究老学发展史以及民国时期的诸子学研究都有重要的借鉴与参考价值。

广西现代名人研究

在鲁迅旗帜下的战斗

——聂绀弩在桂林文化城的杂文写作

王云杉①

[内容提要] 聂绀弩是中国现代文学史上重要的杂文作家。20 世纪 40 年代,聂绀弩来到桂林,与秦似、夏衍等人编辑《野草》杂志,并在上面发表杂文作品。聂绀弩在桂林文化城创作的数篇杂文从艺术水准上说,达到个人创作的高峰。通过对聂氏这个时期的杂文作品进行细读,我们发现他高举"觉醒"和"战斗"的精神旗帜,写下的杂文具有较高的艺术价值和较大的时代意义。"鲁迅风"作为聂绀弩的文学标志,既意味着他模仿鲁迅杂文的写作具有较高的思想价值,又表明聂氏杂文的艺术个性还不够鲜明。

[关键词] 聂绀弩 桂林文化城 杂文

在"第三个十年"中,中国现代文学呈现出区域化的特点。战时环境造就沦陷区文学、国统区文学、延安文学、孤岛文学等文学版图。1938 年 10 月,武汉沦陷之后,桂林集中了大量文化名人,形成著名的抗战"文化城"。桂林给文化人提供文艺创作的新天地。茅盾、田汉、艾芜等人在旅桂时期,纷纷写下各自创作生涯中的一些重要的文学作品。杂文家聂绀弩在 1940 年从金华到达桂林,并于 1943 年 12 月离开桂林,前往重庆。他和秦似、夏衍等人围绕《野草》杂志,发表杂文作品,这些作品成为现代文学中的一部分,而他们这些作家也被文学史家称为鲁迅风杂文作家群。

《野草》杂志的办刊宗旨在于"给受伤的战斗者以一个歇息的处所,让他们退到野草里,拭干伤口的血痕,恢复一些元气,再作战斗"②,"至于原本就很健康的人们,自然也可以到这野草上呼吸一些苍葱的气息"③。这让我们联想到鲁迅所说的生存的小品文。在《小品文的危机》中,鲁迅说小品文应该"和读者

---

① 王云杉(1993—),男,广西师范大学文学院中国现当代文学专业在读硕士研究生,研究方向为中国当代文学。

② 《〈野草〉月刊发刊语》,转引秦似《秦似杂文集》,北京:生活·读书·新知三联书店,1981,第 3 页。

③ 同上书,第 3 页。

一同杀出一条生存的血路;但自然,它也能给人愉快和休息"[①]。我们由"战斗者""战斗""血痕"这些词语,可以看出聂绀弩等杂文作家深受鲁迅的影响,他们希望杂文作为战斗的武器,唤醒人们的爱国意识,以此参与全民族的抗日战争。聂绀弩以《野草》杂志为阵地,发表杂文数十篇,为桂林文化城的文学艺术注入一份活力。有论者对聂绀弩不同时期的杂文创作特点进行系统的分析和准确的判断[②]。不过,对聂绀弩在桂林期间的杂文写作,学界的关注相对较少,而这段时期被一些学者认为是聂氏杂文创作的高峰期[③]。因此,我们有必要对聂绀弩在桂林时期的杂文写作进行一些归纳和评析。

根据雷锐等广西师大中文系教师主编的《旅桂作家》对聂绀弩在桂期间创作篇目的整理[④],聂氏在桂林创作的杂文在内容和主题上,大致可以分为三类:

一、无情地揭露在抗战大后方,商人趁机发国难财,高官贪污腐败等阴暗之处。如《莎士比亚应该后悔》《飞机的用途及其他》《梦读天书记》《"确系处女,小学亦可"》《从陶潜说到蔡邕》等文章。

二、反映女性的生存、家庭、婚姻等人生问题,思考女性应该走进社会,发挥自己的人生价值。如《怎样做母亲》《妇女 · 家庭 · 政治》《母性与女权》《时间的启示》《装腔作势的男人》等。

三、作者在大后方相对安定的环境下,产生的一些生活杂感,如《历史的奥秘》《早醒记》《壁画》等。

总体上看,这些文章大多运用反语、讽刺等修辞手法,对污浊的环境、丑恶的人心、传统道德中的糟粕进行辛辣的批判。文章风格的犀利老辣,颇有鲁迅杂文的风骨。

文学史家认为,聂绀弩"成名于 30 年代,大量杂文创作在抗战之后"[⑤],"在 40 年代,他(聂绀弩——引者注)的杂文有更大的发展"[⑥]。他的杂文批判现实环境中的种种黑暗、丑恶事物,以及某些违背人性的封建道德伦理。我们认为,在针对现实生活发言的作品中,聂绀弩面对一些跨时代、跨地域的普遍性的问题(比如弱肉强食)具有冷静的认识和深刻的思考。通过寓言的形式,作者表达对欺压弱小的强势者的憎恶,对弱势群体的集体性格缺点(比如奴性)的强烈批

---

① 王得编:《鲁迅杂文全编》(上),杭州:浙江文艺出版社,1993,第 503 页。

② 姚春树:《论聂绀弩的杂文创文创作》,《福建师范大学学报》(哲学社会科学版),1983 年第 3 期。

③ 张梦阳:《鲁迅的精神本质与聂绀弩的杂文创作》,《鲁迅研究月刊》,1993 年第 4 期。

④ 苏关鑫、雷锐、黄绍清、肖昭惠:《旅桂作家》,南宁:广西人民出版社,1989,第 756—802 页。

⑤ 钱理群、吴福辉、温儒敏:《中国现代文学三十年》,北京:北京大学出版社,1998,第 465 页。

⑥ 严家炎主编:《二十世纪中国文学史》(中),北京:高等教育出版社,2016,第 84 页。

判。杂文集思想性、知识性、文学性为一体。聂绀弩杂文的艺术价值主要产生于作品深邃的思想。有学者说:"正是基于对鲁迅精神本质的透彻认识,使聂绀弩成继鲁迅之后以杂文为主要武器,启发人的觉醒、深掘人性本源的第一大家。"①在解读聂绀弩杂文的过程中,我们不难发现作者继承了鲁迅的启蒙主义思想,对现实环境和国民性格具有猛烈的批判和深刻的揭露。

在批判现实方面,聂绀弩的《韩康的药店》与《兔先生的发言》具有较高的可读性。前者被认为是聂的名篇之一。查阅资料,我们得知深受市民欢迎的桂林生活书店被国民党旗下的国际书店取代,而后者总是生意冷落、无人问津②。作者本人也声称此文与生活书店的"改头换面"有关③。在《韩康的药店》中,韩康经营的药店生意兴隆、门庭若市,引起西门庆的嫉妒。西门庆通过敲诈勒索、威逼利诱的方式收购韩康的药店。韩康为了生存不得不重新开店,而新开的店铺总是被西门庆以暴力手段收购。杂文以寓言的形式,将现实环境的险恶展现得淋漓尽致。文中反映了强权对普通人的剥削和压榨,这种悲惨现状具有超越时代和地域的普遍性,体现出作者对现实的深刻观察。在《兔先生的发言》中,象征着弱小者的兔子心里所想(为兔类谋取生命安全保障)和它实际上在森林宴会上发言的内容(吹捧老虎、豹子等强者)之间的断裂,表现弱者总是被强者无情欺辱、蹂躏,却又难以反抗强者带来的暴力。在批判社会现实这个层面上,聂绀弩的这些杂文和鲁迅的作品有相似之处,但是又有自己的独到见解。

对于女性和与之相关的道德伦理问题,聂绀弩写过一系列杂文。在《体貌篇》中,作者不完全否定当时流行的观点,即容貌不美的女性是女权运动的主力军,并提出"那些天姿国色、宜室宜家的太太们,也应该参加女权运动",表达女性应该为争取自身生存权利而付出奋斗的主题,并进一步说明"人与非人之争,人权的大小、多少之争,才是女权问题的症结"④。在《贤妻良母论》中,作者反驳当时流行的错误观点:"有人认为,要做'贤妻良母',妇女就应该躲在家里,不要做什么女权运动。这是不对的。关在家里不一定做得成贤妻良母。潘金莲关在家里,却没有做成贤妻"⑤,暗示着女性可以同时扮演"贤妻"和"良母"这两种角色,这意味着女性实现"教子"的家庭价值与实现"相夫"社会价值并不冲突。作者认为"对妇女而言,她们应该有更远更大更多的事业,贤妻良母只是她

---

① 张梦阳:《鲁迅的精神本质与聂绀弩的杂文创作》,《鲁迅研究月刊》,1993年第4期。

② 同上。

③ 王存诚编:《聂绀弩集》,广州:花城出版社,2016,第135页。

④ 同上书,第200页。

⑤ 同上书,第224页。

们事业的一部分。”①这种观点在今天看来，仍然能够引人深思，具有较大的借鉴意义。从这些传播五四新道理新伦理观念的杂文可以看出，作者在思考问题的时候，虽然深受鲁迅杂文（比如《娜拉走后怎样》《我之节烈观》等）的影响，但是他依然提出一些个人的见解，并不完全复制鲁迅的观点。

聂绀弩在桂期间还创作了一篇阐述鲁迅作品和思想的论文：《鲁迅——思想革命与民族革命的倡导者》。这篇文章对于了解聂绀弩在桂期间的杂文创作具有重要的意义。在此文中，聂绀弩认为鲁迅是一个觉醒者，他给人们带来先进的思想理念，促使民众走出蒙昧、麻木的困顿状态。同时，鲁迅还是一个战斗者。他的一生都在与“吃人”的封建道德观念和黑暗的现实进行艰苦顽强的战斗。鲁迅的精神旗帜是觉醒和战斗。多年之后，聂氏对鲁迅的研究得到王得后的高度赞扬，他说“在五十三年前，他（聂绀弩——引者注）研究鲁迅的论文达到这样的学术成就，实在惊人”②。关于鲁迅思想的阐述，聂绀弩还创作了《鲁迅的偏狭与向陪良的大度》《从沈从文笔下看鲁迅》两篇杂文，反驳当时的人们对鲁迅的一些误解（比如消极、厌世、骂人）。有论者指出，鲁迅精神贯穿聂绀弩整个人生的杂文创作③。聂氏在鲁迅精神的影响下，毫不留情地揭示国民性格心理中的丑陋之处。

具体而言，聂绀弩旅桂时期写的《兔先生的发言》中，被社会无情压迫的兔子“欺压一下老婆和丈夫，也决不会出什么乱子；年纪打了，有了儿女，子女当然是出气筒。”④又如《早醒记》写到，邻居一个姨太太抽打小丫头发出的巨大声响，让作者想到生活中受人虐待的弱小者将自己的屈辱转移到比自己更卑贱、弱小的人身上。这显然也是鲁迅二十年代在“随感”系列文章中所写到的：“怯者愤怒，却抽刃向更弱者”⑤的另一种表述方式。在《蛇与塔》，作者最后提出“要白蛇恢复自由，愚民百姓也自有愚民百姓的方法和力量”⑥的观点，几乎是鲁迅《论雷峰塔的倒塌》《再论雷峰塔的倒塌》的“翻版”。因此，聂绀弩的杂文与鲁迅思想有较大的契合，向之借鉴，聂增加了自身杂文作品的思想性和深刻性。

聂绀弩在桂林期间创作的杂文在思想内容上，批判了现实中的黑暗势力和传统道德的不合理之处。聂氏高举鲁迅精神旗帜，对现实问题和道德伦理进行

---

① 王存诚编：《聂绀弩集》，广州：花城出版社，2016，第235页。
② 王得后：《聂绀弩先生的鲁迅风》，《鲁迅研究月刊》，1993年第4期。
③ 张梦阳《鲁迅的精神本质与聂绀弩的杂文创作》，《鲁迅研究月刊》，1993年第4期。
④ 王存诚编：《聂绀弩集》，广州：花城出版社，2016，第136页。
⑤ 王得编：《鲁迅杂文全编》（上），杭州：浙江文艺出版社，1993，第146页。
⑥ 王存诚编：《聂绀弩集》，广州：花城出版社，2016，第240页。

比较深刻的思考。不过,这些杂文的不足之处也是明显的。聂绀弩等杂文作家在思想深度上未能达到鲁迅的高度。由于对鲁迅杂文内容与形式较大程度地模仿,聂绀弩很多杂文中的观点很难说非常独到。尽管在一些杂文中,聂绀弩尝试过一些杂文文体形式的创造,但是"鲁迅风"这个文学标志仅仅意味着聂绀弩对鲁迅杂文比较成功的模仿和借鉴。我们很难说在杂文方面,聂氏拥有一套属于自己的创作风格。聂绀弩的为数较多的杂文作品极大地丰富了中国现代文学。但是,能给人们留下深刻印象的文章,终究较少。总的来说,聂绀弩杂文的艺术价值不可忽视,但又是比较有限的。

多面人物黄绍竑

黄伟林①

[内容提要]　黄绍竑是桂系首脑“李黄白”中排名第二的人物，是一个既有智慧谋略，又有冒险精神，还有实践才能的人物。他从军，军功卓著；从政，政绩斐然；做研究，成果迭出；写文章，妙笔生花；当谋士，纵横捭阖。他身兼军事家、政治家、发明家、纵横家、文学家以至哲人多种角色，并且在这些领域皆有所建树。黄绍竑一生，建树之多，感悟之彻，鲜有人匹。然而，即便这样一个如此善于适应之人，也终于陷落历史巨网之中。

[关键词]　黄绍竑　多面人物　历史感悟

很小的时候我就知道民国广西有所谓的“李白黄”，成年后读《桂系演义》，始知民国广西不仅有过“李白黄”，还有过“李黄白”，而且，是先有“李黄白”，后有“李白黄”。当然，“李黄白”的“黄”与“李白黄”的“黄”不是一个人，前者是黄绍竑，后者是黄旭初。

在“李白双黄”的格局中，黄绍竑是一个极其特别的人物。通常所说“李白黄”，指的是李宗仁、白崇禧和黄旭初，这三个人的位置关系是固定的，李第一、白第二，黄第三。至于“李黄白”，虽然严格地说，仍然是李第一、黄第二、白第三，但实际上，“李黄”的位置关系在某个时期，不一定是李第一、黄第二，而是“李黄”并列。

虽然1922年黄绍竑受李宗仁委任成为李宗仁麾下广西自治军第三支队司令，但并不等于黄绍竑就真正归顺了李宗仁。《李宗仁回忆录》专门提到：“自沈鸿英败退桂林，梧州底定，黄绍竑乃正式改编其所部，独树一帜，脱离和我的隶属关系，自组其‘广西讨贼军总指挥部’。”李宗仁是在黄绍竑成立“讨贼军”之后，才改组自己的军队为“定桂军”。“讨贼军”与“定桂军”，当时各自独立但有所联合，是平等关系。也就是说，这个时期的“李黄”是并列平等关系。不过，当“定桂军”和“讨贼军”1924年会师南宁之后，两军联合，黄绍竑明确拥戴李宗仁为总指挥，至此，“李黄白”的格局与排序才正式形成。

---

① 黄伟林（1963—），广西师范大学文学院教授、博士生导师，广西桂学研究会副会长，广西文艺理论家协会副主席。

观察黄绍竑的一生，发现他是一个具有多方面才能的人。

一、军事家黄绍竑

黄绍竑出身军校，他最初读的是桂林陆军小学，地址在桂林文昌门外，与白崇禧、李宗仁有校友之谊。后来他又在武昌读了陆军预备学校，与白崇禧同学。再后来他又进了保定军官学校，仍与白崇禧同学。保定军校毕业后，回广西，在陆荣廷麾下担任下级军官，及至马晓军模范营成立，黄绍竑、白崇禧皆在模范营担任连附，这是他带兵生活的开端。

黄绍竑军事生涯最辉煌的功绩是统一广西。陆谭政权崩溃后，马君武充任广西省长，马晓军任田南警备司令，黄绍竑升任营长。在此期间，马晓军部曾遭刘日福自治军包围缴械。黄绍竑逃脱后重建部队与白崇禧会合，他与白崇禧成为马晓军麾下两大统领。又因白崇禧足伤离开部队到广州医治，在此前后，马晓军亦离队，黄绍竑成为这支部队的领导人。

黄绍竑率领部队从百色到南宁，从南宁至灵山，转战千里，牺牲甚巨，最后在玉林接受了李宗仁的委任。然而，部队恢复元气之后，黄绍竑不甘心局限于玉林，决定向外发展，他选择的突破口是出兵梧州。

黄绍竑与粤军配合，占领了梧州，其部力量骤然壮大，并接受了孙中山"广西讨贼军总指挥"的任命，成为与李宗仁旗鼓相当的军事力量。

此时的广西，基本形成了"李黄白"、陆荣廷、沈鸿英的三分之势，黄绍竑、白崇禧提出了先讨陆、后讨沈的战略。接着，黄绍竑先与李宗仁合力解决陆荣廷旧部陆云高，然后又独立解决桂军独立师陈天泰，再与李宗仁合作解决了蒙仁潜、林俊廷、陆福祥等部，会师南宁，并在南宁再次接受了李宗仁的领导，成为定桂讨贼军的副总指挥。

统一广西诸役中，黄绍竑的得意之作是沙埔战役。当时"李黄白"的对手是云南唐继尧。黄绍竑临危受命，带疾从梧州赶到柳州指挥，先将滇军吴学显部击退，这时，黄绍竑与白崇禧在战术上出现了矛盾，黄绍竑的战术是突破，白崇禧的战术是包围，最后黄绍竑坚持了自己的意见，采取了突破战术，在白崇禧的配合下，夺取了沙埔大捷。据黄绍竑回忆：该战役滇军"淹毙者二千余人，缴械被俘者二千五百余人，死伤于阵地者亦千余人。我军伤亡亦极惨重。此实为广西统一战史中最激烈之战斗，亦为俘获最多之战斗。"

黄绍竑自评："柳州沙埔之战，为当时广西全局胜败存亡之关键。我很自负地说：'这是我指挥的敏捷和谨慎，未尝发生若何错误，有以致此。'"

沙埔战役，成为统一广西最后的"一锤家音"，亦是黄绍竑军事生涯中浓墨重彩的一笔。驱逐滇军之后，广西实现了统一。

二、政治家黄绍竑

“李黄白”统一广西后，黄绍竑出任广西省行政长官，担负主持全省行政的责任。1925 年至 1930 年，黄绍竑主持广西政治近四年。

广西经历多年战争，终于统一，百废待兴。作为广西最高行政长官，黄绍竑在治理广西时，还是颇有政绩的。不妨列举几项：

一是整理金融。黄绍竑主持了广西金融整理工作，在梧州设立造币厂，成立广西银行总行，使广西境内流通之货币，有了划一之价格，这对当时的货币信用、政治稳定、经济发展是有积极作用的。

二是改土设县。将忻城土司改设忻城县，太平、安平、下富三土司；并置雷平县，上龙金龙两土司，并置上金县，彻底终结了广西土司制度。

三是瑶民教育。广西省政府通令全省有瑶苗县份的县长，参照前清平乐知府欧阳中鹄创办瑶学计划，办理瑶民学校。

四是创立行政学院。为培植县政基层干部，创设村政学院于桂林良丰，聘刘仁航为院长，这是广西村政建设之开始。

五是组训民团。1930 年因为军事的挫败，决定统一组训全省民团，1930 年 4 月在南宁成立全省民团总指挥部，黄绍竑亲任总指挥，白崇禧任副总指挥，全省划分为十二区，设区指挥官副指挥官各一人，各县的民团司令部，设司令副司令各一员，以县长兼司令。这是广西统一办理民团之始。

六是创办广西大学。黄绍竑在省府会议提议创办广西大学，当时尚有不少反对意见，但黄绍竑认为一省里面没有一所大学以领导促进文化的责任，是一个遗憾，他不顾反对者的意见，径行决定，先成立广西大学筹备委员会，自任委员长，由省政府拨款一百五十万元，亲到梧州举行奠基典礼。

七是公路建设。黄绍竑首从发展交通着手，以南宁为起点，建设四条干线，分别为东北干线、东南干线、西南干线、西北干线，至 1929 年，完成通车达五千多里，广西因此被称为“有道之邦”。

八是农业生产。黄绍竑提倡植桐，亲自率领公务员垦地植桐，实行兵农政策，以伍廷飏主持开展兵垦工作。

限于篇幅，仅列出以上八项。实际上黄绍竑治理广西还有许多政绩，这里只能挂一漏万。

1934 年至 1936 年，1937 年至 1947 年，黄绍竑前后主持浙江省政十余年，用黄旭初的话说:“信任专一,他省罕见。”①

三、发明家黄绍竑

黄绍竑在其回忆录中记录了不少有关他本人创造发明的事情,在有些读者看来这或许是他沽名钓誉。然而,黄绍竑热衷于发明创造且有不少成果,确是事实。

有一篇《黄绍竑研究科学》的文章。作者邱祖绶在文章中说他有一次在浙江方岩汽车站看到一张讲座海报,主讲人为黄绍竑,讲座内容是“水泥的发明及其沿革”。

邱祖绶猜想黄绍竑可能是事先叫属下写好讲稿,到时照本宣科。他怀着猜疑的心态去听讲,他专门坐到前排,发现黄绍竑演讲时并没有讲稿,讲台上只有一张信纸,上面用墨笔写着几条提纲。黄绍竑讲得头头是道,使他这个不懂水泥的人茅塞顿开,对水泥有了初步的了解。后来邱祖绶从其他渠道了解到,黄绍竑确实喜欢研究科学,热爱发明。邱祖绶本人就是一个无线电专家,曾发明“秘密无线电通讯机”,他向浙江省科学奖金审查委员会申报这一发明专利,黄绍竑是该委员会的主任委员。他在文章最后说道:“像黄绍竑这样的国民党旧军人能潜心研究科学,真是凤毛麟角,难能可贵。”

在回忆录中,黄绍竑回忆自己还在广西未曾统一之前就开始了枪榴筒的研究,当时他试验从手榴弹后面加一条尾巴,插入枪管内,用子弹射出,如此可以射得很远,比手榴弹效力好,但往往把枪管炸坏,炸伤人,后来废止。② 主政浙江时期,他设计了“七七式枪榴弹筒”③,他自己评价这个发明:“纵然不能超过日本人的昭和十四年式,但比他们旧式的却好得多,凡是用过的人,都觉得相当满意,可惜还不能通行于全国。”④他还设计有无线电密码机,将地雷改良为“火蛇”“火车节炸器”“空炸地雷”等等。不过,需要说明的是,黄绍竑毕竟不是专业科学人士,他的创造发明往往需要技术专家的配合,但他确实有创意、有思路、有兴趣,肯钻研。据邱祖绶《黄绍竑研究科学》一文中说,黄绍竑曾发明过“枪榴弹”、“万变密码机”和“秘密无线电通讯机”,又据《欢迎工程师年会特刊》的一则消息《黄绍竑发明密码机》:“浙江省主席黄绍竑,从政之余喜研究科学,已有发明物十余种。去岁发明密码机一种,可用有线电或无线电通报,对军事

---

① 黄旭初:《黄旭初回忆录——李宗仁、白崇禧与蒋介石的离合》,台北:独立作家,2015,第398页。

② 黄绍竑:《五十回忆》,长沙:岳麓书社,1999,第78页。

③ 同上书,第397页。

④ 同上书,第571页。

通讯有非常效用。现桂林中央无线电厂已代为试制成若干部,开始试用矣。"在黄绍竑回忆录中,黄绍竑也专门谈到他设计了三种式样的密码机:季宽甲式——链式加码法、季宽乙式——变位代替法、季宽丙式——电示变位代替法,他将这三种东西带到桂林中央无线电器材厂去制造,因为只有那里才有很熟练的工人与很好的材料,终于由颜任光监制得以完成。不过,黄绍竑也表示,这个发明还需要改良,才可应用。①

四、纵横家黄绍竑

战国时期的纵横家,主要以苏秦、张仪为代表,他们凭借智谋、才学在各国之间往来。

黄绍竑颇有纵横家的色彩。

广西统一之前,他最初效力陆荣廷麾下模范营,后接受马君武领导与粤军合作,再后投奔李宗仁并入广西自治军,接着脱离李宗仁分别接受孙中山和沈鸿英的委任,最后又与李宗仁的定桂军合并而完成广西统一。在这个过程中,黄绍竑表面上看起来朝秦暮楚,就像战国纵横家游走于各诸侯国之间反复无常,实际上他颇有谋略。

统一广西之后,蒋桂战争时,黄绍竑因北流战役和衡阳战役指挥失误,情绪消沉,萌发了脱离广西的想法,于 1930 年 8 月,通电请辞副总司令和广西省政府主席职,并电蒋介石"息兵和谈"。脱离桂系集团之后,黄绍竑曾担任内政部长、浙江省主席等职。虽然从桂系投奔到蒋介石体系,但黄绍竑未曾做过危害广西、危害桂系的事情,反而在蒋系与桂系之间起到了润滑与缓冲的作用。

抗战胜利后,李宗仁违背蒋介石的意旨竞选副总统,黄绍竑又成为李宗仁竞选班子的参谋长。

在黄绍竑的支持下,第一次投票结果,李宗仁以 754 票领先于孙科的 559 票、程潜的 522 票、于右任的 400 余票、莫德惠和徐傅霖的 200 余票。

第二次投票,李宗仁 1163 票、孙科 945 票、程潜 616 票。

孙科的支持者蒋介石利用非法手段对国大代表施加压力,李宗仁的优势遭到威胁。关键时刻,黄绍竑提出"以退为进"的策略。黄绍竑认为:李宗仁退出竞选,孙科、程潜为表示清白,也会退出,如此,竞选就流产了。蒋介石不能坐视选举流产,只好减轻压力恢复竞选常规,如此,李宗仁必然当选。②

于是,李宗仁便以选举不民主、幕后压力太大为由,声明退出竞选。

---

① 黄绍竑:《五十回忆》,长沙:岳麓书社,1999,第 578 页。

② 参见李宗仁口述,唐德刚撰写:《李宗仁回忆录》,上海:华东师范大学出版社,1995,第 652 页。

果然如黄绍竑所料，李宗仁宣布退出竞选，全国舆论大哗。孙科、程潜也宣布退出竞选。接着，蒋介石召见白崇禧，表示对李宗仁的支持。竞选因此恢复。第四次投票，李宗仁终以1438票压倒孙科的1295票，当选副总统。①

1949年第三期的《政治新闻》有一篇署名毅夫的文章《风流将军黄绍竑》，文章最后一段写道：

> 黄绍竑的目前活动，可以分做二方面来看：一方面是团结桂系，极力支持李副总统的宝座，他到武汉，到桂林，和陪着黄旭初到南京，都是为着这一使命而奔走；一方面是跟中共连络，想以私人关系叩开和平之门，所以到香港去跟中共驻港代表潘汉年接触，跟李济深的家属通好。

这段文字表明，1949年的黄绍竑，不仅有回归桂系的倾向，而且有交好中共的举动。果然，1949年4月，黄绍竑作为"南京政府和平商谈代表团"的一员，赴北平与中国共产党进行和平谈判。4月16日，黄绍竑和屈武携带《国内和平协定》返回南京。该协定终未能被李宗仁、白崇禧、蒋介石所接受。

1949年9月，黄绍竑在中共驻港负责人的安排下，从香港秘密赴北平，参加了中国人民政治协商会议第一届会议，正式加盟了中共阵营。

五、文学家黄绍竑

黄绍竑是广西容县人，他的父亲颖悟过人，幼年为邑秀才，博览群书，精医理，并习农工百艺以自娱，对教育既重视且有独到的见解。因此，黄绍竑童年受过较好的教育。在陆军小学和陆军预备学校，国文是学校很重视的学科，因此，黄绍竑也颇下功夫，他说："我对于古文，也曾下过苦功去揣摸简练，想仿效某一家某一家的作法，但是画虎不成，反而类狗，白费许多脑筋，总不能有所进益。后来随便读些散文，随着自己意思，自由写作，倒反觉得易于进步。"②

"李黄白"三人中，黄绍竑最具文学天赋。对此，李宗仁有过评论。当年黄绍竑为李宗仁助选，"以笔名在报刊上写了一系列攻击孙科的文章，揭发其所谓'敝眷蓝尼'事件"，李宗仁说："那时有相当文学天才的黄绍竑便搬出这些老故事，写出新新闻，一时哄传，孙科为之尴尬不堪"。③ 李宗仁认为黄绍竑"有相当文学天才"。李宗仁与黄绍竑既是同学，又是战友，更是同僚，自然对黄绍竑多有了解，他的这个评价不会是空穴来风，以李宗仁质朴的性格，也不会夸大其

① 参见李宗仁口述，唐德刚撰写：《李宗仁回忆录》，上海：华东师范大学出版社，1995，第653页。
② 黄绍竑：《五十回忆》，长沙：岳麓书社，1999，第25页。
③ 李宗仁口述，唐德刚撰写：《李宗仁回忆录》，上海：华东师范大学出版社，1995，第685页。

词。当年为打击孙科,那些揭露孙科私生活的文章确实产生了很大影响,如果作者真是黄绍竑,那黄绍竑确有制造悬念、吸引读者的生花妙笔。

有意思的是,"李黄白"三人都留下了回忆录,但是,李宗仁与白崇禧的回忆录,皆为他人代笔。其中,为李宗仁代笔的是大名鼎鼎的历史学家唐德刚。《李宗仁回忆录》成为中国现代史上的经典文本。《白崇禧回忆录》为多位学者记录,保存了许多重要的史料。只有黄绍竑回忆录《五十回忆》为黄绍竑本人自撰。对此,黄绍竑的小同乡才女美人封凤子在该回忆录刚刚出版时就发表文章推介,文章说:"黄绍竑将军,自卸任浙江省主席之职务后,即隐居不出,从事著作以自娱,现在已完成《五十回忆》一书,书长数十万言,付印出版了。普通一般要人的著作,大抵由自己口述,经机要秘书笔录而出,并不是亲自操刀的。唯独黄氏的著作,确实系他亲笔写出来的,而且写得非常有趣味,具有极深的新文艺化特点,其中追忆北伐时代与何应钦、李宗仁、白崇禧等人的武功战绩,真是写得兴酣笔舞,某大报在副刊上所刊载的一篇《何应钦颐和园行猎记》,也就是黄绍竑著《五十回忆》中的一小节,是他的追忆怀旧之作。"①

黄绍竑不仅新体文章写得好,旧体诗歌也写得好。对此,封凤子亦有评论:"黄将军的文章固然写得好,而他的吟诗填词,尤擅圣手。据他自己的《五十回忆》中说,他对于吟诗填词,确确实实下过一番苦功的,他不但读遍唐宋名家诗集,元人词曲,并且连明清二代的诗词专集,也读过大部分。有一天,他到广西大学演讲,外人一定以为他不是演讲政治就是演讲军事,谁知登台当场演讲的题目竟是《唐宋元明清五朝诗词比较》。这样的大题目,连专门研究诗词的老师宿儒也不敢讲述,而黄将军演讲起来,却头头是道,直引旁证,如数家珍,不但各大学生叹佩不止,即各教授亦为之挢舌不下,黄将军真是民国时代的文武全才。"②

六、哲人黄绍竑

以上文字勾勒了黄绍竑军事家、政治家、发明家、纵横家、文学家的多个侧面,最后,黄绍竑还有一个侧面值得勾勒,即哲人黄绍竑。

这里所说的哲人,不同于如今学科体系中研究哲学理论抑或哲学史的专家学者,而取其哲人的本义,所谓爱智慧的人。

所谓爱智慧,也可以理解爱反思,黄绍竑的《五十回忆》,不仅展示了黄绍竑的人生经历,表现了黄绍竑的叙述才能,而且,还反映了黄绍竑一个特别重要的

① 凤子:《黄绍竑出版"五四忆"》,《新上海》,1947 年第 53 期。
② 同上。

特点，就是喜欢反思。

《五十回忆》有一个特点，就是在叙述文字之外，常有议论文字出现，属于典型的夹叙夹议的文体。除了行文中的议论，往往是在叙述完一段历史经过之后，作者会来一段甚至几段专门的感想。

他的这些感想，既是对具体历史的总结，又具有某种超越的意识，类似于对历史的哲思。比如，在“统一广西”的叙述之后，他专门有一节《统一广西后的感想》，长达三四千字，称得上高屋建瓴，真知灼见。又比如，在“蒋桂战争”的叙述之后，他专门有一节《写完这段事迹后的感想》，亦达千言，这里不妨引录于下：

> 我写完这一个事迹的经过，心中发生了许多的感想！我们在当时，对于北洋军阀的互相火并，尤其是近在目前的旧粤桂战争，自然有许多不良好的批评。但绝料不到这个悲剧，竟由我们自己来重新表演一次。可是我们重演这个悲剧，绝不是有意的，而是在不知不觉中，走上了表演的舞台。幕后自然有一个导演者，在那里指导我们的演出。这导演者并不是那一个人，而是历史的和社会的背景。因为这一幕一幕的戏，是历史的社会的演进必然的过程！假使我不是害病，那会长期的留在广州？因此或者可不参加叶、贺的战争。没有叶、贺的战争，就不会有对第四军的战事。没有编遣会议，就没有十八年的粤桂战争，没有十八年的战事，就没有十九年二十年的战事。但是这不过是我事后的推想，即使这些事实都没有，难道就没有其他的原因，可以引起不幸的战争么？即使没有这些原因，也必有别的动机。因为战争的起因，往往当初都是很细微的，而这些细微的起因，又往往为人们所忽略，等到酝酿已久，形势日渐扩大，遂至一发而不可收。双方当局者，如果能注意这些细微的地方，而及时消灭其祸机，也许可以免却许多无谓的损失。但是这种防微杜渐的顾虑和办法，不是很容易的。譬如我在十八年，决然回香港和潜回广西，召集旧部，参加战争，实由于对方欲借外人势力，压迫一个失意的人，使他不能安居，而加以侮辱。在主之者不过是接受了一个肤浅的建议，而在受之者，则认为是一个奇耻大辱，不得不铤而走险，以谋相当的报复。我们尝读吴梅村讥评吴三桂“痛哭六军皆缟素，冲冠一怒为红颜”，而一考其起因的价值，两两比较起来，往往相差无几。这是个人的悲剧，也就是国家社会一个极大的悲剧。
>
> 论这次新粤桂战争的悲剧，我虽然中途下场，而剧情的后半，还是由其他角色继续表演下去，仍是一个极可悲伤的回忆。然而我读了《三国演义》的头一句话“天下大势，合久必分，分久必合”和黑格尔辩证法正反合三个原则，觉得这种历史的演变，总是避免不了的惨劫。无论是分是合，是正是

反,都是有一定的理由。任何一方面的道理,都有他的是处和非处,并不是绝对的是和绝对的非。是和非冲突之下,乃产生另外一个是非,这就是合的道理,也就是一个进化的道理。虽然一个历史的演变,要牺牲很多的生命和毁灭很多的物质,然而谁又有这样大力,能够挽回这种莫之为而为的定数呢?这在佛家的说法是“劫运”,用辩证的说法是“必然”。无论“劫运”也好,“必然”也好,事实既无法抗御,过去亦不必追悔。反正只是在历史的演变上,留下一个供后人参证的资料和凭吊的痕迹罢了。①

通常人们评论历史,往往将自己置身事外,如此显得自己既客观又正确。黄绍竑不是这样,他总是将自己纳入他要评价的历史中,承认自己的历史局限性。他的历史反思和生命感悟,总是渗透着他深切的个体经验和个人遗憾,同时又能从个人历史境遇中超拔出来,抵达某种具有普遍意义的哲思。如此,他的历史经验和生命感悟才显得更为真实和真诚。

综观黄绍竑的一生,他是一个既有智慧谋略,又有冒险精神,还有实践才能的人物。他从军,军功卓著;从政,政绩斐然;做研究,成果迭出;写文章,妙笔生花;当谋士,纵横捭阖。我有时想,时过境迁,黄绍竑曾经的南征北战,早已烟消云散;那些他称之为杀人武器的创造发明,同样灰飞烟灭;他作为李宗仁竞选团队核心人物的殚精竭虑,亦成过眼浮云。那么,如此多才多艺的黄绍竑,究竟为历史留下了什么呢?

其实,早在黄绍竑决意脱离广西,脱离他亲手缔造的桂系集团之时,他就在柳州开辟了一个很大的林场,种植桐油,取名茂森公司,多年后,他曾经旧地重游,看到他当年种植的油桐幼苗,已成参天乔木。不知这个林场,今日是否安在?如果还在,那繁茂的森林,当给我们如何的感悟?黄绍竑旧地重游之时,即生发一段感想,所谓“十五年前好像是一个无聊极思的玩意儿,今日则成为社会上一宗很大的财产。比到十余年来你死我活,此起彼伏,那些‘夺帅印’‘取成都’的活剧,意义深长得多”。我以为,如果乔木尚在,真应该将黄绍竑这段反思,勒石刻碑,供人缅怀,供人沉思。

黄绍竑的一生,建树之多,感悟之彻,鲜有人匹。然而,即便这样一个如此善于适应之人,也终于陷落历史巨网之中。值得欣慰的是,黄绍竑一生曾创办两所大学,一为广西大学,一为浙江的英士大学。这是黄绍竑在历史上留下的两个不可磨灭的成果。尽管英士大学后来遭遇解散,但其机体,仍然并入了浙江大学和复旦大学,寄生于这两所名校而得以传承。这应该是黄绍竑生命中最有意义的建树,足以供后人在缅怀黄绍竑一生时获得启发。

① 黄绍竑:《五十回忆》,长沙:岳麓书社,1999,第213—215页。

马哲民与桂林师专

寄小文 徐雅娟①

一、生平简介

马哲民(1899—1980),字浚,号铁肩。别名:马念一、马彦一、马一鸥、马濬、颂五、一欧、惕文等。湖北黄冈县(今黄州区)陈策楼村松林湾人。早年毕业于武昌外国语专门学校和福州高等工业学校,后去德国柏林大学学习社会学。

五四运动后回国,在上海参加马克思主义学会、中国社会主义青年团,并在武汉与陈潭秋创办中外通讯社,参加过中国共产党的建党活动。

1922年春,以新闻界代表身份赴苏俄出席远东各国共产党和各民族团体大会。会后,加入中国共产党。1923年秋至1924年春曾任中共武汉区委委员兼武昌地委委员长。

1924年夏东渡日本,进早稻田大学学习政治经济学。在日组建中国共产党和中国社会主义青年团驻日支部,兼任两组织书记。国共合作时期任中国国民党驻日总部常委兼组织部长。

1926年秋结业归国,先在广州任国民党中央党部秘书处文书主任,后调武汉任国民革命军第十五军政治部文书股长兼《民国日报》(汉口版)编辑、武汉中央军事政治学校政治教官、国民政府劳工部秘书等职。1927年"七一五"事变后脱离中国共产党。

1929年,应聘任暨南大学中文系教授。1931年任北平师范大学社会系和中国大学经济系主任。

1932年冬应北平学生之请,讲"陈独秀和中国革命",因涉及时政而被捕,判刑两年半,经保释出狱。

1934年避居桂林,任桂林师专(广西大学法学院前身)教授,曾参与组建反帝大同盟。1936年,因与校领导政见分歧去职,仍回北平中国大学任教。

---

① 寄小文(1957—),男,桂林市教育科学研究所教研员,桂学研究会桂林工作站特聘研究员。徐雅娟(1957—),女,桂林医学院基础学院实验室主任。

1937年七七事变后回武汉，与黄松龄、曾晓溯、张执一等组织湖北乡村促进会，发行《战时乡村》期刊。1938年秋，任朝阳学院政治系主任并随院去成都。

1942年加入中国民主同盟，当选为中央常委。1946年初，赴重庆任民盟中央机关报《民主报》总编辑。后返成都主编《民众日报》，至该报被查封，复去重庆，在南温泉创办西南学院，自任教务长兼教授。

1947年春，因参加反美大游行及“反饥饿、反内战、反迫害”的斗争，再次被捕。次年获释，回武汉任湖北省农学院教授。

1950年，任武汉大学法学院院长兼教授；1953年，任中南财经学院院长。在此期间，曾兼任武汉市人民政府委员、市政协第一、二届副主席、全国政协委员、第一届全国人民代表大会代表、民盟中央第一、二届常委、民盟湖北省及武汉市委员会主任委员。

1957年，在反右派运动中受到错误处理，被定性为“华中右派的主帅”①。1980年改正。

生前著有《国际帝国主义论》《经济史》《经济学》《社会文化史》《社会进化史》《帝国主义基础知识》《社会经济概论》《精神科学概论》《新社会学》《论民主问题》《论抗建经济问题》等书。

二、马哲民在桂林师专

（一）旧都脱狱毅南行

1934年，马哲民来广西前，在国内已经是一位热力四溢的社会活动家和著作等身的青年学者。凭借《帝国主义基础知识》（1929）、《国际帝国主义论》（1929）、《经济史》（1929）、《社会文化史》（1929）、《精神科学概论》（1930）、《社会经济概论》（1931）等一系列学术作品，1931年，北京师范大学聘请马哲民担任北京师范大学社会系系主任，于是马哲民举家迁往北京，命运似乎准备让他开始一段潜入书斋、登上讲台的人生旅程。

可是，在当时中国内忧外患的历史背景下，偌大的华北都已经放不下一张安静的书桌了，北京又怎能例外呢？

“九一八”事件后，东北三省在短短的几个月内相继沦陷，紧接着内蒙古、华北在日本侵略势力的步步紧逼下，又纷纷发生自治事件。而当时的南京国民政府却一方面对外坚持奉行不抵抗政策，另一方面对内抽调百万军队加紧推行攘外必先安内的独裁统一步伐，使中华民族的生存危机日益加重，广大民众，特别

① 姚杉尔：《在历史的漩涡中：中国百名大右派》，北京：朝华出版社，1993，第451页。

是青年学生对国家和自身的命运更加忧虑。这种鲜活而残酷的现实境遇,激发了马哲民这个理论斗士的书生本性,使他在著书之余,主动凭借自身的教授身份,积极、广泛地投入到了抵制国民政府独裁卖国的宣传活动之中。可这一切活动,在当时的白色恐怖状态下,都是不得见容于政府当局的。

根据国民政府1931年《危害民国紧急治罪法》①第一条规定,以危害民国为目的而有下列行为之一者,是可以被处死刑的:(一)扰乱治安者;(二)私通外国,图谋扰乱治安者;(三)勾结叛徒,图谋扰乱治安者;(四)煽动军人不守纪律,放弃职务或与叛徒勾结者。其第二条还细化列出可以判处死刑或无期徒刑的行为有:(一)煽惑他人扰乱治安,或与叛徒勾结者;(二)以文字、图画或演说为叛国之宣传者。于是,在1932年冬,北平市公安局根据国民党中央组织部的命令,逮捕马哲民、许德珩、侯外庐等进步教师和大批青年学生,一时入狱人数达500多人。为掩饰当局以言治罪的独裁本质,国民党北平市党部给马哲民编造了一些莫须有的罪状,如公布马哲民是中共在华北的领袖,曾任过华北苏维埃主席,许德珩、侯外庐则分任财政委员和军事委员,并准备暴乱,等等。仅罗织罪名的材料就达5000多字②,企图以此手段压制住广大民众和青年学生日益高涨的救亡情绪。马哲民入狱期间,其父曾千里传邮,慨然以“姬昌被囚芰里,演易鸣琴”的故事勉励马哲民,马哲民也为此留下了“少小怀奇志,中年愿未酬,人多工鬼蜮,我独托清流。耻作昭台容,甘为羑里囚,饮刀成一快,不负好头颅”等明志诗③。后经多方援救,马哲民才得以于1933年被保释出狱。当时,华北、华中、华东等地均属南京政府的直接统治管辖区域,为人身安全起见,马哲民出狱后,利用北伐时期在武汉工作时与桂系上层往来积累下来的人脉关系,并得到志同道合的湖北同乡、时在广西大学任教的邓初民教授④推荐,于1934年接受学校教务长陈此生⑤的邀请,投奔到当时公开打出“抗日反蒋”旗号的广西,于位处桂林的广西省立师范专科学校任教。

1934年的广西,李宗仁、白崇禧等人在桂系经历了一系列的反蒋挫折后,开始埋头建设广西,希望能以广西的建设成就来打造新的与蒋介石争夺国民党最高领导权的稳固基地。因此,桂系对外组织了西南政府与南京政府抗衡,对内则以“三自三寓”(自卫、自治、自给;寓兵于团、寓将于学、寓征于募)政策为号

---

① 《中华民国六法理由判解汇编 第三册 刑法》,上海:上海教育出版社 ,民国二十三年第4版。

② 马宝琳:《回忆父亲马哲民先生》,见政协湖北省文史委:《湖北文史资料》。

③ 同上书。

④ 邓初民(1889—1981),中国政治学家。曾名昌权、希禹,字昌叔,湖北石首人。1936—1937年在广西大学任教。

⑤ 陈此生(1900—1981),原名陈勉勤,广西贵县人。1935—1936年任广西省立师专教务主任,1934年通过邓初民等人邀请马哲民赴广西省立师专任教。

召，积极以“用新人、行新政”的方式全面经营广西现代建设。而招揽文化名人来广西讲学，对外可增加广西在舆论战方面的宣传效果，对内可拓宽广西各方面人士的视角，实为一举两得的好举措。白崇禧曾极友善地将这种广泛邀请各方学者来广西讲学的做法，形象地比喻为是要向学者们收讲演税。在此基础上，为迅速改善广西现代教育落后、特别是基础教育师资匮乏的现状，在已经建有广西大学的格局下，桂系高层务实地配套新建了服务本地教育的广西师范专科学校。根据1932年“广西省立师范专科学校办法大纲”①第二款规定：“师范专科学校为培养师资促进乡村教育而设”，学校的校徽也鲜明地以一个“田”字形为基本图案②，这就明确规定了广西省立师范专科学校的培养目的和人才发展的性质。所以学校迁桂后的选址也是定在远离桂林城区的雁山西林公园，并配置了宽裕的办学用地。为保障这所学校的高起点和高质量，广西当局非常重视从外地引进高规格师资，并在当时广西经济百废待举、物价水平低廉的情况下，仍坚持基本按国内各大城市的教授薪金标准来支付受聘教师的薪水，许多外聘教授的月薪几乎近二百元，远远超出了当时广西大多数公务员的月薪水平（按1932年度广西省机关月薪分类统计表数据，全广西月薪超过200元的政务人员仅9人、军界人员38人，近百分之七十的公务员月薪在50元以下）。而按“广西省立师范专科学校办法大纲”第十四款规定，当时整个学校的开办经费还不到十二万元，相当于一个外聘教授的年薪几乎就超过了开办经费的百分之一。这不论是在当时还是在后来，都可以说打造出了师范教育史上的一个神话。

（二）洗羽雁山潜郁鸣

马哲民一入广西，就强烈感受到两大宽慰：一个是政治上的，一个是物价上的。

当时，广西当局为保持自身相对独立的态势，桂系领袖们公开主张抗日反蒋，各种政治主张，只要不危害桂系的直接利益，就可以在相当范围内传播，由此在广西形成了一种直观上的宽松政治局面。连广西教育厅厅长李任仁在1932年10月省立师范专科学校开学典礼讲话中，都明确强调：“一切教育实施，以实事求是，适应革命之需要为出发点。”③这种氛围，使得许多社会文化人，纷纷对广西交口称赞。

马哲民受聘到广西后，他公开反蒋的知名学者身份也非常受广西高层的青

① 《广西公报》，1932年第32期。

② 路璠、何砺锋：《30年代的广西师专综述》，桂林市政协文史资料委员会编：《桂林文史资料》，桂林：漓江出版社，1999，第20辑。

③ 同上。

睐,曾专门指定时任省教育厅长的李任仁亲自陪同他赴南宁,参观指导广西基础教育研究院的工作,并由该研究院的黄齐生主席出面安排接待。在这种良好的氛围中,马哲民积极联系并推荐了杨枣(杨潮)、夏征农、熊得山、沈西岭、陈望道、胡伊默等相识的知名学者共同到时在桂林良丰的广西省立师范专科学校任教。

同时,这些从国内各大城市来的教授们接触到广西的物价时,更直观地感受到生活上的优越。当时在桂林,米1元17斤,柴百斤仅5角,肉1斤2角余,鸡蛋1角4只。吃一客西餐,只消1元5角,有了10元法币,便可以请10来个客人欢聚。居住市中心的豪华旅店,每日房租也只是6角。

1934年的广西省立师范专科学校,位于离桂林城约20公里的良丰雁山花园。园内亭台楼阁错落有致,奇花异草数不胜数,如红豆、罗汉竹、蜡梅、四季桂等都是外地罕见的珍贵植物。相比于蒋管区的特务政治与其他军阀区域的丘八管理,从各地投奔广西的教授们刚来学校时,似有进入世外桃源的感觉,心情的愉悦常常溢于言表:校门口一个十五六岁的小姑娘常来摆摊卖马蹄,机巧精明,教授们就趣送她一个美名叫"马蹄皇后";选个圩日子花1元多钱买两只肥大的土鸡,马哲民等几家人能美美地聚在一起开心品尝各种地方风味——如陈望道烧制的金华义乌家乡鸡——先将鸡处理干净后放在瓦盆内,加绍酒、葱、姜等作料腌制,时间够后将鸡放入炒菜的大铁锅里干烧,并用布密封锅盖,使之不透气,只用100张报纸慢慢烧,报纸烧完了,香喷喷的脆皮鸡就可以开吃了。

马哲民在校内除担任哲学、社会发展史等课程的教学工作外,还承担了师专自办校刊《月牙》①的教师编委工作,并与办刊同仁共同努力,确定了刊物的方向:"本刊出版的动机,是鉴于蒋介石的南京政府,不仅用尽野蛮残酷的手段,屠杀、压迫革命民众,不许革命的民众有革命的行动,而他们自己却是赤裸裸地断送和拍卖中国革命利益,像'孝子贤孙'一样地,降伏在帝国主义的膝下,……因此,我们想借这个刊物,做一星星的野火,好去燃烧起那被压伏在反动统治下的民众的心坎里的革命烈焰,一齐起来,廓清一切黑暗的反动势力,创造一个光明灿烂的世界,并推动中国文化,正式踏上一个新的阶段。"②

在《月牙》刊物发行期间,马哲民既要熬夜花费大量心血去审阅、修订学生来稿,有时情思一来,甚至大篇幅地增补相应的内容来完善学生的作品;同时也结合自己过去的著述心得和时政特点,从点拨学生思维视野的角度相继在《月

① 广西师专校刊,从1935年11月16日创刊到1936年6月25日止,共出版10期。

② 《月牙》创刊号发刊词。

牙》上发表了《为什么要研究社会科学》[1]、《中国的货币政策》[2]和《怎样研究中国底“经济结构”》[3]等文章(另有一篇《什么是社会科学?》,有目无文)。非常有趣的事情是:在广西特殊的政治生态中,马哲民一方面要应付桂系当局的政治审查;另一方面又希望在学生面前公开自己的政治立场。于是在《月牙》发文时,经常采取真假相混的方式来增加保护色,如刊首目录栏中的文章落款使用化名,内页正文标题中用真名来排版,然后还在刊末用编后语的留白特别说明:“作者原为小鸥君误植为马哲民。”

当时师专外聘教师中,身为共产党、左翼文化人或认同共产主义的学者有不少,政见的相同,使马哲民与他们来往密切,并且共同的抗日反蒋立场更容易促使他们在言论及活动中走到一起,经常相互交流沟通。有一次学校请了一个地理学家田曙岚先生来学校做“苏区见闻”的报告,当田提及进入中央苏区——瑞金时,风趣地描述其在胸前挂着的上写“我是地理学家……政治、军事我不管”[4]的牌子,他说,因此他才得以进出苏区,受到了周恩来、刘伯承、何叔衡、刘伯坚、徐特立等苏区领导人的热情会见和接待,他还介绍了苏区社会安定、人民生活幸福的欢乐情景。马哲民闻后立即表示有机会也想去苏区看看这块与常见理论不同的红色土地。

(三)两载霜风孳学子

由于马哲民年轻帅气,见识广博,教学言语新奇,除公开主张信奉马克思理论外,还坐过国民党的黑狱,这些特点和经历都使得他在教学中非常受学生们的欢迎。他在上哲学课时,就经常把马克思称作“卡尔”,把列宁称作“伊里奇”。

当时广西的桂系军阀一方面在武力上公开防蒋;但另一方面在理论上只有抗日、自治等口号,缺乏系统的思想抗衡武器,给三民主义、无政府主义、社会主义各派理论留有传播的空间,这使得曾为中国共产党内部反对派组织——托派也在广西获得了相当的生存空间。因此,马哲民在宣传马克思理论的同时,也非常关注从理论上剖析、批判托派的政治主张。他在讲述历史唯物主义和辩证唯物主义时,就对中国托派代表任曙[5](著有《中国经济研究绪论》一书,1931

---

① 《月牙》1935年11月创刊号。

② 《月牙》第二期。

③ 《月牙》第三、四期合刊。

④ 路璋:《我所知道广西师专的一些情况》,《广西文史资料选辑》(第16辑)。

⑤ 任曙,生卒年不详,四川人,曾用名任昭明、任旭,笔名晴光,曾任中共中央长江局委员并出席中共六大,后参加托派,抗战时期投奔国民政府。

年)、严灵峰①(著有《中国经济问题研究》一书,1931年)等人的观点在理论上进行了剖析;在教授社会发展史课程时,马哲民也非常重视引导学生认识现实中国的发展阶段、认识现实中国农村的状况、认识现实中国的矛盾与冲突。

理论界的冲突必然会在学生之间引起思想的碰撞,如在中国革命处于什么历史阶段这个问题上,激进的学生中就有两派观点:一种认为中国社会是半殖民地半封建性质,当前应该是加紧进行反帝、反封建的资产阶级民主革命;一种认为中国社会已经进入资本主义社会,应该重点培育工人阶级的力量,使之强大起来后再进行革命。双方学生经常在号称《普罗米修斯》壁报的长墙上贴出长达几十张纸的手抄文章来阐述各自的观点,同时引经据典地驳斥对方的论点,一期又一期,论战针锋相对。这种宽松的辩论方式在当时颇具吸引力和影响力,香港《星岛日报》的一位记者来采访后,还专门用整版篇幅做了报道②。每逢假期和周末,还有学生到桂林去,找自己的同乡同学交流探讨,各自以不同的观点去影响亲朋好友,这在客观上对处于理论洼地的桂林,起到一定的启蒙作用。还有很多外校的学生成群结队地专程来师专参观,只为一睹被外界称作"30年代初中国社会史论战的余波"③的广西版实情。

对此,马哲民认为,虽然两派学生基本还是囿于从本本到本本的书斋式争论,但仍有必要从更高的理论角度为学生提供观察、思考社会现象的思想武器,因此,在大争论过程中,马哲民专门开办了一期题为"怎样研究中国的'经济结构'"(副标题为"关于本校同学讨论中国革命问题中之中国经济性质问题的方法论的一个报告")的专题讲座④,让学生接触、了解马克思倡导的从经济结构分析社会性质的理论工具。顾及当时的政治形势,马哲民首先强调我们对于中国经济结构的分析,第一要顾虑广西建设纲领的最高原则,第二要本着纯客观的具体的事实的研究,破除成见,具备科学的批判的精神。然后具体指出:假设中国的经济结构,是资本主义占优势,你错认为是封建主义占优势,还主张反封建的民权革命,不是近于无的放矢,便是甘心做资本家的走狗;而假如中国的经济结构,果然是封建主义占优势,你错认作为资本主义占优势,……亦是仅止于观念革命论,会实际成为取消革命,坐待革命。在此基础上,同时鉴于当时的政治现实,马哲民在讲座中声明只重在与学生们探讨方法论,并不直接给出结论。譬如在中国的社会性质到底是定位资本主义还是封建主义这个问题上,就给学

---

① 严灵峰(1904—1999),谱名明杰,以字行,又字旭,号若令,福州人。1949年后去台湾。

② 邓明以:《陈望道传》,上海:复旦大学出版社,1995。

③ 徐廷署:《广西师专学生生活回忆片段》,桂林市政协文史资料委员会编:《桂林文史资料》,桂林:漓江出版社,1999,第20辑。

④ 《月牙》第3—4期。

生提供了七条测评标准：

1.是否经过产业革命之工业资本的发展过程？

2.农业是否作为一个专门的产业部门？

3.农业是否为资本（这里所说的资本，是真正意义的，不是一般的，其解释见上文，下仿此）所支配？

4.地租是否为资本所支配？

5.商业和银行资本，是否有过被工业资本所支配的过程？

6.各种生产形态，是自然关系占优势？抑是社会--历史的所创造的要素占优势？

7.资本是否有支配一切的经济力量？

当时桂林师专的学生大多数来自广西的各个乡村，在校期间又接受过多位进步教师的革命宣传，很多人还亲身参加了薛暮桥老师组织的乡村调查实践，因此对马哲民老师在讲座中所提供这七条测评标准非常易于接受，对中国社会性质仍处于半殖民地半封建社会地位的暗示性结论也自然容易理解和接受了。

但马哲民这些努力并不能见容于当时校方的管理层，马哲民的这个历时三个多小时的讲座还没有完，就被当时的校长郭任吾强行终止了，并不允许在《月牙》校刊上登载全文，这使刊物在编后记中为读者留下了一段不吐不快的文字："尤其值得向读者推荐的是，马哲民先生那篇《怎样研究中国底"经济结构"》的文章，他把近年来发表的对于中国社会史的分析的各种奇形怪样的理论，做了一次大扫除。这于研究中国社会史的读者，实在是一件善举。"①

在讲坛之外，马哲民还积极参加校内师生成立的"反帝大同盟"（即后来的"抗日反法西斯同盟"②）的各种活动，这就较好地将革命理论的宣传以组织的方式更有效地传递到了学生之中去（当时"抗日反法西斯同盟"除师专外，还发展到了桂林中学、桂林女中等学校）。1936年，有共产党人参加的"梧州宵征社"成立并发行指导青年抗日救亡的理论刊物时，马哲民也热情地给予了关怀和支持③。这一切，都从不同方面促使了与他接触的进步学生思想上更快提高认识、政治上更加趋于成熟，为后来广西革命力量的发展提供了宝贵的人才储备。

---

① 《月牙》第3—4期，刊物编后记。

② 1935年冬广西师范专科学校师生组织，后扩大到校外。

③ 欧元才、陈金源：《梧州抗日民族统一战线建立的情况》，梧州市政协文史委员会文史资料组编：《梧州文史资料选辑》，1985年第11辑。

（四）桂花品质浸深情

然而，在当时的中国，校园内的学术活动是经受不住校外政治风云变幻的打压的。随着桂系在与南京政府博弈过程的利益交换，广西逐渐收紧了钳制言论的尺度，并加大了防共反共的力度。如 1935 年 1 月，广西省政府就公布了国民党中央宣传委员会和国民党西南执行部关于查禁进步书刊的通令①。在以“宣传共产鼓吹赤化”的罪名明令查禁的书目中，列于前位的就有马哲民编撰的《社会进化史》等 18 种进步书刊。

在这种人为刀俎我为鱼肉的政治环境中，马哲民清醒地认识到了桂系军阀内在的铁血杀人的一面，因此在 1936 年王公度事件后，就果断地辞去了所任的教职，离开了安居两年的广西省立师范学校，重新投入到省外的全国性抗日反蒋活动之中。

1937 年冬马哲民在武汉抱冰堂给广西学生军作抗日演讲

离开广西后，马哲民并没有忘记在桂林师专时所投入的理论研究的成果，还曾于 1937 年，将关于“怎样研究中国的‘经济结构’”这个专题的研究成果，以

① 庾新顺编著：《广西革命战争史纪事：1919—1949》，南宁：广西人民出版社，1999。

更加鲜明的标题“闲话中国经济性质的方法论:关于任曙和严灵峰的一个批判”连载于《国际知识(天津)》①。在文中,马哲民一方面表述了对桂林教书生涯的怀念;另一方面,由于变换了对话的观众,马哲民卸去了为学生讲授时所必需的铺垫内容,更直率、更尖锐地对托派人物的代表观点进行了猛烈的批判,其风华正茂的书生气势发挥得淋漓尽致。

1937年七七事变后,广西成为中国抗战的重要阵地,许多在桂林聆听过马哲民教诲的学生报名参加了广西学生军,于慷慨奔赴抗战前线时,又欣喜地在当时的抗战中心武汉有幸与敬爱的老师马哲民相逢。当学生们热情邀请正在忙于投身抗战宣传活动的马哲民为大家做一次坚决抗战到底的演讲时,马哲民爽然答应,带着抗战必胜的信心,带着师生重聚的亲情,在学生军的驻地——武汉抱冰堂为学生军们进行了一次为双方都留下了深刻印象的演讲。

---

① 《国际知识》,1937年第1卷第1、2期。

广西当代文艺理论家研究

黄海澄：方法论、价值论、艺术哲学的系统建构

张利群①

［内容提要］ 黄海澄是中国当代著名文艺理论家、美学家、艺术理论家，尤其在改革开放30年学术史发展历程中贡献卓著，可谓学术界思想解放、改革开放的先锋，是在一些研究领域、一些学科方向、一些重大理论问题研究上的开拓者、开创者和先行者。文章着眼于其学术的内在逻辑构成，着手于其学术发展的基本脉络，以历史与逻辑统一的研究方式探讨其学术思想建构与构成的完整性、系统性和严密性特征及其学术研究方法特点。

［关键词］ 黄海澄 方法论 价值论 艺术哲学

正如人们不会忘记改革开放30多年来文艺学、美学、艺术学所取得的辉煌成就一样，学术界也不会忘记那些为此发展做出贡献的学者专家。黄海澄就是这些学术群星中的一颗光芒耀眼的恒星。2013年11月15日，由广西艺术学院举办的“庆贺黄海澄教授80华诞暨从教56年学术研讨会”在广西首府南宁隆重举行，来自全国各地30多位专家学者聚集一堂，对黄海澄学术思想进行研讨，充分肯定黄海澄在文艺学、美学、艺术学领域所做贡献及其影响，高度评价其学术思想的开创性、创新性和前沿性及其学术价值意义。

当然，隆重而热烈的庆贺会和研讨会确实能够全面展示和重点聚焦黄海澄的学术思想与贡献，也能够反映学界对其成就的充分肯定和高度评价；更为重要的是，从20世纪80年代至今，学界从未间断对黄海澄学术研究的关注和评价，对其学术成果的评价与学术思想的研究以及作为论点、论据的引征和理论资源的利用，在诸多论文、著作、教材、研讨会发言中不绝如缕；尤其值得注意的是，长期以来，黄海澄学术成就引起学术史研究的高度关注，在南京大学匡亚明主编《二十世纪文史哲名著精义》（江苏文艺出版社1992年版）、中国社会科学院杜书瀛与钱竞主编《中国20世纪文艺学学术史》（上海文艺出版社2001年

---

① 张利群（1952—），男，广西师范大学文学院教授、博士生导师，研究方向为文艺理论与批评、古代文论研究。

版)、南京大学李承贵著《20世纪中国人文社会科学研究方法问题》(湖南教育出版社2001年版)、中国人民大学陆贵山主编《中国当代文艺思潮》(中国人民大学出版社2002年版)、中国艺术研究院主编《20世纪中国艺术理论主题史》(辽海出版社2005年版)等学术史研究论著中,都对黄海澄学术成就进行推介、研究和评价。可以认定,黄海澄是中国当代著名文艺理论家、美学家、艺术理论家,尤其在改革开放30年学术史发展历程中贡献卓著,可谓学术界思想解放、改革开放的先锋,是在一些研究领域、一些学科方向、一些重大理论问题研究上的开拓者、开创者和先行者。

20世纪80年代的方法论思潮,离不开黄海澄的系统论、控制论、信息论的文艺美学方法论研究成果;20世纪80—90年代的价值论研究思潮,也离不开其文艺美学价值论探讨成就;21世纪以来的艺术理论发展及其当代艺术学体系构建,也同样有其贡献。翻开中国当代学术史及改革开放30多年学术发展史,都少不了黄海澄学术贡献这一页。

为此,学术界必须继续加强对黄海澄学术思想研究力度,更深入广泛地发掘和认识其学术成就的价值意义。本文因文章篇幅限制,不可能全面、系统、完整把握黄海澄学术思想体系,拟着眼于其学术的内在逻辑构成、着手于其学术发展的基本脉络,以历史与逻辑统一的研究方式探讨其学术思想建构与构成的完整性、系统性和严密性特征及其学术研究方法特点。

黄海澄在其2012年出版的《广西当代文艺理论家丛书·黄海澄卷》的"后记"中谈及这部自选论文集的逻辑顺序,亦可窥探其学术思想的发展脉络与构成系统。"在编排上,力求使之成为一部具有内在有序的系统著作。其逻辑顺序是:首先揭露、分析主要从苏联引进并在我国流行了数十年之久的以认识论为基础的美学和文艺学体系的内在矛盾以及它对我国文艺创作的危害;继则揭起文艺学范式革命的旗帜;然后推出笔者以控制论方法建构的价值哲学,以之为美学和文艺学的哲学基础。进而论证价值与感情之间的对应关系和感情作为人类行为的巨大的动力作用;在此基础上,借鉴我国古代文艺理论的合理成分,建构与认识论大相径庭的价值-情感论的文艺理论体系。"①由此可见黄海澄学术思想建构轨迹与逻辑构成,从中可以窥见其学术研究特点及其方法论意义。黄海澄还以其学术著作《系统论 控制论 信息论美学原理》《艺术价值论》《艺术的哲学》《艺术美学》等代表性成果,反映其学术思想发展脉络及其研究方法特征。遵循这一发展轨迹与基本思路,本文拟大致将黄海澄学术思想发展划分为三个阶段:第一阶段是20世纪80年代的方法论阶段,其代表作为《系统

① 黄海澄:《广西当代文艺理论家丛书·黄海澄卷》,南宁:广西人民出版社,2012,第326页。

论 控制论 信息论美学原理》;第二阶段是20世纪80—90年代价值论阶段,其代表作为《艺术价值论》;第三阶段是20世纪末到21世纪初的艺术哲学及其艺术理论体系建构阶段,其代表作为《艺术的哲学》和《艺术美学》。以期能够窥一斑而见全豹,探讨黄海澄学术思想的内在逻辑及其研究方法特征。

一、以方法论研究推动学术研究范式转型

新时期开端,结束了“文革”十年的混乱局面,从拨乱反正到正本清源,从思想解放到改革开放,学界首先着重从思想上彻底清算和肃清“极左”思潮流毒影响。黄海澄从新时期初始就站在学术前沿,相继以《“三突出”是禁锢文艺创作的枷锁》《一个禁锢文艺创作的枷锁》《典型性仅仅是阶级性的集中表现吗?》等批判性论文,反思“极左”思潮对文艺创作的干扰和伤害。通过更为深入地探讨造成错误或偏失原因和根源的文化反思思潮发展,推动1985年前后方法论思潮的勃兴。从1983年到1986年,黄海澄立足于方法论思潮前沿,相继发表《美学方法论漫议》《从马克思主义和现代控制论观点看审美现象》《从控制论观点看美的客观性》《从控制论观点看美的功利性》《系统科学与美学》《控制论的美感论》《论美感心理结构及其系统发生和个体发生》《论审美心理机制》《以系统观点论自然美与自然景观》《论信息是一种系统质》等论文,在学界引起极大反响。1986年出版专著《系统论 控制论 信息论美学原理》,是其方法论研究的集大成果,成为当时屈指可数又卓有成效的方法论研究专著之一,不仅推动系统论、控制论、信息论的“新三论”成为方法论思潮主流,而且也推动方法论成为学术研究主潮。学界往往称1985年为“方法论年”,成为当代学术史发展阶段的一个重要标志,其作用影响不仅仅于研究方法的改革创新,而且在于思想观念、思维方式和学术范式的转型。黄海澄不仅无愧为方法论思潮的先锋和主将,引领当时潮流发展方向,而且将其方法论研究推向哲学方法论的高度,使其学术影响至今不衰。究其原因显然与其学术思想精神与研究成果价值的恒久性与持续性相关,也与其研究方法特点密切相关。我认为其方法论研究主要有以下特点:

其一,以方法更新带动观念变革、理论创新与学术范式转型。方法论思潮的价值作用和影响意义是不容置疑的,但也不可否认作为思潮蜂起难免有退潮之时,也难免作为新方法运用存在这样或那样的问题与不足,更难免不少被卷入浪潮中随波逐流者与鹦鹉学舌者。但黄海澄则是在风口浪尖上的探索者,在大浪淘沙中的淘金者,其影响力与传播力经久不衰。究其原因及其研究特点在于:一是其系统论、控制论、信息论美学研究,并非仅仅是为方法而研究方法,将

方法只作为工具、手段、技术来研究，而是将方法的工具性、技术性与本体性、目的性融为一体，使方法研究提升为方法论研究，由此展开其哲学方法、思维方法、科学方法、学科方法、具体操作方法等结构层次与构成体系；二是以方法更新推动观念、思维、理论与学术范式的更新，这一方法论研究指向在黄海澄学术思想中是十分明确的，可以说是其学术自觉和学术自信的集中表现；三是着眼于方法论形而上哲学层面的宏观研究，落实于文艺理论、美学理论、艺术理论的中观研究，落脚于文学、艺术、审美现象的方法应用的微观研究，构成既"顶天"又"立地"的研究视野，整体推动方法论研究的理论创新。正如黄海澄所言："我对于自己所采取的研究方法充满信心。我相信这种方法是有前途的，它确实可以解决用传统方法所不可能很好地解决的许多老大难问题。"①他正是从方法论研究入手，不仅以新方法转变研究方式和学术范式，而且解决了许多文艺界纠缠不清和保守陈旧的老大难问题。从黄海澄方法论研究所体现的学术方法与学术范式而论，正是其学术思想指导的结果，也是其理论、思维、观念创新的结果。

其二，基于强烈的现实问题意识以大刀阔斧的破旧立新。从新时期拨乱反正到方法论思潮的破旧立新，黄海澄的学术研究始终强调鲜明的问题意识，使其研究具有明确的针对性、对象性与指向性。他一方面坦言"首先揭露、分析主要从苏联引进并在我国流行了数十年之久的以认识论为基础的美学和文艺学体系的内在矛盾以及它对我国文艺创作的危害"，当然也包括破除陈旧僵化、教条保守的观念。基于强烈的现实问题意识，其学术思想的批判性、反思性和尖锐性使其批判锋芒毕露，切中要害，一针见血，这可从其论文标题略见一斑，如《"三突出"是禁锢文艺创作的枷锁》《一个禁锢文艺创作的枷锁》《典型性仅仅是阶级性的集中表现吗？》《建立在认识论基础上的文艺学之危机》《为文艺学寻找新的哲学基础——价值论》等，以达到先破后立、破字当头、立在其中的效果，更为有力地批判"极左"思潮流毒及其错误思想观念影响。另一方面他在其《艺术的哲学》中指出："在写作上，为了使行文不至于太呆板，并且使抽象的理论较易于理解，大部分采取了驳论的形式，即每探讨一个问题，尽可能找到它的对立面，在与相反的观点的辩难中，引出自己的观点。这样也许避免了那种舞台独白式的沉闷，并在对比中将自己的观点阐述得较为明晰一些。"②基于问题意识所采用驳论的论说方法，既能够体现强而有力反驳的论证风格特点，又能够在对比中反证自己观点的合理性，此外，还能够在行文方式与言说形式上有

① 黄海澄：《系统论 控制论 信息论美学原理》，长沙：湖南人民出版社，1986，第5页。

② 黄海澄：《艺术的哲学》，南宁：广西教育出版社，1995，第1页。

利于对话论辩而避免独白的沉闷,更能够增添论文的论辩色彩。这无论从论文内容与形式的创新而论,还是从研究方法的改革与探索而论,无疑都表现出鲜明的研究特点及其论文写作特点。这与其学术思想中所具有的强烈的问题意识不无关系,集中体现其学术研究的批判精神、反思精神和改革创新精神。

其三,方法论研究昭示跨学科研究方法结合的发展趋向。当代文艺思潮波澜起伏、高潮迭起的多元化潮流与瞬息万变现象并未遮掩当年方法论思潮风采,系统论、控制论、信息论研究从方法到观念和从思维到理论,以及从思想到精神,已经融入各种各样的学术研究范式与理论模式中,现在仍然活跃在学界的学术精英无疑都经历过方法论洗礼或受惠于方法论思想资源。特别是当下推动学术范式转型的跨学科综合研究与文化研究趋向,都吸收、借鉴和融入方法论成果,特别是系统论、控制论、信息论提供其理论基础与学术资源。从学术研究方法论意义上说,跨学科方法综合研究与当年方法论思潮所倡导的人文研究方法与科学研究方法结合、人文精神与科学精神结合、学术共同体与科学共同体精神融合的基本思路不谋而合。系统论、控制论、信息论无疑昭示出跨学科综合研究发展趋向,不仅具有引入科学方法与现代新兴学科新方法的方法论意义,而且具有打破学科之间壁垒藩篱、引领学术思潮方向和推动学术范式转型的意义。因此,对于方法论及其系统论、控制论、信息论研究成就的评价,以历史与逻辑统一的辩证观及其方法论看,无论从当代学术史地位及其当时的价值作用而论,还是从其影响和融入当下学术思潮发展而论,对于学术研究方法更新与学术范式转型的方法论意义绝不可低估。方法论意义更在于方法论思想的意义与方法论精神的意义,固然新方法中产生出新思想,但方法论思想与精神的意义远远大于方法本身的意义。

二、艺术价值论推动文艺认识论向价值论的理论转型

黄海澄的系统论、控制论、信息论美学研究成果,不仅从方法论研究上取得重大突破,而且在观念、思维、理论上取得重大突破。这些重大突破以艺术价值论为标志,集中体现在推动文艺学、美学、艺术学的理论研究模式从认识论向价值论的转型,不仅展现出由方法论推向价值论的学术研究轨迹,而且进一步呈现出方法论-价值论的思想、精神及其学理联系与内在逻辑。诚如上文所言,方法论研究旨在观念、思维、理论及其学术研究范式的转型和更新,价值论可谓方法论的最为直接和重要的成果,也可谓观念、思维、理论及其学术研究范式的转型和更新的集中表现。从时序逻辑而言,黄海澄的价值论研究并非简单从其方法论研究之后,而是二者并行发展,只不过在时序发展的不同阶段各有侧重。

从1984年发表《关于价值问题的几点商榷》开始，到20世纪90年代，黄海澄的价值论研究成果呈井喷之势，引领方法论思潮之后崛起的价值论思潮，相继发表《论价值关系网并评价值真理论》《价值论与真善美》《认识、价值和真理》《论审美价值》《论价值与感情》《价值的分类：益、善、美》《论价值和价值主体》《价值论与文艺学》《我的几点看法——关于文学价值论的讨论》《价值、情感与认知》《价值学与控制论》等，构成价值论研究论文系列。其专著《艺术价值论》是价值论研究的代表作，将价值论研究推向高峰。纵观黄海澄的价值论研究成就，仅就其学术研究方法特点探讨其理论创新的价值作用与影响意义。

其一，价值论与系统论、控制论、信息论的方法论贯通和融合。黄海澄的方法论研究不仅奠定其价值论研究的基础，而且也为价值论研究的方法论及其理论构建提供条件。无论从黄海澄的方法论与价值论研究并行不悖的学术发展历程看，还是从其学术思想整体构成与内在逻辑看，两者构成密切相关、互相作用的相辅相成关系，成为不可分割的统一体。黄海澄在《艺术价值论》中坦言："社会科学向自然科学借鉴行之有效的科学方法，用来丰富自己的工具库，研究社会价值问题，既可以抵制'人本主义'诸流派的唯心主义的瞎说，又避免了'科学主义'诸流派对社会价值的忽视，有什么不好呢？"①从方法论进入价值论可以更为深化对文艺、审美的认识，"艺术和美都是极为复杂的现象，需要借助现代的科学方法，即系统论、控制论、信息论的基本思想，因为人类社会的审美现象和艺术现象，都可以看作并且应当合理地看作人类系统及其子系统的自控制、自调节现象。'三论'为我们提供了观察审美现象和艺术现象的一个新的角度，可以帮助我们从对象上看出前所未见的东西。这应当被看作对于审美现象和艺术现象的认识的一种深化"②。这着眼于人类存在、生存、发展的需要出发，立足于人类社会的系统调节、控制与自调节、自控制，落脚于价值主体与客体的建构与构成关系、指向价值生成与价值系统构建的目标，足以可见其价值论与方法论统一，既更有利于两者的突破和发展，又有利于在相互作用的结合中寻找新的生长点。这正是黄海澄在价值论研究中独树一帜的特色与优势所在。

其二，从哲学研究高度夯实价值论的哲学基础，展现其擅长从哲学高度讨论理论问题的优势和特点。黄海澄的学术研究品质所具有的丰富扎实理论素养与思想高度，与其深厚的哲学基本功密切相关。他无论方法论研究还是价值论研究都十分重视夯实哲学基础，并能够将其上升到哲学本体论、价值论、方法

① 黄海澄：《艺术价值论》，北京：人民出版社，1993，第43页。

② 同上书，第317页。

论研究高度,使研究具有更为广阔和深厚的学术视野及其学理性、思辨性和哲理性。他在《价值的哲学本性》《从哲学上看价值的本质》《价值论在哲学中的地位》《价值哲学三题》等论文及其专著《艺术价值论》中,都明确提出价值哲学建构问题,不仅能够将价值论研究提升到哲学研究高度,从而更有利于夯实文学价值论、艺术价值论、审美价值论,以及其他学科价值论的哲学基础,而且也为哲学增添价值论新内容,纠正过去仅仅将哲学等同于认识论的偏颇,拓展了哲学研究领域与视域。黄海澄在《价值问题应当列入哲学基本问题》一文中认为:"在哲学史上,尽管价值理论相对说来比认识论欠发达,对价值问题的自觉认识和哲学概括比较后起,而且也不够系统,但是,这并不意味着以前的哲学中没有关于价值问题的思想资源。"①由此可见,价值论研究必须首先加强价值哲学研究,只有夯实价值论的价值哲学研究基础,才能使价值论研究既具有科学性、合理性与学理性,又能够拓展和深化研究视野与理论内涵。

其三,艺术价值论重在转换文艺学、美学、艺术学的哲学基座。将价值论置放于哲学框架中,也就名正言顺将价值论放置在艺术哲学基座上,将改变认识论文艺学一统天下和统辖几十年的传统格局。长期以来,将文艺视为对社会生活的一种认识和反映的文艺认识论或文艺反映论的根本原因,归根结底就是因为将认识论作为文艺学哲学基座。黄海澄在谈及《艺术价值论》宗旨时断言:"文学艺术不属于'认知-真理'领域,而属于(或者从根本上说属于)'价值-感情'领域。把文艺学建立在认识论的哲学基础之上,是给它安错了基座,应当移到辩证唯物主义的价值论的基座上来。我这本书是为文艺学寻找这个新的基座。哲学基座一改变,就会引起一系列观点的改变。"②他还在题为《为文艺学寻找新的哲学基础——价值论》一文中明确指出:"把艺术理论置于价值论的哲学基础之上,把艺术由于原来归错了档而从认识-真理系统归还给本来应当在的价值-感情系统,这一艺术观念的变革,也许会给艺术创作和艺术批评带来新的生机。"③由此可见,艺术价值论着眼于文艺学哲学基座的认识论向价值论的转向,推动认识论文艺学向价值论文艺学转换,这是文艺理论改革与创新的关键点和根本问题所在,以此纲举目张,其他问题迎刃而解,带动文艺理论体系全面而整体的更新和转型。

---

① 黄海澄:《价值问题应当列入哲学基本问题》,《宁夏社会科学》,1990 年第 5 期。

② 黄海澄:《艺术价值论》,北京:人民文学出版社,1995,第 40 页。

③ 黄海澄:《为文艺学寻找新的哲学基础——价值论》,《南方文坛》,1987 年创刊号。

三、艺术哲学的理论体系重构与建构

黄海澄对于艺术理论的探讨早在20世纪80年代初就初见端倪，相继发表《艺术美的来源》《简论艺术的本质》《艺术美成分分析》等论文，直至1996年出版《艺术的哲学》和2006年出版《艺术美学》而蔚为大观。可以说，其艺术哲学及其艺术理论体系研究与其方法论、价值论研究同步，三者之间不仅具有内在逻辑关联，而且相辅相成、相互作用、构成整体。

黄海澄的艺术哲学研究对艺术理论体系重构与建构过程，从《艺术价值论》到《艺术的哲学》，是黄海澄从价值哲学及其艺术理论的哲学基座的思考到艺术理论体系的整体构建的逻辑发展进程；从《艺术的哲学》到《艺术美学》，是黄海澄不断丰富和完善艺术理论体系的建构过程，也是其系统论、控制论、信息论的方法论与艺术价值论及其艺术哲学和艺术美学研究不断发展和完美统一的进程。探讨黄海澄这一阶段的成就意义及其学术研究特点，主要表现为三方面：

其一，通过对艺术哲学价值论基座的转换，对艺术理论体系进行整体重构。黄海澄在其《艺术的哲学》导言中，旗帜鲜明地阐发其宗旨及其研究的连贯性和逻辑性："本书是拙著《艺术价值论》竣稿之后写出的。在《艺术价值论》中，笔者构筑了理解价值问题的理论框架，并把它作为艺术理论的哲学基座。由苏联移植过来的以认识论为哲学基础的艺术理论，在我国流行了已数十年。哲学基座的转换会引起艺术理论学科体系的改变。在《艺术价值论》中，不可能以价值哲学的眼光缕析艺术理论中的一切问题，它只是为价值论的文艺学奠定了一个新的哲学基础，许多问题还有待于进一步探讨；就价值哲学本身而言，也还需要深入研究，因此，才写了本书。本书可以说是《艺术价值论》的续篇，在内容上是其深入和发展。"①艺术哲学基座的转换，引起文艺理论体系的整体转换，就此，他相继发表《价值、需要、感情及主客之辨》《价值与自由》《价值既是关系也是属性》《无意识理论与机械反映论》《无意识与创作议》《从人类的生存结构和精神结构看艺术》《艺术冲动与形式共相》《艺术与自相似形式美》等论文，针对文艺理论变革问题进行研究。如以"益、善、美"置换"真、善、美"，更有利于将价值论与认识论加以区分；以"价值—感情"系统置换"认知-真理"系统，凸显情感在文艺美学中的核心位置与关键作用；以主客体关系来确立价值关系及确定文艺美学属性，对文艺本质论及其本质主义进行扬弃；以需要、情感、价值为中轴，推动"文学是人学"及其价值论文艺学的发展，等等，构成对文艺理论及其文艺学体系的全面反思和整体重构之势。

---

① 黄海澄：《艺术的哲学》，南宁：广西教育出版社，1995，第6页。

其二，着眼于文艺方法论与艺术价值论的融合，对艺术理论体系进行建构。艺术理论体系构建不仅需要考虑理论构成与结构系统的内在逻辑，使其形成系统性、完整性与结构性，而且更需要抓住要点、统领全局，更重要的是还需要彰显研究个性、凸显理论特色。黄海澄在其《艺术美学》中针对该书理论体系的框架结构阐明："需要说明的是，除了方法论一章统领全书之外，以下十九章的逻辑起点实为'审美现象的发生'一章。'审美现象'在我的美学中是一个统辖全局的整体性范畴，它不是指审美心理过程，而是一个客观范畴，研究人世间何以有美和审美这样一种现象，它在人类社会大系统中处于什么样的结构地位，具有何种功能，对人类有怎样的生存价值，它是怎样产生和发展的，等等。'审美现象'也是全书的逻辑中心，它类似于艺术学中的'艺术现象'、文艺学中的'文学现象'、音乐学中的'音乐现象'。"①这一方面说明其艺术理论体系构建需要以方法论为基础统领全书，彰显该书研究特点；另一方面说明理论体系构建必须设立一个逻辑起点，从"审美现象"出发构建理论体系，以"审美现象"统辖全局，成为其艺术理论体系的一大亮点；再一方面是将艺术与审美放置在人类社会大系统中来定位，以阐发其促进人类生存发展及其人的全面发展的价值意义。这使得其艺术理论体系不仅系统庞大、结构严谨，而且个性突出、特色鲜明，在体系构建中更能体现其方法、观念、理论的内在逻辑性与系统性。

其三，着眼于理论与实践的结合，推动方法、观念、理论的运用和践行。黄海澄无论是方法论研究还是价值论研究，也无论是文艺理论探讨还是文艺学、美学、艺术学理论体系构建，始终立足于艺术实践又落脚于艺术实践，正如其《艺术美学》以"审美现象"作为逻辑起点一样，艺术实践是其理论研究的逻辑起点。作为理论家，他并非那些空头理论家、灰色理论家，而是注重于理论探索与实践探索统一的、以实践丰富理论又以理论指导实践的理论家。他不仅在其理论研究中言之成理，论之有据，征之有物，注重思辨与实证的结合，而且也不断发表针对现实问题的理论运用于实践的论文，如《从价值论看音乐的表情功能》《音乐美学二题》《从"环肥燕瘦"说起》《〈漓江情韵〉与流水意象》《舞蹈中的审美意象流》《京昆声腔美学管见》《京剧角色配置的审美意蕴》《说〈牡丹亭〉"赏心乐事"》《文学艺术永恒主题爱情研究》《评后现代艺术对价值和意义的消解》《评文学上的"情感认识论"》等，无论是对艺术现象研究还是对艺术作品的批评，他都能娴熟运用其系统论、控制论、信息论研究方法及其价值论观念理论来研究和评价文艺现象及其文艺作品，将理论应用于实践，指导艺术创作和艺术探索。同时，也使之形成艺术哲学、艺术理论、艺术批评的艺术体系内在逻

① 黄海澄：《艺术的哲学》，南宁：广西教育出版社，1995，第3页。

辑，形成理论与实践统一的研究特点，形成理论创新与实践探索结合的研究方法特色。

综上所述，黄海澄学术思想、研究方法特色与其学术成就相得益彰，他的学术思想决定其所主张的系统论、控制论、信息论的方法论和价值论与其研究方法紧密相关，其方法正是其理论的践行，其理论也是其方法应用的结果，方法更新带动观念、思维、理论更新，也带动学术研究范式与理论模式的转换，更带来其学术思想在方法论、价值论、艺术哲学的内在逻辑统一中构成整体性，从而形成其学术思想的持久性和持续性。阎国忠曾提到老一辈美学家蒋孔阳先生对黄海澄学术观点的评价，指出蒋孔阳“在20世纪80年代就接受了黄海澄讲的人类是个‘自组织、自控制、自调节’的系统的观点，认为‘审美现象，像伦理现象或其他现象一样，是人类作为一个系统，为了保存和发展自己而产生出来的’。显然，这是对实践美学的一个十分重要的补正”①。这无疑是对黄海澄学术思想价值作用及其影响力、传播力的最有力的阐发。

① 阎国忠：《蒋孔阳的美学——还原为美学现象的美学》，《学术月刊》，2006年第6期。

江建文:文艺美学园地的拓荒者

肖保 吴雀①

[内容提要] 作为广西当代文艺理论家中的佼佼者,江建文在广西文艺理论及美学园地辛勤耕耘半个世纪,致力文艺美学领域的开拓与建设,收获了丰硕成果,大大促进了广西文艺美学研究发展。江建文的文艺理论与文艺美学研究始于20世纪80年代,他始终处于文艺思潮的风口浪尖及其理论批评的前沿位置。

[关键词] 江建文 文艺美学 拓荒者

江建文,1937年出生,福建永定人。1958年毕业于中山大学中国语言文学系。1980年任教于广西大学中文系,历任讲师、副教授、教授及中文系副主任、主任,广西大学文化传播学院中文系新闻系教授。曾任广西文艺理论家协会副会长、广西语文学会副会长,现任广西文艺理论协会名誉主席、广西美学学会副会长,广西先进文化促进会副会长。中国作家协会会员。广西作家协会第五届理事。1955年开始发表作品。著有长篇小说《国难》《上海·一九三七年》,文学评论集《诗笔写人生》,长篇历史小说《南国屏藩苏元春》,理论专著《文艺美的拓展与超越》《美的感悟》《美的解读》《广西社会科学专家文集·江建文集》《广西当代文艺理论家丛书·江建文卷》等。

作为广西当代文艺理论家中的佼佼者,江建文在广西文艺理论及美学园地辛勤耕耘半个世纪,致力于文艺美学领域的开拓与建设,收获了丰硕成果,大大促进了广西文艺美学研究发展。江建文的文艺理论与文艺美学研究始于20世纪80年代,他始终处于文艺思潮的风口浪尖及其理论批评的前沿位置。透视江建文文艺美学思想,不难发现其理论基础的三位一体构成系统:一方面,新时期伊始的拨乱反正、正本清源思潮推动他率先回归马克思主义文艺美学理论研究轨道,以其作为理论研究的指导思想与理论基础,使之成为他的文艺美学思想重要来源及基因;另一方面,作为中文系教授,他娴熟掌握中国文学经典及其

---

① 肖保(1952—),男,原名张利群,广西师范大学文学院教授、博士生导师,研究方向为文艺理论与批评。吴雀(1989—),女,广西师范大学文学院文艺学专业2014级硕士研究生,研究方向为西方文艺理论。

文论美学经典,具有扎实雄厚的中华文化基础,包括文学创作基础与文艺理论美学基础,使其研究能够立足于中华文化传统的传承与创新;再一方面,随着改革开放、思想解放进程深化拓展,他不断借鉴吸收西方古典、现代、当代文艺思潮成就以及世界文化遗产成果,致力于古今中外会通,具备面向世界的开放视野与宽阔胸怀,由此成就他对文艺美学园地开拓的重要贡献。

一、文学本质特征的本体论研究

对文艺规律及其文艺本质的探讨,江建文有别于西方形式主义、结构主义、符号学执着于文本形式研究,也有别于接受美学、读者反应批评执着于接受效应的研究,更有别于精神分析学说及其文艺心理学研究,而是基于马克思主义将文学放置于社会、历史、时代背景与语境中定位,重在揭示文学与世界、文学与人、文学与社会经济基础及其生产方式的关系。

所谓“本质”,“只有反映了一般规律的‘普遍的东西’,才是本质。”①马克思说过:“每一种本质力量的独特性,恰好就是这种本质力量的独特本质,因而也是它的对象化的独特方式。”②因此,文学本质就是使文学之所以为文学的根本规定性。江建文认为,首先,从哲学角度肯定了文学是社会的意识形态之一,“它们是:(1)是一定的社会存在的反映,并随着社会存在的变化,必然或迟或早地发生变化;(2)有相对独立性,对社会发展起着巨大的能动作用”③。所谓社会意识形态,是属于社会结构的上层建筑中比政治、法律、伦理等“更高地悬浮于空中的意识形态领域”的形而上学。④ 其次,从文学独特性角度确立其作为意识形态区别于其他意识形态的特征——“审美性”,“那么,文艺的这种独特本质是什么呢? 回答是:它是以审美活动这一独特的方式体现着人的本质力量的对象化,‘审美性’——包括美的创造活动和对美的接受活动,就是文学以区别于其他意识形态的独特本质”⑤。这是从普遍性与特殊性辩证关系角度对文学本质的哲学阐释,说明文学的意识形态普遍性与审美特殊性关系,亦即文学是一种“审美意识形态”。

毛泽东指出:“作为观念形态的文艺作品,都是一定的社会生活在人类头脑

---

① 蒋孔阳:《德国古典美学》,北京:商务印书馆,1997,第212页。
② 马克思:《1844年经济学哲学手稿》,《马克思恩格斯全集》,第42卷,北京:人民出版社,1985,第96页。
③ 江建文:《广西当代文艺理论家丛书·江建文卷》,南宁:广西人民出版社,2012,第51页。
④ 恩格斯:《致康·施米特》,《马克思恩格斯选集》,第4卷,北京:人民出版社,1995,第703页。
⑤ 毛泽东:《在延安文艺座谈会上的讲话》,《毛泽东选集》,第3卷,北京:人民出版社,1991,第86页。

中的反映的产物……人民生活中本来存在这文学艺术原料的矿藏,这是自然形态的东西,是粗糙的东西,但也是最生动、最丰富、最基本的东西;从这点上说,它们使一切文学艺术相形见绌,它们是一切文学艺术的取之不尽、用之不竭的唯一的源泉。”文学艺术是人类社会实践活动的一种方式,即人的本质力量对象化,那么对文学本质探讨必然涉及文学与世界的关系。正是基于生活是文学艺术创作源泉之理,江建文的文艺美学思想观念也就建立在文学与世界关系基础上以阐发文学意识形态属性;同时,正是基于文学审美性质特征及其审美价值作用以阐发文学审美性,由此揭示文学本质的意识形态性与审美性的属性构成,形成审美意识形态的本质属性。江建文的三大文艺美学理论著作《文艺美的拓展与超越》《美的感悟》《美的解读》,就是从文艺真善美角度阐发文艺本质论,揭示审美意识形态规律及其文艺性质特征。

二、文学之“真”的艺术真实性探讨

文学真实性问题的研究历来是文艺理论家所重视的,对于“真实”在文学创作中的重要性也不乏讨论。江建文将文学真实性作为一个结构系统与要素构成加以探讨,将其分为认识论真实、对象主体心理真实、创作主体情志真实的三个层次结构,抑或三个要素构成。

其一,文学真实性的认识论真实层面,即遵循客观对象的真实性以强调艺术认识的真实性。首先,对文艺再现功能与文艺认识功能关系的辨析:一方面是对文艺“再现生活”功能作用的理解,江建文以达·芬奇为代表主张如实描绘生活模样的说法,亦即“画家的心应当像一面镜子,将自己转化为对象的颜色,并如实摄进摆在面前所有物体的真实性。应该知道,假设你不是一个能够用艺术再现自然一切形态的多才多艺的能手,也就不是一位高明的画家。”①;其次,再现生活是要描绘出由创作主体的理性所把握的现实,“然而文艺不满足于仅仅在形象形式上与生活现象相接近,还要求在内容的蕴含上符合生活的真谛真义;所以文艺除了描绘现象,还要体现本质”②,这些体现本质的作品,即要求创作主体能够运用自己的理智分析判断所看到的现象,内化为揭示事物真实面貌及其客观规律,并以适当的审美形式呈现为文学文本,其要点在于通过把握对象真实性以强调艺术认识的真实性;再次,艺术真实性既要符合对象感性形态之真,也要达到对对象本质认识之真的高度,艺术既源于生活又高于生活,既要“入乎其内”又要“出乎其外”,这正是基于现象真实的本质真实所超越现象真

① 江建文:《广西文艺理论家丛书·江建文卷》,南宁:广西人民出版社,2012,第70页。
② 江建文:《艺术真实层次论》,《南方文坛》,1995年第4期。

实的高明之处；最后，从文艺的社会性质及其功能作用角度看，无论古今中外，现实主义文学都具有永恒生命力的重要原因在于对艺术真实性的孜孜不倦追求，不仅中国历代“以乐观风”“以诗观政”“兴观群怨”“文以载道”的历史传统将文艺社会功能作用发挥到极致，而且西方古典主义、现实主义、批判现实主义文学也在推动社会发展与时代思潮上发挥重要作用，从而使艺术真实性不仅成为现实主义文学的精神内涵所在，而且也成为文艺创作的基本原则。

其二，对象主体心理层次真实。首先，文学之真与美的关系。“文学追求真的品格。但这真指的是真理与真情，不是真人与真实。”①也就是说，文学并非反对如实描写生活，而是强调在描写现实真实的基础上，更重要的是揭示事物本质与规律；并非事无巨细地对生活进行模仿与再现，将艺术等同于生活，更重要的是通过创造艺术以创造生活。只有经过作家创造性劳动，真正体现文学创作的创造精神的作品才称得上真正的文学，或优秀文学作品。例如，《金瓶梅》何以能够成为文学名著而色情小说屡遭鄙夷？正是因为其作品既对生活素材加以提炼、加工、创造，又将其对社会糜烂风气的批判之意尽显其中，传达了警戒世人之意；色情小说却一味挑逗人的感官欲望却不能抚慰心灵精神，可谓百害而无一利。因此，艺术真实既需要如实再现的真实性，又需要艺术创造的真实性，文学想象、虚构、夸张、变形、隐喻、象征等艺术创作方法能够很好地体现艺术创造精神。江建文认为艺术创造是为了更好表现生活之真，艺术想象、虚构、夸张不仅增强艺术创造性、修饰性、象征性与审美性，而且在于能够更好揭示生活本质及其真实性，这是生活美向艺术美升华的一个重要途径。童庆炳主编的《文学理论教程》指出，文学真实不同于生活真实之处在于文学真实是假定性情境中内蕴的真实。江建文与之有异曲同工之妙，“生活真实的意义之一就是它们为文学形象、典型的塑造提供丰富的现象形式，其中包括细节在内……意义之二是其中的某些真人真事将作为纪实体文学的表现对象而进入文学之中。”②这不仅清楚地道出了文学创作真与假之艺术辩证法关系，而且也揭示了艺术真实性与审美性关系。其次，文学之美与假的艺术辩证法关系。“文学追求真品格固然可以像一些现实主义的作家和理论家所主张那样写，即‘按照生活的本来面目’来反映生活，或曰‘以生活本身的形式’来反映生活；不过，除此之外，也可以通过非现实的方式，来达到表现生活的真谛、真义和真情的目的”。例如，李白的“白发三千丈，缘愁似个长”“飞流直下三千尺，疑似银河落九天”；汤显祖《牡丹亭》中“生而死，死而生”的生生死死交织为一体。又如，后现代主

① 江建文：《文学的美与真》，江建文：《美的感悟》，南宁：广西人民出版社，1999，第76页。
② 同上书，第79页。

义文学作品中的各种变形、扭曲、梦幻等皆以假的形式呈现在读者面前，但是这些假的情境却创造出更为广阔开放的审美想象空间，传达出更为深刻动人的思想情感。再次，文学真实性与典型性关系。江建文还通过文学形象的典型性分析及其典型化创作方法，阐明文学艺术真实性的价值意义。“在现实生活中，典型的现象不仅是存在的，而且伴随着生活的进程会不断地涌现。他们体现了生活的主流和生活发展的主导方向，是艺术典型——典型形象与典型事件取之不尽、用之不竭的源泉。”①在此基础上，江建文认为典型形象创造更重要的是采用典型化方法，即辩证处理好三重关系的原则与方法：个别与一般的关系、现象与本质的关系、偶然与必然的关系，体现对立统一原则与辩证法；艺术典型的另一种表现方式是采取象征、变异、荒诞、反讽、隐喻等方法创造典型形象，在个性化表现中赋予典型意义。“形象变异则不同，它是在生活的这个蓝本的基础上求变化，但求的不是艺术形象形式与生活形象形式的近似，而是艺术形象的内蕴与生活中的某种精神或本质一致。由此可见，形象变异不是艺术创造的目的，而只是一种方式、方法。形象变异离不开生活这个蓝本，得以生活中的形象为参照系。”变异的类型分为艺术形象的造型变异、利用道具变异和感觉变异；变形方法有肢体错位拼接，如埃及的狮身人面像、丹麦的美人鱼雕塑、《格尔尼卡》中的人物和动物等。这些变异形象虽然在感官上无法让所有人都能理解和接受，但是它们所代表的历史发展前进方向、人民的美好愿望与理想追求、对社会现实黑暗面揭露与鞭笞可谓大大强化了文学典型的个性化与普遍性。文学形象创造的变形、夸张、荒诞等方法尽管或放大或缩小，使其充满虚幻性、神秘性与神奇性，但其人心、人情、人性等人的本质对象化和人格化性质特征俱在，如中国古代《博物志·异人》中的龙伯国巨人、《西游记》中能够七十二变的孙悟空、西方经典《巨人传》中的庞大固埃、《格列夫游记》中的大人国和小人国等，这些带着神秘面纱的典型形象仍然不失永恒魅力。江建文认为：“于是到了今天，在现代人眼中，这些面具的神圣和神秘所剩无几，而作为古人的热情、幻想、创造力的凝聚和确证的意义已经显示出来。它不仅满足了现代人的好奇心，丰富了他们对历史的认识和理解，而且激起了他们的想象，焕发了他们的审美创造热情。”②最后，艺术真实性必须夯实文艺理论与美学理论基础。艺术真实不同于生活真实的重要原因不仅在于艺术高于生活、作者创造、艺术方法、典型塑造等因素，而且在于艺术不仅需要贴近生活，而且也需要艺术与生活保持一定的距离。从文艺理论、美学理论角度而言，就是“审美距离”“离间效果”

---

① 江建文：《广西当代文艺理论家丛书·江建文卷》，南宁：广西人民出版社，2012，第80页。
② 同上书，第183页。

"陌生化"效果等,能够提供艺术真实性的理论基础与学理依据。江建文在这些理论基础上有所发挥创造,他重点阐发"缺失"与"完型"关系,用"缺失"与"完型"赋予艺术真实更为丰富深刻的内涵与内容。他认为,"缺失"与"完型"具有反转关系,印证了格式塔心理学所倡导的"完型"理论。"可以说任何对象都有其相应的'力的结构图示',不限于审美对象,而所有这些客观对象的力的结构皆有一个共同特点,即'非完全性'。"艺术以"非完全性"的形象给读者观众带来"完型"的效果,正是因为艺术家运用了"力的结构图示"和人的心理"完型趋势"。江建文分别从绘画、戏曲、文学等方面具体论述"缺失"在达到艺术"完型"效果中所起的作用。如维纳斯的断臂、韩干画走马、齐白石画虾,以及中国画的"留白"、中国戏曲中的虚拟化表演等,无一不显示了艺术的张力。"激活了审美主体的想象能力,让其心理结构中与鉴赏相关的诸多因素调动起来,从而增强了鉴赏的兴趣,丰富了形象的意味。"中国古代文论强调虚实关系,主张虚实相生,这其实也是对文学艺术创作的真与假关系的印证。

其三,创作主体情志真实。文学艺术从来就与真善美及人类核心价值取向联系在一起,"以善为美"自古以来就形成传统,根植于儒家文艺美学思想。江建文传承弘扬这一传统,集中表现在对创作主体情志真实的论述中。江建文从孟子"可欲之为善"中阐发了自己对"善"的理解:"这段话指出了善的两重含义:一是体现主体的目的、利益。这里的主体既包括个体,又包括群体;是个体与群体的辩证的统一,在这种辩证统一中,善指的是个体的目的、利益与群体的目的、利益之间的关系。二是主体的目的、利益要与现实的可能性相一致,要符合客观规律,也就是要符合真。"①对第一重含义的解释,江建文认为从中国古代的"诗言志"到西方现代的克罗齐的"艺术即直觉",再到托尔斯泰"各种各样的情感只要能感染读者、观众、听众,就是艺术的对象"的文艺思想,都是在阐发文学艺术中主体情感表达必须遵循伦理道德与规范的原则,表现为"以善为美"的核心价值取向,将个人情感表达纳入人类社会群体价值体系轨道中,发挥文艺伦理道德教化功能作用,推动社会伦理道德秩序与制度的建立。第二重含义的解释紧扣"善"与"真"的关系,江建文认为对艺术真实性问题探讨应该随时代的变化而变化,但是艺术真实的内涵本质与基本精神是永恒的,无论是古代艺术的古典主义、现实主义追求,还是现代艺术的现代主义、后现代主义追求;也无论是经典艺术的核心价值取向追求,还是大众艺术的多元化价值取向,真善美始终是文艺的永恒价值,"以善为美"始终是文艺追求的核心价值取向。由此可见,创作主体情志真实是艺术真实性的不可或缺的组成部分,作者思想情

---

① 江建文:《毛泽东文艺思想与真、善、美问题》,《学术论坛》,1992年第3期。

志之“善”不仅表现为价值取向，而且必然表现为真情实感，也必然通过自然而然、真诚朴实方式真实地表现出来，从而达到艺术真实性追求的精神境界。故中国古代文论所阐述的文艺之“真”往往与创作主体之“诚”紧密结合，合成为“真诚”一词，赋予艺术真实性更为深刻拓展的内涵与意义。

对于艺术真实性研究，江建文相继发表《艺术真实层次论》《毛泽东文艺思想与真善美问题》《科学技术的进步与文艺方法论的更新》《向写实求真回归》《艺术表现的明晰性与模糊性》《论五四时期现实主义文学思潮》等一系列论文。

三、文学之“善”的伦理学意义追寻

对于文学之“善”的理解，江建文在分析艺术真实性时已见端倪，“善”与“真”关系显而易见。那么“善”在文学中具体作用又在何处呢？江建文在论述毛泽东文艺思想与真善美关系时，将“善”的含义归为几个层次构成。主要是核心层次，即“我们的文艺是为什么人的”问题，具体表现为：

其一，文艺的政治品格层次。列宁指出：“无产阶级文化应当是人类在资本主义社会、地主社会和官僚社会压迫下创造出来的全部知识合乎规律的发展。”虽然20世纪很长一段时间内关于政治是否支配艺术的问题多有探讨，但总体上认为尽管文艺不应该受到政治支配制约，但是都在一定程度上受到政治影响，因此政治与文艺有着不可切断的关系。对于这种关系，用鲁迅的一句话形容最为贴切，这也正是江建文所认同的基本观念，即“文艺是国民精神所发的火光，同时也是引导国民精神的前途的火光”①。

其二，文艺的表现对象层。江建文对文学所要表现对象的认识，主要遵循现实主义创作原则及其文学人民性、民主性、进步性的先进文化性质，肯定人民大众不仅是文艺接受主体，而且也是文艺创作主体，更是文艺主要表现对象。他在其长篇小说《国难》《上海：一九三九》《南国屏藩苏元春》等创作中就践行了文艺为人民服务并以人民大众为表现对象的观念。

其三，文艺作品的审美特征层。审美性是文学的本质属性与基本特征，文学之“善”的价值取向必须通过“美”的表达形式呈现，文艺真善美三位一体，不可分割。从文艺理论与美学理论角度分析，“以善为美”“以真(诚)为美”“以用为美”其实也可翻转而论，美的内涵实质与基本精神就是善、真诚以及社会功能作用，由此深化拓展文艺之“善”的价值意义。

---

① 鲁迅：《论睁了眼看》，《鲁迅全集》，第1卷，北京：人民文学出版社，2005，第254页。

从文学之“善”深化拓展到文学人性、主体性、人文性研究，江建文相继发表《毛泽东文艺思想与文学主体性问题》《改革题材与改革者形象的塑造》《对‘文化反思’的反思》《文艺评论应该克服随意性与媚俗化倾向》《论主旋律题材的电视剧创作》《作家的艺术个性与审美价值取向》等论文。

四、文学之“美”的审美价值研究

“真”“善”“美”三者都是文学本体规定性及其核心价值追求。相对而言，“美”是文艺作为审美意识形态的基本属性与根本特征，从这一角度出发，文艺作品实质上就是审美品，也是以“美”作为文学区别于政治、哲学、宗教、文化、教育等意识形态形式的本质特征，有着更为特殊和根本的意义。关于“美是什么”的问题，自古以来就见仁见智，众说纷纭，但古今中外文论批评对于文艺美的解释与认识还是能够殊途同归，能够兼容包容不同时代、不同民族、不同地域的审美个性与特殊性的，进而确立人类共同的审美价值取向。

其一，美的分类。江建文并不急于对“美是什么”下结论，而是着眼于探讨“什么是美”的问题，着手于对美的各个侧面进行探讨，他首先从美的种类入手分析。对于美的分类，江建文主要侧重于两种分法：

一种是按照美的附着对象来分，将美主要分为两大类，即自然的美和社会美。大自然用它神奇的画笔在天地间创造了数不胜数的自然美，人类也通过社会实践活动创造了社会人文美。对于这二者，江建文论点很明确：尽管自然美有别于人类创造的社会人文美，但是自然美并非等同于自然，自然美作为一种审美形式和表现形态，是在人类社会实践活动中以及人类社会系统中生成与建构的，亦即有待于人类从自然中发现、认识、感知，尤其是在自然形式构成中赋予人格化、人性化、拟人化的社会人文印记与色彩。江建文认为：“人们通过劳动实践来改变自然，在自然物身上留下人类创造的印记。”①也就是说，自然美是人类本质力量对象化结果，是向人类生成建构的结果，是“自然人化”或“人化自然”的结果。江建文指出：“自然美既然是人们关照自然物时感受到的美，不是也不可能是自然物本身固有的美，那么，它也就不是自然物的自然属性，而是一种社会现象，是人们在社会生产和社会实践中创造出来的。”②人类的社会实践活动在改造自然的同时改造着人自身，在创造对象的同时也创造了人类自身，在对象身上肯定自我、确证自身。由此，在人类社会实践活动中创造美的同时也形成美感及其审美意识观念，形成“美—美感”同步发生、双向同构的审美

---

① 江建文：《广西当代文艺理论家丛书 · 江建文卷》，南宁：广西人民出版社，2012，第150页。
② 江建文：《大自然、艺与审美》，见江建文《美的感悟》，南宁：广西人民出版社，1999，第106页。

模式。从这一角度出发,审美不仅审“美”,而且审“人”、审“己”,也就是说,审美不仅审对象之美,而且审主体之美。对于相对于自然美的社会美而论,主要包括基于人类社会实践活动创造的人体美、社会美、人文美、艺术美等类型,更是人类本质力量对象化结果以及人类自我肯定、自我确证的结果。因此,无论从美的起源还是审美起源的发生学角度而论,对人类自身的人体美、社会美、人文美欣赏应该与对外界自然对象的自然美欣赏是同步的,由此自然美与生活美也是水乳交融的。

另一种是按照美的性质属性来分。对于美的分类,江建文还着重于按照美的性质属性分类,主要分为崇高美、喜剧美和悲剧美等类型。他对作为美学范畴的“崇高”的理解是,“指的是一种主、客体的审美关系。这种关系的实质就是不和谐——矛盾性。”①同时强调了这种矛盾性是运动变化的。江建文不仅从戏剧类型入手分析悲剧美、喜剧美的内涵,而且从戏剧中悲剧性、喜剧性要素构成来分析悲剧美、喜剧美的内涵。他认为,戏剧所带有悲剧性、喜剧性要素才能构成戏剧矛盾冲突,才能富有更为深刻拓展的审美价值意义。因此,戏剧不仅需要“把人生有价值的东西毁灭给人看”,而且需要“把人生无价值的东西撕破给人看”,由此构成内在更为深刻的戏剧矛盾冲突,形成戏剧张力与韵味。对于喜剧,江建文认为除了嬉笑怒骂、揭露批判、辛辣讽刺外,还带有滑稽、诙谐要素。所谓“滑稽”是“丑的事物的内容与形式之间的矛盾”②。关于悲剧,江建文充分肯定亚里士多德关于悲剧“陶冶”“净化”作用的观点,也认可黑格尔的“个性化”观点,最为肯定的是恩格斯“历史的必然要求和这个要求实际上不可能实现的矛盾”的观点。他从亚里士多德、黑格尔、恩格斯等有关悲剧论述中更多地着眼于考虑戏剧冲突因素,也就是说,悲剧、喜剧不仅仅是戏剧类型划分,而且更重要的是审美属性划分,因此悲剧、喜剧正是戏剧本体性所在。

其二,美的表达形式。马克思认为人类掌握世界的四种方式为理论的方式、实践-精神的方式、宗教的方式、艺术的方式,其中实践-精神的方式与艺术的方式都应该与审美紧密相关,亦即人类掌握世界的审美方式。因此,审美方式在一定意义上说明了美的表达方式,换言之,审美方式与美的表达方式相辅相成、双向同构、合为一体。美的表达方式通过美的类型呈现,具体表现为自然美、艺术美、社会美、人文美等表达方式。从艺术美而论,文艺是人类社会实践活动精神创造的产物,作为审美意识形态,既具有意识形态的普遍性,又具有审美特性,既具有人类社会的普遍性,又具有作者创作主体个性的特殊性。正是

① 江建文:《创世传说中的崇高美》,江建文:《美的感悟》,南宁:广西人民出版社,1999,第30页。

② 江建文:《“打诨”——传统的喜剧性动作》,江建文:《美的感悟》,南宁:广西人民出版社,1999,第30页。

基于审美性决定了艺术区别于其他意识形态的本质规定性与艺术本体性,因此艺术美是文艺的本质属性与基本特征。基于此,江建文认为艺术美是审美及其美学研究的主要对象及核心问题,他提出“文艺美学”以确立文艺理论与美学研究的主要方向。在文艺美学研究中,江建文并非孤立研究艺术美,而是将艺术美放置在人类社会系统及其美学系统的大框架中进行研究。他基于文艺与生活关系提出自然美、社会美、人文美如何转化与升华为艺术美问题;他基于人与自然、人与社会、人与人、人与自我关系及其矛盾冲突与协调和谐的对立统一性,阐发艺术美性质特征及其功能作用;他基于文艺真善美核心价值取向构成系统,阐发艺术美在艺术构成及其形式构成中的地位;他基于文艺美学领域,提出“以文学艺术的审美层次(审美本质)为主要研究对象,就形成文艺美学”。他进一步提出文艺美学研究方法有二:客体和主体。从客体出发研究的特点在于:客体之于主体的限定性与制约性。研究客体具有相对独立性,必须不依赖于主体的主观性,所采用客观阐释方法、文献研究方法、文本分析方法、结构形式分析方法、语言修辞分析方法等,但不应该排斥基于文学规律特征的哲学思辨方法、经验描述方法、心理学方法、文化学方法、人类学方法等进行研究。从主体出发的研究特点在于:主体具有的相对的主观能动性与创造性,更多地依据文学规律特征及其理论体系建构的现代阐释学方法、意识形态批评方法、原型批评方法、接受美学方法以及哲学思辨方法、经验描述方法、心理学方法、文化学方法、人类学方法等进行研究。江建文认为这两种方式应该统一起来,他提出文艺美学研究需要注意三条原则:注意以合乎真理的途径获得对真理的探求,即方法论统领一般的方法;注意从具体到抽象再到具体的螺旋形循环上升;注意逻辑和历史相统一。其论不仅是经验之谈,而且具有学术研究方法论意义。

对于文艺审美性及其文艺美学研究,江建文还相继发表《论鲁迅的美学思想》《美学研究对象再论》《论民族美学的研究对象》《创世神话的美学审视》《论文学欣赏》《发掘人物的内在美》《要发掘生活中真正的美》《“山水美学”的起步》等论文。

五、在中西美学比较中构建跨文化开放视野

中国和西方在思维方式上有很大不同,造成这种差异的原因诸多,历史传统是其中重要原因之一。

其一,揭示西方美学思想“重智”特征。西方美学传统“重智”,这是江建文颇有见地的认识。他认为西方美学主张文艺及其美是认识的结果,是理性产物

的观点,有着悠久的历史文化传统。在古希腊美学中,美与审美阐释渊源来自于哲人与智者。毕达哥拉斯主张将数与美、数理与文理结合;苏格拉底进一步将美从自然科学领域拓展到社会生活领域,加入了"善"的因素;柏拉图基于"理式"说,阐发文艺与"理式"之"模仿的模仿"关系;亚里士多德着眼于历史学家和诗人的区别,"两者的差别在于一叙述已发生的事,一描述可能发生的事"①,等等,以印证西方以理性、哲学思辨、科学分析思考美学的自觉。继而笛卡尔、莱布尼茨、康德、黑格尔等充分继承了其理性思辨的传统,对美学进行了更为深入拓展的探讨,建立起西方古典美学理论体系及其逻辑结构。西方美学思想极大地影响文艺思潮发展,从古希腊古罗马文学到古典主义、新古典主义文学,再到浪漫主义文学、自然主义文学、批判现实主义文学都遵循这一美学传统,形成"模仿说""再现说""镜子说""反映论""认识论"之西方文艺美学理论体系,无一不显示西方文艺美学思想的"重智"倾向。

其二,凸显中国美学思想"重情"特征。江建文认为中国古典美学思想与西方古典美学思想有所区别,关键在于中国古典美学"重情"。先秦《尚书》"诗言志"开启文艺本于抒情言志的基础;先秦儒家开启文艺"尽善尽美"的人文美传统,道家开启"天地有大美"的自然美传统;历代文论美学所言"诗者,志之所之也。在心为志,发言为诗。情动于中而形于言,言之不足故嗟叹之,嗟叹之不足故咏歌之,咏歌之不足,不知手之舞之,足之蹈之也";"诗者:根情,苗言,华声,实义"等皆是文艺美学"重情"之表现,由此形成中国古代文论美学"表现说"传统。江建文特别注重儒家文艺教化思想,"诗教""乐教""文教"实质上指向审美教育的"美教"方向,旨在文艺美学立言、树人、铸魂的功能作用发挥,以"仁义礼智信""温柔敦厚""中和之美"及其文艺教化方式净化和升华情感。

江建文通过中西跨文化比较研究探讨各民族文学的共同性与差异性,普遍性与特殊性,民族性与世界性的规律特点,其目的旨在推动文化交流沟通,形成文学多元化发展与世界文学发展趋向。为此,江建文相继发表《论西欧反封建的讽刺文学》《论雨果文学思想与创作中的现实主义因素》《论五四时期的新诗革命》《论五四时期的现实主义文学思潮》《文学研究格局的更新》等论文。

六、探索广西民族文化发展规律

江建文遵循事物运动的普遍性与特殊性规律,对广西区域文化尤其是民族文化发展规律进行探索,针对具有一定特色优势的广西文化现象进行案例分

① [古希腊]亚里士多德:《诗学》,北京:人民文学出版社,1982,第28—29页。

析，针对广西文学桂军崛起原因展开探讨，针对广西文学作家作品进行评论，取得丰硕成果。江建文认为，广西区域文化发展固然受制于整体环境条件及其文化普遍性因素影响，但更为重要的是其自身内在因素及其地方文化特殊性因素影响。他以广西北部湾文化发展为例，认为这一沿海、沿边、沿江的区位优势以及民族地区特色优势，使其具有依托沿海经济崛起带动北部湾文化发展的特征；同时，北部湾文化发展进一步推动北部湾经济大开发，打破地方经济传统发展模式与固有格局，形成面向全国、面向东南亚、面向世界的经济与文化创新协同发展方式。对于广西民族文化发展规律问题探讨，江建文始终坚持从传承弘扬民族文化传统、保护非物质文化遗产、推进民族文化现代发展的基本思路，确立民族文化研究的立足点、着眼点、突破口，将关注点放在民族文化特征、特点、特色及其发展规律的特殊性揭示上。诸如对广西文学桂军崛起原因和规律的探讨，江建文着重于从民族文学所蕴含的民族文化内涵底蕴中追根溯源，发掘其民族精神及其民族特征，传承创新民族文化传统，揭示民族文学所体现出独特的美学价值意义。江建文认为："尽管美学的研究对象迄无定论，但从实际研究情况看，即各家各派实际上所予以阐述的美学问题看，还是可以大体确定下来的。它们就是美、审美、艺术和美育。"①由此，江建文从文学桂军研究深入到民族文学研究，继而深化拓展到民族文化、民间文化、民俗文化研究，确定研究方向"一为积淀在民族的生活方式、礼仪、伦理关系以及风俗、习惯之中的民族审美意识和审美心理；二为集中体现了民族审美意识和心理的各种艺术"②，以此将文学桂军及其广西民族文学研究推向深入。

对于文艺理论批评研究，江建文相继发表《论文学批评的学术性与主体性》《文化理论和文化实践》《社会主义市场经济的建立与文艺的转型和发展》《社会主义市场经济与诗歌创作》《作家下海的文学意义》《马克思主义文化理论与校园文化建设》《文化的产业化传播对文学的整合》《经济发展需要文化支撑》等论文；对于广西地方文化及其文学研究，江建文相继发表《论泛北部湾和谐文化圈的构建》《论泛北部湾文化圈的自我建构》《广西新时期文学之发轫》《乡土特色和艺术匠心》《文学的民族特色和艺术光彩》《整理与开发本土文化》《对塑造地域文化形象的思考》等论文，使其既成为地方文化研究者，又成为地方文化建设者。

---

① 江建文：《论民族美的研究对象》，《民族艺术》，1993年第1期。

② 同上。

陈学璞:文艺理论与文化批评的探索者

肖 保 姚亚峰①

[内容提要] 陈学璞在马克思主义文艺理论的指导下,结合广西民族文艺发展状况与广西文艺理论批评研究现状,致力马克思主义文论美学的中国化与当代化推进、党的文艺方针政策的解读与践行、中国特色的文艺理论体系构建、文艺批评评价机制的强化、广西文化建设及其地方文学发展、文化产业发展与文化软实力提高等探索和研究,取得令人瞩目的理论创新成果,成为广西著名社会科学研究专家、文艺理论家。

[关键词] 陈学璞 文艺理论 文化批评 探索者

陈学璞,1944年出生,江西南昌市安义人。广西壮族自治区党校教授,广西当代著名的文艺理论家、批评家。1996年被授予广西优秀专家称号,1998年入选"广西首届中青年德艺双馨文艺家五十杰",2008年入选《广西大百科全书》"当代人物卷";享受国务院政府津贴专家、广西优秀专家。兼任中国写作学会副会长,广西写作学会名誉会长,广西中国—东盟文化研究会理事长,广西先进文化发展促进会副会长等重要职务。陈学璞辛勤耕耘、勤奋写作,发表论文250多篇,独著、主编著作18部,获省部级奖9项,其中二等奖4项。

陈学璞在多年的党校教学与科研工作中潜心研究马克思主义文艺理论和当前我国文艺发展现状,结合自身工作实践经验,在文艺理论和创作实践道路上做出了巨大贡献。他思想深刻、功底扎实、思路敏捷、学术严谨,能够提出独到的认识和观点。在《论解放和发展文艺生产力》一文中,他对当前形势下文艺发展的必要性与重要性、文艺发展规律与特征、文艺发展方式改革转换、解放与提高文艺生产力提出了具有指导性和建设性的观点,将文化生产力、艺术生产力放置于生产力与生产关系、经济基础与上层建筑、社会文化与意识形态关系中,无疑极大拓展了文艺理论研究及其当代文艺发展规律特点探索的空间,有利于推进文艺发展方式改革与转换。更为重要的是,陈学璞的马克思主义文论

① 肖保(1952—),男,原名张利群,广西师范大学文学院教育、博士生导师,研究方向为文艺理论与批评。姚亚峰(1990—),男,广西师范大学文学院文艺学专业2014级硕士研究生,研究方向为西方文艺理论。

美学研究，始终围绕马克思主义的中国化与当代化进行，始终将马克思主义理论与中国现实实践相结合，始终致力于具有当代中国特色的马克思主义文论美学理论体系构建。陈学璞以马克思主义作为理论基础与指导思想，运用于文艺理论与美学理论研究，运用于对中国文学发展及其广西地方文学发展规律特征的探讨，取得丰硕成果。《玫瑰园散步——马克思主义文艺理论与实践》一书概括了他在马克思主义文艺思想指导下所取得的文艺理论研究成果及其实践成果，呈现出理论体系与实践结合的特点，一方面能够在文艺实践总结经验基础上升华为文艺理论；另一方面能够运用文艺理论、美学理论指导文学实践；再一方面以文学批评为中介，将理论与实践紧密结合，对文艺现象、文艺创作、作家作品，特别是新人新作给予了实事求是的客观公正评价，对文艺理论建设和文艺发展产生积极推进作用，成为马克思主义理论、文艺理论、美学理论、文艺批评研究的重要著作。

陈学璞作为党校教授，长期在党校工作的教学科研实践的经验总结和理论认识，使他成为一名优秀的文艺理论家及文化教育工作者。他遵循党校教育教学规律特点，结合党校工作实际，出版发表了一系列著作与论文。他在《党校要有马克思主义文艺理论的教育》一文中认为：党校必须加强马克思主义理论教育，在此基础上，一方面需要以马克思主义文论美学思想指导文艺理论研究，培养党校学员以及各级领导干部的文艺理论、美学理论素质；另一方面需要遵循党的文艺方针、方向、政策加强文艺理论建设及其文学批评，提高对党领导文艺工作认识的自觉性。他编写《第三代领导集体丰富和发展邓小平理论干部读本》《干部写作教程》等著作教材，对于党员干部思想修养、政治素质、专业知识、写作能力的培养与提升大有裨益，特别在当前形势下，对于我国党校教育教学实践和改革具有重要意义。

陈学璞在文学研究及文学批评领域卓有成就，针对广西地方文学现象进行深入研究，通过作家研究与作品评论，阐发“文学桂军崛起”的价值意义，提出广西当代文学应该立足本土、走向全国、面向世界的发展方向。

一、“艺术生产”论及其文艺生产力的理论实践探索

文学活动作为人类社会实践活动的精神创造方式，当进入现代大工业生产及其市场经济社会后，文学创作方式、文学作品存在方式、文学传播方式、文学交流方式发生巨大而又深刻变化，新生出艺术生产、文艺产品、文艺商品、文艺市场、文艺流通、文艺消费、文艺再生产以及大众文艺、网络文学、新媒体艺术、数字文学等形形色色的概念与文艺现象。早在资本主义及其殖民主义发展初

期，马克思恩格斯就已预见到生产力、生产方式、经济基础变革所引起文艺发展方式变化，提出“艺术生产”概念与观念。马克思、恩格斯于1845年在《德意志意识形态》中明确将人类的生产区分为物质生产和精神生产两大类，文学艺术生产归属于精神生产。马克思《〈政治经济学批判〉导言》指出：“当艺术生产一旦作为艺术生产出现，它们就再不能以那种在世界史上划时代的、古典的形式创造出来。”①当代西方马克思主义继承发展经典马克思主义这一思想，对于艺术生产理论与实践研究，形成“艺术生产论”理论体系，丰富完善了文艺理论体系与知识结构，推动文艺理论创新发展。中国改革开放30多年来，随着市场经济体系建立及其经济社会飞速发展，推动文艺发展方式转变，艺术生产与艺术消费观念逐渐在文化体制改革、文化发展方式转变、文化生产力提高的进程中为人们所接受，“艺术生产论”被纳入文艺理论研究及其文艺理论创新发展轨道。陈学璞敏锐把握了这一时代特征及其发展趋势，致力于艺术生产论及其文艺生产力研究，取得丰硕成果。

其一，深刻理解和把握文艺生产的特征。文艺生产作为一种精神生产有着不同于物质生产的自身的特殊性和独立性，只有对这种特殊性有所把握和了解，才能更好地进一步解放和发展文艺生产力。陈学璞基于自己扎实深厚的理论修养和多年来的实践经验，在《论解放和发展文艺生产力》一文中，对文艺生产的性质和特征做了独到的概括。他认为：“文艺生产力是一种具有审美属性的精神生产力。在商品经济社会里，文艺生产也是商品生产，但又不是一般的商品生产，而是具有审美价值的特殊商品的生产。”②在现今社会中，市场经济发展在给人们带来挑战和机遇的同时，也助推了文艺的发展。经济效益与艺术价值追求之间的权衡是文艺发展需要面对的严峻问题：一方面，文艺产品面向市场经济必然要受到商品经济价值规律的牵制；另一方面，文艺产品对于审美价值和精神价值的追求又需要文艺尽量摆脱铜臭气。在文艺产品两重性的博弈中，陈学璞坚持“历史的”“美学的”观点，作为最高标准以检验文艺产品的质量，“更加重视产品的思想价值和审美价值”③，而不能将艺术产品完全商品化和市场化。当然，发展文艺生产力从根本上来讲需要相应的物质生产资料和社会现实条件，文艺是上层建筑领域中的一种特殊的意识形态，即审美意识形态，既具有意识形态的一般性，又具有审美特殊性。文艺作为审美意识形态，必然受制于生产力、生产方式、经济基础，必然形成文艺与经济关系相依存。从马克

① 马克思：《〈政治经济学批判〉导言》，《马克思恩格斯选集》第2卷，北京：人民出版社，1995，第28页。

② 陈学璞：《玫瑰园散步——马克思主义文艺理论与实践》，桂林：漓江出版社，1993，第4页。

③ 同上书，第4页。

思主义的辩证唯物主义与历史唯物主义世界观、方法论出发，文艺发展必须具有一定的经济基础条件，经济发展在一定程度上决定文艺发展。同时，文艺发展也在一定程度上推动和影响经济发展，形成两者相辅相成、互联互动、互利双赢的辩证关系。陈学璞在文艺与经济的双向运动过程中，更加深刻地认识到文艺作为一种独特的意识形态和特殊的精神产品，其特殊性远远超越普遍性，成为文艺产品的本质规定性与基本特征，其社会效益远远大于经济效益，或经济效益必须服从于社会效益。更为重要的是，随着文化体制改革深化发展，文艺发展方式转变与生产方式变革，文艺发展被纳入艺术生产轨道，文艺经济、文艺生产、文艺市场、文艺消费、文艺传播越来越显示出其文化软实力与经济硬实力，文化产业、艺术产业、文艺产业也越来越成为国民经济中的支柱性产业及其新型文化业态，不仅对于文艺繁荣发展产生极大推动力，而且对经济发展产生巨大影响。

其二，在文艺发展实践中发展和创新文艺生产力。当代文艺创作与文艺活动被纳入艺术生产轨道的一个重要前提，就是提高文艺创作的生产力与艺术生产的生产力。生产力是推动生产活动以及人类社会实践活动创新发展的驱动力，也是生产能力、生产水平、生产质量的重要标志，更是生产方式与生产活动最为活跃、最具活力、最具创造性要素。提高文艺生产力，一方面着眼于生产力基本要素的人的创造力、生产能力、生产水平的提高；另一方面着眼于生产力基本要素的生产工具的改革更新，即生产工具改革更新，亦即有赖于科学技术发展、生产媒介与传播媒介发展、现代生产技术发展所形成先进生产力。因此，陈学璞非常关注文艺创作队伍的人才培养问题，他通过对写作规律及其文学创作规律的探索、对作家作品的文学批评、对文艺创作经验总结与理论等措施，旨在提高文艺创作队伍人才培养水平，由此提高文艺生产力。陈学璞更为关注文坛网络文学、新媒体艺术、大众文艺、数字媒介发展，以及新兴文艺形态、文艺现象发展，旨在从工具技术改革、科学技术革新、现代媒介发展角度提高文艺生产力。当然，更为重要的是基于改革开放、解放思想以转变和更新文艺观及其文艺发展方式，提高生产力必须首先在于解放生产力，发掘生产潜力，提高生产的创新能力。

其三，文化体制改革是提高文艺生产力的重要途径。陈学璞深刻理解邓小平在南方谈话中对于“革命是解放生产力，改革也是解放生产力”的论断，他认为根据目前我国文艺发展情况来看，应当调整好文艺生产力与生产关系、经济基础与上层建筑关系，必须着眼于解决不适应生产力发展、不适应经济基础建设的文化制度、体制、机制等方面存在的问题。针对在计划经济时代形成的文艺管理体制和文艺形态体制不适应市场经济发展、不适应改革开放潮流、不适应人民群众日益增长的文化需求等问题，陈学璞提出了一系列的文化体制改革思路与措施。他认为要改革计划经济时代的文艺管理体制和文艺形态体制，必须立足于市场经济与改革开放精神建立充满生机和活力的文化事业与文化产业并行发展机制，通过实行“双轨制”和“两条腿走路”来改革文化体制，推动文化发展方式的转变，以解放生产力、发展生产力、创新生产力。他针对文化体制改革提出切实可行的具体措施：“在全社会改革大潮的冲击下，文艺体制改革（包括人事制度、工资制度、社会保障制度、管理制度等的改革）是大势所趋，人心所向”①；对于文艺体制改革，他提出必须坚持党的文艺方针方向，在《“二为”——文艺坚定不移的方向》一文中，他强调一定要坚持党的“一个中心两个基本点”的基本路线，坚持“二为”方向、“双百”方针，要相信“文艺为经济建设和改革开放服务，与‘二为’是一致的”②；对于文艺管理方式，陈学璞看到了文艺管理手段单一化、简单化、行政化的问题，认为过度依赖行政管理手段方式来管理文艺工作，存在过度集中、高度集权、领导意志、行政命令、干预创作等弊端，也导致文艺工作者积极性下降、创作热情衰落、文艺生产力不高等消极影响。他提出可以通过文化体制改革以加强市场经济机制活力，深化改革开放进程；采取一定的经济手段、法律手段、舆论手段弥补行政手段缺陷的不足；建立文艺创作签约制度、加强文艺评价机制、加大文艺评奖机制、提供文艺制度及其文艺政策保障机制；完善文艺市场经济机制、文艺传播机制、文艺消费机制等措施，以深化文化体制改革，推动文艺大发展大繁荣。

其四，运用艺术生产理论解决当前文艺发展实践问题。陈学璞以敏锐眼光和独到判断力，不断地运用艺术生产理论解决当前文艺发展实践问题，特别是艺术生产实践中遇到的问题。在《论转型时期文艺发展的长远指向和阶段性目标》一文中，他从制订文艺发展规划的长远目标定位及其阶段性目标确立等方面进行具体分析和阐述，提出“文艺发展阶段性目标要务实”“建立阶段性文艺发展目标责任制”“对落实阶段性目标的监督检查”等思路措施，为转型时期的文艺发展目标提出了具有远见卓识的见解。对于社会主义初级阶段的文艺发展现状，他在《社会主义初级阶段文艺的多层次构式初探》一文中，从构式形态到成因，再到运行机制，都做出了细致的分析和指导。这篇文章思维严谨，逻辑缜密，视野宽阔，特别是从审美群体多层次文化结构和艺术创作主体内在不同素质等方面进行文艺多层次构式成因的分析，鲜明深刻地表现出了现今社会主义初级阶段文艺多层次形态的规律性和阶段性。同时，他还进一步提出通过

① 陈学璞：《广西当代文艺理论家丛书·陈学璞卷》，南宁：广西人民出版社，2012，第49页。

② 陈学璞：《玫瑰园散步——马克思主义文艺理论与实践》，桂林：漓江出版社，1993，第29页。

"协同机制、功能机制和演进机制"来协调各层次关系,才能形成文艺发展的整体性与系统性。正如吴毅评价道:"应当说,陈学璞对于文艺生存的基础、内外部条件的分析以及多层次文艺构成的设想是符合实际的"①。总之,陈学璞将马克思主义艺术生产论与中国当前的文艺现状相结合,创造性地发展了具有中国特色的文艺生产理论,对于当前文艺发展及其文艺理论建设具有重要的价值意义。

二、坚持党对文艺工作领导的基本原则

解放和发展文艺生产力关键在于坚持党对文艺工作的领导,坚持党的"双白"方针、"二为"方向,才能确立文艺生产力的性质特征,确立先进文化发展方向及其文艺发展的核心价值取向。陈学璞指出:"坚持党对文艺的领导,这是中国共产党的无产阶级先锋队性质决定的"②,由此决定中国当代社会主义文艺性质特征。陈学璞以毛泽东《在延安文艺座谈会上的讲话》中强调无产阶级的文学艺术是无产阶级事业的一部分,印证社会主义文艺是社会主义建设不可分割的组成部分。从延安文艺到新中国建立时期的文艺发展,从新时期文艺的拨乱反正与正本清源到跨入新世纪文学的改革开放与思想解放,党对文艺工作领导着眼于文艺方针、方向、路线、政策的指导与引导,不仅保证文艺健康有序发展,而且提供文艺发展的制度、体制、机制、政策保障。21世纪以来,文艺工作在党和国家工作全局中具有十分重要的地位,文艺也在建设社会主义文化强国、实现中华民族的伟大复兴、提高国家文化软实力、推动文化体制改革及其文化发展方式转变等国家战略中发挥重要作用。陈学璞作为党校教授、党员干部、文艺理论专家,非常清楚地认识到自己身上的责任与义务,非常明白坚持党对文艺工作的领导,坚持党的"双百"方针、"二为"方向,对于文艺发展及其文艺理论建设的必要性和重要性。多年来,陈学璞的文艺理论研究遵循这一原则,将马克思主义理论、党的文艺方针政策、文艺研究与文艺理论研究指导思想始终贯穿落实在自己的研究中。

其一,马克思主义文艺理论的"灯塔"引航。马克思主义的辩证唯物主义与历史唯物主义世界观和方法论,不仅是科学世界观与方法论,而且具有鲜明的核心价值取向。马克思主义文艺理论不仅是极其宝贵的文化遗产,而且也是当代文艺理论研究的理论基础与指导思想。陈学璞结合多年来在党校工作与教

① 吴毅:《来自创作实践的理论概括和升华—陈学璞文艺评论作品特色探析》,《广西师范学院学报》,1994年第4期。

② 陈学璞:《玫瑰园散步——马克思主义文艺理论与实践》,桂林:漓江出版社,1993,第31页。

学经验，加强对党员干部的马克思主义文艺理论教育，提高学员对党领导文艺工作的认识，提高学习运用马克思主义文艺理论解决文艺发展问题的自觉性。陈学璞在《党校要有马克思主义文艺理论的教育》一文中，对马克思主义文艺理论产生和发展、文艺理论与文艺实践关系、马克思文艺理论教育的重要性、党校文艺理论课程教学任务等进行理论联系实际的阐释分析，他认为当前负责思想政治工作和宣传文化部门工作的领导同志一定要掌握一些马克思主义文艺理论知识，具备文艺理论、美学理论素养，提高运用文艺理论解决文艺发展问题的能力。陈学璞认为："要具备较高的马克思主义文艺理论水平，了解文艺创作的一般规律"①，才能有效进行文艺管理工作与文艺批评工作，推动文艺健康有序发展。陈学璞还相继发表《联系实际学习马克思主义基本理论》《理直气壮地宣传马克思主义》《略论马克思主义价值观》《毛泽东思想探源——毛泽东与传统文化》《毛泽东思想产生的中国根源》等论文。

其二，党领导文艺工作以确立文艺发展方向。党领导文艺工作，实际上就是确立文艺航船的"舵手"地位，通过把握航向以正确引导文艺发展方向。陈学璞认为，党领导文艺工作，旨在解决文艺"坚持什么""选择哪条路"和"怎么走"等重大问题，"研究党领导文艺的科学方法，是改善党对文艺领导的不容忽视的工作"②。作为文艺理论研究者，不仅需要进一步坚持与落实这一原则，而且需要"研究党领导文艺的科学方法""改善党对文艺领导"。他提出要坚持文艺的党性原则和政治领导原则。坚持党性原则，体现在文艺建设要紧密联系党的"一个中心两个基本点"的基本路线、坚持文艺"为人民服务，为社会主义服务"方向，坚持文艺"百花齐放、百家争鸣"方针，坚持"尊重知识，尊重人才，培养一大批优秀的科学家、教育家、文学艺术家和其他各种专家"③。同时，坚持党领导文艺工作，必须充分尊重文艺发展规律及其特殊性，真正理解列宁所说的"自由的文学"的意义。陈学璞认识到：文艺创作是一种具有主体性、能动性与独创性的个体精神劳动，这个过程充满作家个体的独立思考、想象、创造精神，因此必须充分保证和尊重个人的兴趣爱好和独创性，努力营造自由和民主的学术创作氛围。在处理艺术民主这个问题上，陈学璞透视当代社会发展中的一些新思想和新思潮，强调文化传统与时代精神关系、主旋律与多样化关系、民族性与世界性关系，他认为不仅要传承弘扬中华民族上下五千年的文化传统，而且也要传承发展中华五十六个民族的文化传统；不仅需要古为今用、推陈出新，而且需

① 陈学璞：《玫瑰园散步——马克思主义文艺理论与实践》，桂林：漓江出版社，1993，第16页。

② 同上书，第31页。

③ 陈学璞：《第三代领导集体丰富和发展邓小平理论干部读本》，南宁：广西人民出版社，2001，第174页。

要他山之石可以攻玉，善于借鉴吸收外国的优秀文化艺术，经过消化为我所用，由此达到文化交流、古今中外文学会通、形成世界文学发展之势的目的。陈学璞还相继发表《党领导文艺的科学方法》《“二为”：文艺坚定不移的方向》《增强文艺批评的导向作用》《党怎样代表先进文化的前进方向》《文艺工作者的社会职责》《充分发挥哲学社会科学的作用》《党的创新理论的最新成果》《增强感召力和渗透力》等一系列论文。

其三，坚持理论与实践统一的原则。陈学璞在其文艺理论研究中，始终坚持理论与实践、知识与应用、批评与创作结合的原则，真正做到学以致用、知行统一。他运用马克思主义文艺理论、毛泽东文艺思想、邓小平南方谈话，旨在丰富完善具有中国特色的文艺理论体系。他基于市场经济发展与时代需要，深化改革开放，坚持创新发展，提出解放和发展文艺生产力，从理论与实践结合上丰富了文艺理论体系。《玫瑰园散步——马克思主义文艺理论与实践》《时代与艺术的召唤》等文艺理论批评著作，集中体现出他坚持理论与实践统一原则所取得研究成果与成效。为了更好体现学以致用、知行统一的精神，他主编《第三代领导集体丰富和发展邓小平理论干部读本》《干部写作教程》等著作，将理论应用实践的途径措施更加具体化，落实到思想素质与写作能力提高上。作为中国写作学会副会长、广西写作学会名誉会长，他通过写作思想素质提高、写作技巧训练、写作能力培养等旨在建立理论运用于实践、知识转化为能力的桥梁，在建构写作理论体系的基础上，更为注重写作的实践性品格与可操作性成效。他提出“学理论，打基础；知文体，相渗透；重应用，见成效”①的写作训练要求，从“写什么”“为什么写”“怎样写”的多维一体构成视角创新发展写作理论与技巧技能。对于提高写作水平而言，他更为提倡写作主体思想素质与认识水平的提高，由此将写作行为及过程纳入马克思主义理论修养、文艺理论修养、美学理论修养、社会知识修养的大框架来认识。也就是说，写作不仅仅是掌握技巧方法问题，而且在于思想素质、理论修养、认识水平。因此，写作水平的提高关键在于不断提高理论水平与实践能力。

三、致力广西文化建设的文化研究及文艺批评

广西具有沿边、沿海、沿江的区位优势与少数民族自治区的民族特色，形成历史悠久、传统深厚、形态多样、特色鲜明的地方文化与民族文化。陈学璞长期以来致力于广西地方文化及其民族文化研究，致力于广西当代文学研究及其本

① 陈学璞：《干部写作教程》，南宁：广西教育出版社，1988，第1页。

土作家作品评论,取得丰硕成果与成效。

其一,彰显地方文化及其民族文化特色优势。陈学璞对广西文化研究着眼于当代文化建设,通过对广西历史文化资源与历代文献资料的发掘、整理、利用,以达到创造性转化与创新性发展目的;通过对广西非物质文化遗产保护项目研究与案例分析,以达到推动广西"民族文化强区"战略实现的目标;通过对广西文学桂军崛起的经验总结与理论升华,达到推动广西文学立足本土、走向全国、面向世界的目的;通过对广西文化产业发展的宏观分析与典型案例研究,以达到提高广西文化软实力的目的。陈学璞相继发表《战略选择:建设文化广西》《弘扬民族传统优秀文化》《京族文化的民族性海洋性特色》《论刘三姐文化现象》《刘三姐文化的形成和演变》《申遗要有新的理念新的思维新的路径》《花山文化与世界遗产和人类非物质文化遗产》等论文。

其二,基于民族性与世界性关系的实践经验与理论升华。陈学璞认为:文艺具有民族性和世界性的两重性,这两重性不仅表现在世界文学经典中,而且也表现在中华民族文学经典中。任何一部古今中外文学经典,无论是古希腊的《荷马史诗》还是中国先秦的《诗经》,也无论是西方批判现实主义经典的巴尔扎克的《高老头》还是中国古典小说巅峰的曹雪芹的《红楼梦》,都能获得全世界读者的认同和喜爱,它们不仅仅具有本民族文学经典的意义,而且也具有世界文学经典意义。陈学璞针对广西民族文学发展现状,一方面从普遍性与特殊性、世界性与民族性、典型个性与共性关系角度进行理论分析;另一方面从广西文学桂军崛起立足于本土、走向全国、面向世界的目标追求进行经验总结与实践案例分析。他认为:"世界各国的文学发展史表明,各民族文艺以自己的特色加入世界文艺的行列,并保留自身的民族特性,这不是一种缺陷,而是一种优势。"①广西民族文学发展也是如此,既需要传承发展民族文化传统,构建民族文学特色优势,依托特色优势走向全国,走向世界;又需要借鉴吸收古今中外优秀文化遗产,坚持"以我为主,为我所用"的原则,因为"吸收前人一切有益的文化是发展社会主义新文化的必要条件,这是马克思主义的一个基本原理。"②他相继发表《略论广西少数民族当代文学的民族特色》《壮族当代文学民族性探索》《文坛新桂军方阵从开步到雄壮》《如何认识文艺的民族个性与世界共性》等一系列论文,以广西文学桂军崛起的实践经验印证民族性和世界性关系,深化拓展这一命题的理论价值意义。

其三,基于广西文化体制改革与文化产业发展的文化自觉。当今世界已经

---

① 陈学璞:《广西当代文艺理论家丛书·陈学璞卷》,南宁:广西人民出版社,2012,第56页。

② 同上书,第60页。

步入文化经济时代,文化产业发展迅猛;中国经济崛起推动文化经济发展,文化产业成为国家经济支柱性产业。陈学璞指出:“文化产业是一种特殊的知识经济形态,它以文化内容为载体,借助现代高科技手段与现代产业标准,通过智能创新或文化积累,为社会公众提供文化娱乐产品或文化休闲服务产业活动”①。文化产业是一种全球化生产与消费背景下产生的新型产业形态,与现代大工业生产和现代商品社会、市场经济相联系,具有良好的发展前景,特别是对于文化和经济结合的新型产业形态发展具有重要的推动作用与现实意义。对于文化产业研究,陈学璞不仅从理论研究上确立其优先发展的合理性与学理性,而且从广西文化产业发展的实践探索中总结经验。早在 1992 年,他在《文艺报》发表《论解放和发展文艺生产力》一文,率先阐明文艺生产力内涵特征,提出面向社会主义文化市场,解放和发展文艺生产力的见解,在当时引起重大反响。在《广西当代文学的产业自觉》一文中,陈学璞认为:“我们习惯于坐‘铁交椅’、端‘铁饭碗’,在计划体制内搞‘业余创作’。推行签约作家制,是体制改革的有益尝试。广西运用这一新体式,培养了一批有潜力的作家,产生了一批好作品。但仅仅有这一招还不够,而且这种做法还是政府按计划投入,用的是纳税人的钱。况且能纳入计划中的作家人数十分有限,身份又多是‘国家干部’。而文学的产业运作,可为千千万万的有志者提供创作平台,产生大批职业创作人,其产品的‘双效益’不可估量。”除以上所列研究成果外,陈学璞还相继发表《论文艺体制改革与机制完善》《深化文化体制改革》《用科学发展观消除广西文化体制改革‘成长中的烦恼’》《进一步解放和发展文艺生产力》《文艺工作与经济建设》《艺术生产力论》《社会主义市场经济与写作生产》《社会主义市场经济与文化建设》《文化与经济协调发展》《文化建设与经济建设的统一体》《文化产业与民族文化互动发展》《文化市场研究的几个基本问题》《广西文化产业的理念梳理与品牌打造》《试论广西北部湾经济区企业文化建设》《广西文艺性文化产业的兴起与发展》等一系列论文,不仅推动广西文化产业研究的兴起,而且也推动广西文化产业发展。

综上所述,陈学璞在马克思主义文艺理论的指导下,结合广西民族文艺发展状况与广西文艺理论批评研究现状,致力于马克思主义文论美学的中国化与当代化推进、党的文艺方针政策的解读与践行、中国特色的文艺理论体系构建、文艺批评评价机制的强化、广西文化建设及其地方文学发展、文化产业发展与文化软实力提高等探索和研究,取得令人瞩目的理论创新成果,成为广西著名社会科学研究专家、文艺理论家。

---

① 覃振锋:《广西文化产业发展论》,南宁:广西人民出版社,2010,第 3 页。

潘琦:广西当代文艺桂军的引领者

肖 保 杨素玲①

[内容提要] 作为一个领导型的文艺理论批评家,潘琦把握住广西文艺发展的关键机遇,调动广西文艺家的积极性,推动文艺桂军的崛起,为20世纪90年代以来广西文艺的跨越式发展发挥强有力的推动作用。

[关键词] 潘琦 文艺桂军 引领者

潘琦,1944年出生,广西罗城人,仫佬族。曾任广西壮族自治区党委常委、宣传部部长,副书记,广西壮族自治区人大常委会副主任、党组副书记,广西文联主席等职;兼任中国作协全国委员会委员、中国少数民族作家学会副会长、广西桂学研究会会长等职。潘琦在繁忙的政务之余,仍然笔耕不辍,勤奋写作,是一个多产作家,也是一个领导型的文艺理论批评家。他著有《潘琦文集》九卷,理论专著《大潮中的思考》《红土地上的探索》《没有硝烟的战场》《艺苑探笔》《风格就是人品》,以及《广西当代文艺理论家丛书·潘琦卷》等;其作品获得全国少数民族文学创作"骏马奖"、中宣部"五个一工程奖"、中国音乐"金钟奖"等。

蓝怀昌主编《世纪的跨越——广西文学艺术十三年现象研究》对潘琦做了如下评价:"作为一个担任高级领导职务的作家,潘琦一个很重要的贡献就是以其高屋建瓴的文化眼光和以人为本的领导艺术把握了广西文艺发展的关键机遇,调动了广西文艺家的积极性,为20世纪90年代以来广西文艺的跨越式发展做出了强有力的推动作用。"②潘琦在文艺工作领导和文艺理论批评两个方面成绩斐然,为广西文化建设及文学发展做出贡献。

---

① 肖保(1952—),男,原名张利群,广西师范大学文学院教授,博士生导师,研究方向为文艺理论与批评。杨素玲,女,广西师范大学文学院文艺学专业2014级硕士研究生,研究方向为文学批评学。

② 蓝怀昌主编:《世纪的跨越——广西文学艺术十三年研究(上)》,南宁:广西人民出版社,2007,第53—54页。

一、广西文化建设与文学发展的领导者和策划者

潘琦是一个从基层干部走上领导岗位、从基层领导逐步成为省级领导的学者型领导干部，也是一个作家型领导干部。当他走上广西壮族自治区党委常委、宣传部部长岗位直至担任自治区党委副书记职务时，不仅仍然保持一个普通作家身份，而且成为文艺工作领导者，担负领导广西文艺发展的重要职责。作为文艺工作领导者，他的作家身份及其创作成就，足以使他熟谙文艺创作规律与文艺发展规律，可谓是内行领导者、专家型领导者；作为领导者，他具备更为雄厚的理论基础与知识结构，具备更为宽阔的视野与高瞻远瞩的眼光，可谓名副其实的广西文艺领军人物，对广西文艺发展起到举足轻重的作用。

其一，坚持党对文艺工作领导地位，确立社会主义文艺发展方向。党对文艺工作领导，一方面表现为党和国家在文艺发展方向、方针、道路的领导，提供文艺制度、体制、机制、政策保障；另一方面是对文联及其各文艺协会组织的领导，以加强党的领导与文艺工作及其文艺工作者联系；再一方面是以马克思主义作为理论基础与指导思想，也提供文艺发展的思想保障与理论保障。除此之外，潘琦更是以作家身份、文艺理论家身份，通过马克思主义文艺思想、毛泽东文艺思想、邓小平文艺思想的学习和研究，体现党对文艺工作领导的精神实质与理论根据所在。潘琦发表《邓小平文艺思想学习心得》《坚持马克思主义，积极推进文化建设——学习江泽民同志关于“三个代表”的重要论述》《坚持毛泽东文艺思想，发展社会主义先进文化——纪念〈在延安文艺座谈会上的讲话〉发表60周年》等论文，旨在将马克思主义指导思想落实在文艺工作与文艺发展上，由此才能更好落实党对文艺工作的领导，落实党的文艺“二为”方向“双百”方针，落实社会主义文艺发展的核心价值取向。就这一角度而言，这是将马克思主义理论与中国实际相结合、马克思主义文艺理论与中国当代文艺发展实际相结合，旨在推动马克思主义中国化、当代化，构建具有中国特色的社会主义文艺及其文艺理论体系，确立文艺发展的正确方向。潘琦指出：“这些年社会上的一些混乱现象，根源在于思想上的混乱；而思想上的混乱，根源则在于理论上的混乱。……相当一个时期，马克思主义声音明显减弱，而西方这个主义那个主义却有先声夺人之势。这是很值得深思的。为了不使过去的一幕在文艺界重演，扎扎实实地以马克思主义、毛泽东思想武装文艺工作者的头脑，坚持和发展马克思主义的文艺批评，显得格外重要。”①由此可见，潘琦作为广西文艺工作领导者，他更多思考的是，如何将坚持党对文艺工作领导落实在实处，一方面落

① 潘琦：《邓小平文艺思想学习心得》，《广西当代文艺理论家丛书·潘琦卷》，南宁：广西人民出版社，2012，第242页。

实在坚持马克思主义文艺理论批评的指导思想地位；另一方面落实在坚持毛泽东文艺思想、邓小平文艺思想，将马克思主义理论与中国实际相结合，推动中国特色的文艺理论思想体系构建；再一方面落实在文艺方针贯彻执行与文艺发展方向坚持上，自觉抵制错误思潮与不良风气，统一思想，提高认识，准确把握中国文艺发展的目标方向。针对文联及其各文艺家协会组织团体工作的目标方针，潘琦非常重视文联在文学艺术事业发展中的作用，强调文联工作必须面对改革开放的不断深入，面对新形势的发展要求，将党对文艺工作领导具体落实在实际工作与文艺活动中。潘琦提出，文联及广大文艺工作者要在贯彻党的基本精神上起到模范带头作用，要在党和政府与文艺工作者之间发挥桥梁和纽带作用，要在文学艺术工作者之间发挥团结和联谊作用，要在文艺单位和社会各界之间发挥协调作用，要在培养文学、艺术人才方面起着苗圃和园丁的作用。[①]潘琦在《共同书写文学艺术新篇章》中将文联“具体的工作概括为‘五句话二十个字’，即搞好引导、努力服务、强化组联、积极协调、抓好队伍。”[②]在《托起广西文艺的新辉煌》一文中，简要概括为“创”“立”“文”“联”“人”。[③] 同时，潘琦指出，必须加强文联和各文艺家协会的自身建设，必须加强学习，加强对事关广西文艺发展全局性、前瞻性问题的研究，建立健全各种制度，加强文联机关干部队伍建设。[④] 加强和改善党对文艺工作的思想政治领导，是推进文化建设和文艺事业蓬勃发展的必要保证。

其二，策划组织广西文艺重大活动，推动文艺桂军崛起。潘琦作为广西文艺事业的领导者、策划者，基于对广西文艺发展的形势和特点的认识，对广西各艺术门类发展进行了战略设计、战役策划、总体安排、精心布局，将顶层设计的宏观视野与脚踏实地的不懈努力结合起来，开拓创新广西文艺发展的新观念、新思路、新措施、新路子。1996 年，在潘琦组织、主持下召开的“花山文艺座谈会”，吹响广西文艺队伍集结号，开始了广西文艺发展历程上最大规模的“三大战略”“五大战役”“213 工程”实施行动，推动广西文艺桂军崛起。潘琦在《实施三大战略，繁荣八桂文学》中指出：“繁荣我区的文学创作，必须努力实施三大战略。一是以人才为本，实施人才培养战略；二是以精品为中心，实施精品战略；三是以开发文化资源为基础，实施文艺可持续发展。”[⑤]事在人为，业靠人兴。为了实施培养跨世纪文艺人才的需要，广西文艺界实施“213 工程”，即到 21 世

---

① 潘琦：《风格就是人品》，北京：中国大百科全书出版社，2003，第 5—8 页。
② 潘琦：《广西当代文艺理论家丛书 · 潘琦卷》，南宁：广西人民出版社，2012，第 290 页。
③ 潘琦：《艺苑探笔》，南宁：广西教育出版社，2001，第 286 页
④ 潘琦：《广西当代文艺理论家丛书 · 潘琦卷》，南宁：广西人民出版社，2012，第 290 页。
⑤ 同上书，第 204—205 页。

纪初培养20名在全国有影响力的作家、艺术家,100名在全区有影响的作家、艺术家,3000名在市、县有影响的作家、艺术家。1997年,广西在全国率先建立作家签约制,引入改革创新机制与市场经济机制,对作家创作提供制度、政策以及经济、环境、条件的保障,大大激发作家创作热情,取得令人瞩目的创作成就。潘琦针对广西戏剧发展及其"戏剧强省工程",提出"把握方向、以人为本;发挥优势、群体攻关;力创精品、夺奖定位;开拓市场、讲求效益"的具体目标与措施策略,认为在战略和策略上要讲政治,唱响主旋律;要认真搞好规划,健全规范化的工作制度;组织精兵强将,打好攻坚战、持久战、进攻战、总体战;占领市场,以优质、健康、向上的戏剧作品占领城乡的舞台;努力营造戏剧发展的良好环境。① 针对广西音乐舞蹈事业发展,他提出"科学规划,精心组织;精益求精,提高质量;重视规律,重视人才;建立基地,夯实后劲"的目标与措施;针对广西广播事业发展,他认为要处理好"八大关系":解放思想与统一思想的关系、改进新闻报道和加强新闻管理的关系、广播影视业改革与发展的关系、事业与产业的关系、局部利益和整体利益的关系、新闻宣传与精品生产的关系、传统传媒与网络宣传的关系,培养现代化人才与人才现代化的关系。② 创办广播电视精品节目、栏目,坚持"稳、准、新、特、实"五个基本原则。③ 针对广西影视发展,他提出抓好重大革命历史题材创作,"策划到位,选准题材;剧本到位,严格把关;队伍到位,精心摄制;领导到位,增加投入"④。针对广西美术事业发展,他提出重点打造"漓江画派"美术品牌,着手于"抓理论、抓队伍、抓创作、抓协调、抓投入"⑤。针对广西新闻出版发展,潘琦在《深化改革,加快发展,再创出版业辉煌》中指出新时期出版业的特点与面临的挑战,提出了出版业改革与发展的思路,强调"当前出版业的主要任务是精心组织,多出精品"⑥等。潘琦为此相继发表《努力创作出不愧于时代的文艺精品》《当前文艺发展的形势与任务》《努力开拓文艺发展的新路子》《关于建立青年作家签约制》《文学桂军崛起与发展》《切实加强青年作家艺术家的培养》《大石山里崛起的作家群》《造就新世纪文学的新桂军》《实施"戏剧强省工程" 振兴广西戏剧事业》《谈电视剧创作与生产》《认清形势 强化措施 振兴音乐舞蹈艺术》《关于广西音乐创作的思考》《论"漓江画派"的形成与发展》《"八桂书风"初探》等论文,既有对广西文艺战

① 潘琦:《广西当代文艺理论家丛书·潘琦卷》,南宁:广西人民出版社,2012,第118—121页。
② 同上书,第283—289页。
③ 潘琦:《笔耕录》(第2卷),南宁:广西人民出版社,2006,第727页。
④ 潘琦:《艺苑探笔》,南宁:广西教育出版社,2001,第144—147页。
⑤ 潘琦:《广西当代文艺理论家丛书·潘琦卷》,南宁:广西人民出版社,2012,第155页。
⑥ 潘琦:《艺苑探笔》,南宁:广西教育出版社,2001,第192—196页。

略发展的宏观研究,又有对广西各文艺类型发展的专门研究。

其三,以文艺评论作为文学评价机制,推动广西文艺健康良性发展。潘琦既是作家,也是文艺理论批评家。潘琦的文艺理论研究除马克思主义文艺思想、毛泽东文艺思想、邓小平文艺思想研究外,主要还是当代文艺理论研究。其文艺理论研究并非学院派式的纯理论研究,更非西方当代文艺理论研究,而是在继承发展中国文学传统及其文学理论传统基础上的面对当下文学实践的文学理论研究,主要体现在文艺评论上。正如罗杰·法约尔指出:“一部新的作品继成千上万的任凭读者选择的作品之后问世,评论家的任务在于为它确定最合适的位置。”①潘琦深知文艺评论作为文学评价机制对文学发展的推动作用,他在《搞好文艺评论,促进文艺繁荣》中提出了文学批评的性质特征与作用目标。潘琦认为,文学评论是一项政治性、政策性、理论性很强的工作,因此作为评论家,既要有雄厚的理论功底,又要掌握党的方针政策;既要有较高的艺术造诣,又要有较强的艺术政治鉴别力和政治敏锐性;既要敢于评论,又要善于评论。”并指出:“创作和批评的目的都是为了繁荣文艺,出精品,出人才。② 在《面向21世纪的广西民族文学》一文中,潘琦高度赞扬青年评论家张燕玲主编的大型文艺理论刊物《南方文坛》在开辟南方批评阵地、培养青年批评家人才、推出文艺评论精品力作、推动广西文学发展中的重要作用。为此,潘琦组织策划并主编“广西当代文艺理论家丛书”(第一辑),精选广西当代老中青文艺理论批评家20名,每人一卷,集中展示广西当代文艺理论批评家代表性人物成果及其理论桂军风采,为广西文艺理论发展及其研究经验总结提供基础与资料。更为重要的是,潘琦作为广西文艺界领导者,作为文学桂军领军人物,作为文艺理论批评家,身体力行撰写文艺评论文章,既满腔热情地评价作家作品的优点,又实事求是地批评作家作品的缺点与不足,成为作家艺术家的良师益友。这在其文艺评论集《风格就是人品》以及《广西当代文艺理论家丛书·潘琦卷》中略见一斑。

二、广西地域文化研究领域的新拓展

潘琦作为广西文化建设及其主管文化工作的领导者,亲自参与与组织制定广西文化发展战略规划与措施,亲身经历“文化广西”及其“民族文化强区”战略实施过程。一方面,作为少数民族作家,潘琦非常明确意识到广西文学的民族特色以及广西民族文学发展根本在于所植根的于民族文化土壤,关键在于文学所蕴含丰富深厚的民族文化底蕴与文化内涵。由此,文学发展必然依赖于文

① [法]罗杰·法约尔:《法国文学批评史》,序言,怀宇译,成都:四川文艺出版社,1992。
② 潘琦:《风格就是人品》,北京:中国大百科全书出版社,2003,第52—53页。

化建设，依赖于民族文化传统传承与创新，依赖于文化大发展大繁荣。另一方面，基于广西所处沿边、沿海、沿江的区位优势与民族地区文化特色，对于经济欠发达、后发展的广西而言，推动广西区域经济发展，必须以区域文化发展作为支撑点，找准经济与文化结合的契合点与突破口，提高文化经济实力及其文化软实力。潘琦在多次讲话中指出，文化和经济是一个地方腾飞的“车之两轮、鸟之两翼”。在《关于区域文化研究的思考》一文中，潘琦对区域文化的内涵作了界定：区域文化是一门研究人类文化空间组合的地理人文学科，在某种意义上类同于文化地理学，它们都是以广义的文化领域作为研究对象，探讨研究附加在自然景观之上的人类活动形态。① 区域文化作为中华文化的重要组成部分，区域文化研究作为中华文化研究的重要部分，潘琦认为，必须提高广西文化自觉与文化自信，认清广西区域文化研究的重要意义。首先，广西区域文化研究是延伸中华民族文化传统血脉及其血缘关系的必然要求；其次，广西区域文化研究有利于挖掘广西文化宝藏、发掘文化资源、发现文化特色；再次，广西区域文化研究有利于提供文化遗产保护和文化传统传承的理论依据与实践探索，增强广西人的文化自觉与文化自信；最后，广西区域文化研究是推动民族文化现代发展的动力机制，也是推动区域经济社会发展的助推器。

潘琦早在跨入新世纪的时空转换时期，随着文学桂军崛起的同时就组织实施广西区域文化研究工程，着手于广西区域空间分布的桂北文化区、桂中文化区、桂南文化区、桂西文化区、桂东文化区，以及基于江河湖海的流域分布的红水河文化区、左右江文化区、西江文化区、湘漓文化区、北部湾文化区进行考察与调研。潘琦主编“广西文化研究丛书”，包括《桂北文化研究》《红水河文化研究》《环北部湾文化研究》《西江文化研究》《刘三姐其文化研究》《花山文化研究》等，为广西区域文化建设提供资源材料与理论支撑。潘琦指出，广西区域文化研究必须拓宽视野，创新观念，开阔思路，讲究方法，必须体现开放性、兼容性、包容性特征，必须具体落实可操作性的每一个步骤。潘琦提出：有计划地组织专家学者实地考察和研究，掌握第一手材料；基于资源材料的分析论证，形成广西区域文化研究的理论体系；点面结合要突出重点（重要人物、事件、项目、文化现象）；开发优质文化资源，分门别类打造广西文化品牌；调动现代传媒及其各方面积极性，扩展广西文化知名度及其影响力与传播力；推动文化研究成果转化为社会实践应用成果，提高文化软实力及其对区域经济社会发展的推动力。

潘琦不仅是广西区域文化建设及其研究的领导者与组织者，而且也身体力

---

① 潘琦：《广西当代文艺理论家丛书·潘琦卷》，南宁：广西人民出版社，2012，第3页。

行地参与广西区域文化研究。他相继发表《关于区域文化研究的思考》《研究区域文化 开发文化资源》《切实加强新形势下的文化建设》《要加强红水河文化研究》《搞好桂北文化研究，服务桂北经济发展》《桂北文化考察报告》《关于环北部湾文化的思考》《西江文化初探》《加强文化研究 保护文化品牌》《办好花山论坛 打造花山品牌》等论文。其中，潘琦通过研究广西水域文化得出，湘漓文化是秦始皇开凿灵渠沟通湘江与漓江，以打通长江水系与珠江水系的结果，这推动了岭南文化与中原文化交流融合，融汉文化与少数民族文化、广西各民族文化、山地文化与水域文化、本土文化与外来文化为一体，由此形成广西区域文化开放性、兼容性、包容性特征。西江文化是汇集红水河流域、左右江流域、漓江桂江流域的广西境内最大规模水域，主流发源于云贵高原，是西南地区各少数民族聚居地，也是壮族及其他少数民族发源地。西江自梧州流入广东成为珠江主流，最终流向海洋。由此可见，西江文化不仅沟通广西境内江河湖海，而且跨地域连接广西邻省水域，甚至跨境水域；西江连通海洋，无论是北部湾海域还是南海海域，均意味着无论是古代海上丝绸之路还是21世纪海上丝绸之路，西江水域所处地位及其价值作用显而易见。因此，西江文化研究进一步印证广西区域文化的开放性、兼容性、包容性特征，以进一步提供广西区域经济社会建设与发展的文化支持与理论支撑。

三、从区域文化研究兴起到推动桂学研究崛起

潘琦不愧是一位勇于改革创新、善于思考问题、不懈追求突破超越的理论创新者与实践探索者。他立足于广西实际，着眼于改革开放与创新发展实现其文学研究-文化研究-桂学研究的三级跳。2009年，时任广西文联主席的潘琦率先倡导桂学研究，亮出了广西地方学“桂学”的旗号。同年4月15日，潘琦在桂林雁山园组织、主持首次桂学研究座谈会，几十名来自高校、科研院所、新闻出版单位的专家学者聚集一堂，围绕“桂学”进行主题研讨。潘琦在座谈会上发表《关于桂学研究若干问题的思考》，认为“桂学”所指“以广西社会、经济、文化、艺术、科技、工艺等为研究对象，具有岭南特色的一种理念、理论、学说的总和。桂学是一个地域性的广义文化概念，是一种能正确与合理地呈现社会、历史文化和现实、现代文化的系统知识的学问、学理和学说，是广西文化的名片。”①对于桂学研究范围，潘琦提出“空间应以历史上广西领域和现代辖区为范围，时间应从宋代广西之名的正式确立至今”②，并对“桂学”概念、定义、性

① 潘琦：《桂学序论》，序，桂林：广西师范大学出版社，2010，第3页。
② 同上书，第7页。

质、特征、内涵、外延、研究对象范围等问题进行探讨，对桂学研究历史、发展、现状、趋向、价值、意义做出独到缜密的分析。继而，广西学界兴起“桂学”大讨论热潮，在《广西师范大学学报》《广西民族大学学报》《学术论坛》《广西教育学院学报》开辟桂学研究专栏展开讨论，见仁见智，各抒己见，发表论文上百篇，推动了桂学研究深入发展。之后，2009 年成立广西桂学研究会，潘琦当选会长，由此有组织、有领导、有计划地展开桂学研究各项工作，短短几年就取得令人瞩目的成绩。潘琦策划、组织“桂学文库”大型丛书，出版《桂学文库·广西历代文献集成》共 15 种 53 册影印本，出版潘琦主编《桂学序论》等 20 多种桂学研究著作；成立广西桂学研究会各专门研究委员会，遴选确定 40 多项研究项目；创办《桂学》年刊、《桂学研究信息》、桂学研究网站；在广西师范大学、梧州学院、广西教育学院等高校建立桂学研究基地；前往湖南、安徽、云南、贵州、四川、重庆等地考察调研各省地方学研究状况，在广西区内着重湘漓文化、西江文化、北部湾文化、左右江文化考察调研；召开各种专题研讨会，出版会议论文集；潘琦主编《广西文化符号》出版后，策划拍摄 20 集电视纪实片《桂学故事——话说广西文化符号》以及动漫片，等等。作为广西桂学研究会会长，潘琦在其中的组织领导作用与贡献功不可没。

对于桂学研究，潘琦认为，以往广西学界所作广西地方史志研究、地方文学艺术研究、历史文化研究、民族文化研究、民间文化研究、民俗文化研究等取得重大成绩。尤其是基于文化地理空间场域的区域文化研究，包括桂北文化研究、红水河文化研究、西江文化研究、北部湾文化研究、漓湘文化研究等，虽然取得了丰硕成果，然而并没有形成地方学研究体系，依然处于“散装”的状态，“好东西需要‘包装’、整合才有竞争力。我们打造、确立桂学的目的就是整合文化资源、保护文化遗产、创新文化理论、打造文化品牌、提高文化竞争力，促进广西文化的发展，实现广西文化的大发展大繁荣”①。也就是说，桂学旨在通过资源整合、资源优化、资源重组，建构具有广西特色的地方学研究体系，一方面加强地方学研究的学术性、学理性、学科性与跨学科综合性；另一方面加强地方学研究的应用性、实践性、对策性，使其研究成果能够转化为社会实践应用效益，为地方经济社会发展服务。针对区域文化研究，潘琦强调必须凸显特色与优势。他在《搞好桂北文化研究 服务桂北经济发展》中论述了桂北文化的性质内涵，指出其文化交流交融的“杂交”特点与优势；在《研究区域文化 开发文化资源》中归纳出红水河流域文化区域性、民族性、继承性、复合性、历史性等特征；在《关于环北部湾文化的思考》中指出环北部湾文化体现融合性、开放性、进取性、

---

① 潘琦：《桂学序论》，序，桂林：广西师范大学出版社，2010，第 6 页。

多样性和差异性等特征；在《西江文化初探》中认为，古代骆越族群及苍梧方国是西江文化的缔造者。

对桂学精神及广西精神的探讨，潘琦着眼于“学”与“人”的关系，既表现为一方水土养一方人，又表现为一方人创造一方文化的辩证逻辑与人文精神上。他在《桂学与桂人研究刍议》中，探讨了广西历史与人文关系，由此印证桂学与桂人关系，强调桂学研究重在桂人研究，重在凸显桂学人文精神及精神文化创造精神，旨在增强广西学人的文化自觉与文化自信。潘琦认为，“桂学要把桂人研究透，以此塑造桂人形象。”①历数广西历代文化名人，汉代经学世家“三陈六士”，“三陈”指苍梧人陈钦、陈元、陈坚祖孙三代，“六士”指苍梧人士赐及其士燮、士壹、士䵋、士武及士燮之子士钦祖孙三代；唐代状元桂林人赵观文，诗人阳朔人曹邺、临桂人曹唐的“二曹”；宋代监察御史恭城人周谓，文武状元永福人王世则与李珙，三元及第状元宜州人冯京，状元富川人毛自知；明代全州人蒋冕、蒋升官至礼部尚书与户部尚书，临桂人吕调阳官至礼部尚书兼文渊阁大学士；清代画家桂林人石涛、李秉授，封疆大臣临桂人陈宏谋，三元及第状元临桂人陈继昌，状元临桂人龙启瑞、张建勋、刘福姚，“进士之家”临桂人张言家族，“父子三翰林”临桂人朱若东一家，“文学世家”朱琦家族，以及古文“岭西五大家”，诗歌“杉湖十子”，词学“临桂词派”等。近现代以来，广西涌现出冯子材、刘永福、唐景崧、岑毓英、岑春煊、马君武、雷沛鸿、梁漱溟、李宗仁、白崇禧、黄旭初、韦拔群、李天佑、韦国清等重要人物。拓展深化桂人研究领域，不仅为桂学研究夯实基础、提供资料、积累经验，而且也为桂学精神及其桂学人文传统的弘扬发展提供了启迪与借鉴。

对于桂学研究的特色优势提炼，潘琦非常强调民族性特点，认为民族文化研究是桂学研究的重要对象与内容，更为重要的是，这对广西壮族自治区党委政府实施“民族文化强区”具有重要意义。潘琦在其文学研究与文艺批评、区域文化研究、桂学研究成果中都凸显这一研究特点。对于民族文学、民族艺术研究，潘琦发表《仫佬族文学的研究与发展》《打造壮族“呢的呀”音乐品牌》《大石山里崛起的作家群——试论桂西北作家群》《面向21世纪的广西民族文学》等论文。潘琦在《仫佬族文学的研究与发展》中认为，民族文学发展一方面是基于民族文化传统传承与创新发展，另一方面是基于跨民族文化交流融合发展，无论传承创新还是交流创新，都应该坚持本民族特点，因此，“仫佬族文学随着历史的进程，时代的要求，在继承其优良部分的同时，也进行了创新，并吸收了汉族文学和其他兄弟民族文学的优秀成果，得到丰富和提高，但也始终保留了自

① 潘琦：《广西当代文艺理论家丛书·潘琦卷》，南宁：广西人民出版社，2012，第300页。

己民族文化的特点和个性，我们应该在这个基点上研究民族文化、民族文学"①。对于民族文化研究，潘琦发表《要加强红水河文化研究》《办好花山论坛打造花山品牌》《关于建设刘三姐文化品牌的几个问题》《努力建设和谐文化》《关于广西民族文化的保护与发展》《广西歌圩探寻》《努力塑造广西文化新形象》等论文。潘琦在《关于广西民族文化的保护与发展》中针对民族文化保护与发展关系问题，提出民族文化保护发展必须处理好继承传统与现代发展关系、资源保护与开发关系、民族性与世界性关系、多样化与现代化关系，总体原则就是强调普遍性与特殊性、自主性与整体性、个性与共性的辩证统一。他认为："民族文化资源进行开发的目的是为了更好地利用，使之能为今天的经济、政治、文化、教育发展服务。本着这个日的，我们正确地处埋好民族文化资源的综合利用和分别利用的辩证关系，协调好经济、政治、文化、教育等各行各业的关系，使之形成整体合力。同时，在强化其社会综合作用时充分注意到各行各业的行业特点及其特殊性。"②对于桂学研究的民族性特色理解，潘琦具有更为宽阔的视野，他认为："'桂学'是广西文化的品牌和名片，广西本土文化也必须和外来文化互相借鉴。一个封闭的民族是没有前途的民族。所以，我们要广泛进行文化交流和学习，借鉴别人的优秀成果，不要搞狭隘的民族文化、地域文化，既要保持自己独特的风格，又要借鉴别人的优势，实现'杂交优势'。"③这也正是潘琦本人的写照，作为一个少数民族作家、文艺理论批评家、文化研究学者，他正是在古今中外博采众长的学习借鉴与文化交流中成就了事业，但在他身上永远保留仫佬族文化基因、文化精神、文化特色。

---

① 潘琦：《仫佬族文学的研究与发展》，《广西当代文艺理论家丛书·潘琦卷》，南宁：广西人民出版社，2012，第64页。

② 潘琦：《关于广西民族文化的保护与发展》，《广西当代文艺理论家丛书·潘琦卷》，南宁：广西人民出版社，2012，第309页。

③ 潘琦：《关于桂学研究》，《广西当代文艺理论家丛书·潘琦卷》，南宁：广西人民出版社，2012，第309页。

灵渠历史文化研究

“一带一路”背景下灵渠的历史价值及现实意义

张利群①

［内容提要］ 灵渠是沟通湘江与漓江及长江水系与珠江水系的运河，体现中华民族精神与聪明才智，是南北水路交通渠道开凿创举的中华文明结晶。在“一带一路”背景下，灵渠不仅焕发生机活力，而且仍然具有重要地位与现实意义。灵渠历史上沟通长江—湘江—漓江—桂江—北流江—南流江—合浦港的水路，成为汉代“海上丝绸之路”的节点支点，当今亦可为“一带一路”建设提供思想启迪、精神激励、历史资源与文化传统，仍然具有历史借鉴、文化交流、水运交通、水利灌溉、经济商贸、旅游观光等多重综合性作用价值与现实意义。

［关键词］ 灵渠 “一带一路” 水路交通 文化交流 历史价值 现实意义

灵渠是秦始皇进军岭南所修筑以沟通湘江与漓江，连接长江水系与珠江水系的运河，体现中华民族的创造精神与聪明才智，是中华民族开凿水路交通渠道的文明结晶。灵渠于公元前 214 年开凿通航，距今已 2000 多年，发挥着沟通南北水路交通的重要作用，推动着中原文化与岭南文化的交流融合，形成了灿烂辉煌的灵渠文化传统。灵渠在漫长的历史发展进程中不仅得到历代高度重视及维护维修，而且也在历代文献典籍及诗词文赋中有所记载，不断建构和丰富灵渠文化内涵，使之涵盖历史、地理、交通、水利、文化、政治、经济、宗教、民族、民俗、教育等丰富内容。近年来，基于灵渠“申遗”推进而形成灵渠研究热，对于灵渠及其灵渠文化研究既涵盖了各学科分门别类研究，又形成跨学科、多学科、新学科综合研究之势；既阐发其历史地位及其功能作用与价值意义，又深化拓展其研究视野、视域、视角，基于时代要求与现实需求发掘其当代价值与现实意义。本文着重于从“一带一路”背景下以灵渠前世今生的多维整体研究视角，发掘其多重综合性价值作用及现实意义。

---

① 张利群（1952—），男，广西师范大学文学院教授、博士生导师，研究方向为文艺理论与批评、古代文论研究。

一、灵渠的历史地位及其多重综合性价值意义

宋周去非《岭外代答·地理门·灵渠》非常详细和准确地描述开凿灵渠的情况:"湘水之源,本北出湖南;融江,本南入广西。其间地势最高者,静江府之兴安县也。昔始皇南戍五岭,史禄于湘源上流漓水一派凿渠,逾兴安而南注于融,以便于运饷。盖北水南流,北舟逾岭,可以为南矣。禄之凿渠也,于上流砂碛中叠石作铧嘴,锐其前,逆分湘水为两,依山筑堤为溜渠,巧激十里二至平陆,遂凿渠绕山曲,凡行六十里,乃至融江而俱南。今桂水名漓者,言离湘之一派而来也。曰湘曰漓,往往行人于此销魂。自铧嘴分水入渠,循堤而行二里许,有洩水滩。苟无此滩,则春水怒生,势能害堤,而水不南。以滩杀水猛势,故堤不坏,而渠得以溜湘余水缓达于融,可以为巧矣。渠水绕迤兴安县,民田赖之。深不数尺,广可二丈,足泛千斛之舟。渠内置斗门三十六,每舟入斗门,则闸之,俟水积而舟以渐进,故能循崖而上,建瓴而下,以通南北之舟楫。尝观禄之遗迹,窃叹始皇之猜忍,其余威能罔水行舟,万世之下乃赖之。岂唯始皇,禄亦人杰矣,因名曰灵渠。"①这段文字不仅印证灵渠设计施工之精准巧妙,而且阐明了灵渠的功能作用与价值意义,既为考察研究灵渠提供宝贵的文献资料,又能为"一带一路"背景下灵渠作为水路交通节点支点的现实意义提供启发与借鉴。围绕这段文字阐发灵渠地位及其价值意义足以给人以启发和深思。

其一,灵渠在秦始皇进军岭南、统一中国中的战略地位。《史记·秦始皇本纪》载:"三十三年,发诸尝逋亡人、赘婿、贾人略取陆梁地为桂林、象郡、南海,以适遣戍。"②秦始皇统一六国后南下征服百越进军岭南,以图统一中国大业。汉刘安《淮南子》载:秦军进军岭南时,不仅受到当地越人拼命抵抗,作战双方"伏尸流血数十万",而且五岭屏障,阻碍交通运输,粮草补给跟不上,"三年不解甲弛弩,使监禄无以转饷,以卒凿渠以通粮道,以与越人战,杀西呕君译吁宋"③。秦军开凿灵渠,畅通水路交通,终于取得进军岭南、统一中国的胜利。秦始皇统一中国,不仅依靠大一统中央集权制的国家行政管理体制,而且"一法度衡石丈尺。车同轨。书同文字"④,在全国统一度量衡、文字、货币以及形制,从而巩固和维护国家统一稳定。尤为重要的是,通过水陆交通便利更好推动南北沟通、人口迁徙、社会交往、文化交流、民族交融,从而进一步巩固和维护政治、军事、

---

① 周去非:《岭外代答·地理门》,北京:中华书局,1999,第27—28页。

② 司马迁:《史记·秦始皇本纪》,北京:中华书局,2000,第170页。

③ 刘安:《淮南子》第十八《人间训》。

④ 司马迁:《史记·秦始皇本纪》,北京:中华书局,2000,第170页。

文化、法律、教育、经济、贸易的统一稳定。秦始皇开凿灵渠之后，仍然留下大批驻军于此，历代统治者也派兵驻防，戍边守疆，屯田垦荒，保护和维护灵渠正常运行，留下"陡军文化"遗址、"屯田文化"遗址，以及灵渠附近的秦城遗址、古严关遗址、石马坪汉代古墓群遗址等；历代统治者还不断维修和扩建灵渠工程，使之历经2000多年仍然保持原有风貌风采，仍然能够持续发挥功能作用。由此可见，灵渠在秦始皇进军岭南，统一中国的政治、军事、交通战略中的重要地位及其价值作用。

其二，灵渠对南北沟通、社会交往、文化交流的价值意义。灵渠水路开通后，沟通湘江与漓江、连接长江水系与珠江水系，使南北水路交通畅通，推动社会交往、文化交流、民族交融，以及中原文化南下传播、中原文化与岭南文化交流融合。《岭外代答·地理门·广西水经》载："凡广西诸水，无不自蛮夷中来。静江水曰漓江。其源虽自湘水来，然湘本北行，秦史禄决为支渠南注之融江，而融江实自瑶峒来。汉武帝平南越，发零陵，下漓水，盖泝湘而上，沿支渠而下，入融江而南也。漓水自桂历昭而至苍梧。"①析其旨义不难辨析所指灵渠引湘入漓，寓含引北水入南水之意，意在引中原文化进入岭南地区，意味着灵渠来源于引湘入漓的中原文化。据《桂林通史》载："湘江发源于灵川县的海洋山，向北流入湖南，注入长江，属长江水系，从长江北面的支流汉水，可直接到达中原地区；漓江发源于兴安县的猫儿山，向南流入珠江水系。"②灵渠关键所在并不在于其来源，而在于沟通湘江与漓江，由此连接长江水系与珠江水系。因此，灵渠不仅在中原文化传播中具有重要地位及其价值意义，而且也起到南北沟通、社会交往、文化交流以及中原文化与岭南文化融合的重要作用。张子模指出："灵渠的开凿成功，标志着岭南与中原的交往进入到一个新的发展时期。由于漕运的便利，为各种交往提供了有利条件，封建统治阶级用此可以加强统治，人民可以通过它密切往来。它作为一条通道，增进了中原人民与岭南各族人民的文化交流，密切了彼此之间的关系，从而才有利地促进了岭南农业、手工业等社会经济方面的向前发展。"③从这一角度看，灵渠在一定程度上成就了秦始皇进军岭南、统一中国的大业，更重要的是奠定了南北沟通、文化交流、民族交融、国家统一的根基。当然，灵渠无疑也会在"一带一路"背景下焕发青春活力，发挥其多重综合性价值作用与现实意义。

其三，灵渠所凝聚中华民族创造精神、聪明才智的工匠精神之意义。灵渠

---

① 周去非：《岭外代答·地理门》，北京：中华书局，1999，第24页。

② 钟文典主编：《桂林通史》，桂林：广西师范大学出版社，2008，第38页。

③ 张子模：《灵渠开凿对岭南社会经济发展的影响》，《桂北文化研究》，南宁：广西人民出版社，1999，第190页。

主体工程主要由铧嘴、大小天平、南北渠、泄水天平、陡门等重要设施构成,既各具自身功能作用而又相辅相成地构成整体系统功能作用:一是以“铧嘴”按照三比七的比例划开水流使其分流,称为“三七分派”,即三分来水入南渠注入漓江,七分来水入北渠注入湘江;二是“大小天平”呈人字形拦河水坝,目的是使汛期洪水能从坝面流入湘江,而平时则通过水坝保持一定的渠水深度;三是“南北二渠”是沟通湘江和漓江的渠水通道,全长36.4千米,宽5—8米,能够保证行船畅通无阻;四是“泄水天平”分别位于南北二渠上,为大小天平的补充,用于大汛时的二次泄洪,将洪水排入湘江;五是“陡门”,即水渠开关闸门,南北渠道共建有36个陡门,通过闸门开关以调节水位,保证南来北往船只不受水位落差影响从而能够顺利通行。由此可见,灵渠巧夺天工的设计与施工,是综合、系统、整体考虑各种因素的结果,也是灵渠多重综合性功能的体现,诸如分水、拦水、蓄水、泄水、注水、用水等功能以及湘漓分派、水路运输、水利灌溉、防洪泄洪等作用。灵渠工程既体现中国古代哲学“天人合一”“阴阳协调”“知行合一”的思想观念,也体现“顺其自然”而又“人定胜天”之合规律性与合目的性、科学性与人文性统一的思想观念;既体现了开拓、进取、创造、科学、人文的中华民族核心价值取向,又体现了聪明智慧、心灵手巧、精工细作、能工巧匠的中华民族工匠精神。所谓“工匠精神”包含人类社会实践活动中的发明创造精神、精雕细琢精神、精益求精精神、质量至上精神、技艺精湛精神的构成系统。灵渠所凝聚中华民族工匠精神,亦可谓灵渠精神,形成千百年来传承至今的灵渠文化传统,灵渠精神正是灵渠文化内核及其核心价值取向。灵渠所凝聚的中华民族精神也正是中华文明创造发明的一切成果所凝聚的精神,是中华民族创造的物质文化、精神文化、行为文化、制度文化的文明体现与精神凝聚。从这一角度而论,灵渠精神与中国古代丝绸之路精神紧密相关,也与当今“一带一路”倡议精神一脉相承。

二、灵渠作为“一带一路”倡议实施节点支点的现实意义

中国实施“一带一路”倡议获得国内外一致认同与好评,不仅体现出国家重大决策的战略意义,而且体现其所具区域性与国际性战略意义。广西具有沿边、沿海、沿江的区位优势,具有中国—东盟自贸区博览会“桥头堡”及其面向东南亚“窗口”优势,具有北部湾大开发及其“大西南出海通道”的海港优势,具有“三南”之华南、中南、西南结合部以及中越水陆结合部的优势。习近平总书记在参加十二届全国人大三次会议广西代表团审议时指出,随着国家推进“一带一路”建设,广西在国家对外开放大格局中的地位更加凸显,要实施更加积极主动的开放战略,做好对外开放这篇大文章,加快形成面向国际国内开放合作新

格局，搭建沿海沿江沿边开放合作平台。为此，习近平总书记赋予广西三大战略定位：构建面向东盟的国际大通道，打造西南中南地区开放发展新的战略支点，形成“一带一路”有机衔接的重要门户。广西在这三大战略定位中不辱使命、不负众望，抓住这一机遇确定广西战略发展方向，实现三大战略定位目标。那么，灵渠如何在这三大战略定位中发挥其价值作用以实现其现实意义呢？

其一，灵渠在古代“海上丝绸之路”中的地位与作用。早在秦始皇进军岭南、统一中国，在岭南建立南海、象郡、桂林三郡之时，合浦就被纳入大一统中央集权制国家行政管理体制，成为具备沿海、沿边、沿江优势条件的战略之地。汉代合浦成为“海上丝绸之路”重要的始发港，开启面向东南亚、南亚、欧洲诸国的航海贸易交往之路。据《汉书》载：此地一方面为中原与岭南商贸之地，“处近海，多犀、象、毒冒、珠玑、银、铜、果、布之凑，中国往商贾者多取富焉”①；另一方面，为中国与海外通商之地，“自合浦徐闻南入，得大州，东西南北方千里……自日南障塞，徐闻、合浦船行可五月，有都元国；又船行可四月，有邑卢没国；又船行可二十余日，有湛离国；步行可十余日，有夫甘都卢国。自夫甘都卢国船行可二月余，有黄支国，民俗略与珠崖相类。其州广大，户口多，多异物，自武帝以来皆献见。……黄支之南，有已程不国，汉之译使自此还矣”②。据有关材料考证：“南海起航线：早在汉武帝（前140—前87年）时，我国海船就携带大批丝绸、黄金，从雷州半岛起航途经今越南、泰国、马来西亚、缅甸等国，远航到印度的黄支国（今印度康契普拉姆，Kanchipuram）去换取这些国家的特产。然后，从今斯里兰卡经新加坡返航。这样，中国的丝绸，早在公元前就传入上述各国。由于中国丝绸对世界各地具有极大的吸引力，东南亚、南亚乃至西亚、欧洲各国都派使节到中国通好，献礼品以求赏赐丝绸和进行贸易交换。自此便有中国丝绸传入今印尼、印度和缅甸，并通过缅甸传到欧洲的大秦（今罗马）的这一条途径。”③由此可见，早在汉武帝时期，合浦就成为古代“海上丝绸之路”始发港，通航东南亚、南亚以及欧洲诸国，成为古代中国与世界交往交流的南大门。灵渠与合浦都在广西境内，虽相距千里，但只要细致考察分析，两者显然具有一定的逻辑关系。逻辑推理的关键在于，广西是一个水资源丰富的大省，江河湖海纵横交错、连接贯通，形成四通八达的水路网络系统以及水域生态、水域文化、水域经济构成系统，成为社会交往、人际交通、文化交流的重要载体。以灵渠作为水路节点，所沟通湘江与漓江、连接长江水系与珠江水系，都与“海上丝绸之路”有关。自灵渠而北上的湘江—洞庭湖—长江，最后流向东海；自灵渠而南下既

---

① 《汉书·地理志》，北京：中华书局，2000，第1330页。

② 同上书，第1330页。

③ 据 http://baike.so.com/doc/2062901-2182483.html。

有漓江—桂江—西江—珠江，最后流向南海，又有漓江—桂江—北流江—南流江—合浦港的水路，连通北部湾海洋。由此可见，灵渠与合浦水路千回百转而最终交汇沟通。基于古代交通工具很大程度上依赖于水路的特点，灵渠应该作为汉代合浦“海上丝绸之路”的重要节点，当然也是“海上丝绸之路”的重要支点。从另一角度而论，自灵渠而北上的湘江—洞庭湖—长江—汉水，也可连接中原地区，与陆上“丝绸之路”也有关联，灵渠亦可作为通往“丝绸之路”的南北水路交通节点。因此，灵渠开凿的意义不仅在于沟通湘江与漓江、连接长江水系与珠江水系，而且在于沟通江河湖海最终通向海洋，最终通向古代陆上“丝绸之路”和“海上丝绸之路”；也不仅为秦始皇进军岭南、统一中国提供便利，而且也具有开发岭南、传播中原文化、推动南北文化交流交融以及奠定陆上“丝绸之路”和“海上丝绸之路”基础的重要意义。通过灵渠沟通的南北水路所达合浦，黄河文明、长江文明及其中原文化不仅传播影响岭南，而且通过“海上丝绸之路”传播影响海外，推动跨境、跨域、跨文化交往交流。由此可见，灵渠作为古代“海上丝绸之路”节点支点的价值意义功不可没，在当今“一带一路”背景下，对于“21世纪海上丝绸之路”建设仍然具有重要地位、价值作用和现实意义。

其二，灵渠作为一面历史镜子，为“一带一路”提供“交通先行”的历史借鉴与传统经验。以史为鉴，论古知今，方知交通在政治、经济、文化、社会发展中的重要地位与作用。当初秦始皇开凿灵渠，就是为了交通便利，以便进军岭南、统一中国；此后灵渠成为沟通南北水路的重要渠道，由此推动政治、经济、文化、社会、教育、民族方面的交往、交流、交融；汉代合浦“海上丝绸之路”开通，无疑也印证了海路交通与水路交通的重要功能作用与价值意义。中国改革开放40年，沿海经济崛起无疑与走向海洋、通往世界的海洋之路开辟紧密相关；广西北部湾经济大开发，首先着手于建设现代一流的大型海港，这不仅成为大西南最为便捷的出海通道，而且成为中国-东盟自贸区的窗口，成为中国面向东南亚的“世界之窗”。当今“一带一路”建设，首先也是着手于基础建设，尤其是交通基础设施建设，以打通交往交流通道。因此，灵渠作为中华民族、中华文明创造产物，以历史印证“交通先行”之理，提供“一带一路”的历史渊源与文化传统支撑。就“一带一路”而言，无论是“丝绸之路经济带”还是“21世纪海上丝绸之路”都着眼于以“路”命名，以凸显“路”的功能作用与价值意义，由此可见“交通先行”重要性与必要性之一斑。

其三，灵渠是“一带一路”建设不可缺少的组成部分。从汉代合浦作为“海上丝绸之路”始发港开始，基于“条条江河通大海”之理，灵渠在“海上丝绸之路”中具有水路节点支点的重要地位，不仅发挥其沟通湘江与漓江、连接长江水系与珠江水系以直通南海的作用，而且沟通长江—湘江—漓江—桂江—北流江—南流江—合浦港的水路,通向北部湾海洋。可想而知,灵渠在古代海上丝绸之路中的重要地位与作用。尽管现代海陆空交通设施齐全,比之古代水路更为便捷高效,灵渠水路功能作用也逐渐淡化和削弱,但不可否认的是,灵渠所具有的水利、水文、水运、饮用灌溉、防汛排洪、生态调节等综合性功能作用,以及灵渠文化所形成的南北沟通、社会交往、文化交流、文明传播、经济贸易、旅游观光等综合性功能作用并未消解或完全消失。基于灵渠所形成的灵渠文化、灵渠精神、灵渠传统更是成为当地社会经济发展与文化建设的精神动力和创造源泉,成为当地最具代表性的文化地标与最具影响力的文化符号,成为当地为实现广西三大战略定位目标的重要支撑点。在"一带一路"背景下,灵渠也在传承弘扬传统文化的基础上焕发着青春活力,呈现出新面貌、新气象、新风尚;灵渠文化转化为推动当代社会经济发展与文化建设的强大驱动力,带动各项工作全面整体发展;灵渠精神激励后人更有条件创造新的成就,为"一带一路"倡议创造新的"灵渠",创造"21 世纪海上丝绸之路"新的辉煌。

三、"一带一路"背景下推进灵渠文化建设的路径和举措

在"一带一路"背景下,天时地利人和的时代机遇应该更有利于发挥灵渠在"一带一路"中的现实价值意义,灵渠文化建设也应该更有利于推进"一带一路"建设。为此,本文提出推进灵渠文化建设的主要路径和举措。

其一,加大灵渠遗址遗存修复工作力度,进一步增强文化遗产保护的自觉性与自信心。当前,在各级政府与全社会高度重视下,应该进一步完善灵渠保护规划与灵渠文化建设规划,实施灵渠保护工程与灵渠文化建设工程。灵渠保护及其灵渠文化建设是一项系统工程,需要厘清层次关系及其结构逻辑,既必须遵循轻重缓急、主次先后、循序渐进、由里到外之理,又必须遵循系统性、整体性、结构性之逻辑。重点对灵渠主体的核心层部分进行保护及其保护性修复与抢救性修复,在此基础上分期分批逐步对其内层、外层、外围部分进行保护及其保护性修复。但相对来说,尤其是灵渠景区之外的外层、外围部分工作力度、进度与质量有所滞后,保护与修复规划和措施不到位或没有完全落地。事实上,相对于景区建设与市政建设的大量仿古式园林工程、建筑工程、街市工程、游乐工程、旅游工程等辅助工程而言,历史文化遗存、遗址、遗迹及其文物保护工程应该更为重要,应该将此灵渠本体作为主体工程。

其二,进一步加快推进灵渠"申遗"进程,全力以赴进入冲刺状态。中国"申遗"成功的诸多世界文化遗产项目,能够为"一带一路"建设添砖加瓦、增光添彩。灵渠早在多年前已列入中国"申遗"候选名录,在 2016 年中国成功申报"左

江花山岩画文化景观”基础上，应该再接再厉加快推进灵渠“申遗”进程。首先，进一步提高灵渠文化遗产保护的文化自觉与文化自信，一方面必须转变“重申报轻建设”偏向，既重申报又重建设，只有重建设才能夯实重申报基础；另一方面也必须转变在文化遗产保护中的狭隘实用功利主义思想观念，只有着眼于保护才能着手于建设；再一方面必须破除躺在祖宗留下遗产上的“等靠要”思想惰性，必须传承发扬灵渠文化顽强拼搏、脚踏实地、争先超前、不懈追求的精神，争取灵渠“申遗”成功。其次，进一步完善灵渠主体工程基础设施建设与配套设施建设，加强基础设施建设力度、进度与质量，提供制度、体制、机制及其政策保障与支持。再次，加强灵渠“申遗”宣传力度，尽管灵渠具有很高知名度与影响力，但对于灵渠“申遗”及其“申遗”工作与“申遗”进程并非众所周知，也并非引起社会足够重视。因此，需要借助各种媒体形式，尤其是互联网的网络媒介方式；采取多种多样表现方式，尤其是文艺创作和表演方式，宣传灵渠，唱响灵渠，讲好灵渠故事，做到家喻户晓、众所周知。最后，灵渠“申遗”应该作为“重中之重”的当前工作中心，以灵渠“申遗”带动其他工作全面推进，这需要学习借鉴花山“申遗”成功经验，崇左提出“举全市之力全力冲刺花山‘申遗’”口号，桂林能否举全市之力，兴安能否举全县之力全力冲刺灵渠“申遗”？当然，这不仅仅是口号问题，而且也是态度、认识以及实际行动落实的问题。

其三，进一步优化灵渠生态环境，构建灵渠文化建设体系。灵渠保护及其灵渠文化建设需纳入生态文明与精神文明建设系统，使其成为该地具有标志性的文化符号与文化地标，以增强文化软实力及其影响力与传播力。灵渠不仅是祖先留下的弥足珍贵的宝藏和遗产，也是凝聚中华民族的文明文化创造精神的结晶。因此，灵渠既是物质财富，也是精神财富，在灵渠身上体现了更为宝贵的灵渠文化与灵渠精神。对于灵渠文化建设而言，既需要立足于灵渠遗产及其灵渠历史文化传统的传承弘扬，又需要着眼于社会发展与时代要求不断建构与深化拓展灵渠文化与灵渠精神，赋予其时代特征与新的内涵内容，将其纳入生态文明与精神文明建设系统。也就是说，灵渠文化建设不仅是一个系统工程，而且也是全社会系统工程中的子系统；灵渠文化建设不仅需要着手于自身内部建设以强化内功，而且需要着眼于自然人文生态环境建设，为灵渠文化建设提供环境保障和条件支撑。因此，从系统论来说，系统与子系统、系统与要素、要素与要素之间的关系是结构性与构成性的系统关系，亦即相辅相成、相互作用的整体关系。因此，只有营造与优化自然人文生态环境，才能更有利于灵渠文化建设；同时，只有推进灵渠文化建设才能更有利于优化自然人文生态环境。更为重要的是，处于漓江上游以及漓江源的兴安，肩负保护漓江、保护漓江源、保护漓江自然人文生态环境的重要责任，承担漓江饮用、引水补水、水利灌溉、防洪泄洪、水文监测、水库建设、旅游航运等生态保护职能，承担保护漓江“母亲河”以及提供桂林生态环境保障的重要职能。

其四，以灵渠景区建设带动文化旅游精品建设，凸显漓江文化旅游特色。灵渠景区以及围绕灵渠兴建的水街、秦城楼、秦文流觞景区、娘娘桥、万里桥、马嘶桥、古戏台、湖广会馆、亭台廊榭、百米雕画长廊、秦文化广场、秦始皇塑像、秦军雕塑群等景点，在一定程度上带动了灵渠，形成灵渠文化景观，灵渠文化建设初见成效。但更为重要的是，应该着重考虑灵渠水文化建设问题。灵渠所沟通的湘江与漓江，都是具有自然文化生态特色优势之江。以漓江山水风光闻名于世而赢得“桂林山水甲天下”美誉，桂林由之成为拥有历史文化名城、国际旅游名城、山水生态名城的殊荣，建设成为世界旅游胜地、中国旅游之都。与漓江一衣带水的灵渠，或者在一定意义上说，作为漓江渊源的灵渠何以不与漓江旅游衔接，合力打造漓江黄金水道呢？漓江下游的阳朔，旅游热不亚于桂林，被称为“中国旅游第一县”；处于漓江上游的兴安，何以不能以灵渠文化为核心打造文化旅游精品呢？正如当年秦始皇修筑灵渠开拓中原通往岭南之黄金水道一样，漓江旅游更应该开拓兴安灵渠旅游渠道，形成兴安—桂林—阳朔之旅游黄金线路，形成漓江渊源—源流—流域的漓江黄金水道。这不仅有利于推动桂林的世界旅游胜地的建设，为其增强山水旅游和文化旅游特色，而且既有利于灵渠文化旅游精品建设，带动兴安旅游业发展，又有利于整合桂林旅游资源，为桂林山水旅游增加文化旅游元素，以便更好打造桂林旅游黄金圈，深化拓展桂林旅游发展空间。

其五，进一步加大灵渠研究力度，深化拓展灵渠研究领域。就灵渠研究现状与目前研究状态而言，应该说取得一定的成效和成果，文物考古、文献考证、田野考察夯实研究基础，积累了不少材料与经验，形成了一定的研究方向。但存在的问题是：分门别类研究缺乏跨学科、多学科综合研究视野，成果不少但重大成果不多；就事论事研究缺乏系统研究、整体研究、综合研究视野，成果价值意义不大；微观研究缺乏宏观研究视角，宏观研究缺乏微观研究视角，无法做到既“顶天”又“立地”；介绍性、综述性、一般性研究多，专业性、学理性、学术性研究少，等等。基于此，拟提出进一步加大灵渠研究力度、深化拓展灵渠研究领域的基本思路。一是实施灵渠研究精品工程或项目工程，精心策划与规划研究方向、选题指南与研究项目，提升研究的自觉性、目的性与方向性，采取重大招标项目、重点项目、一般项目分层次研究方式，确立重大项目与重大成果形式。二是实施灵渠研究创新工程或精品工程，树立创新精神与学术精神，既要深化拓展研究视角、理念、观念与方法，又要发掘新材料，发现新问题，提出新认识，产生新成果，提高灵渠研究质量与水平。三是建立灵渠研究中心或研究院，聘请专职、兼职、客座研究员；建立灵渠研究资料中心，收集文物、文献、石刻等原始资料与灵渠研究著作、论文、信息资料；整理编印灵渠历代文献集、灵渠研究资料集；建立灵渠音像资料库、数据库及其数字化档案库，建立灵渠研究网站。四是采取各种方式、各种途径形成灵渠研究热点，诸如举办全国性甚至国际性的灵渠研讨会、专家座谈会、学术讲座、学者讲学、电视讲坛、专家访谈等，吸引专家学者考察研究灵渠，扩大灵渠影响力与传播力。五是跨学科、跨地域、跨高校组合灵渠研究团队，优化队伍、整合资源、集中力量、集体攻关，争取获得灵渠研究的国家项目、省部级社科项目，争取重大项目与重大成果的突破，提高灵渠研究质量及其整体水平。

综上所述，灵渠是沟通湘江与漓江，以及长江水系与珠江水系的运河，体现了中华民族精神与聪明才智，是南北水路交通渠道开凿创举的中华文明结晶。在“一带一路”背景下，灵渠不仅焕发生机活力，而且仍然具有重要地位与现实意义。灵渠历史上沟通长江—湘江—漓江—桂江—北流江—南流江—合浦港的水路，成为汉代“海上丝绸之路”的节点支点，当今亦可为“一带一路”建设提供思想启迪、精神激励、历史资源与文化传统，仍然具有历史借鉴、文化交流、水运交通、水利灌溉、经济商贸、旅游观光等多重综合性作用价值与现实意义。

灵渠在当代社会中的文化经济价值与现实意义

孟易桦 沙晓羽①

[内容提要] 灵渠是我国乃至世界水利航运史上的一颗明珠,两千多年来连接两江、润泽两地,给中华民族带来政治、经济、文化、军事等方面的积极影响。灵渠工程有着深厚的人文影响,它推动了各少数民族的历史文明进程,促进了中原与岭南文化的交流和民族的融合。汉越的文化及民族交融,带动了流域内外的文化发展,带动了桂林这座“艺术之城”的崛起,也为佛教文化在广西的传播创造了有利条件。此外,灵渠工程还具有现代经济价值,加速了广西壮族自治区与东盟各国之间的贸易往来,在教育与科技方面起推动作用,加快了城镇的建设与发展。基于灵渠的重要历史影响与现代价值,灵渠文化价值的民间实施与经济价值的重新定位都有着重要意义。

[关键词] 灵渠 民族融合 “一带一路” 海上丝绸之路

灵渠不是一个单薄的名词,也不仅仅是一座水利工程。它有碧水长流的南北渠道、巧夺天工的大小天平滚水坝;它是南北商业往来、两地民族融合的桥梁纽带,是一处丰裕的文化宝藏,有着自己的文化体系。

灵渠是我国乃至世界水利航运史上的一颗明珠,两千多年来,它仍贡献着自己的价值。如今灵渠的面貌是经历代人民创建、改进和完善的结果,其演进同中国水利工程技术有着一致的步伐,是每一时期技术水平的写照。渠间绵延千米的码头、灵巧的陡门、古朴的拱桥牌坊与古韵悠扬的石塔古庙都是灵渠留给我们的文化遗产。至灵渠、临渠水,观三将墓、四贤祠,凭吊筑渠先贤、回望灵渠历史,都让人深刻体悟到中华民族所具有的独特智慧与人文精神。

两千多年来,灵渠连接两江、润泽两地,给中华民族带来政治、经济、文化、军事等方面的积极影响,形成了不同类型与内容的文化成果。

---

① 孟易桦(1992—),女,广西师范大学文学院文艺学专业在读硕士研究生,研究方向为文艺美学。沙晓羽(1991—),广西师范大学文学传播学在读硕士研究生,研究方向为文化产业研究。

一、灵渠工程的人文影响

一方水土孕育出一方文化，这一方文化又润泽着这一方水土。而灵渠则滋润出了中原与岭南文化的交流和民族的融合。

秦朝时期的大规模移民迁徙给岭南带去了中原地区的先进生产工具和生产技术，将中原华夏人民的语言文字传播至越人之中，从此中原文化也开始大量传入广西。由于地理条件以及历史原因，岭南越人在自己的文化传承过程中一直处于文字缺失状态，秦统一岭南后以行政手段强制统一边疆少数民族地区使用汉文字，这一举动无疑推动了各少数民族的历史文明进程。汉字的流通化解了汉越两个民族因语言障碍带来的隔阂与鸿沟，带来了广西地区文化水平质的飞越。灵渠文化在形成的过程中除了依靠来往的客商船家，同样也离不开从中原迁入的大量移民，他们大多经水路取道灵渠来到岭南各地，是中原文化最强大的“传教士”，是中原农耕文明的传播者，他们带来了先进的生产技术。在这一过程中，土著居民在与移民的交往中学习其先进的铁器冶炼和牛耕技术，当地的生产力得到了加速发展，各族移民经灵渠汇集岭南，密切的来往同样带来了岭南地区的经济文化发展，进一步促进了岭南地区的民族融合。

（一）促进汉越文化及民族交融

灵渠工程的修建对汉越两族的多方面交融起到了重要作用。首先，为了加强统治，秦始皇在成功修建灵渠、征服百越后命戍边的军人留守，这些戍边军人大都会选择在此娶妻生子安家落户，这带来了两族从文化到族群的家庭式融合。其次，这一融合的中流砥柱人群是或避战乱或因“罪”流放而来的中原文人学士，他们在此地开设私人教育、办学馆传授知识，对当地的教育氛围和文化水平的提高产生了积极影响，同时培养了大量人才，因而促进了岭南地区教育事业的发展，提高了土著人民的整体认知水平。再次，当地学子接受了中原学士传授的具有儒家思想内涵的中原教育，从而形成了独具特色的大融合思想，进一步增强了民族间的文化认同。最后，在南来的移民中，具有较高文化水平的任职官员同样起着重要作用，是促进文化融合的“加速器”。自唐朝政府在广西开办了大量颇具中原文化特色的府学、县学后，历代任职官员都很注重广西的教育建设，政府的各种文化政策皆通过任职官员实施，可以说他们对岭南的开发与发展有着重要贡献。

整体而言，随着大量中原移民的迁入，广大越人掌握了先进的生产技术，同时也接受了中原的思想文化，逐步走向中原化，而顺渠南下的中原人也不停地通过吸收岭南文化适应环境。长此以往，在彼此影响、互相促进的过程中，逐步实现了两个民族的融合。所以说，灵渠的开凿通航对于汉越融合以及汉民族形成有着纽带一般的重要作用,如同在岭南与中原之间架起了一座沟通文化、结束蛮荒的桥梁。

(二)"艺术之城"的崛起

秦始皇统一全国后,文字的统一加速了汉文化在岭南的传播,先是汉字得到了流通,之后儒家学说等深层文化也开始传播。汉字就像一座桥梁,消除了各少数民族因语言不同而造成的隔阂,为岭南文化的飞跃发展提供了平台,推动着民族大融合。并且在此之前,当地土著民族在春秋战国时期就已经逐步形成具有民族特色风格和独特韵律的山歌以及多种多样的民族打击乐器。而在灵渠开凿后,中原的艺术文化也随之南下,当地少数民族在进一步发展完善本民族的原有乐器外,还接纳了中原的钟、鼓、萧等乐器,同时由于西瓯骆(秦汉时期广西土著居民)民族与中原楚汉文化交流日益密切,到汉代瓯骆民族还出现了漆画艺术。

除了艺术文化的发展,灵渠工程同样给桂林这座城市带来了深刻的历史文化影响。灵渠下游就是闻名天下的桂林山水,桂林山水怡人,而灵渠则是"桂林山水甲天下"的最早传播者,最早领略到桂林山水之美并将其美名传颂天下的就是往来灵渠买卖的客商船家,而他们的口耳相传,为桂林带来无数竞相歌咏山水风光的文人墨客。来往的迁客骚人感慨于此,写下了大量吟诵桂林山水的诗词歌文,使桂林成为一座艺术名城。唐代著名诗人李商隐取道灵渠时曾挥毫而就《桂林即事》一诗:"城窄山将压,江宽地共浮。西南通绝域,东北有高楼。"此外,范仲淹、黄庭坚、范成大、杨万里、朱熹等文人名士在途经桂林时,也为桂林仙境所陶醉,写下了大量赞颂桂林山水的诗文。

古时进入桂林大都取道灵渠,其"蜿蜒盘旋的水道与周边自然、人文环境完美的融合"①,展现出和谐而独特的灵渠之美。灵渠虽然地处崇山峻岭之中,却以其自然的天然纽带让我们感到格外的亲和。清代诗人袁枚的《由桂林溯漓江至兴安》中写道:"江到兴安水最清,青山簇簇水中生。分明看见青山顶,船在青山顶上行"②,以非常生动形象的画面写出了灵渠流水的清澈以及沿途水光潋滟中的闲适意境。灵渠的状元桥旁还竖立着郭沫若先生于1963年游览灵渠时挥笔所作的《满江红·灵渠》一词的碑刻,郭沫若给予了灵渠"诚足与长城南北相呼应,同为世界之奇观"③的高度评价。

在岭南文化与中原文化不断交流融合的文化环境之下,广西文化主动迎接

① 崔润民:《灵渠的开拓性文化价值开发》,《文化视野》,2006年第3期。
② 郑文俊、刘雨:《桂林灵渠文化遗产价值及其旅游产品开发》,《柳州师专学报》,2013年第4期。
③ 郭沫若:《满江红·灵渠》,《光明日报·东风》副刊,1963年1月1日。

文化冲击并抓住了这个难得的交流发展机遇，不断发展出新的文化态势，人才辈出。在这一过程中，桂林本土也出现了两大诗人与广西第一位状元，使得原是军事重镇的桂林带有越来越浓重的文化色彩，灵渠流域的桂林也因此一跃成为广西的历史文化名城。由此可见，灵渠对开拓西南边疆的经济文化发展有着巨大的历史影响，因此灵渠的开凿对广西历史文化的丰富与积淀具有里程碑式的意义。

（三）为佛教文化在广西的传播创造了有利条件

交通的发展和国家政策的指向对宗教的传播有着不可忽视的影响。桂北的海洋河往北流至兴安县分为水塘和灵渠，它们的汇合之处即为湘江，并流经兴安和全州，其中桂江上游段为漓江，属于西江水系。而按照发展规划，西江经济带涵盖了广东省的广州、佛山、肇庆、云浮四市，以及广西的南宁、柳州、梧州、贵港、百色、来宾、崇左七市，区域面积为 16.5 万平方千米。国务院的批复要求两广要努力把珠江—西江经济带打造成为我国西南、中南地区开放发展新的增长极，为区域协调发展和流域生态文明建设提供示范。为此，广东、广西两省区政府特地以肇庆市和梧州市交界为中轴，由双方各划出 70 平方千米土地，设立粤桂合作特别试验区——这是我国目前唯一横跨东西部的省际流域合作特区，通过优化空间布局、共享共建基础设施、强化产业联动，以推动两广经济一体化发展。可以预见，随着珠江—西江经济带和粤桂合作特别试验区建设的深入推进，两广的铁路、公路、水路、航空线路等各种运输方式的衔接会更加顺畅，互联互通水平将得到前所未有的提升。因此，由于各地区的联系更加密切，佛教得到了有效的传播，并且与佛教相关的旅游产业也得到了飞速的发展。桂林在唐代则是我国南方佛教的中心之一，是全真和尚等名僧的诞生地，建有开元寺、西庆林寺、栖霞寺、定粤寺、云峰寺、金山院、明心寺、湘山寺等著名寺庙，是中原地区高僧大德向往的佛教圣地，对全国佛教的影响巨大。同时，桂林唐代石窟佛像众多，是我国南方第二大佛教石窟群，仅次于四川大足石窟，被认为是我国古代重要的佛教艺术宝库。现今，桂林西山的山径石壁上，仍留存有唐代的佛教石窟。尤其可贵的是，佛教传入广西后，实现了与壮、瑶、仫佬、侗等少数民族固有的原始宗教信仰的有机结合，在传承发展的过程中逐步形成了具有地方和民族特点的佛教文化。①

因此，我们应该充分利用珠江—西江经济带建设这个有利时机，发展广西特色佛教文化，促进具有民族特点的与佛教相关的旅游产业的发展。而灵渠在

---

① 朱良华：《珠江—西江经济带建设背景下广西体验性佛教文化旅游发展研究》，《广西社会科学》，2015 年第 8 期。

这一经济带中也处于非常重要的地位,因此,积极建设灵渠,加快与灵渠相关的文化产业的开发被提到了重要的位置。

二、灵渠工程的现代经济价值

灵渠工程凭借独特的地理位置以及临海的有利区位,在现代经济发展中体现着重要的价值。其经济意义具体表现在以下几个方面。

(一)加速了广西与东盟各国的贸易往来

广西属亚热带季风性气候区,水资源丰富,孕育了大量的动植物资源。广西地区汉初时属南越国地,元鼎六年(前111),汉武帝"遂定越地,以为南海、苍梧、郁林、合浦、交趾、九真、日南、珠崖、儋耳郡。"今广西管辖范围包括了当时的郁林郡全部和苍梧、合浦二郡的各一部分,此外桂北部分地区属荆州的零陵郡、武陵郡,桂西部分地区则属益州的牂牁郡。《汉书·地理志》记载:"今之苍梧、郁林、合浦、交趾、九真、南海、日南,皆粤分也。……处近海,多犀、象、毒冒、珠玑、银、铜、果、布之凑,中国往商贾者多取富焉。"而荔枝"为果多汁,味甘绝口",龙眼"南州悉有之,极大者出邕州"。这两种水果,在汉代就得到中原统治阶级的喜爱并规定为贡品,而犀、象一类的动物产品则是通过海上丝绸之路从东南亚各国以进献、贸易等方式进入广西沿江沿海地区。这些物品常被用来作为统治阶级财富和身份的象征,由此可知,广西这些土特产不仅补充了中原地区的不足、满足了统治阶级的需要,也依靠广西南部近海(是当时南中国与外界进行贸易往来最便捷的港口之一,带来了诸多外国商人)促进了广西对外贸易的发展。而到了现代,随着"一带一路"建设的推进和珠江—西江经济带的发展,广西与东盟经贸合作日益深入,近年来与东盟的贸易额稳居西部12个省(自治区、直辖市)之首,贸易额年均增长超30%。东盟已连续14年成为广西第一大贸易伙伴、主要外资来源地和广西企业"走出去"的首选地、广西最大入境客源市场,双方合作不断加深,利益纽带日益牢固。并且广西凭借沿边的区位优势,借鉴中国上海自由贸易试验区经验,推动边境贸易自由化合作,建设沿边自由贸易试验区。在凭祥—同登跨境经济合作区、东兴—芒街跨境经济合作区、龙邦—茶岭跨境经济合作区建设的基础上,通过点线面结合,以点串线、以线带面形成中越跨境经济合作带,实施带状式融合发展战略,努力将中越跨境经济合作带建设成两国人民安居乐业、富裕繁荣的友好合作带。①

凭借湘江—灵渠—漓江水道,广西自古以来就是中国对外贸易往来、人文

---

① 张家寿:《广西参与"一带一路"对外开放的战略布局》,《桂海论丛》,2015年第5期。

交流的门户和枢纽。现如今，在国家大力建设“一带一路”这个新的平台之上，广西依然以迅猛的势头开展与中部地区以及东盟国家的经济贸易合作，同时也进行了文化科技方面的交流，不断追求多方面多领域发展。

（二）加速了科技的进步与创新

2013年9月7日和10月3日，国家主席习近平在分别访问哈萨克斯坦和东盟时提出了“丝绸之路经济带”和“海上丝绸之路”的战略构想，而李克强同志则在参加中国—东盟博览会时强调“铺就面向东盟的海上丝绸之路，打造带动腹地发展的战略支点”，并谈到灵渠的经济价值，因而灵渠在“一带一路”这个对外开放战略布局中的独特影响值得我们关注研究。

广西汉代的海上丝绸之路以丝绸贸易为象征，曾在中国古代长期存在，其中包括中外海上交通线及与之相关的经济贸易关系，其主要干线分为东海起航线和南海起航线。汉武帝于元鼎六年（前111年）平定南越后，以交州南之日南、徐闻（今雷州半岛南端）、合浦（今广西合浦县东）为起航港，开拓的海上航线，史称“徐闻—合浦南海道”，是我国第一条有史料记载的官方与外国交往的航海线路。可见陆上丝绸之路是从长安出发，到达敦煌，再往西行至大夏、大宛等等。而记录海上丝绸之路的这段史料却没有写明汉武帝派遣的带着“黄金、杂缯”的官方船队是如何从长安南下到达合浦、徐闻等港口的。但从汉武帝平定南越的路线来看，可知当时从中原进入岭南主要是通过灵渠或潇贺水道。因此，有学者认为，当时的队伍从长安下岭南后，利用今广西境内的交通运输线抵达出海港口的线路也属于汉代海上丝绸之路的一部分，是汉代海上丝绸之路航线在内陆的延伸。也因此，湘江—灵渠—漓江水道就具有了极大的人文意义与文化价值。

在这一文化背景下，在研究古代海上丝绸之路对东盟国家的影响及世界文明的影响中，我们应以史为鉴，切实加强中国与东盟双方高等院校之间的合作。因教育是人文交流的重要载体，在海上丝绸之路这一影响下，留学生流动成为交流合作的中心，人力资源得到了进一步开发，从而为该地区经济社会发展及双边贸易往来奠定坚实的人才基础。与此同时，科技进步和创新在经济社会发展中的支撑和引领作用也日益凸显，慢慢成为中国与东盟合作的重要内容之一。在过去10年里，通过中国—东盟合作基金，东盟10国与中国开展了33个以人文交流为主的科技合作项目，平均每年有三个科技合作项目启动。同时，中国已经和东盟10国中的8个国家签订政府间科技合作协定，并与印度尼西亚、马来西亚、菲律宾、新加坡、泰国、越南等六国建立双边科技合作联委会机制。在双边联委会机制下，中国科技部与各国科技主管部门一起，实施了逾千个长期合作研究项目和短期交流考察项目，涉及农业、海洋、能源、减灾防灾、医疗卫生、环境等众多领域。在共建21世纪海上丝绸之路中，双边应该继续加强科技交流与合作，具体围绕全球具有挑战性的重要领域开展，促进区域经济一体化。①

(三)加快了城镇的建设与发展

汉承秦之郡县制，但与秦不同，汉代实行的是郡国并行的制度，既有直接受中央政府控制的郡县，又有分封的诸侯王国。广西当时除分属新置的苍梧、郁林和合浦三郡外，还有小部分属荆州的零陵郡和益州的牂牁郡。这些郡下置的洮阳、始安、广信、合浦、临贺、封阳、布山等县位于今广西境内。为巩固政权和加强对地方的统治，从西汉初高祖刘邦开始，就"令天下县邑城"，即全国县级以上的驻地都要修筑城池，发展到东汉时已"凡县皆有城"了。广西迄今已发现且能确定为汉代城址的有全州县的洮阳城址(汉洮阳县故城址)、建安城址、灌阳县的观阳城址(汉代观阳县城)、兴安县的七里圩王城址(汉始安县治)、城子山古城址(汉零陵郡县治所)、贺州的临贺故城址、高寨城址、武宣县的勒马城址(汉中留县故城址)、宾阳县的领方故城址、北流县的增劲塘古城址、贵港贵城遗址、南宁三江口汉代遗址、龙州三江口的庭城遗址、合浦县的大浪古城、草鞋村城址等。②这些城址选址大部分在河岸或离河流较近的交通便利之处，是当地的经济中心和商人、手工业者活动的主要基地。

这些城镇或临海，或临江，凭借着便利的交通和优越的自然地理环境，成为广西汉代海上丝绸之路经济带上的几个重要城镇。即便是在今天，这些城镇也因为独特的区位优势成为经济、文化中心和南方海内外交通、贸易的枢纽，对促进广西地区经济的发展起了巨大的推动作用。

三、灵渠文化价值的民间实施与经济价值的重新定位

灵渠是我国乃至世界水利航运史上的一颗明珠，两千多年来连接两江、润泽两地，给中华民族带来文化、经济、军事、政治等方面的积极影响。

(一)对灵渠旅游、文化资源的开发

灵渠因其距离较短，且是进入南国的必经之路，所以其历史文化的积淀相当集中。其文化由三大核心价值组成：一为显性的有形文化遗产，二为隐性的无形文化遗产，三为优美绮丽的自然遗产。其中，显性有形的文化遗产有：碧水长流的南北渠遗迹，巧夺天工的大小天平滚水坝、分水铧嘴与秦堤、渠，1000多

---

① 李世佳：《试论广西汉代"海上丝绸之路"经济带的形成与范围》，《钦州学院学报》，2015年第10期。

② 张子模：《灵渠开凿对岭南社会经济发展的影响》，《桂北文化研究》，南宁：广西人民出版社，1999。

米的客货运码头、渠上36座陡门、十余座古石拱桥、十余座古石牌坊、旱涝保收的渠田垌排灌设施与屯田文化遗址。此外,还有分散在城郊的两处驻守灵渠陡军后裔的村落也显示出“屯田”历史的痕迹,它们均是灵渠辉煌历史的见证。而其无形文化遗产也是显而易见的:渠在选址、设计、施工上都反映出我国古代人民的创造性智慧以及不畏艰险、吃苦耐劳的精神。从选址上来看,灵渠选在湘江和漓江分水岭的越城岭,沟通了岭北的湘江和岭南的漓江,从而把长江水系和珠江水系联系起来。距今两千多年的秦,既没有精确的现代化仪器,也没有先进的挖掘器械,要在地形地质结构十分复杂的崇山峻岭中去开凿一条人工运河,其困难可想而知。灵渠的成功开凿可谓是上万人民辛勤劳动努力奉献的结晶,古人凭借着高超的智慧以及顽强不屈的毅力完成了这史诗性的考验。因此,这其中自然就蕴含了中华民族高超的技艺、渴望与自然和谐相处的天人合一的思想以及注重和谐统一的民族精神。时至今日,这种精神依然对促进中华民族的和谐统一发挥着重要作用。在自然遗产方面,经明朝地理学家徐霞客勘验,与灵渠紧密相关的湘漓二水同源、漓江最长支流发源地猫儿山中的珍稀高山湿地、生物化石铁杉林以及所呈现出的生物多样性,均具备申报世界自然遗产名录的条件,其中清澈的溪流、奇特的地貌及优美的自然生态环境,也是其他任何地方都无法复制的人间仙境。

灵渠蕴含着丰富的历史文化价值,但是由于历史、经济等原因尚处于朴实无华的原始状态,甚至许多地方出现了破损,因而我们有必要对灵渠现存的有形文化遗产进行修复包装,将其转化为旅游文化资源。

首先,以水泊村为起点,沿北渠而上,至大、小天平滚水坝间可以建一灵渠传奇故事彩绘长廊,将已园林化改造的水泊村、花桥村、打渔村、南陡村连接起来,并在秦堤、柳林、城台岭小山丘约五平方公里的范围进行整体亭台楼阁的点缀与布局。在这个园林建筑群中,设置与灵渠具有文化渊源的纪念馆与博物馆,如四贤祠纪念馆,展示灵渠设计建设者史禄、渔孟威等四贤人塑像与事迹;灵渠水利航运博物馆,用实物、图片甚至模拟音像再现当年建渠、通航实况;灵渠与西南历史博物馆,展示灵渠对西南及东南亚诸国政治、经济、文化、宗教方面的交融与影响;诸子百家思想文化宝库,展示老子道家、孔子儒家、孙子兵家及法家、阴阳家学派、杂家、屈原等圣贤的思想与文化。

其次,以季家村、三里陡、点灯山为中心建立陡军屯田文化遗址,同时,以古严关为中心建立杨家将古战场遗址。另可修复重建古庙、文庙、石塔、石牌坊、石拱桥等宗教文化设施,游客既可拜佛又可祭孔,还可凭吊陡军将士守护灵渠的历史功绩。而古严关地段是非常著名的古战场遗址,民间传说杨家将中的几个儿子就在此战死,其中杨八姐救兄长的故事流传最广。当地老百姓已将杨八姐尊为神灵，每当清明节出现狂风暴雨，老百姓即视为杨八姐下凡来为其兄扫墓了。所以，对古严关关隘、古战场遗址及古代将士的古墓群进行修复，并把古朴苍劲的活化石铁杉用作整个遗址的绿化美化。同时为杨八姐建祠塑像，以彰显古代将士的民族之魂，让游客在凭吊之余接受一次爱国主义教育洗礼。

再次，开启田园风光游览与园艺生活体验。位于灵渠末段的大溶江地区是闻名全国的柑橘、葡萄、草莓等水果基地，这里的农田也是得益于灵渠的灌溉，有的农田地势较高，祖先们利用灵渠水的冲力设计了自动化的筒车灌溉设施，如果恢复这些古朴的汲水筒车，定会为灵渠两岸的田园风光增添梦回秦关的诗情画意，营造出迷人的南国风情。与此同时，为了激发游客的参与热情，该景观还可开设葡萄园、草莓园、柑橘园、桃园、梅园、茶园、高科技大棚蔬菜园、菇类苗圃、花类苗圃、孔雀、锦鸡、鱼类养殖场等等，供游客参与栽培、采摘、制作、品尝，以拓展亲身体验之旅。

最后，在傍山处设汉、瑶、壮、苗等民俗文化村寨，并建西南民俗博物馆，历代服饰博物馆，在其中不定期组织富有民族文化特色的歌舞表演。通过观看文化遗迹与歌舞表演，游客可以了解这些民族的民俗文化的交融、历代服饰文化的变迁与发展，同时也加深其对民俗民风的亲身体验。①

（二）灵渠在“一带一路”倡议对外开放背景下的独特作用

早在公元前 11 世纪，岭南先民就开辟了南海丝绸之路，这比陆上丝绸之路早了 800 年左右。《汉书·地理志》明确记载，在 2000 多年前的秦汉时期，广西合浦就是我国古代“海上丝绸之路”重要的始发港。秦朝时期开通的灵渠，连接了长江、湘江、桂江和北流江，沟通了与中原、长江流域和珠江流域、北部湾的联系。自此，中原的物质经水路运到合浦，再远航到东南亚、南亚甚至非洲等地。而东汉开辟的到达印度和斯里兰卡的航线，也以其为中介港，中国与罗马因此有了直接往来的海上航路。在合浦县境内发现的大量出土文物和众多的文化遗迹见证了这段历史。广西由此成为我国古代和亚欧开展贸易往来、人文交流重要的门户。

从区位优势看，广西面向东南亚、背靠大西南、毗邻粤港澳，处于西南经济圈、华南经济圈、中南经济圈和东盟经济圈的结合部，与东盟既陆路相连、又海上相通，是我国西南、中南出海大通道，在泛北部湾、泛珠三角、西南各方等多区域合作中有着承东启西、连接中外的作用，区位优势独特。② 而 2013 年，国家对

---

① 崔润民：《灵渠的开拓性文化价值开发》，《文化视野》，2016 年第 3 期。

② 刘松竹、吴尔江：《海上丝绸之路建设背景下广西与东盟经济合作深化问题研究》，《广西财经学院学报》，2014 年第 3 期。

广西确立了建成西南中南开发发展新的战略支点的新定位，把广西作为沿边金融综合改革试验区，鼓励在促进沿边金融、跨境金融、地方金融改革创新等方面先行先试。随着中国与东盟战略伙伴关系的不断深化，广西在国家发展战略中的地位不断凸显，国家对广西的政策倾斜会越来越明显。因此，要加快推进“一带一路”对外开放战略的实施，我们可以采取以下几方面的措施。

首先，构建“海上丝绸之路”合作机制，扩大区域外生需求。一个区域经济的增长取决于其输出产业的增长，区域外生需求的扩大是区域经济增长的重要原动力。一个封闭的、没有外部需求的国家或地区，不可能有持续高速的增长，也无法获得更多的利益。而广西在汉代已具备了形成海上丝绸之路经济带的条件。当时的广西地区已形成了若干以水路运输为主的商路，中原南下或西南地区东进，可分别走湘江—灵渠—桂江道和红水河—黔江—浔江道抵达苍梧。从苍梧出发，向东可抵当时的大都会番禺，向南可沿北流江南下，改陆路经桂门关进入南流江，顺江而下至合浦港可入海。并且上文也提到，从合浦出发，循两汉时期开辟的航路可到达东南亚各国。内河航运的畅通及海上丝绸之路的开辟，加速了这些商品货物的流通，推动了广西地区商业贸易的起步。那么在今天，我们依然要发挥广西在“海上丝绸之路”中的优势，重视灵渠在其中的独特作用，加速推进“一带一路”倡议的实施。具体而言，广西应该进一步拓展中国—东盟博览会、中国—东盟商务投资峰会、中国—东盟自贸区论坛、泛北部湾经济合作论坛、中国—东盟交通部长会议、中国—东盟港口合作网络和中马（钦州）产业园、马中（关丹）产业园、中越跨境经济合作区等平台，加强与沿线国家和城市的沟通与互动，积极推进沿线交通通道建设，联手促进交通走廊加快转变为经济走廊。

其次，加快互联互通建设，扩大经贸、产业、金融合作。在古代，道路交通主要依赖当地地势地貌和水文条件。广西境内水资源丰富、河道密布，经过秦时统治者对岭南的开发，到了汉代，广西发达的水系逐渐形成了初具规模的水路交通网络，其中起首要作用的便是湘江—灵渠—漓江水道。灵渠位于今兴安县和大溶江镇之间，由天平、铧、渠道、秦堤、陡门等部分组成，是秦王朝为统一岭南而完成的重要交通工程。它沟通了湘江和漓江，将五岭相隔的长江水系和珠江水系连接起来，南北往来的船只从此可以直航，成为南北水运交通的大动脉。中原先进的文化技术首先通过灵渠进入桂北沿江地区。两汉时沿用秦时的交通路线，从湘江过灵渠入漓江的水上航线也成为中原通往岭南的最重要的水上通道。在当代，加强对外联系，首先要有便利的交通。广西需要首先推动公路、铁路、机场、港口、口岸等建设，加快打造江海联动、水路并进、空港衔接、铁海联运“四位一体”，构建内外通达、便捷通畅、高效安全的现代综合交通运输体系。

加强与东盟国家的产业合作，突出区域分工，在临港后方规划建设一批双边、多边合作的产业园区，促进产业集聚发展，打造北部湾区域性国际航运中心。

最后，积极实施“走出去”战略。广西属亚热带季风性气候区，水资源丰富，孕育了大量珍贵的动植物资源。龙眼、荔枝等热带水果早在南越国时便已作为贡品进献皇宫，此外，广西境内河流众多，南部近海，汉代合浦港又是当时南中国与外界进行贸易往来最便捷的港口之一，是各地货物的集散地。丰富的物产和便利的海运不但促使“中国往商贾者多取富焉”，还吸引了一批西南蜀商和外国商人。唯蜀独有的枸酱，海外传入的犀、象、琉璃、玛瑙、多面金球等装饰品亦汇聚于此，这些物产资源是汉代广西贩运贸易的主体，为广西汉代海上丝绸之路经济带的形成奠定了物质基础。广西与东盟国家人文相近，资源互补性强，合作潜力巨大。在交通便利的今天，进一步加快广西企业面向以东盟为主的“走出去”步伐，对推动广西有效利用国内国外两种资源，促进经济社会又好又快发展，有着十分重要的作用。研究建立“走出去”专项扶持资金，鼓励企业到境外投资设厂、搭建营销渠道、设立售后服务中心、建设研发中心，以及对境外工程承包企业开具各种保函给予支持。

论灵渠文化价值构成系统与历史建构意义①

张　逸②

[内容提要]　灵渠是秦始皇进军岭南所修筑沟通湘江与漓江以贯通长江水系与珠江水系的运河，是古代中原连接岭南的一条重要通道，具有水路交通、水利灌溉、防洪泄洪、生产生活、社会交往、文化交流、南北沟通等方面，以及政治、军事、交通、历史、文化、经济、商贸、旅游等多重综合性价值意义，构成灵渠文化内涵外延及其内核、内层、外层、外围的结构系统，在历史建构中形成灵渠文化传统，体现中华民族精神与聪明才智，作为水路渠道开凿的伟大创举，成为中华文明宝贵的历史文化遗产，在“一带一路”背景下进入灵渠“申遗”快车道。

[关键词]　灵渠文化　南北交流　“一带一路”　历史文化遗产

灵渠古称秦凿渠、零渠、陡河、兴安运河、湘漓运河，与都江堰、郑国渠并称秦代三大水利工程，是中国乃至世界最古老的运河之一，享有“世界古代水利建筑明珠”的美誉。灵渠与长城并举，郭沫若称“诚足与长城南北相呼应，同为世界之奇观”，故有“北有长城，南有灵渠”之说。灵渠在二千多年历史发展进程中，既是中华民族的伟大创造，也是中华文明的辉煌创举。直至今天，灵渠仍然还在发挥其功能作用，仍然具有历史价值与现实意义，在“一带一路”背景下焕发青春活力，正在进入灵渠“申遗”的快车道。

回顾灵渠前世今生，不难从“原始以表末”③中透视其价值意义，当初秦始皇开凿灵渠的动机就已昭示其价值意义。先秦从春秋五霸到战国七雄是一个诸侯纷争、列强割据的分裂混乱时代，秦王朝吞并六国后继而征服百越南下进军岭南，所面临的是五岭屏障的交通阻碍，如何打通进军岭南之通道成为至为关键问题。秦军被阻滞于此，“三年不解甲弛弩，使监禄无以转饷，以卒凿渠以

① 本论文系2014年度广西高校科学技术研究项目“广西生态艺术产业化生产模式研究”（编号：YB2014040），2015年度广西社科项目“广西当代艺术生产方式研究”（编号：15FZW002）阶段性成果。

② 张逸（1983—），男，广西师范大学设计学院副教授，东北师范大学美术学院在读博士研究生，研究方向为美术学、艺术设计、影视与动漫艺术。

③ 刘勰：《文心雕龙·时序》，范文澜注《文心雕龙注》，北京：人民文学出版社，2008，第727页。

通粮道,以与越人战,杀西呕君译吁宋"①。因此,秦军修筑灵渠的动机目的是为了沟通湘江与漓江以打通长江水系与珠江水系,形成贯通南北交通的水路,以利于进军岭南、统一中国。由此可见,灵渠具有重要的历史地位及价值意义。

当然,灵渠修筑功能作用与价值意义不仅仅表现在秦始皇进军岭南、征服百越、建立南海、象郡、桂林之岭南三郡上,而且体现在贯通南北水路交通,促进中国统一、推动大一统国家体制建立以及中原文化与岭南文化交流融合上;不仅仅是中华文明的历史文化遗存,而且也是中华文化的"活化石";不仅仅是水利建筑工程的伟大创举所形成的物质文化遗产,而且也是中华民族聪明智慧结晶的精神文化遗产。从这一角度而论,灵渠的功能作用与价值意义应该远远超越当时秦始皇修筑灵渠时的动机目的,影响到中国统一与南北文化交流进程,影响岭南社会、政治、军事、水利、文化、经济、商贸、旅游、民族、人口迁徙等综合因素,至今二千多年来仍然具有影响力、传播力与感召力。因此,灵渠不仅仅是作为实体存在的物态化灵渠,而且是作为精神文化存在的文化型灵渠。

"灵渠文化"所指依托灵渠所形成的思想观念、价值取向、精神追求、理想信念、聪明智慧、才智才能等构成的文化形态,是人类社会实践活动创造的物质文化、精神文化、行为文化、制度文化的结晶。灵渠文化既在灵渠的功能作用与价值意义中构成系统,又在历史、社会、时代发展进程中建构起意义。因此,灵渠的价值意义更为重要的是灵渠文化的价值意义。

一、灵渠工程体现中华民族聪明才智及其文明创造价值意义

尽管灵渠历代进行过多次修复扩建,但仍然保持秦灵渠开创的基本面貌和大体格局,其主体工程主要包括铧嘴、大小天平、南北渠、泄水天平、陡门、秦堤等重要设施。铧嘴在大小天平之前端,外形酷似铧犁之尖嘴,以此划开流水使其分流,其目的是使流水划分为三比七的比例,称为"三七分派",即三分来水由小天平入南渠进入漓江,七分来水由大天平入北渠注入湘江;大小天平为拦河滚水坝,呈人字形,大天平长 344 米,小天平长 130 米,坝高 2—2.4 米,宽 17—23 米,目的是使汛期洪水能从坝面流入湘江故道,而平时则保持约 1.5 米的渠水深度;南北二渠是沟通湘江和漓江的通道,全长 36.4 千米,平均宽度 10 米,水深约 1.5 米;泄水天平分别位于南北二渠上,为大小天平的补充,用于大汛时的二次泄洪;南北渠道上还建有 36 个陡门,即船闸,通过陡门的开启与关闭以调节水位,保证南来北往船只不受水位落差影响能够顺利通行。灵渠工程设计先是通

① 刘安:《淮南子》第十八《人间训》。

过曲折舒缓来减小水流落差，再在陡峭的36个地段，设计了36座陡门通过船闸升高水位，利用水位升降，使根本无法行船的地段也能顺利通行。

目前灵渠主体工程遗址现存状况与宋代周去非《岭外代答》所描述灵渠状况大体相符。“湘水之源，本北出湖南；融江，本南入广西。其间地势最高者，静江府之兴安县也。昔始皇南戍五岭，史禄于湘源上流漓水一派凿渠，逾兴安而南注于融，以便于运饷。盖北水南流，北舟逾岭，可以为南矣。禄之凿渠也，于上流砂碛中叠石作铧嘴，锐其前，逆分湘水为两，依山筑堤为溜渠，巧激十里二至平陆，遂凿渠绕山曲，凡行六十里，乃至融江而俱南。今桂水名漓者，言离湘之一派而来也。曰湘曰漓，往往行人于此销魂。自铧嘴分水入渠，循堤而行二里许，有洩水滩。苟无此滩，则春水怒生，势能害堤，而水不南。以滩杀水猛势，故堤不坏，而渠得以溜湘余水缓达于融，可以为巧矣。渠水绕迤兴安县，民田赖之。深不数尺，广可二丈，足泛千斛之舟。渠内置斗门三十六，每舟入斗门，则闸之，俟水积而舟以渐进，故能循崖而上，建瓴而下，以通南北之舟楫。尝观禄之遗迹，窃叹始皇之猜忍，其余威能罔水行舟，万世之下乃赖之。岂唯始皇，禄亦人杰矣，因名曰灵渠。”①这段描述一方面可见灵渠工程的精准巧妙，凝聚了中华民族创造精神与聪明才智；另一方面也可见灵渠开凿意义及其多重综合性功能作用，凝聚为灵渠文化的历史底蕴与文化内涵；再一方面亦可见灵渠在历史长河中仍然保持开创时风貌风采，凝聚为传承至今的灵渠文化传统。

灵渠精准巧妙的设计与施工既充分体现了中华民族的聪明智慧与才华才能，又充分体现了中华民族的创造精神与文明精神；既包含地理学、水文学、数学、物理学、力学、几何学等知识和学理，又包含系统性、综合性、整体性、辩证性、动态性思维特征及古代哲学思维方式与古代科学思维方式；既有利于合理开发利用水资源，又有利于保护自然生态环境；既顺应自然又合理改造自然，既合规律性又合目的性，既具有科学精神又体现人文精神。由此可见，灵渠文化内涵正是中华民族精神、中华文明创造、中华文化传统的内涵所在，体现中华民族聪明才智、坚韧顽强、百折不挠、积极进取的品质与精神，精心设计、精良制作、精品创造的工匠精神，中华文明创造的科学精神与人文精神，形成灵渠文化的品质特征，构成灵渠文化优良传统。

二、灵渠水路交通体现南北沟通及文化交流的价值意义

秦始皇修筑灵渠意在发挥其水路交通功能以达进军岭南、统一中国目的。

---

① 周去非:《岭外代答·地理门》,北京:中华书局,1999,第27—28页。

当时灵渠通航功能，据《广西通史》考证："有人根据灵渠陡门的宽度一般在5.5米左右的情况，推算秦汉时航行于灵渠中的船只大致宽5米，又根据已经发现的当时船只模型的长宽比为5—7推算，宽5米的船只的长度可达20米，载重量可达500—600斛，约折合今20—30吨。显然，用这样的船只运粮，无疑比人力、畜力的运输能力提高了许多倍。所以，灵渠凿通后，进入岭南的秦军很快就得到了粮食的补给。"①灵渠凿通使北方秦军南下驻军，岭南纳入中央集权制国家行政管理系统，推动了人口迁徙与社会交往。《史记·秦始皇本纪》载："三十三年，发诸尝逋亡人、赘婿、贾人略取陆梁地为桂林、象郡、南海，以适遣戍。"②尽管秦王朝作为"始皇"也难逃"二世而亡"之厄运，无法挽救覆灭命运，但灵渠则千秋万代造福后世，成为中华民族文明创造的一座宏大雄伟的丰碑。灵渠形成湘江与漓江沟通、长江水系与珠江水系贯通的水路交通，其更为重要意义在于有利于南北文化交流融合，在一定程度上也起到南北统一甚至统一中国的作用。

秦始皇统一中国，不仅"分天下以为三十六郡，郡置守、尉、监"，建立起大一统中央集权制的国家行政管理体系，而且"收天下兵，聚之咸阳，销以为铜鐻，金人十二，重各千石，置廷宫中"，以示战争平息、国家统一之义。更为重要的是，"一法度衡石丈尺。车同轨。书同文字"③，统一度量衡、文字、货币，无疑也起到统一思想、政治、法律、文化、教育等作用。从这一角度而论，开凿灵渠沟通江河湖海，其实也起到统一水路交通的作用，形成国家统一的交通网络系统，以便实现运输畅通、政令传递、权力实施、四方臣服的目的，无疑也起到社会交往、南北交通、文化交流、民族交融以趋向统一的作用。

灵渠开凿意味着水路畅通，水路畅通尽管具有多重综合性功能，但其最终意义指向国家统一。尽管秦始皇之后，无论历代改朝换代还是外虏入侵，也无论合久必分还是分久必合，但民心所向、历史潮流、文化传承始终殊途同归，指向统一。中国始终能够维护统一的中国，中华民族始终能够团结统一为中华民族，中华文化始终能够传承一脉相承的中华文化传统，其根本原因在于民族凝聚力、国家向心力、文化感召力保障了国家统一。这其中也有纵横交错、四通八达的水陆交通所形成的交往交流网络系统所提供的基础条件保障。从这个意义上讲，水陆交通如同人体经络与血脉，沟通经络与血脉才能形成人体之统一整体，才有生命、生气与活力。明白此理，灵渠沟通湘江与漓江、长江水系与珠江水系的重要意义不言自喻。

---

① 钟文典主编：《广西通史》，南宁：广西人民出版社，1999，第44页。

② 司马迁：《史记·秦始皇本纪》，北京：中华书局，2000，第170页。

③ 同上书，第170页。

三、灵渠文化所承载中原文化传播与岭南文化兴起的价值意义

秦始皇修筑灵渠进军岭南后，开通中原文化传播及南北文化交流交融渠道。历代旅桂文人、任职谪贬官吏、戍兵驻军、商贾客旅、迁徙流民不断进入岭南，推动中原文化传播、南北文化交流以及中原文化与岭南文化交融。灵渠所属桂林自汉代建城始安县后成为广西历代政治、文化、教育、经济、商贸中心，是全国首批历史文化名城。历代著名旅桂文人颜延之、褚遂良、宋之问、张九龄、戎昱、莫休符、柳宗元、李商隐、李渤、元晦、范成大、张孝祥、李师中、刘克庄、朱希颜、李纲、陆游、米芾、苏轼、黄庭坚、王正功、徐霞客、瞿式耜、张同敞、李定国、袁枚、赵翼、谢启昆、梁章钜、康有为等，在桂期间不仅留下大量诗文著作与石刻，而且为广西政治、经济、文化、教育、科技、旅游、宗教、交通、军事、水利建设做出重要贡献；不仅向岭南传播中原文化及其儒家文化，而且也通过旅桂诗文著作的传播，将岭南文化传播到岭外，推动中原文化与岭南文化交流与交融。历代旅桂文人为岭南开发与建设，留下唐刘恂《岭表录异》，唐莫休符《桂林风土记》，宋周去非《岭外代答》，宋范成大《桂海虞衡志》，明杨芳《殿粤要纂》，明徐霞客《粤西游记》，清李调元《粤风》，清梁章钜《三管英灵集》，清赵翼《粤滇杂记》，明黄佐纂、林富修（嘉靖）《广西通志》，明苏浚纂修（万历）《广西通志》，明陈琏纂修（宣德）《桂林郡志》，清郝浴修、王如辰、廖必强等纂（康熙）《广西通志》，清金铁修、钱元昌、陆纶纂（雍正）《广西通志》，清苏宗经等编撰《广西通志辑要》等著作，以及大量的桂林山水诗文与桂林石刻①。

在中原文化传播与南北文化交流背景下，岭南文化及其广西地域文化兴起，涌现出汉代经学世家“三陈六士”的陈钦、陈元、陈坚祖孙三代，士赐、士燮、士壹、士䵋、士武及士燮之子士钦祖孙三代；唐代状元赵观文，诗人曹邺、曹唐的“二曹”；宋代监察御史周谓，文武状元王世则、李珙、毛自知，三元及第状元冯京；明代礼部尚书、户部尚书蒋冕、蒋升，官至礼部尚书兼文渊阁大学士吕调阳；清代画家石涛、李秉授，封疆大臣陈宏谋，三元及第状元陈继昌，状元龙启瑞、张建勋、刘福姚，“进士之家”张言家族，“父子三翰林”朱若东家族，“文学世家”朱琦家族，古文“岭西五大家”、诗学“杉湖十子”、词学“临桂词派”等，留下明张鸣凤《桂故》《桂胜》，清石涛《石涛题画录》《石涛和尚山水集》《画语录》，清罗辰《桂林山水》，清况澄编辑《桂林胜迹诗抄》，清王鹏运《半塘定稿》《四印斋所刻词》，清况周颐《蕙风词话》《蕙风丛书》《蕙风词话》，清汪森《粤西诗载》《粤西

---

① 张利群：《论历代旅桂文人的山水文学创作成就及其影响》，《玉林师范学院学报》，2013 年第 1 期。

诗载》《粤西诗载》,今人曾德珪辑《粤西词载》,清黄蓟编《岭西五家诗文集》,清侯绍瀛《粤西五家文抄》,清张凯嵩辑《杉湖十子诗钞》,清李宗翰编《杉湖酬唱诗略》等诗文著作。尤其晚清岭南在全国迅猛崛起,粤西文化成就享有盛誉,临桂词派被誉为晚清词学中兴之绝响,王鹏运、况周颐为“清季四大词人”之首,《蕙风词话》为“清末三大词话”之一。康有为在桂林讲学期间所著《桂学答问》,在其序中高度赞扬晚清粤西文教之盛:“于今二十年,桂士彬彬,其举人在今皇帝时再魁天下,而创作桂山书院以教惠之者,宜不能忘也。”①广西近现代涌现诸多政治文化名人,如冯子材、刘永福、唐景崧、岑毓英、岑春煊、马君武、雷沛鸿、梁漱溟、李宗仁、白崇禧、李济深、黄旭初、韦拔群、李天佑、韦国清等,在全国产生重要影响。由此可见,灵渠文化开启中原文化岭南传播、交流、交融的历史篇章,推动岭南文化兴起和发展,不失为开发岭南、建设岭南、成就岭南的开创性意义。

四、灵渠历史文化遗产所建构灵渠文化传统的价值意义

将灵渠历史文化遗产作整体系统观,首先必须厘清其内核—内层—外层—外围的构成与结构系统。灵渠历史文化遗产内核是由铧嘴、大小天平、南北渠、泄水天平、陡门五部分构成的灵渠主体;内层是围绕灵渠历代留下的文物古迹;外层是灵渠周边附近发掘发现的历史遗存遗址;外围是灵渠所在兴安县发掘发现的历史文化遗迹。

灵渠旁有“四贤祠”,元代以前为灵济庙,是为了奉祀开凿和完善灵渠有功之臣的秦监御史禄、汉伏波将军马援、唐桂管观察使李渤、防御使鱼孟威,祠内有四贤塑像,院内有历代碑刻;灵渠上建有清代石桥,名为“状元桥”,也叫“青云桥”,寓含吉祥顺意之义;灵渠岸边矗立一块如小山包大石,题名“飞来石”,石体遍布历代歌咏石刻。除此之外,灵渠在历代还建有十余座古石拱桥,十余座古石牌坊,一座古石塔,一处点灯山古庙群,一座文庙,一座古关隘,一处古战场遗址,多处古墓群,以及旱涝保收的渠田垌排灌设施、十多处筒车浇灌设施。

围绕灵渠修筑以及守护和维护的,还有所谓“陡军”,即开关陡门(闸门)的守军将士。据考证,“陡军”后人仍然生活在灵渠附近村落,形成季家屋场、茄子堂、松树山等“陡军文化”村落。2015 年 7 月 24 日在兴安召开“中国灵渠陡军文化研讨会”,与会专家一致认为:这些陡军村落是灵渠历史文化的重要实物见证,是研究灵渠陡军文化的“活化石”。

---

① 康有为:《桂学答问序》,康有为《长兴学记 桂学答问 万木草堂口说》,北京:中华书局,1988,第 27 页。

灵渠也是中国最早的“屯田文化”所在地。据考察考证材料:“灵渠的中下游地段还附带设计了很多排灌设施,既有效实现了排洪,又附带开辟了大量农田,满足了军队长期戍边的需要。在众多不同形式的排灌设施中,最著名的是南渠县城段渠田垌的排灌分渠。这四条排灌渠沟不仅为洪水季节及时排洪起了关键作用,还依排灌渠开垦出一望无际旱涝保收的良田,对当时远离京城的戍边军需以及百姓生活做出了巨大贡献。这些灌溉设施还是研究古代屯田文化的最珍贵的遗迹。”①这些屯田文化遗址也应该是灵渠文化不可分割的组成部分。

此外,还有离灵渠不远的“秦城”遗址。《岭外代答》载:“湘水之南,灵渠之口,大融江、小融江之间,有遗堞存焉,名曰秦城,实始皇发谪戍五岭之地。秦城去静江城北八十里,有驿在其旁。”②秦城现存状况据考证:“大溶江与灵渠汇合的三角洲,最清楚的秦城遗址尚有四五处:一、马家渡至大营村东北3里外的‘城墙埂子’,长达4华里,且有城壕3里;二、通济与太和堡之间的两道土城,周围7里;三、灵渠出口处与大溶江汇合处的水街,有一段100多丈长的古城;此外,在湘佳铁路东边的大埠头村,也发现有古城遗址;在它稍北偏东的廖家村背后,还有黄巢北上时暂作屯兵之所的‘黄城’。当然最完整的要算七里圩南、紧临大溶江的‘王城’了!‘王城’是座古城镇的城址,它分为内外两层,内层面积达90多亩,其东南城墙长90多丈,墙厚2.4丈,高6尺和1.2丈不等;西北城镇长60多丈;城外还有3丈多宽的城壕及外城。内城是一方形台地,走进城内,还可拾到当年的布满斜纹的秦砖汉瓦。”③

灵渠周边还有“古严关”遗址,《岭外代答》也有记载:“北二十里有险曰严关,群山环之,鸟道微通,不可方轨,此秦城之遗迹也。形势之险,襟喉之会,水草之美,风气之佳,真宿兵之地。据此要地,以临南方。水以出渠,自是可以方舟而下;陆荷出关,自是可以成列而驰。进有建瓯之利势,退有重险之可蟠。宜百粤之君,委命下吏也。”④古严关现状据考证:“古严关:亦称炎关。广西壮族自治区重点文物保护单位。位于桂林市兴安县严关乡严关村。始建于何时,其说不一,有说建于秦,有说筑于汉。现存严关自明崇祯十一年(1638)以后多次维修。关口筑于狮子山与凤凰山之间。关门中,两旁城垣连山。垣高5.3米,长43.2米,厚8.23米,内外砌以青石,中间填土。关门分前后两重券拱,门高4米,中间露顶,其上建门楼。关门的内外门额上,嵌有清咸丰元年(1851)兴安知县

① 据 http://www.wtoutiao.com/p/1a7O2ZF.html。

② 周去非:《岭外代答·古迹门》,北京:中华书局,1999,第400页。

③ 据 http://www.chinalqw.gov.cn/Print.asp? ArticleID=20081027144809043。

④ 周去非:《岭外代答·古迹门》,北京:中华书局,1999,第400页。

商昌题刻‘古严关’三个大字。”①这些古遗址证明，秦始皇进军岭南后留下不少开发岭南的文化遗迹。尽管这些文化遗址大都为古城、古城墙、古关隘、古战场，与政治、军事、战争相关，但从中亦可窥所含社会、生活、历史、文化、民俗、经济、农耕、建筑等丰富信息内容。因此，必须进一步加强灵渠文化遗址发掘与修复工作，以便整体、系统、全面保护灵渠历史文化遗产，还原灵渠历史文化原貌，形成一脉相承、薪火相传的灵渠文化传统。

综上所述，灵渠是秦始皇进军岭南所修筑沟通湘江与漓江以贯通长江水系与珠江水系的运河，是古代中原连接岭南的一条重要通道，具有水路交通、水利灌溉、防洪泄洪、生产生活、社会交往、文化交流、南北沟通，以及政治、军事、交通、历史、文化、经济、商贸、旅游等多重综合性价值意义，构成灵渠文化内涵外延及其内核、内层、外层、外围的结构系统，在历史建构中形成灵渠文化传统，体现中华民族精神与聪明才智，作为水路渠道开凿的伟大创举，成为中华文明宝贵的历史文化遗产，在“一带一路”背景下进入灵渠“申遗”快车道。

---

① 据 http://baike.so.com/doc/2567570-2711497.html。

灵渠:古代水利建筑的文化遗产

韩雨晴 杜丽萍①

[内容提要] 灵渠是秦始皇统一岭南时开凿的一项水利工程,有“世界古代水利建筑明珠”的美誉。灵渠选址科学、布局合理、计算准确、建造精美、匠心独具,从开凿通航至今,集军事航运、水利灌溉功能于一身,同时带动了岭南地区商业经济的发展、推动了中原与岭南的民族及文化融合,也在这两千多年中逐渐形成了自己的文化体系,泽及天下。同样,灵渠工程作为一项重要的文化遗产,兼有物质文化价值和非物质文化价值,这需要我们去正视灵渠重要的文化遗产地位并对其开展进一步地保护和开发,实现对其艺术价值和精神文化的传承。

[关键词] 灵渠 水利工程 文化交流 文化遗产

灵渠,古称秦凿渠、零渠,又称湘桂运河、兴安运河、陡河,是我国古代汉族人民运用劳动和智慧建造的一项伟大工程。灵渠位于广西壮族自治区兴安县境内,自东向西而流,沟通湘江上游的海洋河与漓江支流始安水、联结长江与珠江两大水系,全长36.5公里,由铧堤(大小天平)、南渠、北渠和渠道上及两岸的建筑物组成。灵渠于公元前214年(秦始皇三十三年)开始通航,至今已有两千多年历史,是世界上最古老的运河之一,也是我国乃至世界上最早的水利工程项目。它与四川的都江堰、陕西的郑国渠并称为“秦代的三大水利工程”,有着“世界古代水利建筑明珠”的美誉。

一、灵渠工程

灵渠工程历史悠久、影响深厚,从选址到布局、设计到建造以及开凿到通航,都凝聚着人民智慧与民族精神,体现出科学性与合理性,独具匠心。

① 韩雨晴(1993—),女,广西师范大学文艺学专业在读硕士研究生,研究方向为文艺美学。杜丽萍(1993—),女,广西师范大学文艺学专业在读硕士研究生,研究方向为中国古代文论。

(一)灵渠工程之开凿

秦始皇二十六年(前221年),秦统一六国,分天下为三十六郡。为了尽快平定南方疆土,秦始皇又紧接着发兵岭南,然山路崎岖、运输不易,粮草补给困难,于是秦始皇命令史禄劈山凿渠,化解运粮困境。自此十万军民历时四年建造灵渠,于公元前214年通航,这便是灵渠开凿的历史。刘安《淮南子·人间训》中有记载:"(秦皇)又利越之犀角、象齿、翡翠、珠玑,乃使尉屠睢发卒五十万为五军:一军塞镡城之岭,一军守九嶷之塞,一军处番禺之都,一军守南野之界,一军结余干之水,三年不解甲弛弩,使监禄无以转饷,又以卒凿渠而通粮道,以与越人战,杀西呕君译吁宋。"①灵渠通航后,军需物资顺其流而入,秦军得势,战事逆转。灵渠这项水利工程因战争而起、依崇山峻岭而生,自此越五岭、通三江,联通了中国南部的水运网络。

除了历史原因,灵渠的开凿也具备必要的地理条件。兴安县位于桂林市东北方约六十千米处,所处之地为长江流域和珠江流域的分水岭——南岭山脉的最低处,近南北向是一处古称越城峤(太史庙岭)的土岭。此地湘江北去漓水南往、一入长江一汇珠江,两处江水虽不相往来,但湘江上游的海洋河与漓江支流始安水距离最近处仅1.7千米,仅隔着高三十余米、宽三百余米的越城峤,只需穿岭而过即可实现海阳河与始安水的融汇。在当时权衡了两条河流的地势高程之后,灵渠的开凿于现今渠首处,即自两河距离最近处沿海阳河上溯2.3千米,开凿渠道、拦河筑坝、抬水位引水,筑成灵渠。

(二)灵渠工程之构造

灵渠全长36.4千米,主体工程分为渠首、南渠、北渠三部分,包含铧嘴、大天平、小天平、南渠、北渠、泄水天平、陡门、秦堤以及其他桥梁等,尽管兴建时间先后不同,但它们互相关联、布局科学合理,均为灵渠不可缺少的组成部分。

铧嘴,即铧堤,以条石叠砌,前锐后钝,形如犁铧,因而得名。海洋河流到此处经大、小天平拦高水位,聚水为潭,成分水塘,而铧堤自大、小天平人字形的顶端向前延伸三十米至潭中而建,是一座坚固的导流长堤。铧堤用以劈水分流,"于湘流砂碛中垒石作铧嘴,锐其前,逆分湘流为两"②,海洋河依铧嘴一分为二流入南、北两渠,"三分入漓,七分归湘"。同时,铧嘴在减轻洪水对大小天平的冲击力方面也有一定的作用。

大小天平为拦河坝,坝顶可全线溢流,能控制引水入渠的水位、有效防止入渠水流水位过高的问题,遂有"天平"之名。大小天平呈人字形布置,便于受力,

---

① 董诰等:《桂州重修灵渠记》,《全唐文》,卷八百四,北京:中华书局,1982。

② 周去非:《岭外代答》,北京:中华书局,1999。

结构上科学合理,兼有多重功能。此处有抬高坝前河床水位功能,即在渠首处拦高海阳河水位,同时它也是分水之后的导流堤,使水渠能够自流入始安水,兼有泄洪之效,汛期可将多余洪水排至下游。因而大小天平是灵渠运行的重要一环,集壅水、导水和溢流于一身,其两处蓄水区有着缓解水势变化、容纳多余水量和泄洪的多重作用,能够保障河水正常引入南渠、北渠,保持渠道稳定通畅。

陡门又称斗门,简称陡,是中国古老的船闸,是灵渠的又一重要构成。海阳河每年有 4 个月的枯水期,在此期间,灵渠引用水流量不足,行船受到阻隔。陡门为控制渠水的蓄泻而设,可拦阻水流、抬高水位、蓄水通舟。《徐霞客游记》中记载:“出(兴安)城西三里抵三里桥,桥跨灵渠。渠至此细流成涓,石底嶙峋。时巨舫鳞次,以箔阻水,俟水稍厚,则去箔放舟焉。”这就是陡门的操作过程。灵渠有所记载的陡门共 34 座,南渠 30 座,北渠 4 座,至宋明两代最多,共有 36 陡。与现代的船闸建造相比,陡门的设计较为简陋,但在操作方面则相当简洁灵活,节省了船只的通过时间,且胜在成本低廉、设备易于更新,可以说是现代船闸的雏形,开世界运河史之先河。

灵渠工程的建造,在规划过程中依据地形特点因地制宜,并结合当时较为先进的工程技术水平,以统观全局的高度、颇具前瞻性的视野以及灵活而细致的设计展开施工,统筹考虑渠首选址、渠道长度与线路、陡门分布等工程因素,形式简单但实用方便,得以沿用两千多年。

灵渠与桂林山水一脉相连,青山碧波之间写满了甲天下的余韵。有关灵渠之貌,南宋地理学家周去非在《岭外代答》中有描述:“于上流砂碛中,垒石作铧嘴,逆分湘水为两,依山筑堤为溜渠,巧激十里而至平陆。遂凿渠绕山曲,凡行六十里乃至融江而俱南……自铧嘴分水入渠,循堤而行二里许,有泄水滩,苟无此滩,则春水怒生,势能害堤,而水不南,以有滩杀水猛势,故堤不坏,二渠得以溜湘余水缓达于融,可以为巧矣。渠水绕迤兴安县,民田赖之。深不数尺,广可两丈,足泛千斛之舟。渠内置斗门三十有六,每舟入一斗门,则复闸之,俟水积而舟以渐进,故能循崖而上,建瓴而下,以通南北之舟楫。”①在这段描述中,灵渠的规模、分流概况及船行之法都有所呈现,“巧激”“余水”“缓达”等种种描绘皆为灵渠工程严谨巧妙、技术精深灵活的再现。渠首静逸,大小天平坚稳持重,铧嘴的锋芒,渠水的澄澈清美,还有万里桥、飞来石、秦堤等景观穿插其间,加之南、北两渠的一系列建筑物安排得当、融于自然,使得灵渠在历代都是一处名胜,具有实用功能又兼具审美之景,宛如天成。

---

① 周去非:《岭外代答》,北京:中华书局,1999。

二、灵渠工程的功能作用

灵渠工程集观景与实用之功能，自通航之时起便集多重功能于一身，它始于军事、沿用于利民，便于水路航运、有助农业灌溉，并推动经济发展、促进民族融合，可以说泽及其流域内外，惠及历史古今。

（一）军事航运作用

灵渠于秦代秦始皇三十三年（前 214 年）凿成通航，初时是战争需要，为军需补给运输之用。秦国是内陆国家，水路原本并非其主要交通方式，但秦统一六国过程中同列国的战争规模日渐扩大、国土版图与日俱增，此时水路运输因其运输量大、省力便捷的优势而得到重视。秦统一六国之后，将目光投向土地广袤、又多产“犀角、象牙、翡翠、珠玑”①的南越地区，遂出军平定。秦军在占领广东西部、广西南部诸地的行程中遭遇了越人坚韧的抵抗与反击，数十万秦军“三年不解甲弛弩”，物资消耗巨大、战事僵持不下、粮草频频告急。并且岭南地区山多路少，且多羊肠小道难以行车，是南北交通的天然障碍。但不同于其他山高路险之地，岭南此地河流众多、水量较大，可谓物资运输的天然航道。诚如应邵所说“时欲击越，非水不至”②。灵渠开凿成功后，战势逆转，经数年奋战，秦始皇统一岭南，设桂林、象郡、南海三郡。灵渠的地理位置在军事上可谓是“三楚两越之咽喉”的关隘，此后在秦国的其他战事中也多次发挥作用。历史上秦始皇还曾置西北一侯，在灵渠旁边建筑城堡，驻扎重兵防守，防止西瓯人北窜入境，在建郡、设尉的同时，秦始皇又先后发遣 50 余万的罪犯到岭南戍守，与越人杂处。已有考古发现灵渠附近有兵城的遗迹，由此可见灵渠重要的军事作用与战略价值，也可知其在巩固王朝统一、防止地方分裂割据以及维护南方稳定方面的重要意义。此后在战争运输方面，水运的便捷日益浮现，于是秦国在不断的实践中逐步尝试出了一套沿水道建粮仓、运兵转饷的措施体系，这为后世漕运制度的确立奠定了初步基础。

秦朝以后，随着经济的进一步发展，以及中原对岭南统治的不断加强，历代王朝在岭南又相继修筑了多条通道，进而形成了一个以水路交通为主干，水陆兼运的过岭立体交通网。在两汉，中原政权曾对岭南进行了两次大规模用兵，一次是西汉时期平定南越，一次是东汉时期讨平二征（征侧、征贰），其进军路线多循秦军旧道。南朝至隋，中原多乱，历代统治者无暇给岭南太多的关注，过岭交通因而也没什么太大变化。唐朝建立以后，进一步加强了对岭南地区的控制，加上中原政治、经济重心的转移以及岭南经济的发展，过岭交通也进入了一

① 何宁撰：《淮南子集释》，北京：中华书局，1998，第 1289 页。
② 司马迁：《史记·越列传》，北京：中华书局，1959，第 2969 页。

个新的历史时期。唐宋以后过岭交通的变化在地理分布上表现为岭南西部交通的衰落和岭南东部交通的崛起。尽管唐宋对灵渠进行了多次修缮,但是岭南东部的崛起依然不容小觑,虽然此时交通路线的功能仍以军事和政治为主,但其经济意义迅速增大,使过岭交通呈现全方位、多功能的发展特点。由于经济的需要,唐宋以后的岭南东部交通线的地位迅速上升,经过多次大规模的整治,交通设备得到较大程度的改善。正是从这种意义上说,灵渠在唐代已走过了它最辉煌的历程,唐宋时期过岭交通还形成了一些新路线,宋人周去非在《岭外代答》中列举了当时过岭交通的五条主要通道:"自福建之汀入广东之循、梅,一也;自江西之南安逾大庾岭入南雄,二也;自湖南之郴入连,三也;自道入广西之贺,四也;自全入静江,五也。"①上述五途中有三途在今广东境内。由于战事的需要,灵渠在明代曾一度又显得相当重要,从明初平广西、征南丹到永乐时期征安南以及成化以后镇压大藤峡农民起义,明军的推进和粮饷供应都是溯湘江过灵渠而南下,明人即称灵渠"当南服往来喉舌之地,田畴之灌溉,舟楫之通塞系焉",但由于洪武末年严震直修灵渠全部撤去鱼鳞石,"遇水患,势无所泄,冲塘决岸",造成灵渠经常为害一方。永乐以后,灵渠已是三年一小修、五年一大修。明末清初的连年战乱,更使灵渠残破不堪,康熙二十四年,范承勋赴广西就职巡抚时,经过灵渠,"入陡,顾见陡石圮坏","既而冬旱,水源告竭,舟不得通",为此,康熙至光绪年间曾对之进行过多次大规模的整修,使得灵渠的通航、防洪和灌溉能力有所提高,"河流宣畅,旱潦无忧,桔槔声闻,活野千顷,舳舻衔屋,商旅欢呼"。当时的广西巡抚陈元龙对灵渠的作用给予了很高的评价:"夫陡河虽小,实三楚广之咽喉,行师粮运,以及商复百货之流通。唯此一水是赖。"

虽然灵渠的功用多涉及军事与交通,但作为岭南重要的运河,它对海运和对外贸易发展也有一定的影响。中国早期的造船和航海受技术条件局限,难以造出优良的海运船只。在唐代之前,海运只限于近海沿岸,而且是偶尔为之。自东汉时期郑弘开凿零陵、桂阳峤道以后,不仅交趾七郡的贡献转输皆取道广西,凡是要与中国交往的南方和西方各个国家皆由此道,叶调(爪哇)、掸(缅甸)、天竺(印度)、安息(伊朗)、大秦(东罗马)等国的商船和使者都会经过交州,然后从雷州半岛西端的徐闻登陆,沿河经浔州、苍梧溯漓江而上,过灵渠入湘水下中原。宋以后,指南针开始广泛运用于航海,造船技术也有了长足进步,建造的海船船体高大、构造坚固,能够适应远途外洋航行。但在唐以后这一情况却因海运的快速发展而有所改变。由于广州更靠近南洋,加之难得的深水港条件,广州便理所应当的成了当时中国最大的进出口物资集散地,并进而成为

① 周去非:《岭外代答》,北京:中华书局,1999。

唐代七条国际交通线中的通夷海路的起点。唐代以前，过岭交通以岭南西部为主，位于灵渠——漓江沿岸的河谷地区较早得到开发，特别是桂东北地区，其发展水平不仅长期领先于广西其他地区，而且远远高出广东大部分地区。史学界一般都把唐代作为岭南历史发展的转折点。贞观以后，岭南交通重心迅速东移，广东人口的增长和经济开发加速，地位逐渐上升。纵观灵渠的发展，我们不难发现其在军事方面卓越的运输功能，即便在明代也能通过它为前线做好后勤保障。因而灵渠作为岭南的第一条运河是中国水利发展史上浓墨重彩的一笔。

（二）水利灌溉作用

灵渠设计的重点不仅体现于航运，在灌溉方面也同样给现代人做出了榜样性的示范。灵渠的中下游地段还附带设计了很多排灌设施，既有效实现了排洪，又附带灌溉了大量农田。“灵渠当南服往来喉舌之地，田畴之灌溉，舟楫之通塞系焉。”①其开凿之初只为通船运输，至宋代才新增了灌溉供水功能。最著名的是南渠县城段渠田垌的排灌分渠。排灌渠沟不仅为洪水季节及时排洪起到关键作用，还依排灌渠开垦出一片一望无际旱涝保收的良田，灵渠两岸开垦良田数万亩，这为当时远离京城的戍边部队之军需以及百姓生活做出了巨大贡献。宋代周去非在《岭外代答》中称“渠水绕兴安县，民田赖之”。② 因在宋朝时期，桂北地区的农业迅速发展，“静江（今桂林）民颇力于田，其耕也，先施人工踏犁，乃以牛平之”。农业的发展给水利灌溉提出了新的要求，灵渠的灌溉作用也因此得到了重视。灵渠的灌溉范围主要分布在兴安县，至清代已发展至数百顷（约几千亩），其灌溉的效益同航运功能已是不相上下。康熙年间，广西巡抚范承勋曾言“灵渠一线，民之命脉系焉，其可忽诸?”于是捐俸补修灵渠，可见当时灵渠灌溉作用之大。鄂尔泰在《重修桂林府东西二陡河记》中也有记载：“近渠之田，资灌溉者不下数百顷，水旱无虞，前此荒塍悉登膏沃。若乃舟楫之便利，惠贾通商，则自灵渠而北曲赴湖南，自鲢鱼陡而西直际黔省之古州（今贵州榕江）。”灵渠使南岭高地有水灌溉，对地方经济的发展起到巨大的促进作用。

到了近代，陆路交通发展迅速、日渐便捷，灵渠的作用在交通运输方面日益衰微，尤其是在湘桂公路以及湘桂铁路开通之后，灵渠的船只渐少，两千多年来帆影往来的航运职能几近消弭，开始专注水利灌溉。就在新中国成立之时，经研究人员考察，仅兴安县城附近就有筒车等灌溉工具数十座，大小渠道 34 条，总长 110 多公里，构成了一个以灵渠为主干的水利灌溉网，灌溉面积达 4 万多亩。可以说灵渠的灌溉意义是一直传承至今的。

① 蒋方正：《兴安县志》卷三窟水利，《兴安县志》，1834。
② 周去非：《岭外代答》，北京：中华书局，1999。

综上所述，灵渠工程的功能在历史上以航运为主，以灌溉、供水等为辅。因古时灵渠位置优越，曾为中原与岭南的水路交通要道，如今虽航运之能已失，但灵渠作为一项存在已久的水利工程，仍肩负着农田灌溉及城镇供水之重任，它灌溉包括兴安、界首等地在内约1000平方米的农田，并为改善县城的生态、生活环境发挥重要作用。它泽及天下达2000多年而不怠，是历史给予我们的馈赠。

(三)商业经济作用

岭南，古称百越之地，闽越、南越、东瓯越、西瓯越、骆越等诸多少数民族在此生活。这里背山负水、五岭阻隔、滞后闭塞，同中原之地鲜少往来。直至灵渠的开凿、郡县制的推行，各地才开始相融相通，昔日中原同百越之间的山高路险、层层阻隔皆消融于这悠悠曲水、澄澈清波之中。

灵渠的开通是岭南地区经济发展的重要推力。岭南地区在春秋战国时期还是十分落后的，同中原交流较少，经济发展缓慢，直至灵渠的开通才打破了这一困境。水路往来打开了两地经济交往的渠道。据史料记载，灵渠在中原与岭南的货运往来中一直属于交通要道，至明清时期灵渠的客货来往船只日达三百多艘，是西部丝绸之路的百余倍。中原地区的战略物资、先进的耕作和纺织技术以及建筑艺术、优秀文化等都顺着这通道涌入西南部边陲之地，而南部的奇珍异宝、名贵药材也沿灵渠北上传到了中原地区来。灵渠水路的开通若一泓活水流入，滋润了这一方土地，带来了经济、农业和手工业的发展，给商业提供了有利的发展条件，一改岭南“南蛮之地”之貌。

中原同百越两地的沟通因灵渠通航而展开，从此经济的交流、人口的流动都步入了新阶段。秦灭六国实现大统一后，社会渐稳，秦始皇便迁徙50万中原人口至岭南与越人杂居，先进的冶铁技术和成熟的农业科技成果随着南下的汉人进入岭南，中原人民将先进的生产工具和生产技术带到岭南，同时岭南特有的物产也借此通过商业运转更多地北上、东移。如此一来两地交流、物资来往、经济技术互助互补，带动着这一地带的日益繁荣。灵渠历史上商业文明一度十分发达，清代诗人苏宗经曾写到“径缘桥底入，舟向市中穿，浆脚挥波易，逢窗买酒便”，便是一幅安居乐业、欣欣向荣之图景。直至今日，兴安灵渠依然留存曾经的商业发展印记，也在一定程度上为如今兴安及周边地市的发展奠定了历史基础。

(四)城镇建设功能

城市的建设与兴起大多以水系为依托，中国历史上有许多这样的例子。汉代在秦代郡县制的基础上有所发展，实行郡国并行的制度，其中郡县直接受中央政府控制，诸侯王国则分封自治。当时的广西有小部分属荆州的零陵郡和益州的牂牁郡，其余部分则分属新置的苍梧、郁林和合浦三郡。历史上自西汉初高祖刘邦之后，因巩固地方统治、强化政权的需求而实行“令天下县邑城”，要求全国县级以上的驻地修筑城池，至东汉时则呈现出“凡县皆有城”的景象。广西迄今已发现且能确定为汉代城址的有全州县的洮阳城址（汉洮阳县故城址）、建安城址，灌阳县的观阳城址（汉代观阳县城）、兴安县的七里圩王城址（汉始安县治）、城子山古城址（汉零陵郡县治所）、贺州的临贺故城址、高寨城址、武宣县的勒马城址（汉中留县故城址）、宾阳县的领方故城址、北流县（现北流市）的增劲塘古城址、贵港贵城遗址、南宁三江口汉代遗址、龙州三江口的庭城遗址、合浦县的大浪古城、草鞋村城址等。① 这些城址选址大部分在河岸或离河流较近的交通便利之处，是当地的经济中心和商人、手工业者活动的主要基地。借助灵渠的润泽与辐射影响，灵渠的下游城市桂林，在灵渠开凿后，其经济文化发展与城市建设都有质的飞跃。依托水系的发展，实现了自然与城市的完美结合。这座“山中有城，城中有山”的山水城市有着两千年的历史，沿水系而生、依周边城镇而建，山水与城市建设彼此融合，在广西壮族自治区内的水文生态体系内发展出自己的城镇格局，也因而成为首批人文历史文化名城之一。

交通、物产、城镇发展是经济带形成的三个重要因素。在物产方面，广西地区的珍物特产丰富多样，为商业的发展提供了物质基础。既有犀、象、玳瑁、珍珠等既可入药也可作为奢侈装饰品的珍物，也有产于本地的细葛布和荔枝、龙眼等特产。而内河航运的畅通及海上丝绸之路的开辟，加速了这些商品货物的流通，推动了广西地区商业贸易的起步。

综上所述，广西地区已具备了形成汉代海上丝绸之路经济带的条件。而商路沿线形成了或大或小的城镇，如合浦、广信、布山、始安等地，凭借着便利的交通和优越的自然地理环境，成为广西汉代海上丝绸之路经济带上的几个重要城镇。这些城镇或临海，或临江，成了岭南和海外所产各种珍奇物品的集散地。随着商业贸易的日渐繁荣，这些城镇逐渐成为经济、文化中心和南方海内外交通、贸易的枢纽，这对促进广西地区经济的发展起了巨大的推动作用。

三、对“灵渠”申遗的几点看法

灵渠工程作为一项重要的文化遗产，既有物质文化价值也兼有非物质文化价值。我们要正视灵渠的文化遗产地位并对其进行保护，同时开发其文化价值，注重其文化遗产的艺术本质和精神传承。

---

① 李世佳：《试论广西汉代“海上丝绸之路”经济带的形成与范围》，《钦州学院学报》，2015 年第 10 期。

(一)物质文化与非物质文化保护观念变迁

在谈保护观念之前我们有必要提及物质文化和非物质文化的问题,并说明一下保护的对象。物质文化代表对物质客体的文化表述,主要包括建筑、雕刻、绘画、工艺品、墓葬、遗址、字迹、典籍、人工器物与天然物等。而非物质文化相当于无形文化,主要体现在精神层面,是指各类民间知识、技术、语言、口头文学、风俗、音乐、表演、礼仪、工艺、医道、信仰。除此之外还有有形与无形分类交叉在一起的"民俗文物"。日本《文化财保护法》中明文列出的"文物"范畴中还有称为"民俗资料"的类别,它包括"衣食住、信仰、一年的例行活动等风俗习惯以及这些活动中所用的衣服、器具、房屋及其他物件",并且规定"重要的民俗资料"也是"重要的文物"。无论是物质文化还是非物质文化,其重要性首先在于它携带着历史情感、国家和民族的象征及信仰,巩固了个人、民族和国家的文化认同。那么就灵渠来说,它具有的物质文化的价值是"秦代的三大水利工程之一",其构造的精巧使它在被建造之初就兼具航运、灌溉、交通价值。同时,它又具有非物质文明的价值,在它身上所体现的中华民族的超凡的智慧,以及吃苦耐劳的精神足以使一代又一代的华夏儿女们去传承、去学习。因此,我们要加大对此类文化遗产的保护。人类对文物保护的认识有着一定的过程,早在十九世纪就颁布了一系列文物保护的法规、文件,具体有:《雅典宪章》(1933)、《威尼斯宪章》(1964)、《内罗毕建议》(1976)、《马丘比丘宪章》(1977)、《华盛顿宪章》(1987)、《世界文化遗产公约》(1987)等。其中1933年的《雅典宪章》(又称《都市计划大纲》)开始提到保护"有历史价值的建筑和地区"。而联合国教科文组织的《世界文化遗产公约实施指南》则指出"文化遗产的重要性在于它巩固了个人的和国家的文化认同,以及对少数民族地方见解的尊重"。经过从《雅典宪章》到《世界文化遗产公约》半个世纪的发展,文物保护的原则、目的和指导措施已渐成体系,而且在世界上已得到相当的认同。随着这些条约、文件在中国的传播,以及国内大型工程建设与现代化进程的加快,为了更有效地保证大型工程建设中对文化遗产的保护,我们必须制定相应措施并补充必要的文物保护法条文。

(二)对灵渠保护的几点建议

首先,对其进行存在性保护。存在性保护是针对那些面临着生存危机和暂时可以放置的非物质文化遗产而言的。前者也可以称之为抢救性保护,后者则可以称之为博物馆式的保护。如果不抢救,这些延续了几百年甚至几千年的人类优秀文化遗产有可能完全消失,连生存都有问题,谈何保护。博物馆式保护就要对一些现代不易开发和保护的非物质文化遗产采取照片、摄影等现代手段使其以影像等实物的形式记录下来,经过资料整理,通过正规的机构进行专业管理,将这些宝贵资料流传下去。① 具体而言,政府和相关宣传机构应该加大引导和宣传力度,组织专家编写灵渠文化教学材料及读物,并通过录像等拍摄手段采集材料,再现灵渠的历史文化变迁;制作珍贵的影视资料,建立和完善数据库,并依据材料对其深入的研究,之后对经典及文献资料进行收集、整理并重新出版,进一步推动灵渠文化的发展传承。

其次,对灵渠工程进行开发性保护。具有技艺性非物质文化遗产可以进行生产性开发,虽然可能存在的机械化复制会使得原有遗产失去其本身的文化价值,但从另外一个角度看,这种“物质的复制品”却可以促进现代人熟悉物品,最终使得人们超越物质进而发展为“文化的消费”。就灵渠来讲,通过与市场需求的有机结合,开发文化旅游项目,以示范化的方式,激发人们的保护意识和重视程度,从而实现对灵渠非物质文化遗产的有效保护。对于那些存在推销问题的工艺美术品,就要运用现代化的营销手段对其进行充分宣传,并适当地举办展览,让这些“非物质文化遗产”发展壮大。具体而言,可以定期举办民间艺术节加强交流,促进灵渠文化的外向型发展。通过灵渠文化作品的宣传品、宣传片,以及举办灵渠民俗作品观摩会等形式加强宣传,提高和扩大灵渠的知名度。对于表演类非物质文化遗产,可以在节庆、旅游活动等时演出或展览,但要注意不要过度商业化。我们在进行开发性保护的同时,要立足灵渠文化自身的特性,根据市场的真实需求,进行理性的开发利用。

再次,对其进行研究性保护。这一层次的保护主要是解决其学术型问题。主要是针对所保护的“物质与非物质文化遗产”的学术价值、艺术价值和历史价值做出判断和界定,这些学术研究解决的是它的独特性,即其要进入世界或全国“物质与非物质文化遗产”保护名录的历史价值或独特性。这点非常重要,关系到文化遗产的艺术本质和精神传承的问题。②

最后,政府应建立“申遗”生态保护典型示范区(村)。对民间艺术、民间习俗、民间手工业等非物质文化遗产比较集中的区域或村落,进行合理规划和综合治理,积极建立文化生态保护典型示范区。让文化生态保护典型示范区(村)的村民享受到资源优势,充分调动村民保护灵渠文化的积极性和建设生态保护典型示范区(村)的热情,以经济效益促进文化和生态之双保护,以示范化效应推动保护的整体建设和发展。

---

① 黄跃平:《非物质文化遗产的保护与开发——以桂林为例》,《社会科学家》,2011年第2期。
② 同上。

左江花山岩画研究

论花山岩画声音空间建构及其文化内涵①

周淑婷②

［内容提要］ 声音把花山岩画图像空间中的所有事物整合为一个整体，花山岩画的图像空间中叠加着声音空间，而这个声音空间需要我们深度阅读图像才会浮现。花山岩画声音空间的建构基于花山岩画的宗教祭祀性质，是画者对祭祀场面写实的结果。花山岩画所建构的声音空间表明，当时尚处在口语社会，偏于听觉。在后世的社会发展中，由于广西长期处于偏于听觉的口语社会，文学接受的主体和客体都被声音空间塑造，人们感知事物偏于听觉而非视觉，这就导致广西抒情文学传统深厚而叙事文学相对薄弱。这是广西抒情文学发达的最终解释，也是研究广西叙事文学的起点。广西与中原地区矛盾冲突竞争的实质是中原偏重于视觉的空间模式与广西偏重于听觉的声音模式之间的矛盾冲突和竞争，而广西现代化发展中所要解决的根本问题是如何一方面强化自己的听觉化空间模式，寻找广西民族的独特性，另一方面与中华民族社会整体上的视觉化线性模式相融合。

［关键词］ 花山岩画 图像空间 声音空间 口语社会 声觉侧重

左江流域花山岩画呈现在我们眼前的首先是一片图像，各种人、动物、器物采取投影式涂抹法用红色颜料涂抹在以崖壁为画布的画面上，构成一个个具象性的图像空间。花山岩画图像空间诉诸观者的视觉，颜色、各种图像形体、形体之间的大小位置及数量关系等系数呈现，似乎一览无余。其实不尽然。当我们从感官角度进一步思考，追问下面这个问题的时候，视觉性的图像空间就难以提供答案：如果不考虑同一地点不同时间的画幅叠加、并置等情况，是什么元素在组织图像空间中的人、动物和器物并使之成为一个整体？是声音把图像空间中的所有事物整合为一个整体，是声音在指挥着画面中的人并组织着整个画面。当这样回答的时候，有一个奇妙的声音空间从图像空间中生成并浮现在我

① 本文系桂学研究院 2017 年项目“广西叙事文学传统的现代发展研究”阶段性成果，2015 年广西社科重点项目“左江花山岩画研究”（编号：15AMZ001）阶段性成果，“小说创作实践与理论研究中心”“文学写作课程实践教学模式改革研究”阶段性成果。

② 周淑婷（1972—），女，河池学院文学与传媒学院讲师，文学博士，研究方向为叙事学理论与实践、桂学与地方文化研究。

们眼前，花山岩画的图像空间中叠加着声音空间，而这个声音空间需要我们深度阅读图像才会浮现。下面文章将探讨声音空间在花山岩画图像空间中的建构以及它在广西社会发展中的价值意义。

一、花山岩画的宗教祭祀性质及声音在组织祭祀中的作用

花山岩画图像空间中为何需要声音空间的叠加？或者说在岩画这样一种视觉性事物中为何需要听觉的参与，而且参与得那么深刻，甚至起着整合整个图像空间的作用？这与花山岩画的原始宗教祭祀性质有关。关于左江花山岩画的题材内容，学界共有三种说法：一是“纪念某一次大规模战争的胜利所制作”①说；二是“从绘画向形象文字发展的过渡时期的一种语言符号”②说；三是“左江岩画是具有魔法作用的图画或符号，是神圣的巫术礼仪的重要组成部分”③说。第一种说法很难站住脚，不讨论。第二种说法有道理，但探讨的并不是花山岩画的题材内容，而是其在后世发展中在文字形成过程中的价值。花山岩画的画者费尽力气在崖壁上作画，目的是宗教祭祀之用，并不是为了记录下语言符号，也不是为了审美，这些图画在后世的发展中如果发展成了语言符号，变成审美对象，那肯定不在画者的预计之中。笔者支持第三种说法。在此不讨论祭祀的对象、目的，只探讨祭祀的程序要素。从花山岩画祭祀场面的描绘看，祭祀的程序要素有以下几种：

一是在崖壁上作画。在岩壁上作画本身就是祭祀中重要的程序和组成部分。在此又有两种可能性。其一是提前画好画，然后众人聚集在一起举行祭祀仪式；其二是一边举行祭祀活动，一边有人在崖壁上绘画。如果是前者，那么就需要作画者要有丰富的想象力和独立创作的能力，也就是画者要以主体性身份存在。这显然与历史文献记载不符，也与花山岩画中透露出来的人的主体性建构不充分不相符。先看文献记载。关于花山岩画创作年代有中古上古、两汉、唐代、宋代、近代以及战国早期至东汉这几种观点。其中战国早期至东汉这一说法因为借助了现代科技碳十四测量得出结论，所以得到学术界的认同，我们在此采用这种说法。《后汉书》中有一些文字描绘了左江流域及其周围区域汉时的社会状况：“交趾所统（汉时岭南南海、苍梧、郁林、合浦、交趾、九真、日南七个郡统辖于交趾刺史部，左江流域的临尘和雍鸡二县属于郁林郡—作者注），虽置郡县，而言语各异，重译乃通。人如禽兽，长幼无别。”（《后汉书·南蛮西南夷

---

① 梁任葆：《花山壁画的初步研究》，《广西日报》，1957 年 2 月 10 日。

② 陈汉流：《略谈花山崖壁画的语言符号——僮族文化史迹探讨之一》，《广西日报》，1961 年 9 月 8 日。

③ 王克荣：《巫术文化的遗迹——关系左江岩画剖析》，《学术论坛》，1984 年第 4 期。

列传》)“建武初(东汉光武帝刘秀第一个年号——笔者注)……九真(汉交趾刺史部下一郡,在今越南北部-笔者注)俗以射猎为业,不知牛耕。……又骆越之民无嫁娶礼法,各因淫好,不识父子之性,夫妇之道”(《后汉书·循吏列传》),汉代人眼中的左江流域人还是“人如禽兽,长幼无别”“无嫁娶礼法,各因淫好,不识父子之性,夫妇之道”,现代学者从这些文献记载中判断“左江流域直到秦军南下之时,无疑还处在原始社会的后期阶段”①,这是成立的。

如果左江流域的人在汉代尚处在原始社会后期阶段,那么可以推断,在左江花山岩画初起的战国早期阶段应该更原始,或者期间六七百年左江流域人大致都处于这个阶段。既然整个左江流域岩画创作期间,左江流域都处在原始社会后期阶段,那么作为主体的人就尚未从客体中完全独立出来。未获得充分主体性的人如何凭借想象力创作出花山岩画这样的作品?似乎不可能。覃圣敏等著的《广西左江流域崖壁画考察与研究》中对左江流域的崖壁画做了一个分期,其中对第一期的描述很值得研究,因为如果分期成立,第一期的崖壁画代表着崖壁画最初兴起时的状况。其中以下描述很值得注意:

> 图像组合比较简单,规模普遍较小,缺乏宏大的场面,中心人物不够突出,侧身人像较少。其形式大致有三种:一种为3—5个正身人像作横排或竖排排列,很少有其他类型的图像。这些正身人的形体及装束相近,没有高大突出的中心人物……鸟类图像也仅见于此期……在一些正身人物的脚下,常见有一个侧身动物或圆形图像。圆形图像的形式较为简单,除个别地点为单环形外,其余均为外作单环,内有实心和芒星……还有一些正身人像的面部为圆圈形,内有2—4个小圆点,上端有一个小方形锥髻,似为面具。这种形式的头部装饰仅见于此期。……
>
> 在表现手法上,主要是采用模拟和写实的方法进行绘画,人及动物具有较浓的写实意味。例如正身人像为圆头细颈,比较接近真实形象;有的人物胸部、手臂和腿部,还具有隆凸的肌肉感;动物的形态也比较丰满、雄健,形象较为逼真。②

中心人物不够突出等信息说明花山岩画人尚未充分获得个人立场,主体性建构不充分。原始社会阶段整个社会处于原始的部落化状态,个人尚未从群体中充分凸显出来,个人尚未获得充分独立性,个人主义尚蛰伏压抑在群体主义之中,或者说尚未彻底觉醒,被群体主义所暂时遮蔽。此时个人总体上是群体

---

① 覃圣敏、覃彩銮、卢敏飞、喻如玉:《广西左江流域崖壁画考察与研究》,南宁:广西民族出版社,1987,第171页。

② 同上书,第142页。

中的一员，无论那人是何等级，首先是群体的人而非个体的，这就导致了主体性的缺失，或者说至少是主体性不突出。缺乏主体性或者主体性建构不充分的情况下，个体不太可能凭借想象绘画出如以上引文描述的早期花山岩画这样的画幅。根据以上分析，在花山岩画初起的阶段，先画好岩画然后再举行祭祀仪式的可能性就被排除，由此断定左江流域早期的崖壁画是祭祀舞蹈的同时画上去的，而非提前画好再举行祭祀仪。当然这个结论说的是崖壁画初起的时代，并不排斥在后世几百年的发展中后来的岩画也可能是举行祭祀仪式之前甚至之后通过模仿之前的岩画画在崖壁上的。

如果确认了左江流域岩画初起阶段是人们在祭祀过程中一边祭祀一边绘画，那画者在绘画过程中就有范本，这个范本即是群体祭祀的场面，岩画是祭祀场面的写实。这个结论有上文引文中对早期花山岩画画面风格的描述支撑，也有考古材料支撑。考古材料方面比如宁明高山和宁明花山上的羊角钮钟图像，其实物截至 1987 年已经出土 28 件；宁明花山上的细钮钟(铃)图像也有出土文物实物；环首刀图像的实物在汉墓中出土；其余如有格或有首剑图像、扁茎短剑图像俱有地下文物实物出土；还有渡船图像在出土铜鼓上发现。花山岩画上描绘的器物大都有出土文物实物支撑这一事实，这进一步说明了绘画的写实性质，说明画中那些铜鼓、钟、狗等人物、动物、器物都是祭祀场面中的事物。

刚才谈了祭祀程序要素中的第一个要素是在岩壁上作画。作画是祭祀中很重要的一部分，初起阶段是一边祭祀一边绘画，后世发展中也可能在祭祀仪式之前或之后画好，就像我们现在演戏要提前布置好舞台，或者绘画中对画作的修改。祭祀程序要素中第二个要素是被认为具有魔力的程式化身体动作，即舞蹈。如果认定是一边祭祀一边绘画，岩画被认定为祭祀场面的写实，那么画中人的身份就有了答案：画中人都是祭祀主体，而非祭祀客体即祭祀的对象，那些佩有或者高举环首刀的人都是祭祀中主祭的人。主祭的人是否是社会生活头领呢？这个不去探讨。有主祭的人，有随祭的人，他们或独自一人，或几个人排成一队，或无中心随意站位，他们跳着一样的舞蹈。认为佩环首刀脚下有动物的人物图像是祭祀客体，这观点说不通，因为要想画出祭祀客体(即被祭祀对象)，需要画者有丰富的想象力并具备充分的主体性，这对于主体性尚未充分建构的花山岩画的早期画者来说难以想象。能否排除画者根据人类首领的形象创造了神的形象，画中佩环首刀的人是被祭祀的对象呢？能。人类根据自身创造出神的形象，这从理论上说无疑是对的。但在花山岩画初起阶段，不太可能，理由同上，即画者的主体性建构不充分，难以支持画者做出这样的想象。

这就引出第三个要素，即由铜鼓、钟、铃、人声组成的音乐要素。那些铜鼓、钟、铃在岩画中出现，是因为这些打击乐器在祭祀中担当着组织人群的功能。

在左江流域的岩画画面中出现大量圆形图像,"有的统视为铜鼓图像,有的则统视为日、月、星辰图像,还有的认为是盾牌、铜锣或车轮等。三种观点中,单从图像与实际事物的相似性来看,都有道理;而联系到历史情况,则后一种大致可以排除,前二种仍有合理成分。从作画的年代来看,当时左江流域无疑已有铜鼓,所以铜鼓图像不应该排除"①。早期花山岩画中就有带芒星的圆圈,可以确认为早期的铜鼓图像。那铜鼓在画面中有何用处?既然岩画是祭祀场面写实,那这个问题就转换成了铜鼓在祭祀中有何用处。梁任葆认为那些铜鼓在某一幅画中"每一部有一两个铜鼓,击鼓、发令。……旁边集中着一堆铜鼓,那是准备颁赐给挑选出来的将领的。……双方阵中都有一面大鼓,用来发号施令。……有些铜鼓正由排成行的人像高举双手扛抬而来,我想这一定是战利品,铜鼓愈多,愈表示他们的战功丰伟,胜利巨大"②。梁任葆的说法充满着文化想象力,难以确证。学术界公认花山岩画具有写实性,那画中的铜鼓写的是什么实?舞蹈的人群,铜鼓等打击乐器,这两类要素如何结合在一起?铜鼓等发出的声音组织人们舞蹈,岩画表现的是由铜鼓等打击乐器组织起来的群体舞蹈祭祀场面。

二、广西听觉侧重的口语社会及其与广西文学发展的关系

原始人类五种感官比例平衡,为什么在进化的阶梯中视觉独占鳌头引领社会进步?这与五种感官与被感知事物间的关系及其对感知环境的要求有关。视觉易于被遮挡,不被遮挡则可看得很远;需要在有光的条件下才能够看得到,无光则看不到。但光的好处在于不依赖被看的对象,是以第三方身份存在的。嗅觉则不惧遮挡,不依赖光,不依赖任何环境事物,但却依赖被感知的事物。在依赖被感知事物这方面,触觉、味觉与嗅觉相同,而且触觉和味觉要求更高从而也更具局限性,要求感知主体与被感觉对象的直接接触。声觉不依赖环境事物,也不需要于被感知事物的直接接触,在这一点上声觉比其他四种感官都具有优势。视觉感知的独特性在于它虽然受环境事物的限制,比如光线、环境事物中物体之间的空间位置关系,但不需要与被感知事物的直接接触。视觉感官与被观看事物之间的分离拉开了看者与被看者之间的距离与关系,一分为二,被看客体与主体分开,这构成了理性的生理基础。所以,一个用视觉之外的其他感官统一的社会是缺乏理性的,但却充满着主客体不分的艺术性、混沌性、情感性、诗性。花山岩画人选择在岩壁上绘画本身已经表现出一定的视觉侧重,

① 覃圣敏、覃彩銮、卢敏飞、喻如玉:《广西左江流域崖壁画考察与研究》,南宁:广西民族出版社,1987,第167页。

② 梁任葆:《花山壁画的初步研究》,《广西日报》,1957年2月10日。

原因在于其他几种感官的感觉难以通过绘画来表达,是绘画媒介带来的基因性侧重。他们的视觉侧重虽然难以从平面化且五官不分的脸部看出来,但他们身体的一致性方向凸显出的是视觉方向的一致性。因为只有视觉有方向性从而容易被线性化理性化,而其他的几种感官却是空间弥散性的,难以被线性化。理性精神虽然脆弱但正在萌发,花山岩画人处在理性精神崛起前的蛰伏阶段。但是,花山岩画人尚未真正学会用视觉的方式描绘空间,他们通过花山岩画描绘的空间基于绘画形式的原因必须是视觉性的,但在这种视觉性图像空间中却表达了当时社会生活中人们的声觉侧重。花山岩画画面中的人物动作整齐划一,偏于程式化,是什么感官要素在画面中组织人群做出如此一致的动作?显然不会是触觉、嗅觉、味觉,这三种感官在组织社会活动方面能力有限,或者说它们都是个人化强而非社会化强的器官。只有视觉和听觉才具有把如此众多人物组织起来的可能性。通过观察不同崖壁上的画会发现画面中没有任何一个具体或抽象的视觉形象承担着组织起人群的功能,画者按照视觉观察把人、物组织在一起,但画中人却表现出被声觉组织的特征。在很多无中心的画面中,人们的眼睛望向各个方向,没有画面内的视觉中心。有无可能是画外的某种视觉形象在组织整个画面?也不太可能,因为即便画中人看向画外,看的也是画外不同的方向。可以推论是听觉在组织人群和画面空间,声觉在所有器官中被凸显出来。可以猜测,花山岩画表现出的祭祀空间是一个声音空间凸显并叠加在视觉性图像空间之上的复合空间,依靠声音,图像空间中所有人、动物被联结为一个整体。我们可以想象,一群人面对着崖壁歌舞、祭祀、庆祝、祈祷、娱乐,他们的歌声和咒语、祈祷词、讲故事、笑闹等声音回荡在河流与群山之间,当铜鼓声、钟声、铃声、歌声等响起的时候,人们开始了群体舞蹈祭祀活动。声音因此成为调制社会生活空间和物理生活空间的手段。而这样的场景又以艺术化的方式画在崖壁上,崖壁画成为花山岩画人调制社会生活空间和物理空间的形象记载。从后世发展看,广西这片土地上生长起来的人与中华民族其他地区相比,视觉未曾充分发展,相较之下,更多依赖听觉统一社会生活。刘三姐的传说、山歌,布洛陀、密洛陀等民族史诗,铜鼓,甚至是花山岩画中表现出的声觉侧重等,共同建构了一个声觉嘈杂的听觉空间。

可以进一步推论。花山岩画人视觉需求淡漠,听觉需求相对强大,他们从视觉维度体验世界的成分比现代人弱,从听觉维度体验世界的成分比现代人强,当时的社会还是一个口语社会。在那样一个口语社会,歌舞声、祈祷声、讲故事声、传递八卦或者生活经验的言语声、动物粗粝恐怖的嚎叫声、篝火噼噼啪啪的燃烧声交织在一起,所有人都在讲,所有人都在听;大自然在讲,讲给所有人听;每个人都在讲,讲给万事万物听,无分方向和绝对距离。声音把所有人组织在一起,而声音的特质是从任何方向听都是相对均质的。花山岩画画面中个体之间的无差别,声音在组织群体上的无差别,结合早期花山岩画的整体图像特征,透露出左江流域岩画创作初期还是一个原始和谐的社会,花山岩画人处在一个口语社会中,感官平衡且有序互动,他们的空间观念并非视觉性图像空间,而是听觉性声音空间。如果这种状况不是作为社会发展的一个阶段存在,在发展中被超越,却长期停滞于此,那么将极大地塑造广西社会发展的方方面面。以视觉为基础维持的社会容易滋生个人主义,因为视觉的特性就是从个体的眼睛出发过滤环境事物,个体的作用被凸显出来。以听觉为基础维持的社会不容易滋生中心观念,这是声音空间的性质造成的,因为听觉不能过滤环境事物,听还是不听也非主观愿望能够决定。广西社会发展中的相对弱中心化倾向、口语化特征在花山岩画中已见端倪。

叙事是在一个无序世界中进行秩序建构,这个秩序建构既具有时间性又具有空间性,是一个时空俱全的时空体,如果叙事时空体中时间维度高度萎缩坍塌,空间凸显,则构成了不完全叙事。以此来看,花山岩画不具备完全的叙事特征,但仍旧可以从叙事学视角对花山岩画进行思考。花山岩画叙事所表现出来的整体特征是以图像—声音空间叙事为主体,时间叙事高度萎缩,这与后世叙事文学作品中表现出来的时间性、以空间叙事置换时间叙事的叙事策略完全相反,但与现今电子时代的图像—声音叙事却惊人地相似:同步性、非连续性、断裂性,叙事归于图像—声音空间而非如传统文字社会语言文字叙事一样归于时间,花山岩画人画在石壁上的岩画与现代社会的电影、电视等媒介叙述具有相同的叙事特征。顺便说一句,现代电影等叙事被称为图像叙事是一种便宜的说法,严谨的说法应该是图像—声音叙事。没有声音在电影图像中整合各个场面内部关系与镜头之间的关系,很难说电影叙事是完整的叙事。花山岩画最大的叙事手法是图像—声音空间的并置,即所有的人、物不加解释地被放置在一起,这就启发我们猜测:也许人类的叙事方式从一开始就是一种空间化的并置方式,通过并置,直接呈现社会秩序。进入文明社会,语言文字产生,叙事借助语言文字媒介来表达之后,叙事才获得了时间化形式。可见时间化形式并非叙事从一开始就必备的要素,而是语言文字载体强加给它的。这一点从中国早期小说及早期小说理论中都可以看出。“小说家者流,盖出于稗官,街谈巷语,道听途说者之所造也。”(《汉书·艺文志诸子略》)两人或数人街谈巷语,内容都是道听途说,张家长李家短,远近昨今,不同时间和空间的事物都被拿到街谈巷语这一语境中来交流,空间并置而不考虑时间因素。可见小说叙事从一开始,在叙述层面上凸显出空间性,只是在事的层面上,时间因素才被带入,居于从属地位。现代意识流小说的非连续性手法与花山岩画图像并置的非连续性手法是一致的，而强调情节因果的小说则以其连续性而与花山岩画叙事的非连续性相悖。为什么传统上广西抒情文学发达而叙事文学相对薄弱？也许我们可以以花山岩的空间性特征为起点开始思考。花山岩画作为图像空间与声音空间叠印的复合空间，其空间叙事从视觉和听觉两个维度展开，这本来是人类文明早期正常的现象。只有进入文明社会，即有了文字之后，人类才开始从口语社会的听觉侧重向文字社会的视觉侧重转移，这个转移或早或晚，或快或慢，程度或深或浅，比如西方社会比中国社会快且程度深，中国社会中中原地区比边疆地区早、快且程度深。广西社会长期停滞在口语社会的听觉侧重之中，这点从后来发达的铜鼓文化、山歌文化、不绝如缕的民族英雄史诗的传唱等的长盛不衰之中可以看出，侧重口语与听觉适宜抒情文学的发展而不适宜叙事文学的发展。抒情文学主要建构的是人类社会生活在空间方面的拓展，而叙事文学则致力于表现人类的时间化生活。由于广西社会长期处于口语社会，文学接受的主体和客体都被声音空间塑造，人们感知事物偏于听觉而非视觉，这就导致广西抒情文学传统深厚而叙事文学相对薄弱。这是广西抒情文学发达的最终解释，也是研究广西叙事文学的起点。

三、花山岩画声音空间的建构与其他中华文明形式之间的关系

可以继续探讨花山岩画建立在听觉基础上的声音空间建构与中华民族社会生活组织之间的关系。在视觉空间中，景深依赖各个物体的空间形状、位置关系而显现，物体彼此之间的关系在视觉空间中占据重要位置。由视觉组织起来的社会生活空间中，人和人之间的相互黏合性很强。声音空间的建构则不依赖事物之间形状、位置关系，由听觉组织起来的社会生活空间人和人之间的黏合性则较差。听觉组织社会空间类似于水渗透在沙滩上，虽然水把所有的沙子都组织在一起，但沙子之间彼此却缺乏深刻的黏合，沙子永远是单个体，而不会产生视觉空间中彼此间的高度黏合性存在。在听觉与视觉二者之间，西方社会视觉高度发达，钝化了听觉；中国则视觉与听觉较为平衡。在中华文化区域内部，中原地区视觉需求相对强化，花山岩画地区听觉需求相对强化。中国古代社会管理主要采取空间管理模式，注重空间扩张；同时辅之以时间管理模式，赖以传诸久远。广西区域的社会管理主要采用时间管理模式，比如土司制度等，依赖家族的声望代代相传进行管理，类似于中原地区夏商周时代的管理模式，而空间管理模式则相对弱化。在中国宗法制社会中，在普通老百姓生活层面，各式各样的道德、传统、族规、家规以口语传播形式在家族、村庄等基层社会中起着重要作用，构成了无数个以家族为单位的声音空间，社会生活空间整体上是由无数宗法声音空间并置而成的一个大的声音空间。被这种听觉空间组织

起来的群体具有时间延续性优势，所以中国封建社会漫长且稳定。在国家管理层面，中国古代从中央到地方三级行政管理模式是一种视觉线性模式，依赖政府各级行政官员、文书、军队等达到空间扩张目的，而在维持王朝的时间延续方面却有所欠缺。宗法声音空间的时间延续性与国家层面的线性管理模式相互对立也相互补充。秦朝采取郡县制管理。郡县制管理是在国家管理中引入视觉线性模式，在国家层面上弱化此前声觉管理模式。所以夏商周的帝王依赖声望而统治，秦朝开始，帝王除了要靠声望来统治，还要用各种级别的政治机构来依法统治。这就能够解释，为什么封建社会的中国王朝更替会被普通老百姓轻易接受。因为一个王朝的崩溃是视觉模式的崩溃，是行政机构的崩溃，而普通老百姓所生活也更看重的声音空间模式却并未奔溃。为什么蒙古和满人入主中原会遭遇激烈的抵抗？因为异族入主会带来完全不同的听觉模式和视觉模式，他们破坏的不仅是行政管理的视觉空间，而且被认为也破坏了老百姓更看重的原有的声音空间，老百姓的抵抗是对完全不同的声音空间的抵抗。一旦老百姓认为新的统治者接受了与自己一样的声音空间模式，他们就会放松警惕，转而依附、支持异族的统治者，比如清朝的统治最终被接受。人们对蒙古族和满族统治者的不同态度就充分说明这一点。为什么日本侵略东北那么多年，华北华南华东各地却视而不见充耳不闻？因为日本人侵东北破坏的是当地的视觉统治模式和当地的声音空间模式，而中国人的声音空间模式建立在宗法制基础之上，一个家族就是一个声音空间，无数的声音空间像无数粒沙子组织在一起构成了国家。破坏东北无数个以宗族为单位的宗法声音空间对于全国其他地区的宗法声音空间并无损害。现今重提家族、宗族、家谱、族谱、祠堂之类本意是为了解决凝聚人心、传诸久远的问题，但抓住这些东西是否明智，是否真的有益于国家团结和民族团结似乎还应该仔细斟酌，因为强调家族宗法与强调广袤中华大地上各族群的特性并无本质不同。由此看，中国古代社会中频繁发生的中原地区和广西少数民族之间的矛盾表面上看是不同利益集团之间的矛盾，是中原文化和广西地方文化之间的冲突，是中华民族内部不同族群之间的竞争。而从基于每个个体的感官角度看，这些矛盾冲突竞争的实质是中原偏重于视觉的线性模式与广西偏重于听觉的声音模式之间的矛盾冲突和竞争，而广西现代化发展中所要解决的根本问题也是如何一方面强化自己的听觉化声音空间模式，寻找广西民族的独特性，另一方面在与中华民族整体上的视觉化线性模式相融合的过程中寻求发展。

影姿的涂写与骆越巫魅文化
——对花山岩画的图像解读

邹 芒①

[内容提要] 对花山岩画“影像”造型的分析,有助于从图像本身出发,还原到花山岩画作为艺术作品的绘画性考察。尤其是从图像的象征层面解读,将岩画内容与当时社会的宗教意识联系起来考察,更为彻底地唤醒了骆越民族古老文化中的巫魅气质。那种具有原始的巫魅气息的笔触线条,更是一种爱欲的书写,一种对生命童贞或童真的隐喻。

[关键词] 花山岩画 影姿 骆越巫魅文化 图像

之前在关于岩画内容的文化身份及其表现形式的辨析中,我们认为:人像造型并非是对实体的造型,而是对实体影子的造型。② 换言之,左江流域崖壁之上的画像,并非简单是对骆越先民的人像复制或再现(representation),而是有着艺术造型的自由变更。而迄今未解的“花山之谜”,以及那些我们依旧无法敲定的细节,皆在于这一次造型变更所带来的审美变形,打开了更为丰富的解读的可能性。而观者也需要不断调校凝视的目光,重新激发对花山岩画的思考。

说到底,岩画之为绘画艺术的一个种类,对岩画艺术的解读不应缺失了对图像自身这一维度的研究。而以往对岩画内容及其意涵的阐释,又大多直接遵循某种功用论的思路(或祭祀歌舞,或生殖崇拜,或军功庆祝),不能说这完全有错,但这对花山岩画的解读容易形成一种艺术社会学的宏大叙事。比如,有学者认为,岩画内容“是古代桂西的壮族为了纪念某一次大规模战争的胜利所制作的”,或者“是从绘画向形象文字发展的过渡时期的一种语言符号”,甚至将岩画内容与《唐书·西原蛮传》中记载的叛变事件联系起来。然而,在当前史料缺乏的情况下,在没有确定性的证据出现之前。以上这些推测,虽然各有合理之处,还也有所牵强。那么,不如将此问题悬置起来,并不影响我们从形式之美的

---

① 邹芒(1991—),男,北京师范大学哲学学院美学专业博士研究生,研究方向为中国当代美学和艺术批评、审美人类学。

② 张利群:《花山崖壁画影像的文化身份辨析》,《八桂民族文化论丛》,北京:人民日报出版社,2014,第148页。

角度,去解读花山岩画。

事实上,在艺术创作中,即使有着对表现客体基本特性的保留,但最后所呈现出来的内容,也绝非是对现实对象的直接模仿或照搬,而是包含了作画者特有的选择意志和创作意图。因此,绘画中的艺术形象,就不可能完全等同于现实中的某一实际物象。如同画中同时还出现了各种动物、器物和几何形符号,可能是指向某个场景或景观,也可能是对某次(或某几次)族群大型活动的暗示,但都无论给出定论。因此,重点并不在于探究这些岩画内容的具体所指,而是去分析这些影像造型本身,如何充分传达出了艺术创造的自由快感。

绵延百里的沿岸崖壁,有上百处之多的大小影像,全部采用了剪影式的单色平涂法。从艺术技法的发展来看,骆越先民应该是掌握了更为细致的轮廓勾勒法。但是,技法的原始并不等于艺术的粗劣,考虑到当时的生产力水平和作画环境,在崖壁这样的二维空间内,表现立体物象而采用造"影"的方式,我们更加惊叹于这个创意所带来的审美效果。宋人李石曾在《续博物志》中记载,两广地区深谿石壁上的鬼影形如淡墨画,而被行船之人误以为是当地人的"祖考"。这就提示我们,岩画的特殊性还不能完全抽离出图像本身来阅读,而要还原到所处的地理环境中。也即是说,单看花山岩画虽然是在平面上涂绘,然而,一旦与周围环境相互融合,却又带来了三维的立体感。即使作画者的技艺尚属稚拙,但线条所透露出的英灵之气与崇山峻岭的壮美天光,一道成全了毫不胆怯的笔触。如此简约、如此沉着、如此奔放,根本就是骆越先民对身体姿势的影像书写,是影姿的涂写。过去一般认为,花山岩画中大小人像的"蛙"状造型是与生殖崇拜相关,现在不如从整体所呈现的视觉效果来观赏,则是数百之众的红色人影在沿壁攀登,对高处的向往乃是骆越先民对隐秘的精神世界最为质朴的表达。

因此,这也就回应了关于岩画内容的一个争论,究竟是表现巫术活动的客体(被崇拜者),还是主体(崇拜者)。在我们看来,花山岩画的造"影"手艺是以艺术造型的形式之美,来传递出作画者内在心绪的惊异。主客体的区分消解在艺术纯然的形式美感的超越中,如同南希(Jean-Luc Nancy)在分析绘画中的"对象表现"时认为:"并没有什么外—投(ob-jeté)到我们面前。在这种意义上,画从来就不是在我们面前的。它并不'在面前'(au devant),而毋宁说是在这种意义上的'在先前'(en avant):这就是我,我就在画的后面或者在画的里面,在它的'在场'之中。"①我们似乎可以想见,骆越先民借助绳索、藤条等工具垂吊在崖壁上,手持动物毫毛做成的画笔在作画时的景象。这些诗意而生动的剪影,

① [法]让-吕克·南希:《肖像画的凝视》,简燕宽译,张洋校,桂林:漓江出版社,2015,第35页。

一定让他们体会到最初的涂画和涂鸦的快乐。这是涂写的快感在塑造艺术形象本身。

这也就引出了另一个问题,如何从媒材角度来理解岩画的特殊性。岩画不同于架上绘画的所在,不仅在于前者突破了边框的限制,而获得了最大的涂绘空间,还有着从物性上迥异于纸媒或布面的作画载体。岩画之为最初的大地书写,就是在崖壁上做“表面文章”,是在大地的皮肤上书写。如此表浅又如此深邃。世界美术史告诉我们,各个民族的早期艺术大多是雕塑或巨型建筑,这是要在虚无的苍茫之中保持稳定,确立一种持久直立的觉感。古百越之地,受山势的限制,骆越先民没有走向对高大建筑的造型,而是通过在临江崖壁上作画,为灵动的生命寻找到意义的安放。在如此硬朗的石媒上作画,每一笔都可以说是在与大地对话,也可以说是在自然的身体上刻画。时过境迁,昔日的图案有的被风化而剥落,有的却早已渗透进岩层的肌理,历经年岁的更迭和洗礼,散发出一股萧肃、古朴的冷感。

然而,花山岩画皆以赭红色来描绘,鲜亮而大方。一方面,从艺术与技术的关系来看,受生产力水平的制约,骆越先民还不能加工提炼出化学颜料。而大量的赤土矿稍加研磨,并溶入动物胶、植物胶,不仅可以作为绘画的颜料,还可以保证其色泽经久不变;另一方面,也如同李泽厚所指出,“红色之于原始先民已经不仅仅是感官上的刺激,而是积淀了社会内容的观念性符号”①。由此可见,红色所指代的象征意涵,已经在族群内部获得了经验性的共识,一般来说,也即是联想到鲜血的颜色。换言之,作画者在这里强化了红色与生命相关的诗意想象,火焰一般燃烧的笔触带来明快而粗犷的线条,与铅灰色的崖壁、苍翠的青藤绿树,以及碧水蓝天一道构成了极具视觉冲击力的画面!这是颜色自身涂写出抒情的影姿,乃至于作画者的生命渴望都被这些线条唤醒了。

单看这些线条似乎还有些单薄,但从画面整体构图设计来看,人物数量的排列,以及人物与动物、器物、圆形纹饰的位置的经营上,都被作画者有意识的精心考虑过。比如侧身影像的人头朝向不是凌乱或单一的,而是有着对称式的规律性变化,即一排向左,下一排向右,或者是左边的一排向右,右边的一排向左。既富有韵律变化的节奏,又在整体上呈现出一种和谐感。更可贵的是,作画者不仅保持了某种仪式场景所需要的程式规范,而且在局部处理上呈现出了变化。比如,高大的正身人像居于画面中心显要位置,脚下或头顶有一只动物图像,身旁还点缀有日纹、铜鼓纹,四周被众多侧身的普通小人像所包围,形成了鲜明的主次对比。这是因为岩画的绘画媒材决定了作画者只能运用概括和

① 李泽厚:《美的历程》,北京:文物出版社,1981,第4页。

夸张的艺术手法，通过简练的线条造型，将关键性的姿势动作剪影定格，从而突出了更具表现力的视觉效果。

甚至我们可以说，作画者是将自己在崖壁上涂写的姿势，当作了这些绘画的线条，如同生命线的舞蹈。如果结合当时的文化语境来考察，花山岩画的创作契机绝非是即兴或出于欣赏目的，而有可能是受到某种宗教意识形态的驱动，骆越先民才会如此大规模的甘冒生命危险在绝壁之上作画。或许在作画者看来，崖壁上的涂画就是一种带有某种着魔性质的召唤，岩画的整个绘制过程，就仿佛是对那个“无名神祇”的迎候。但是，我们还并不能简单将画中影像直接等同于宗教幻象，作画者在面对未知与超越力量而与之发生不对称关系时，内心的崇高感被激发出来，通过审美变形赋予不可见之物以想象的形式。而岩画中的影像造型，就是这种形式的艺术呈现，但在当时的历史条件下，更多的是被先民们与灵魂观念联系起来。

从大量人类学、民族学材料来看，比如，泰勒（Edward Tylor）在《原始文化》中揭示的梦境和幻觉中所见的灵魂或幻象虽然没有实体，但影像与生命意识相关；韦尔南（Jean-Pierre Vernant）也从词源学出发，指出 Idole（偶像）与希腊语 eidolon 存在的内在关联，认为 eidolon（鬼魂、亡灵；图像、肖像）一词具有三重含义：梦想的形象（onar）、由神灵激发的幻象（phasma）和死者的魂灵（psyché）①。作画者不断重复这些相似的影姿，并非只是为了走向构图的固化，而是有着意义的附加，是对“原型”的认同强化。不仅仅是塑造“原型”，“影像”的最初灵感可能就是来于集体无意识或者梦想中的“原型”，作为一种精神性内容，借由重复的书写，带来观念和思维认知的积淀。这种影姿的涂写似乎是骆越先民的一种强化记忆的精神诉求。因为，“在我们的祖先看来，近在眼前的可见者不过是不可见者的星星点点的显露而已，凭着指引和征兆，引导着人们，因为不可见者或超自然者才是权力之所在（那是万物之源，也是回归之所）。因此我们完全有必要通过视觉显示与不可见者进行协调，与之商讨，将其表现出来。”②从岩壁上所绘的影像来看，它们仿佛是通向幽冥世界的引路人，指向隐秘缺席的“不可见者”，并且服从于一种陌生力量的召唤，我们着迷于眼前的幽灵之舞，更同样迷惑于背后的未知他者，那是隐藏在人类历史更深处的幽暗力量。

在影姿的涂写与生命意识之间、在祖先崇拜与宗教信仰之间，有着骆越先民久远的文化记忆，花山岩画唤醒了古骆越文明浓郁的巫魅气质。据考证，岩画大约绘制于战国至西汉时期，此时中原地区在纳入中央王权的大一统版图

① ［法］韦尔南：《图像的诞生》，《宗教、历史、理性》，巴黎：马斯佩罗出版社，1979，第 110 页。

② ［法］雷吉斯·德布雷：《图像的生与死：西方观图史》，黄迅余、黄建华译，上海：华东师范大学出版社，2014，第 16 页。

后，已受到儒教礼仪的规训，而南方楚越之地，还保留了边疆少数民族特有的活力，甚至原始遗风，从而见证了我们这个古老民族最为生气的一面。我们可以大胆地猜测，岩画最初的作画者或许就是族群中一代又一代的巫职人员，他们最早成为人神之间的灵媒，岩画中的影像有着来自神性力量的祈祷姿态，以及画在腿下的犬牲影像，似乎都在暗示一个祭祀仪典的场面。无论是正面蛙式造型的高大人影，还是周围较小的侧身影姿，这种上臂屈伸和双腿曲蹲的形态描绘，其实也可以看作是身体姿态在行跪拜礼仪的俯瞰和侧面表达。但这些生命个体并不在意我们的目光，而是以对某种意义的肯定行为，在巫师或族群领袖的带领下，为一个意义世界而虔诚地筹划。

影姿的书写，乃是庄重的祈祷姿态，或者是某种带有神秘气息的舞蹈动作，这都是对身体姿态的纯然形式性的发现。作为岩画艺术，作画者一开始并非是要宣扬某种宗教理念，而是以属于艺术的方式来接近身体与超验事物之间的秘密，作画者也似乎在这个过程中倾听到来自艺术的绝对律令：重复这个影姿！这种造型的建构，余留了部族精神生活的巫术色彩，也引导着现在的我们解读的方向。其实，在我看来，巫魅文化不仅仅指向宗教仪式性的祈祷姿态，同时也有着艺术上的美感表现，简约而耐看，这些影姿才不是被动的复制，而是美自身无限性的增殖！借助形式的重复，激发出自身生成的无尽美感，这也是因为岩画这种古老的艺术更为直接地面对天空和大地，才向着世界敞开自身，打开了不可见的维度。那也是审美游戏的场域，美本身才是漫漫历史长夜中抚慰心性的宗教。

骆越文化的巫魅气质，还不仅仅是带有浓烈的原始巫术的痕迹，更重要的是别具一种魅惑气息的冷诱惑，历经千年依旧氤氲在冰冷的岩壁画面之上。如同罗兰·巴特所谓的爱欲书写(eros-graphy)，不是欲望的流泻，而是颜料本身唤醒了纯然色泽的书写实践，可能是对肉体的发现，是充分动员感官的复苏。如此鲜艳的赭红色笔触，将绘画本身还原到最初的艺术激情和身体触感，是画面本身对我们凝视的吸纳。既是对触摸的召唤，又是对触摸的拒绝，它仅仅要求我们以眼睛的阅读给予回应。回应这些富有爱欲的画面：上翘的生殖器，丰腴的腹部，甚至那些直接而袒露的野合。仅仅是粗细线条的变化，但线条自身却充满了生命力，仿佛也暗示着整个画面被某种情绪所推动，这根本就是来自画面自身的合欢吟唱！这些充满情欲的生动影姿，足之蹈之，似乎可与西方野兽派大师马蒂斯的剪纸人像隔空对话。不同的是，后者是历经过现代艺术洗礼之后的一次新的探索，是要通过简化、平面化的图像重新激活图像的装饰性和空间的深度。而花山岩画仅仅是以最“简单”的手法，要求我们直接面对欲望快感的唤醒，其实这也是生命的欢愉与活力的喷涌而出，在艺术的表达上做到了形式与内容的优美统一。

以至于在反复阅读这些充满仪式感排列的影像后，我更加欢欣于骆越先民热烈而单纯的品格，撇开宗教意识形态的背景，画面上不过是线条自身的纹写、婉转、舞蹈，是笔触在自由地抒发，其实这也是艺术自身所要启发我们的——保持生命最初的童贞或童真。艺术不过就是在游戏中对逝去的纯真和快乐做无尽的挽回。那么，在一个全球化的时代，尤其在应对西方现代性的压力面前，去发现中国历史上早期艺术的价值，不过是提醒每个古老民族的后人去余存自身文化的底色，以及早已丧失的独特表情。

花山岩画研究综述

刘云思华①

［内容提要］ 在广西壮族自治区西南部，壮族先民骆越人以原始绘画的形式留下了他们生存和生活的足迹，花山岩画是其代表。自20世纪50年代以来，花山岩画得到了学界的关注，对其主题内容、风格、绘制手法进行了渐趋深化的研究。本文主要以国内外对花山岩画的研究为对象，以时间顺序为线索，理清对花山岩画的研究。纵观50年代以来学界对花山岩画的研究，成果丰硕。有以下几个特点和发展趋势：首先，对年代、族属、主题内容等涉及花山岩画的重要问题基本达成一致，为花山岩画的深入研究奠定了基础；其次，以广西区内政府机构为组织领导，呈现出大范围综合考察为主，高校小范围深度调查为辅的基本态势；最后，多学科、跨学科合作趋势明显，显示了花山岩画未来研究的方向和趋势。花山岩画为我们解读原始人类的生存方式、思维方式、信仰系统提供了可靠的一手材料，是我们超越时间和空间的界限，和先民"对话""对视"的重要途径。

［关键词］ 花山岩画 国外研究 国内研究

左江流域包括今崇左市的江州区、扶绥县、宁明县、凭祥市、龙州县、大新县、天等县五县一区一市，除了左江以外，平而河、明江沿岸也保留着先人的遗迹。在左江流域陡峭的崖壁上，壮族先民绘制了人物、动物、器物等众多形象，反映了壮族先民的生存状态、生存方式和原始精神信仰系统，展现了原始艺术质朴、奔放的风格和野性的生命张力。其中宁明县花山岩画规模宏大、图像最多、种类最多、分布最密、保存最完整，是左江流域岩画群的代表，也是我国迄今发现的规模最大的岩画，为世界罕见。花山岩画是壮族先民遗留下来的宝贵精神财富，它的存在不仅是我们解读先民原始艺术和原始信仰的一扇窗户，更是壮族人民继承骆越文化的重要媒介，同时也是岭南文化的重要组成部分。

---

① 刘云思华（1990— ），女，广西师范大学中国古代文学专业在读博士研究生，研究方向为古代文论和文学人类学。

一、花山岩画研究溯源

卡莫诺史前研究中心是世界岩画研究中心，1983 年美国《考古学》杂志发布的“世界岩画分布图”上，中国还是一片空白。卡莫诺史前研究中心创建者阿纳蒂在《世界岩画研究概况——一份交给联合国教科文组织的报告(1984)》中提出中国没有史前岩画的论断。1985 年，中国岩画学者陈兆复致信阿纳蒂，告知中国目前已发现岩画点 100 多个，引起国际社会高度重视。1986 年，陈兆复在卡莫诺史前研究中心第 23 期学报上发表《中国古代岩画》一文，中国岩画才进入世界岩画研究的视野。在这之前，世界岩画的分布图上关于中国的信息几乎没有。在之后的几年里，多位中国学者相继被选为国际岩画委员会执行委员，进入世界岩画研究领域。花山岩画近年来也引起国内外高度关注，从 2006 年 12 月，花山岩画列入《中国世界文化遗产预备名单》，国外岩画研究机构及一批批国外学者前往花山考察调研，充分肯定花山岩画价值及其世界文化遗产保护意义，表达支持中国以此申遗的愿望。同时，根据国外专家建议，中国政府加大花山岩画技术性保护措施与文化遗产保护及研究力度，花山岩画被纳入世界文化遗产保护及研究的国际性视域。

相比之下，国内对于花山岩画的研究则方兴未艾，从 20 世纪 50 年代开始，学界就已经将关注的眼光投向广西左江流域。迄今为止，国内对花山岩画的研究大致可以分为三个阶段。

第一阶段为 20 世纪 50 年代至 60 年代，这一时期是对左江流域岩画的发现和探索初期。纵观这一阶段的三次实地考察以及这个阶段发表的专著、学术论文成果，大多处于初步的描述性研究，对花山岩画的图像内容、传说等进行描述。在此基础上，对花山岩画的绘制年代、族属、主题内容等基本问题作了初步的推测、探索和解答。

第一次考察始于 1954 年 1 月，广西博物馆派人前往宁明花山调查岩画。① 这是研究花山岩画的先声。第二次调查研究始于 1956 年 8 月，由广西省人民政府和省民族事务委员会的领导，成立了广西少数民族社会历史调查组，来自广西民族学界、历史学界和考古学界的科学工作者和北京中央民族学院的部分师生组成了正式的考察队前往明江一带开展考察。经过考察，在明江下游沿岸共发现了七个岩画地点，挖掘采集了有肩小石斧、铜斧、网坠、骨针、石质装饰品、紫贝、粗绳纹硬陶片等文物。调查结束后，举行了左江文物的小型展览并由

---

① 陈兆复:《中国岩画发现史》,上海:上海人民出版社,2009,第 51 页。

政协邀请各界人士召开报告会，介绍了花山岩画的具体情况。[1] 第三次调查研究在广西壮族自治区人民政府领导莫乃群、林克武等同志倡议下，由自治区民族事务委员会组织，集结了历史学、考古学、地质学等多个学科的专家学者参加。考察团于 1962 年 7 月对左江流域岩画进行考察，通过这次考察，在左江两岸新发现了四十三处画址，搜集到了不少新材料，访问和记录了许多有关左江岩画的民间传说，组织专门人员临摹了各画址中具有代表性的图像。更为重要的是，在此次考察结束后，由广西少数民族社会历史调查组和广西民族出版社共同汇编出版了《花山崖壁画资料集》一书。[2] 该书发表了考察所发现的四十三处岩画的情况和局部临摹图等资料，并收录了一批此前发表的有关左江流域岩画的专题研究文章，涵盖花山岩画传说、绘制年代、绘制民族、绘制目的、图像内容、花山岩画的符号意义等内容，初步回答了人们最关切的花山岩画断代、族属、图像内涵等问题，其中包括梁任葆《花山岩画的初步研究》、陈汉流《略谈花山崖壁画的语言符号》《花山崖壁画语言符号的意义》、黄增庆《谈古代崖壁画及其年代问题》等文。

第二阶段为 20 世纪 80 年代至 90 年代。80 年代对花山岩画的研究进一步走向深化和一致，对涉及花山岩画的主要问题，如年代、族属、主题内容、社会功能、艺术风格等达成较为一致的见解，为后来的研究奠定了理论基础。这一阶段不仅有大规模、跨学科的田野考察，一大批具有学理深度的专著和论文也在此时问世。

这个阶段的田野考察于 1980 年 6 月始，广西博物馆派出考古、民族、美术、摄影专业工作人员，组成左江岩画调查组，调查组由王克荣、邱钟仑、陈远璋、王梦祥等组成。在上述几次调查的基础上，复查了过去所发现的五十二个岩画点，同时又发现十个岩画点。[3] 在此次调查的基础上形成了王克荣、邱钟仑、陈远璋三人合著的《广西左江岩画》。由广西壮族自治区人民政府组织的"左江流域崖壁画考察团"在 1985 年开展，再次进行范围更广、规模更大的多学科、跨学科考察，这次考察前后历时三个月。考察的人员来自北京、内蒙古、湖北、四川、云南、福建、广东、广西等省（区）市，学科背景涵盖历史、民族、民俗、考古、美术、舞蹈、宗教、民间文学、水文、地质、地貌、岩溶、化学、碳素年代学等十四个学科，是新中国成立以来对左江花山岩画规模最大、学科最多的一次综合性考察。这

---

① 覃圣敏、覃彩銮、卢敏飞、喻如玉：《广西左江流域崖壁画考察与研究》，南宁：广西民族出版社，1987，第 15 页。

② 同上书，第 15—16 页。

③ 王克荣、邱钟仑、陈远璋：《广西左江岩画》，北京：文物出版社，1988，第 3 页。

次考察发现的新增左江流域岩画数量达到79个地点178处280组[1]，范围涉及扶绥、崇左、宁明、凭祥、龙州、大新等县(市)。考察结束后，广西民族出版社于1987年出版覃圣敏、覃彩銮、卢敏飞、喻如玉所著《广西左江流域崖壁画考察与研究》，发表此次考察的最新成果，书中所涉及内容包括考察发现的左江流域岩画的地点情况、左江流域的自然地理状况和社会历史发展、各地点岩画的具体描述及岩画的年代、族属、内容、社会功能、艺术风格等研究，并在一些主要问题上初步达成统一的见解。除此之外，本书的附录部分还同时附有左江流域岩画的全部临摹图和照片，毫不夸张地说，该书是研究左江流域岩画资料最全、内容最多、最具权威性的著作。

20世纪80年代至90年代出版了众多花山岩画研究著作。1987年，广西民族出版社出版覃圣敏、覃彩銮、卢敏飞、喻如玉所著《广西左江流域崖壁画考察与研究》。1988年，文物出版社出版王克荣、邱钟仑、陈远璋合著《广西左江岩画》，该书对岩画发现、图像考释、年代分期、族属、内容、性质、特色等问题进行了资料性的分析和研究，对花山岩画的主题内容提出了祭日、祭铜鼓等不同的看法。覃彩銮、喻如玉、覃圣敏著《左江崖画艺术寻踪》于1992年由广西人民出版社出版，该书以审美的视角，结合文化人类学、考古学、民俗学等学科，对花山岩画的艺术内涵、风格特征、与壮族传统文化的关系、艺术起源和艺术价值等进行了深入分析和论证，具有很强的学术性、学理性。

此外，一些以花山岩画为研究对象的论文也散见于各大报刊。如覃圣敏、覃彩銮《论左江崖壁画的年代》，韩肇明、覃圣敏、覃彩銮《广西左江流域崖壁画简论》，蒋廷瑜《左江崖壁画的考古学研究》，梁庭望《花山崖壁画——祭祀蛙神的圣地》，汤惠生《原始艺术中的"蹲踞式人形"研究》，唐锦玉《广西宁明花山壁画物质成分的研究与探讨》，陈远璋《从左江崖画看壮族先民的审美意识》，海力波《左江崖壁画与骆越人之生殖崇拜》，杨群《广西左江崖壁画新考》，梁振南《娱神的手段：左江崖壁画目的功用说》《左江崖壁画中壮族先民审美意识初探》，宋兆麟《水神祭祀与左江崖壁画》，徐海鹏《广西左江流域崖壁画地区地貌条件初步分析》，莫俊卿《左江崖壁画的主体探讨》，盖山林《广西左江流域崖壁画学术价值试论》，梁庭望《花山崖壁画——祭祀蛙神的圣地》，张利群《从花山崖壁画造型透视壮族舞蹈文化蕴涵的三维构成》，姜永兴《壮族先民的祭祖圣地——花山崖壁画主题探索》等，内容涉及花山岩画原始文化内涵、表现形式、审美意识等多个方面。

---

① 覃圣敏、覃彩銮、卢敏飞、喻如玉：《广西左江流域崖壁画考察与研究》，南宁：广西民族出版社，1987，第18页。

第三阶段为21世纪初。这一时期对花山岩画的研究更趋系统化,更见深刻,带有总结性、集成性、综合性的特点。这一时期的研究在此前研究的两个阶段性成果的基础上趋向于发掘花山岩画自身的深刻文化内涵,花山岩画与左江流域文化的关系,如花山岩画与骆越文化、大石铲文化的深层关系,花山岩画与宗教文化的关系,花山岩画开发保护和文化品牌建设等等得到了学界的关注。学界从人类学、美学、社会学等多个的角度对花山岩画的资源利用、开发保护、申报世界文化遗产等方面进行研究,取得了可喜的收获,获得花山岩画探索和研究的新生长点。值得提到的是,在这一时期,花山岩画的研究也进入到博士、硕士论文渠道。

首先,以高校为骨干力量的花山岩画研究中心纷纷成立。2013年,为了配合花山岩画文化景观申请世界文化遗产工作,由北京大学考古文博学院、北京大学文化遗产保护研究中心组织的左江流域岩画分布和保存现状调查课题组,在结束左江流域上游岩画点复查与考古学信息获取、保存现状调查和评估后,进行左江下游的岩画调查,复查岩画点39处,并对沿岸的个别遗址进行了田野调查,建立了精准的岩画资料数据库。课题组在了解岩画所在环境及周围同期遗存、相关民族文化等保存状况的同时,对左江流域古代文化形成了整体认识。2015年"三月三"举办花山祭祖大典期间,广西社科院在宁明花山建立"花山岩画研究中心",召开全国花山岩画学术研讨会,来自上海交通大学、南京师范大学、广东农业大学、华南师范大学、广西大学、广西师范大学、广西民族大学、广西师范学院等院校的岩画研究专家们热烈研讨,把对花山岩画的研究引向深入。

其次,由高校师生组成的小范围调研考察也在这个阶段蓬勃发展。如2016年1月23日至28日,广西师范大学文学院"花山岩画与骆越文化"考察组前往中越边境地区的崇左市及其宁明、龙州、凭祥等地进行左江流域花山岩画及其所在地区民族、民俗、民间文化考察调研。可见,对花山岩画的研究已逐步纳入高校科研建设体系。

同时,这一时期出版的理论著作颇多。

2006年,广西人民出版社出版了由唐华主编的《花山文化研究》。这是一本研究以花山岩画为代表的花山文化的论文集,收录了一批学者围绕花山岩画的文化研究的论文,是专家学者力图从跨学科立体多维视野深入研究花山岩画的成果。该集就花山岩画的民族身份、文化内涵、艺术绘画特征、原始文化特质、文化功能与审美价值等角度提出了一些新颖的观点和独特的见解。收录了刘建平《广西左江流域崖壁画述论》、覃芳《桂南石铲遗址与左江崖壁画的文化关系》、郑超雄《左江崖壁画的艺术特点》、肖保《花山崖壁画影像造型的人类学阐释》、张利群《花山崖壁画影像身份辨析》、廖明君《左江流域崖壁画的祭祀对象及文化意蕴》、潘其旭《花山崖壁画——图腾入社仪式的艺术再现和演化》、王建平《论花山文化品牌的打造》、李建平《花山文化品牌建设的思路和措施》、韦克游《左江崖画巫术意蕴解读》等文。2009 年,由广西人民出版社出版的覃圣敏专著《骆越画魂——花山崖壁画之谜》。这是一部概括性著作,不可否认的是,该书的部分内容来自《广西左江流域崖壁画考察与研究》,同时,作者也对花山岩画在研究中产生的颇具争议的问题进行重新定位,提出了一些新颖的见解。此外,书中还配有许多珍贵的图片,这些图片记录了自二十世纪五十年代以来,专家学者研究花山岩画、揭秘花山岩画的艰辛历程。2010 年,广西人民出版社出版杨炳忠、蓝锋杰、刘勇主编的《花山申遗论谭》。该书是“2009 年花山论谭 · 花山岩画申遗研讨会”的成果。该书汇集了广西高校和科研会所的专家学者及青年学子 40 余篇论文,围绕花山岩画申报世界文化遗产的主题,按照研究视角和侧重分为“花山岩画‘申遗’”“花山岩画解读”“花山文化传播”“花山资源开发”和“综述与报导”五部分,主要针对花山岩画申遗提出问题、建议、对策与措施,提供花山岩画研究的世界文化遗产保护与世界岩画研究的实践依据与理论支撑。同时,为了配合申遗,2010 年 5 月由广西文物局主持左江岩画文物第五次普查。

此外,还有一些论文散见于各大报刊。如林晓《四十年来国内学者对花山崖壁画的研究概述》,陈远璋、赵晋凯《国内学者花山研究 60 年述略》,李华明《中国岩画与世界遗产法律保护》,吕文杰《花山岩画及其传说研究综述》,李建平《花山文化品牌建设的思路和措施》,黄桂秋《花山岩画反映壮族先民宇宙观与灵魂信仰》,黄汝训、黄喆《花山崖壁画附近岩洞葬略考》,梁庭望《花山崖壁画:古骆越文明的画卷》,王杰《关于广西左江花山岩画申遗的若干思考》等文。

博士论文主要有中央民族大学於梅《广西宁明花山岩画图像的造型》、中国艺术研究院张晓林《永恒的图式——中国原始艺术的文化阐释》、中央民族大学黄亚琪《左江蹲踞式人形岩画研究》等,硕士论文有广西民族大学吕文杰《花山岩画传说的文化内蕴》、广西师范学院刘继辉《广西宁明花山崖壁画文化研究》、中央民族大学李晓秋《广西宁明花山岩画保护与开发研究》等。

二、20 世纪 50 年代以来花山岩画研究特点

纵观 20 世纪 50 年代以来学界对花山岩画的研究,成果丰硕。有以下几个特点。

首先,对年代、族属、主题内容等涉及花山岩画的重要问题基本达成一致,

为花山岩画的深入研究奠定了基础。

年代、族属和主题内容等是解读原始先民生存状态的最基本逻辑出发点，如果对于这些重要问题还处于模糊状态，甚至出现众说纷纭的情况，那么对花山岩画的进一步研究是无法进行的，对其理论的构建也无从下手。花山岩画的绘制年代，学界一直众说纷纭。尽管各有学派，论据充分，但经过长期的争论、探索，自覃圣敏等人依据八十年代对左江流域岩画的调查，根据所有画面中年代明确的典型器物图像、考古发现的青铜器上类似左江崖壁画图像的花纹图案、采集位于岩画图像之上或下方或近旁的钟乳石标本进行碳 14 年代测定这三个方面的数据，据此在《广西左江流域崖壁画考察与研究》上发表结论，学术界比较倾向于覃圣敏等人认为的花山岩画创作于“战国至东汉时期”①的意见。

对于花山岩画的族属的研究，学者们有着不同的猜想，如 80 年代的“苗瑶集团说”②、“瓯骆说”③、90 年代的“骆越说”④等。历经长久的讨论，覃圣敏等人提出的“瓯骆说”，基本解决了花山岩画民族的归属问题。“瓯骆说”基于岩画影像解读和阐释为基础，结合考古资料，并参考碳十四测年数据，以此推断岩画的年代为战国早期至东汉时期，而此时正是瓯骆活跃于左江流域的时期。覃圣敏等人认为西瓯、骆越本是同族裔，其后裔乌浒也就是俚人。故而，“对左江流域崖壁画的作画者，比较完整的表述应该是：瓯骆部族或者部落联盟中居住在左江流域的氏族及部落。”⑤

在研究花山岩画的最初阶段，学界关于花山岩画的作画意图和主体内容有很多猜测，大致有三种主流的意见。梁任葆最早将花山岩画的主题内容和绘制意图定位在“花山崖壁画是古代桂西的壮族为了纪念某一次大规模战争的胜利所制作的。”⑥除了这种观点，也有学者认为花山岩画只是图画向文字发展的过渡形式，是前语言符号。如陈汉流认为，花山岩画和广西瑶族所用的木版刻画相类似——花山岩画是从绘画向文字过渡时期的特殊形态。“这些符号是一种抽象的、公式化的形式……形容词同样没有创造……数词也同样没有创造……它们也保存着绘画的形式……它们也同样保存着地图的特点……从绘画向形

---

① 覃圣敏、覃彩銮、卢敏飞、喻如玉：《广西左江流域崖壁画考察与研究》，南宁：广西民族出版社，1987，第 138 页。

② 黄惠焜：《花山岩画的民族学观察》，《南宁民族学院学报》，1985 年第 1 期。

③ 唐华：《花山文化研究》，南宁：广西人民出版社，2006，第 15 页。

④ 李仰松：《民族考古学论文集》，北京：科学出版社，1998，第 115—116 页。

⑤ 覃圣敏、覃彩銮、卢敏飞、喻如玉：《广西左江流域崖壁画考察与研究》，南宁：广西民族出版社，1987，第 150 页。

⑥ 陈汉流、梁任葆、黄增庆等：《花山崖壁画资料集》，南宁：广西民族出版社，1963，第 22 页。

象文字发展的过渡时期的一种语言符号。"①还有学者认为岩画与巫术仪式、祭祀活动密切相关,具有浓烈的原始宗教气氛,包裹着图腾崇拜、祖先崇拜、生殖崇拜的因子:"左江岩画是具有魔法作用的图画或符号,是神圣的无数礼仪的重要组成部分"②,"左江崖壁画所表现的既是举行宗教祭祀活动时集体歌舞的场面。"③八十年代以来,依据覃圣敏等人对花山岩画的考证和断代分析,几乎可以认定花山岩画并不是一次创作完成的,而是经过多次创作绘成的。显而易见的是,花山岩画高度重复的模式特征和程式化的表现方式绝不是为了某一次战事或一次祭典而作的单一的、间断性作品;此外,花山岩画在绘制的难度上也显示出原始先民功利目的的长久性,不可能是单纯的一次性、记录性描绘。经过历次的调查研究,学界在花山岩画的内容主题上大致达成了一致:花山岩画并不是一次性完成的,也不是为了单纯的审美欣赏或是消遣而绘制,而是原始人类为了自身延续和发展而向神灵、祖先祈求祝祷的一种宗教祭典仪式,是带有原始宗教性质的宗教文化活动,其中包含了远古先民原始信仰。

其次,以广西区内政府机构为组织领导,呈现出大范围综合考察为主、高校小范围深度调查为辅的基本态势。由前文可以看到,以 1954 年 1 月,广西博物馆派人前往宁明花山调查岩画为开端,到 80 年代规模最大、成果最丰硕的"左江流域崖壁画考察团"考察,对花山岩画的历次考察大多都由广西区内政府机构、事业单位组织,如广西博物馆、广西区人民政府、省民族事务委员会等组织执行。可见,花山岩画得到了区内政府机关、机构的高度重视,对花山岩画的研究已经置于区内文化建设项目的议程上。此外,花山岩画也纳入高校科研项目当中,鉴于各高校学科的专业化设置,花山岩画在获得了全国高校师生的关注的同时,研究更进一步细分,走向深度、综合的研究道路。花山岩画不仅获得了区内广西大学、广西师范大学、广西民族大学、广西师范学院等高校的重视,也得到了区外高校,如上海交通大学、南京师范大学、广东农业大学、华南师范大学等高校的关注。值得注意的是,国内高校不仅组织师生队伍对花山岩画进行实地考察,并在众多学术期刊、学报上发表专论和论文,并且以研讨会的形式进行学科之间的交流。高校间、学科间不断碰撞出新的火花,总结和开拓花山岩画研究的经验和新的理论生长点。

最后,多学科、跨学科合作趋势明显,显示了花山岩画未来研究的方向和趋势。正如盖山林指出,岩画学还是一门年轻学科,"岩画学研究的直接对象虽然

① 陈汉流、梁任葆、黄增庆等:《花山崖壁画资料集》,南宁:广西民族出版社,1963,第 33—35 页。
② 王光荣:《巫术文化的遗迹——广西左江岩画剖析》,《学术论坛》,1984 年第 4 期。
③ 覃圣敏、覃彩銮、卢敏飞、喻如玉:《广西左江流域崖壁画考察与研究》,南宁:广西民族出版社,1987,第 174 页。

是岩画自身,但研究所涉及的范围却相当广泛……包括岩画记录、人种分析、保护、传播、复原、编辑、环境、分布规律,即包括考古学、史前史、人类学、人种学、历史、艺术史、宗教史、语言学、生物学、社会学、保护复制、美术等等。总括起来说,岩画学约可分为描绘(记录)、历史学和人种学分析、保护三个方面。"①其一,纵观五十年代以来学界对花山岩画的研究,考古学、民族学、人类学、文化学等学科在研究中发挥了重要作用,确定了花山岩画的年代、分期以及族属基本问题。就花山岩画本体的知识谱系建构以及学科资源的独立性已经基本建立,跨学科、多学科研究为花山岩画研究提供其学科研究与跨学科研究的多维立体视野,扩展研究的学科理论基础及其方法论基础。其二,向原始文化、原始艺术、原始审美研究方向拓展,花山岩画的艺术研究也愈来愈受到外界关注。花山岩画的文化内涵、社会内容、审美特征、原始艺术、原始文化、原始信仰、功能价值等问题引起学界和外界的普遍兴趣,开辟花山岩画文化研究路径是大势所趋。毕竟当初的时光已经无法倒退和重来,花山岩画留下的斑驳的痕迹是我们与远古先人进行"对话"的唯一方法和媒介。壮族先民在绘制这些影像之时,当然不会把审美欣赏放在首位,但从今人的视角来看,花山岩画所具有的古朴、壮美的艺术风格,强烈的原始宗教气息无疑是一份原始先民磅礴恢弘的艺术遗产。其三,五十年来,花山岩画研究并非一路突飞猛进,而是有过高峰也有过低谷。我们认为,在这期间曾有过两次相对的高峰期。第一个高峰期是 1985 年由广西壮族自治区人民政府组织的"左江流域崖壁画考察团"进行考察前后;第二个高峰期则是 2006 年花山岩画首次被列为申遗预备名单后。随着 2006 年花山岩画申遗进程的加快,基于人类非物质文化遗产与世界文化遗产保护视域的岩画文化研究也将在未来成为花山岩画的一个研究取向和重点。此外,基于非物质文化遗产保护及其申遗需要,从花山岩画物质性技术保护与花山民族文化保护两方面进行探索与研究就显得尤为必要,花山岩画因自然因素造成的裂缝及剥蚀通过此种保护性研究而得到有效的物质保护,通过申遗进程推动文化保护与传承机制建设将初见成效。同时,在花山岩画研究的议程当中应该涉及旅游资源的开发和利用,建立花山岩画文化景区、生态农业、生态产业、生态旅游、文化旅游、民族民俗旅游、跨境旅游等等,形成当地社会文化发展特点与优势,获得花山岩画研究的经济价值和长远动力。

---

① 盖山林:《中国岩画学》,北京:书目文献出版社,1995,第 5 页。

三、20 世纪 50 年代以来花山岩画研究的不足及研究空间拓展的设想

对花山岩画的研究尚存在诸多不足。第一,研究成果多以集体论著的形式出现,专家型的个人专著略显单薄;同时,论文的数量要远远超过专著。第二,花山岩画的学科研究与多学科、跨学科研究相得益彰,对花山岩画的研究已经形成了相对稳定的模式与规范。但也由于模式和规范的存在,研究往往带有片面性、重复性,一些值得进一步研究的空间往往被这种学科的专业性遮蔽了。第三,理论研究相对薄弱。一方面引入国外岩画研究经验与理论不足,特别是关于原始艺术发生的心理因素方面的理论不足。另一方面,纵观 60 多年来花山岩画的研究成果,主要集中在图像解读、主题辨析、功能价值等方面,而围绕花山岩画特质或特征升华的术语、概念鲜见,对花山岩画的规律性总结与理论升华的成果并不多。第四,对花山岩画的文化研究重于对其本体研究,花山岩画原始艺术发生及其艺术形式的研究是目前理论研究的短板。原始艺术发生研究,也较多地注重普遍性,忽略特殊性,遮蔽了花山岩画作为前艺术与艺术过渡的特点。花山岩画原始艺术形式的研究,也多注重功能性阐释而忽略了艺术性阐释。同时,较多地倾向对自然环境因素分析,而对原始艺术发生的人文环境,如骆越文化圈的大环境、艺术发生的心理和思维因素等方面涉及较少;对花山岩画作为原始艺术形式的内涵与外延、原始艺术特征等有较大的理论升华空间。

综上所述,20 世纪 50 年代以来,学界通过数次艰辛的实地考察和不断的学术论争,历经近 60 年逐步揭开了花山岩画的神秘面纱。但解读花山岩画在申遗成功的时代背景和大环境下仍有许多潜在价值等待我们去发掘。我们认为,今天对于原始艺术回归的呼唤不仅是人类内心对具有淳朴、生命张力审美价值的艺术的渴望,更是对花山岩画所蕴含的巨大历史价值、人文价值的认可。

广西戏曲研究

“非遗”保护语境下戏、曲的传承发展之路

——关于桂林戏曲、曲艺的保护与传承的四点思考①

王福近②

[内容提要] 以桂林为中心向南广泛流布的桂剧、彩调、广西文场、桂林渔鼓等均已入选了国家级的非物质文化遗产。为了这些文化遗产能在国家社会、经济、科学日新月异发展的今天,在观众审美趣味丰富变化的情况下得以传承保护,有四个方面值得思考:建立戏、曲数据库实现文献汇集保护;打造戏、曲公共艺术彰显历史文化符号;戏、曲学习从娃娃抓起夯实传承基础;戏、曲下乡演出培育发展土壤。

[关键词] 桂林戏曲 曲艺 传承

大自然的鬼斧神工,勾勒出享誉世界的桂林山水,宋人曾在独秀峰镌刻下“桂林山水甲天下”的赞叹诗句。古往今来汉、壮、苗、瑶……各族人民积淀的智慧,形成了八桂大地上独具特色的历史文化。一批以桂林为中心向南广泛流布的艺术形式:桂剧、彩调、广西文场、桂林渔鼓等均已入选了国家级的非物质文化遗产。这些如同瑰宝的非物质文化遗产在国家社会、经济、科学日新月异发展的今天,在观众审美趣味丰富变化的情况下,如何传承下去,并使文化产业生态链能与之链接,就成了当今时代一个急需解决的问题。以下谈谈桂林戏剧、曲艺保护与传承的四点思考。

一、建立戏、曲数据库实现文献汇集保护

数据库是按照数据结构来组织、存储和管理数据的仓库。随着信息技术和市场的发展,特别是20世纪90年代以后,数据管理不再仅仅是存储和管理数据,而转变成用户所需要的各种数据管理的方式。数据库有很多种类型,从最简单的存储有各种数据的表格到能够进行海量数据存储的大型数据库系统都

---

① 本文系“广西地方戏曲文献整理研究”(编号:F-KS14002)阶段性成果。

② 王福近(1952—),男,桂林广播电视报原主任编辑。1999年毕业于广西师范大学研究生班。研究方向为影视、地方戏曲。

在各个方面得到了广泛的应用。将传统的文化资源以数据库的形式整理、收集起来,在世界上已有不少,我国后发而广种,在全国已建立了相当多而又有特色的数据库。2014 年中华书局开发的中华经典古籍库上线,2016 年又联合国内数家重要古籍出版社,将曾经出版过的古籍文本资源统一标准加工,注入中华经典古籍库,形成了一个拥有大量精校精注古籍文本库,统一数字化加工后,标注引得更细化、精准,保证了检索专有名词的查全率和查准率。首都师范大学建成的中国古典小说文库,就收录了大量的古典小说。中国戏曲网就能检索到京剧、昆曲等一些在当今中国影响较大剧种的部分剧目、名家唱段、逸闻轶事等。

目前,桂林市的专家学者对入选国家级非遗项目的广西剧种、曲种文本整理的工作已经展开,由广西师范大学出版社出版的有:何红玉与小敏老师收集、整理的广西文场曲本《山水清音词韵》;苏韶芬老师收集、整理的《桂林渔鼓—传统曲目优秀作品集》;以及阙真老师的《广西彩调传统剧目 120 种》(广西师范大学出版社 2018 年版)。此外,音乐方面主要有何红玉、苏兆斌、张梅老师编著的《音韵——广西文场音乐集成》(中国文联出版社 2003 年版);广西戏剧院编的《广西桂剧音乐全集》(广西人民出版社 2015 年版);沈桂芳老师编写的《彩调音乐》(广西人民出版社 1982 年版)。此外,还有一些非遗传人口述史、非遗传人录制的演唱光碟,以及桂剧、彩调演出的 DVD 光碟。这些成果,不容置疑,标志着在传承的道路上已经迈出了很大的一步,不过以口口相传为主要传承形式的戏曲、曲艺来说,如果能在文献学和戏剧戏曲学等学科的学术方法基础上,借鉴和运用现代科技手段将戏曲、曲艺的文本资源和图片、光碟,以及更多的文献资料进行数字化保护和利用,建立一些数据库,就可以实现汇集总结戏、曲文献,有效保护和充分利用这些文献的目的。

之所以说对文献资料进行数字化保护和利用,能实现有效保护和充分利用这些文献的目的,是因为数据库的建立有诸多好处:第一,优化资料保存方式,便于关注者查找使用。桂林这些戏、曲资料,可分为剧本、曲谱、图片、音频、视频、历史资料、报刊专著、传记等板块,将各类资料转换为电子文档、电子影像,统一编号存储;第二,令文献资料保存时间更长久,避免珍贵资料丢失损坏;第三,畅通传播推广渠道,实现资源共享、反复使用。因而,戏、曲数据库的建立是传承的物质保证,将会对戏、曲的保护和流播起到巨大的促进作用。

二、打造戏、曲的公共艺术彰显历史文化符号

一个城市的公共艺术不仅凝聚着城市历史传统的记忆,还应当是城市现实

生活的凸显和未来生活的幻想园。桂林城市中有着大量唐、宋、元、明、清的石刻及“中山不死”“蒋翊武就义处”等纪念碑，还有近年打造的半塘尾古莲街关于古代清廉名人的浮雕等等，这些公共艺术不仅是一种文化载体，更是体现、象征着一定阶段桂林独特的文化品位和审美特征，它们与山水、环境有机地融合在一起，营造出一种整体性的和谐氛围。

再如，桂林王城是我国目前保存得最好的明代藩王府，明代重大节庆时，藩王府就会演剧与民同乐；清代桂林王城是省试院，广西具备进京会考的举人身份就在这里产生……桂林王城蕴藏着极为深厚的文化底蕴。如何让凝固的作品与流动的历史文化紧紧地捆绑在一起，成了我们必须重视的一大课题。无疑，桂林王城四周大量的仿清风格和民国时期建筑的恢复和改造，王城内的园林风格、景观相互配合，确实能为桂林城市中心营造出一种独特的文化氛围，只是让人感到平淡了一些，缺少能让人流连忘返的核心。有人说如果把建筑比喻为城市的骨架，那么，雕塑便是城市的灵魂。就像人们常说，没有看到“尿尿小童”于连，就等于没有到过布鲁塞尔！这种说法可认为是在强调雕塑对一个城市建设的重要性，因为城市包含人们共同生活的历史传承，本身就富于特殊的文化意蕴，是文化的一种高度凝聚形式。假如能将代表桂林文化的戏、曲场景融合其中，比如在仿清风格的东巷（指现在正准备改造的部分）用雕塑再现桂林戏、曲的部分场景，像彩调的《刘三姐》对歌；像桂剧的《拾玉镯》，或者是唐景崧在排演的桂剧《中乡魁》；文场的《数菩萨》；桂林渔鼓的“一人立地演渔樵，俚语村言尽妙佻”①等，必能取得震撼人心的效果。因为打造公共艺术，不仅仅只是对城市进行的“包装”，而是对城市的历史文化进行公共的收藏，也是对老百姓的希望的公共收藏。雕塑在美化城市环境的同时，彰显出城市的历史、文化与艺术特质。所以说，公共艺术是注重开放和参与的，当艺术从神圣殿堂、小众范围走向公共与普通百姓大众，艺术家们从各自单体的作品向城市的整体范围发展，艺术与公众的关系成为互动的双向交流关系的时候，“受到公众普遍认可的公共艺术，不仅会成为公共空间的标志物，还会成为凝结文化归属感的重要象征”②。因而，当桂剧、彩调、广西文场和桂林渔鼓等相关的公共艺术建造的时候，其影响也将会同桂林的美丽山水一样，随各地游客播往四面八方。

另外，打造别具一格的桂林文化街，定期定点的演出桂剧、彩调、文场、渔鼓的精彩片段或短剧，也有特殊意义。它像城市一道独特的活动景观，这既可为桂林的旅游、观光增光添彩，又能使市民和游客获得精神的享受，吸引着中外游

---

① 梁熙成：《永福彩调史稿》，桂林：广西师范大学出版社，2014，第32页。
② 蒋新军：《公共艺术，让城市发展进入美学时代》，《光明日报》，2017年5月19日。

客对桂林文化的向往、探讨之心，扩大这些艺术形式的影响，起到弘扬地方戏曲的作用。一台《刘三姐》或桂林文场名角的演唱会、一个展览、一次活动、一场舞蹈，在此我们暂且不去界定它们是否可以纳入传统意义上的公共艺术的范畴，但这些在开放、公共、大众的环境中展示的艺术，也将会成为一种文化符号，让人们传播于口、收藏于心，使桂林戏、曲这些非物质文化遗产得以有效传承。

三、戏、曲学习从娃娃抓起夯实传承基础

在影视、“互联网+”各类媒体的夹击下，传统戏、曲的受众群体日益萎缩，除了一些老年受众仍在一如既往地关注，城市里的“网生代”们，除非是从事这个工作，不然基本上都不再观看和欣赏戏、曲。特别是地方戏曲，由于创编的力量也在萎缩，传统剧与现实生活脱节，创新剧精品不多，因此，戏、曲在城市里的演出处于一个非常尴尬的境地。记得我们小的时候，在正阳路的南强戏院看彩调《半把剪刀》；十字街桂剧院看《拾玉镯》；环湖塘的曲艺厅里大人带着听《追舟》……固然，那个年代娱乐贫乏是主要因素，但是童年的喜爱会影响人的一生。即使我们算不上是戏、曲的忠诚粉丝，却不妨碍我们用欣赏的态度观看桂林的地方戏、曲，并从中找回童年的欢乐。

从娃娃开始，注重培养他们对地方戏、曲的兴趣，无疑是戏、曲传承的一个极其重要的环节。这一点，广西文场国家级非遗传承人做出了相当有效的成绩。何红玉老师的《心韵》一书里提到敏子作词的广西文场《仙境怎比我桂林》，1987 年被广西壮族自治区九年义务教育初级中学试用课本《音乐》第四册选用，由广西教育出版社出版。到 1996 年已再版两次，累计印数达 158 万册①，就是说至少有 150 万广西的青少年接触到广西文场。陈秀芬老师作为国家级的广西文场传承人，在如何传承这个问题上她别出心裁、另辟蹊径，付出了极大的努力。她说她的弟子中：“周颖、宁红霞、李覃皓月他们几个是学校的老师，都是音乐专业的硕士生或本科生，周颖在桂林市九中教音乐课；宁红霞则是广西师范大学音乐学院教师。红霞入门晚些，现在已经学会了几个节目、几个曲调。周颖已经可以演《贵妃醉酒》了，现在正准备教她《陈姑追舟》。李覃皓月入门最晚，刚开始学习曲目。对她们的传授和叶春桃几个不一样，因为她们本职工作就是传播文化知识的，文场是非物质文化遗产，也是她们传播的重心之一……她们的作用非常大，因为她们都是老师，她们是把文场带进校园的中间桥梁。文场就是依靠她们再传授给她们的学生，从而扩大文场的影响。这就是为

---

① 何红玉：《心韵》，桂林：漓江出版社，1996，第 99 页。

什么我要收他们为徒弟的目的。就是希望依靠她们影响青年学生们认识文场、喜爱文场。”①毫无疑问，像周颖、宁红霞、李覃皓月这类有着较高学历的研究学者进入广西文场的传承队伍，将会对广西文场的研究、拓展、传承产生无可估量的影响，这也是陈秀芬对推广、传承广西文场的一个重要贡献。

收徒传艺本虽个人的行为，但像陈秀芬老师这样，将收徒变成大众传播的一条渠道，使文场的传承能别开蹊径地进入课堂，却值得我们重视，值得各行各业深思。比如电台、电视台以及其他媒体能为戏、曲设立相应固定的栏目和时间，教唱一些地方戏曲的名人名段、介绍一些戏曲知识，使孩子们自小就耳濡目染，这对戏、曲的传承无疑会更上一层楼；对广大爱好戏、曲的听众与观众来说，更是获得聆听名家表演、学习名家真传的绝佳渠道。

四、戏、曲下乡演出培育发展土壤

今年中宣部、文化部、财政部联合印发了《关于戏曲进乡村的实施方案》，提出到 2020 年，在全国范围实现戏曲进乡村制度化、常态化、普及化，解决农民看戏难的问题。其实送戏下乡早已有之，桂林的文艺社团每年都有下乡演出的具体任务，他们也都会按规定做。不过，这一次印发的戏曲进乡村的实施方案里，增加了财政部，实在是不同寻常。近年来，各地在如何“送戏下乡”，尽力繁荣乡村文化生活上做了有益的探索。安徽省采取的方法是由政府购买服务，统筹使用农村文化建设资金，实施“送戏进万村”的方案，力求每个行政村每年至少能观看一场戏曲演出；山东省从 2014 年就开始实施“一村一年一场戏”的免费送戏下乡村工程……

文化部公共文化司司长张永新指出《关于戏曲进乡村的实施方案》首次把戏曲进乡村纳入公共文化服务体系建设和政府购买公共文化服务范围，这就为戏曲进乡村提供了制度和财政的双重保障。张永新还说：包括民间职业剧团和非遗传习所，只要具备相应的演出能力，政府都鼓励他们采取政府购买的方式参与到戏曲进乡村活动当中去，按照政府购买服务的要求，由财政提供经费补助②。这一提法对戏曲的保护至少有着两方面的重要意义。一是意味着乡村群众不仅仅是看戏的观众，即被动观戏的受众群，还可以是登台演出的演员，成为传播戏曲的主动参与者。二是可以救活一批民间戏曲社团。众所周知，这些年来，县一级的基层剧团大量削减，送戏下乡的重任，主要就落在了市一级的院团身上，压力非常大。现在国家有了送戏下乡实施方案，民间剧团只要具备相应

---

① 陈秀芬口述，王福近编撰：《我的文场生涯》，桂林：广西师范大学出版社，2017，第 79 页。

② 韩业庭：《地方戏曲迎来政策利好》，《光明日报》，2017 年 6 月 16 日。

的演出能力，亦可成为戏曲进乡村活动的成员，无疑，这既是对专业团体力所不及的补充，同时，也是那些因为募集不到相应的演出费用而被迫解散的民间剧团重新崛起的好时机。所以说在“送戏下乡”活动中帮助农村培养一批传播戏、曲的中坚力量，让他们爱戏、懂戏，还能够演戏，“送戏下乡”的意义就会得到进一步深化和延伸。尤其是广西一些戏曲，比如广西彩调本来就源于乡村，形成规模或者艺术上提高后才进入城市的。这类地方戏曲在乡村上演不衰，始终为百姓喜闻乐见，具有广泛而深厚的群众基础。送戏下乡无疑会使这些地方百姓们引以为自豪的戏曲获得更加广泛、持续发展的动力，保持不断创新的活力。

送戏下乡，送些什么戏才有助于激活乡村文化的内生机制，有助于传统戏、曲的传承？“老戏老演，老演老戏”，导致看戏的“老是老观众”，这话十分形象的概括了现在观众观看戏、曲的现状。老戏就是指传统剧目，虽然目前在农村仍有些市场，但帝王将相、才子佳人毕竟和农村的现实生活有很大的距离，长期、反复地观看必会使人缺乏新鲜感，因此，一方面题材要与时俱进，围绕百姓的生产和生活编写新剧，把艺术深深植根于百姓的喜怒哀乐中，满足人民群众日益增长的精神愿望；另一方面要注意以时尚流行的艺术元素充实戏曲本体、衍生出新的戏曲娱乐形态，以符合新时期观众的审美需求。

离开生活的非物质文化遗产传承是无源之水、无本之木。非遗如何“飞入寻常百姓家”？如何让戏曲与曲艺得到有效保护、传承？毋庸置疑，有效之路是应该在保护传承实践、传承环境的同时，更新理念，将戏曲与曲艺融入人们的当代生活，使之在广大人民群众中真正生根、抽枝、发芽。总之，固本守正，彰显特色，在动态传承中开拓发展之路，才能让戏、曲这些非遗明珠在新时期得以发出璀璨光芒。

从《看棋亭杂剧十六种》看清末戏曲文体嬗变[①]

苏文劲[②]

[内容提要] 《看棋亭杂剧十六种》由清末唐景崧所撰，是研究桂剧史和桂剧剧目的重要资料，在唐景崧之前，桂剧原没有专为演出而创作的剧本，剧本相传都是依赖艺人口传心授，这就使桂剧最初的演出形式存在很多不稳定的因素。唐景崧可谓桂剧第一个剧作家，他的《看棋亭杂剧十六种》是第一批特为桂剧而创编的剧目，为桂剧形式提供了一个参照的标准，对推动桂剧成为一种成熟的地方剧种有着里程碑似的意义。唐景崧从事桂剧创作的时期也正是我国社会文化转型时期，文化变革成为不可避免的潮流，戏曲变革即是其中的一环。从文学研究的角度看，在这个阶段产生的《看棋亭杂剧十六种》不仅奠定了桂剧的基础，还可以让我们一窥当时戏曲文体的变化。

[关键词] 唐景崧 桂剧 《看棋亭杂剧十六种》 戏曲文体

唐景崧(1841—1903)是广西灌阳人，咸丰十一年(1861)中解元，同治四年(1865)中进士，先为翰林院庶吉士，后授吏部候补主事，在京做十几年的闲散官员，在京不得志以看戏遣怀，频繁接触戏曲演出。中法战争，请缨自荐，前往越南争取刘永福受清廷节制，并支持黑旗军抗御法军侵略，从此渐有声名。中法战争后，唐景崧先后任福建台湾道兼按察使，台湾布政使和台湾巡抚。中日甲午战争期间，他与邱逢甲等人抵制日帝侵占台湾。后败归福建，灰心仕途便隐居桂林，筹办体用学堂，投身桂剧创作，著有《请缨日记》《诗崎》《迷拾》《看棋亭杂剧》等书，光绪二十九年(1903)病卒于桂林。

唐景崧作为桂剧发展史上的第一个真正意义上的剧作家，《看棋亭杂剧十六种》本应当有较大的影响，他的创作思想和艺术手法应对当时的地方戏发展有一定的示范作用，然而这一切在当时的乱世中如昙花一现，没有得以发扬。原因有以下几点：

---

① 本文系“广西地方戏曲文献整理研究”(编号:F-KS14002)阶段性成果。

② 苏文劲(1985—)，女，广西师范大学中国古代文学专业在读博士研究生，研究方向为古代戏曲。

首先,就唐景崧本人来讲,戏剧创作主要还是出于自己避世自娱的目的,创作上的尝试也只是个人为之,并没有自己明确的戏曲改革主张,组建桂林春班也主要给当地显贵表演,供少数人鉴赏,所以唐景崧的桂剧创作活动并没有引起大的反响,特别是没有回到民间在群众中引起广泛传播。

其次,从现存《看棋亭杂剧十六种》的内容来看,有很多是宣扬传统封建文人所坚持的一些已经逐渐被时代所淘汰的伦理道德,内容的陈腐带来的也是作品流传范围的狭窄。但是《看棋亭杂剧十六种》的保存为我们提供了一个当时杂剧的文体范本,是戏曲问题演变中的重要一环,为研究当时的曲体演变打开了一个窗口。

《看棋亭杂剧十六种》中的杂剧文体特征有着自己的时代烙印。汉代以后"杂体"的概念就广泛地存在于中国古代文体之中,有杂诗,亦有杂赋。到了宋代,杂体已经普遍被许多人接受,各种思想观念、文体类型、创作技法交融共生的时代背景下,在文学活跃的氛围中,早期戏剧形态逐渐形成。发展到比较完整、规范的体制和演出,中国戏剧经过一个吸收、收束、转化和渐进的过程最终在元代形成元杂剧这种完整的戏剧表现形式,成为那个时代的文学高峰。《中国曲学大辞典》总结宋辽金时期的杂剧"被作为多种戏剧之共称",宋杂剧则定义为"泛指宋代各类戏剧演出形式"①。可见最终完整的戏曲形式元杂剧确实是结合了当时的多种艺术形式而诞生的。但是《看棋亭杂剧十六种》虽名杂剧,已非承袭元杂剧而来,这里应该是相对于清代的昆曲传奇体所提出来的概念,相当于用唱腔来区分的"花部"与"雅部",而"杂剧"更倾向一种文学上的划分,是一种带有地方戏特征的杂剧。

最后,就《看棋亭杂剧十六种》而言,唐景崧在创作剧本的时候正处于人生的低谷,戏曲创作是他聊以自慰的活动,选择当地的戏曲艺术,是一种精神深处的内在选择也是身处环境的影响所致。但可惜的是精神趣味上脱离了民间俗味,只在形式上保留了地方戏的特点。

在唐景崧看来戏曲仅仅是借以抒怀的一种艺术形式,所以他并没有提出系统戏曲理论。唐景崧虽然没有自己的戏曲理论主张,但是从《看棋亭杂剧十六种》保存下来的十六种文本来看,可以从结构、声腔、叙事三方面总结出几点戏曲文体的特征,从此入手一窥当时中国戏曲文体的嬗变。

---

① 齐森华、陈多、叶长海主编:《中国曲学大辞典》,杭州:浙江教育出版社,1997,第9、38页。

一、戏曲艺术构思

首先,唐景崧已经注意到删减繁枝缀叶,力图在一种剧中表现一个突出的主题。从十六个剧作来看,都是不拘一格的短剧,既不追求成本成套,也不同于一般的折子戏,都能从内容出发,构成一个完整的故事,并视主题需要决定篇幅的长短。因而他的剧本大都脉络清晰、主题明确,这种结构形式无疑是一种突破,是戏曲文本的一种新变化。

其中《一缕发》《马嵬驿》《九华惊梦》是脱胎于洪升《长生殿》的,它们分别截取了李杨故事中三个比较典型的片段,以此成剧,每种剧又表达出不同的主题。如《一缕发》以讲述李杨之情为主,《马嵬驿》写杨玉环被逼致死的悲剧,《九华惊梦》则侧重表现杨玉环死后的情悔,淋漓尽致地表现了"此恨绵绵无绝期"之意。同样的还有《晴雯补裘》《芙蓉诔》《绛珠归天》《中乡魁》四种红楼戏,也是截取了《红楼梦》中几幕被人所称道的情节来连缀成戏的。如《晴雯补裘》《芙蓉诔》中将心比天高、命比纸薄的晴雯的凄惨遭遇描写得淋漓尽致;《绛珠归天》写林黛玉寄人篱下、孤苦无靠的爱情悲剧;《中乡魁》则写贾宝玉在科考之后离世皈依。这是《看棋亭杂剧十六种》中两个比较大的系列。

集中表现一个人物和一个事件,避免了传奇体的冗长拖沓之弊。在大的李杨戏、红楼戏的体系中,它们既相互联系,又独立成章,提高了这类大部头剧作的传唱度,方便搬演。

其次,唐景崧安排大场子、小场子和过场的互相穿插调配,使戏曲结构可以做到丰检适度,他受到梆子和皮黄腔的戏曲结构影响,场次的划分基本摆脱了音乐的限制,完全根据戏剧冲突、剧情内容来划分,既不分折,也没有明确标明场次,仅由人物上下场和台词来换场。但是还是可以看出淋漓尽致的刻画和重要人物的大量唱段可以由大场子容纳,而精练的交代和简单的连接可以用小场子或过场来完成。冷热场相济、波澜起伏,都由剧情来决定。

比如《马嵬驿》一种不仅保持了原作结构完整、紧密,戏剧冲突和人物心理活动揭示得比较充分。如杨玉环自尽时,剧本安排得比《长生殿》更多,更突出道白、唱段。如杨贵妃唱道:"接过了白绫带牙关咬紧,不由人肝肠断珠泪如倾。这带儿活活的要人性命,杨玉环造下了孽海冤深。"

又如《马嵬驿》中将进献荔枝这个典故加进来进行换场。唐明皇前一场有一段"此别后除非是黄泉相见"的唱词,接下来就用使者进献荔枝宕开一笔,再转到杨贵妃临死前三段主要唱词,这样既场次分明,又调配有度,又把过去和眼前的情景交织起来做联想性抒发,使她的心理活动得到更感人的展现,同时也增强了悲剧气氛。在这里唐景崧别出心裁让进贡荔枝的使者穿插过场,别具讽刺意味。并且别有一种悲凉，可谓此剧中的妙笔。

由作者据剧情来处理调配场次，京戏和许多地方戏都采用了这种结构形式，唐景崧依从这种结构方式也是大势所趋。

最后，唐景崧在安排念、白、唱三者有一定之法，特别是人物出场，开场都比较简洁，一开始就由剧中人上场，并进入正戏。比较典型的是《高坐寺》的开场：

傅以渐上

傅以渐（念引）一领青衫，求科名未能如愿。

（诗白）欲步青云愿未偿，十载灯火对寒窗。男儿若遇风云会，自有前程万里长。

（白）小生，傅以渐。生当乱世，未遂科名；苦坐书城，犹怀壮志。但是目前有一桩心事，闻得桐城方密之公子，用六千金买了一个绝色女子，名为王六娘。我想走到桐城，拜那公子，见一见那位美人，开我生平眼界，岂不是好。主意已定，我这就行走起来。

（背包袱雨伞，唱）我本是未成名山东寒士，叹平生未享受翠绕珠围。远闻得桐城县方家公子，六千金买了个绝妙的蛾眉。我虽然与公子并无交谊，也不妨到他家请见西施。收拾了出门的一肩行李，踏青山涉绿水直往桐城。

（下）①

单人开场，由傅以渐自报家门，引起事件，并交代出另外的人物，方密之和王六娘。内容分由“念引”“诗白”“白”“唱”四个部分承担。在《看棋亭杂剧十六种》的其他剧作中也是基本保持这一规律。另外有几种不同的开场情况，分别在《一缕发》中是唐明皇“白”，杨贵妃“唱”；《马嵬驿》中是陈元礼“白”，唐明皇、杨贵妃对唱；《中乡魁》贾宝玉和贾兰是轮着“诗白”；《桃花庵》中是周王氏和陈淑媛轮“唱”。虽有不同但“念引”“诗白”“白”“唱”顺序不错，虽然表达的内容不免有重复之处，但是较过去的戏曲文本已简练不少。这种开场方式免去了传奇体的繁文缛节和副末开场，另外与传奇体不同的是，开场不再用词调，基本上是用上下句念白开场。比如《芙蓉诔》中宝玉出场：

（白）小生贾宝玉，前日太太不知何故，忽教琏二嫂搜查园中，将三妹妹的丫鬟司棋撵了出去。唉，可怜这司棋不知犯了何事，我也无计救她，唯有心中伤感。近日晴雯又病在床上，接二连三，不如人意。真叫我无可奈

① 唐景崧：《看棋亭杂剧十六种》，广西戏剧研究室编印，1982，第224页。

何也！①

唐景崧在剧本结构方面做得功夫最足，不过他的创作也非案头戏，对戏曲表演方面所做的努力在剧本中也有所体现。

二、地方戏特色

一方面唐景崧在唱腔上采用弹腔。清代各地的民间戏曲包括乾隆前后涌现的梆子腔、弦索、皮黄、乱弹诸腔，从前代延续下来的地方化了的昆腔、弋阳腔，以及偏处一隅的古老剧种——莆仙戏、潮州戏等。这些地方戏品种繁多，流布宽广，彼此间的渗透也是错综复杂的，桂剧就产生在此时。新兴的乱弹诸腔不断地接受古老剧种积累下来的艺术成就，乱弹诸腔之间也相互取长补短，地方戏植根于民间，通俗化成为它们发展的共同趋势。唐景崧顺应了这种通俗化的趋势，在对桂剧剧本的创作上基本采用了桂剧弹腔，没有采用桂剧中的高腔。基本表现在人物唱段十字一句，应该是弹腔中的十字调。十字调，采用的不是传统购曲牌体音乐，而是民间流行的以十字句为主要句式的板式变化体音乐。比如《桃花庵》中周宗武的唱段。

> 与爷带马。（唱北路慢皮）别家庭以三载不通音信，但不知高堂母她可安宁。还有那小娇妻温柔情性，成亲后抛撇她往外从军。临别时她愿我身登荣庆，我荣归她定然喜笑盈盈。叫人来你与爷引路前进，一心要转家乡戴月披星。②

又如《燕子楼》中白居易唱段：

> 见坟台撩袍袖倒身下拜，哭一声张故人好不悲哀。想当初歌舞地名扬四海，那时节白乐天朝夕相偕。兄忽然弃红尘门庭全改，那歌台和亭榭堆满尘埃。叹光阴如流水转眼十载，白杨树空伴着冷静坟台。白乐天留人间兄今何在，一杯酒盼仁兄驾鹤归来。③

其他剧本，所有唱段皆是十字一句，可以推见唐景崧采用的应是弹腔。

另一方面唐景崧按照班里角色的长处来安排戏文。唐景崧从演出角度和演出效果出发创作剧本，他的剧作都是为演出而创作的，绝非案头读本。据参加唐景崧“桂林春班”的桂剧艺人林秀甫说：“唐维老编写剧本，第一是按照班

---

① 唐景崧：《看棋亭杂剧十六种》，广西戏剧研究室编印，1982，第73页。
② 同上书，第186页。
③ 同上书，第202页。

里的角色来编,第二是抒写他自己的牢骚。"①另外据丘振声所作《清末以来已故桂剧名伶志》载②,唐景崧所组"春班"的主要演员有以下一些:

一枝花,名旦角与周梅甫等在桂林入"人和班",后来参加唐景崧的"桂林春班"擅演《黛玉葬花》。

小崔,工旦角,原为唐景崧随从"年轻貌美聪明,教以桂剧,辄能领悟"唐景崧所编的《九华惊梦》中的杨贵妃,《黛玉葬花》的黛玉。

周梅甫,工小生,后改生角,唐景崧"桂林春班"的名角,与一枝花合演《芙蓉诔》饰贾宝玉,配合默契,被称为"半枝花"。

唐玉时,又有人说是唐玉池。湖南人,原为祁剧艺人,工小生。后来广西,在光绪年间,加入"桂林春班",与压旦林秀甫同台演出。

苏荣兰,湖南人,原为祁剧名旦,光绪年间应邀来桂林,参加"桂林春班",以刀马旦戏为最好,做工利落、优美。

马老二,清末人,工正生,"桂林春班"的当场正生,唱做俱佳,为人称颂。

明才,姓字不详,生性机敏,长相潇洒,小生,为唐景崧所赏识,指定在《芙蓉诔》《黛玉葬花》饰贾宝玉。

徐明甫,名鼓师,初学三弦,后拜祁剧艺人刘鸿顺为师,学鼓板,后又加入"桂林春班"演出并执教。

另外还有胡三立、胡玉俊、倪德正、张秀兰、周凤林、胡达生等人,他们都有一定名声,先后入"桂林春班",盛极一时。可见唐景崧组建"桂林春班"人才济济,并且各有专攻,为剧本的完美搬演奠定了基础,也从侧面反映唐景崧的创作目的是搬演桂剧。

唐景崧曾邀请康有为到看棋亭观看"桂林春班"的表演,康有为欣然而往,并对演员的表演以及唐景崧所编剧本予以很高的赞赏,赋诗多首。在康有为的集子《万木草堂诗集》皆有所体现。在其中诗集康有为自序曰:"吾授徒于粤城,所居曰万木草堂,自忧国上书,首请变法,事既奇创,不达而归,绝意时事,以讲学著作自娱……避地而游于罗浮、桂林又再讲学于桂,门人每进焉,自庚寅至丁酉,八年间,隐居粤中至游桂之作,同在壮年,一岁中每相出入,但以地别,以记行藏志事之殊焉。"③从中可以看出康有为在桂林期间观剧作诗的心情,唐景崧对康有为当时的境遇亦不免有同病相怜之感,二人惺惺相惜,交往甚多。其中观看桂剧也就成为重要的交往活动之一。在不断地演出当中,唐景崧完善剧

① 吴山:《唐景崧对桂剧的贡献》,《广西日报》,1961 年 9 月 16 日。

② 丘振声:《清末以来已故桂剧名伶志》,《桂林文史资料》第七辑,1985,第 64 页。

③ 康有为著,上海市文物保管委员会文献研究部编:《万木草堂诗集·康有为遗稿》,上海:上海人民出版社,1996,第 66 页。

本，最后才能保留下形制完整的桂剧剧本，也可见他对演出的重视。

三、文人独白的特点

一方面，唐景崧秉承了创作诗文的思维方式来创作戏曲，注入了“诗言志”的传统血液。

明末清初的孟称舜第一次自觉地提出代言体形态是戏曲文本的本质特征之一，他在《古今名剧合选序》中说：“吾尝为诗与词矣，率吾意之所到而言之；言之尽吾意而止矣。其于曲则忽为之男女焉，忽为之苦乐焉，忽为之君主、仆妾、佥夫、端士焉。学戏者不置身于场上，则不能为戏；而撰曲者不化身为曲中之人，则不能为曲。”①《看棋亭杂剧十六种》中往往是借古人以自喻的，如《虬髯传》和《高坐寺》中唐景崧就化为张仲坚、方密之以遣怀，“代人立言”就相当明显。

《虬髯传》的本事来自唐代杜光庭所写的传奇小说《虬髯客传》，描写虬髯客张仲坚、李靖和红拂的经历，主要是烘托李世民这个“真命天子”，所以对张仲坚的海外功业，只一笔带过。在唐景崧的剧本中，对张的奇侠行为却作了尽量多的描写和渲染，并参照张凤翼的《红拂记》传奇，设专场表现其远征海外的功业，显然是对自己过去所建功业的留恋。在《虬髯传》中张仲坚道：“番王自己逃走，大众杀进都城。看这扶馀虽是小国，岂可一日无主？俺不免祭告天地，出榜安民，做这一方之主，也算天遂人愿了。”正是道出了唐景崧的心声。

《虬髯传》道出了唐景崧的雄心壮志，而《高坐寺》则是以标榜清高、抒发私愤为核心，而且在剧中让人物方密之作为自己的代言，这种“代人立言”的目的在《高坐寺》表现得最为明显。《高坐寺》是以明末清初隐士方以智的轶事为本事的。方以智是明末进士，授翰林院检讨，被排挤后在岭南出家，明亡后，拒召不出。《高坐寺》着力描写方密之的不同凡俗的奇行异志、不同流合污的傲骨高风，其中方密之唱道：“我要把这心肠牢牢按定，要出山终究是万万不能。”仿佛就是唐景崧对现实中自己的告诫。

另一方面唐景崧在用人物形象代作家立言这种方式时并没有因此妨碍到剧情的进展，而且并不固定某个人为之代言，他处理灵活，将自己和角色的感情做了比较恰当的处理表现。

比如在《虬髯传》中李靖唱道：“隋天子游江都万民愁怨，乱纷纷忽起了四路烽烟。我李靖有奇才无人雇盼，到如今依然是一领青衫。”结合唐景崧生平，这

① 陈多、叶长海选注：《中国历代剧论选注》，上海：上海古籍出版社，2010，第257页。

也是对自己情怀的一种抒发。再如《中乡魁》中写到宝玉告别家人,言语之中透露出即将永别的信息,只不过大家不知情,临走时有一段唱词:“你不必催我,我知道该走了。(唱)十九年在人间繁华享遍,裙钗里脂粉中无限缠绵。今日里出门去我别有心愿,从今后贾宝玉摆脱了尘缘。(仰天大笑。白)走了!走了!”这一段深刻描绘了即将出家、摆脱尘世的形象。心中纵然有对家人的挂念,但去意已决。这是贾宝玉在对现世生活绝望,守候无望,也是唐景崧对自己看似洒脱实则伤痛的人生表白。

“诗,抒情诗,始终是我国文学的正统的类型,甚至除散文外,它是唯一的类型,赋、词、曲,是诗的支流,一部分散文,如赠序、碑志等,是诗的副产品,而小说和戏剧又往往以各自不同的方式夹杂此诗。”①由于中国戏曲是在这一诗性文化背景下产生并发展起来的,所以“代人立言”的特点仍是文人戏剧创作典型特征,不过唐景崧注重人物刻画和舞台演出的经验,既注重设置戏曲情境,又注重文人主体抒情,这种充满文人情趣的独白形态,把情和事做了较好的结合。能做到唐景崧这样雅俗共赏,又能抒发己志的地方戏创作还是难能可贵的。

唐景崧的桂剧创作推动了清末时期桂剧的发展,在思想倾向和艺术成就上都值得研究,更重要的一点,它是当时中国戏曲文本的一个重要样本,特别是在中国戏曲转型时期,较早的文人创作的地方戏文本就显得更为重要。

总的来说,《看棋亭杂剧十六种》是近古体的戏曲文本,有别于古本的戏曲文本,从文体特征来看可以说代表了当时中国戏曲文体转型的一种状态。

四、结语

从整个戏曲发展史看,《看棋亭杂剧十六种》在桂剧中的诞生预示了戏曲变革。清代中期昆曲的发展已经进入停滞状态,与之相对的“花部”“乱弹”逐渐崛起,到清末,地方戏的兴盛让文人不得不注意中国戏曲的转型。清末地方戏从题材内容到表演形式,都形成了自己的特点。源于民间艺术的、土生土长的地方戏显示出勃勃生机。《看棋亭杂剧十六种》就体现了当时不同于曲牌联套的板腔体为文人所接受的结果,显示了地方戏蓬勃的生命力。

桂剧是广西主要地方剧种,流行于广西桂林、柳州、贺州、河池部分官话地区,波及湖南南部地区与广东西北隅。在不断地表演与改革中融汇了广西特有的风土民情和人文特点,逐步形成了富有地方特色的地方戏。它经过了从产生到唐景崧文人创作这样一个过程。

---

① 闻一多:《闻一多全集》,北京:生活·读书·新知三联书店,1982,第202页。

桂剧有着比较悠久的历史，根据顾乐真三十余年的考察，在《广西戏剧史论稿》中提出桂剧实际上是清乾隆、嘉庆年间，由湖南祁阳班子逐渐传入广西北部桂林及湘桂沿边，之后逐渐发展、演变而成的。明清以来，桂林已成为广西政治、经济、文化中心，湖南人大量迁移至广西北部诸县，祁阳班也频繁地来桂林演出。方言是地方戏形成、发展的基本要素之一，桂剧声腔是随着方言的变化而变化的。祁剧在桂林演出期间，受到了广西官话（桂林话）的影响从而形成了桂剧。

唐景崧之前桂剧所演的剧目，十之七八与湖南祁阳戏相同，前面所列举“桂林春”班的演员，也有一些就是来自湖南，有些就是祁剧戏班的演员，转唱桂剧，可见两者之间是有很大共同点的。

在发展过程中，除受方言的影响，桂剧还受到历史环境的影响。唐景崧从事桂剧创作时期正是中国社会发生重大变革的时期，黄遵宪等人号召反对复古，康有为鼓吹的“诗界革命”，以及“小说界革命”“新诗派”等都是文学改良主义运动的一部分，这些也自然会影响到唐景崧的创作。从某种程度上来讲，唐景崧不用传奇体，选择通过桂剧来寄托情怀代表了传统文人的一种变革。

从某种程度上讲，唐景崧是带着改革的敏锐目光的，作为一个传统文人，选择地方戏进行创作实属不易，但他敏锐的感知到桂剧的生命力，投入创作。个人认为唐景崧对于桂剧的意义大概就相当汪笑侬对于京剧的意义，其他地方戏在这个时代鲜有文人创作的剧目保存下来，基本都是口耳相传，艺人整理。又因为是传统文人对地方戏的改造就更有典型性，比较全面的显示出中国戏曲文体的转型，代表了文人创作对地方戏的影响。但是也应注意到唐景崧创作的不足之处。

一方面由于唐景崧无意推动桂剧发展，他只是将人生失意寄托于此，聊以慰藉人生，所以他的剧本也只是在这个圈子内和有关的艺人当中散发，供少数人鉴赏、采用。所以不能像传统地方戏一样回到民间，雅化却不合乎大众的审美。他的身份变迁，从仕途转向梨园戏曲创作的人生际遇，成为史学界和文艺界评论的焦点，但在戏曲创作中舞台的着眼点和聚焦点，唐景崧却没有在他的剧中很好地表现出来。

另一方面唐景崧的思想仍旧残留着落后的封建意识。《看棋亭杂剧十六种》中也有对“情”的描写，侧重儿女私情，但唐景崧表现出来的是以“理”为主的戏曲观，对封建伦理道德的鼎力维护，对三纲五常、忠孝节义的大力鼓吹。比如《桃花庵》虽然也表现了对妇女吃苦耐劳、怜贫敬老的赞颂，但是实质上还是宣扬了封建礼教和封建宗法思想。

戏曲是一种时代感很强的艺术，它与广大观众的社会心理和审美风尚有着密切的关系。它的变化并不与朝代更迭相一致,但它与国事时运却有着微妙的关系。在传奇体走向僵化不再为大众所喜爱的时候,地方戏应运而生。桂剧是清代地方戏家族中的一员,唐景崧创作的《看棋亭杂剧十六种》则代表了当时中国戏曲文体的转型,预示着更大的变革的到来。

唐景崧之后,他的学生马君武和戏剧家欧阳予倩自觉地认识到了戏剧的社会功能进而对桂剧进行改革,他们在桂剧发展史上续写了唐景崧未写完的篇章。

多维立体视野下的广西戏曲研究新作

——读《广西戏曲与文献论稿》

载 驰①

[内容提要] 《广西戏曲与文献论稿》一书从碑刻论、生态论、艺术论和承传论四个部分对广西多种戏曲艺术进行了多角度的研究。该书的研究特色主要表现在碑刻文献的发现、可靠的田野调查,以及多维的研究范式三个方面,具有鲜明的问题性、现实性和应用性。这一著作不仅对广西部分戏曲新的发展动态和研究状态有所揭示,而且为广西戏曲的研究提供了新的思路和科学的方法。

[关键词] 广西戏曲 碑刻文献 田野调查 多维研究

不同的地域环境必然会孕育出不同的地域文化,在独具特色的文化土壤上往往会绽开别样的艺苑奇葩。在广西这片山水秀丽的土地上,生活着壮、瑶、苗、侗、仫佬、汉等不同的民族。经过长期的发展,这些民族以不同的文化元素打造出了以桂剧、彩调、壮剧、邕剧为主,多种地方剧种异彩纷呈的广西剧坛。广西师范大学文学院阙真教授近些年对广西戏曲研究用力颇多,并且积极指导学生对地方文艺进行调查研究。《广西戏曲与文献论稿》即是由广西师范大学文学院的师生共同完成的。该书基于翔实的史料文献和可靠的田野调查,努力从碑刻论、生态论、艺术论、承传论四个角度对多种广西戏曲进行讨论。细读全书,其研究的优势与特色主要有以下三方面。

一、开拓新视野:碑刻文献的发现

文献是人文社会科学研究的基础和条件。对于广西戏曲的研究,主要依托于剧本、广西历代史志、与桂地戏曲相关的文人别集和笔记小说、民间流传的资料,以及艺人口述资料等文献。通过对这些文献的整理和研究,我们试图了解有关广西戏曲在历史上的发展源流和表演状况。但是往往由于所占史料的局限,我们也只能窥见历史的一斑。所以史料的发掘往往会为研究注入新的活

① 载驰(1989—),男,南开大学文学院中国古代文学专业在读博士研究生。

力,带来新的转机。石刻文献在我国先秦时期就已有发展,是历史文献的重要存在形式之一。桂林是我国石刻文献特别集中、价值突出,且颇具特色的地区,历来不乏学者们的关注。但是,对于桂林石刻中的戏曲文献却少有人关注。《广西戏曲与文献论稿》一书中专设碑刻论一章,首次通过桂林的碑刻来发掘研究广西戏曲。该章通过对多种碑刻的分析,总结出了清代桂北戏曲的历史生存状态,包括戏曲表演、戏台建造、观众反应等多个方面。其中“桂林碑刻所见的清代演戏活动”一节为我们呈现出了桂林傩戏在清代的演出活动。在当今桂林傩面具遗失严重、传统傩戏表演艺术濒临失传的境况下,这一研究成果对我们了解桂林傩戏的发展历史、表演活动具有多重意义。桂林八街《公议禁约》碑刻的发现也是意义非凡,这是迄今为止作者发现的有关广西彩调剧形成后在清后期活动的第一个明确可靠的文字史料。此碑文无疑对彩调的深入研究有着重要的意义,不仅印证了早期彩调表现爱情的内容特征,说明清代光绪年间彩调已进城演出,而且还记载了彩调在清晚期遭禁唱的事实。这一发现填补了以往对彩调剧史事辨认的不足,揭示了历史上彩调在城市中曾面临的发展窘境。

碑刻文献在历史研究中有补史之阙、正史之误的价值。通过实地考察,结合文献古籍、地方史志、风土民情对碑文中所涉及的戏曲活动和文化生态进行分析解读,对推进地方戏曲的研究有着不可替代的作用。虽说在全国范围内对碑刻中地方戏曲史料的发掘和研究并非首次,但是对于广西戏曲研究而言,阙真教授在此方面的研究工作无疑是意义重大,具有开创性的。这些碑刻史料的发现不仅推进了我们对广西戏曲的认识和理解,而且较为清晰地勾勒出了广西戏曲的一些历史面貌。同时,广西一些戏曲现象和问题也得到了进一步的印证与纠正。可以说,广西碑刻中的戏曲史料的发掘为我们研究广西戏曲开拓了新的视野。

二、掌握新动态:可靠的田野调查

田野调查是深入实地考察、直接采集民俗资料的方法,是民俗学研究中最可靠的研究方法。在地方戏曲的研究中,田野调查是非常必要的,也是十分有效的研究方法。在广西这片多民族、欠发达的土地上盛开的戏曲之花除四大剧种,还有文场戏、牛娘戏、师公戏、侗戏、采茶戏等。由于这些小剧种的受众十分有限,民族色彩浓郁,因此文献中的相关记载十分稀少。再加上严重的语言障碍、文化差异、交通闭塞等因素,使得这些地方小戏很难流传出去,甚至在时代潮流的冲击下濒临灭亡。这就需要戏曲研究者深入实地调查,搜集和记录各种戏曲事象,采集戏曲实物,为这些地方的、民族的小剧种的研究提供第一手资料。当然,对于地方戏曲的研究者而言,田野调查的必要性还在于能够及时掌握这些剧种的发展动态,记录其发展过程。《广西戏曲与文献论稿》的作者们在此方面做出了不小的努力。最具代表性的便是"桂林傩戏生存状况调查"和"广西龙胜侗戏及其保护意义",这两项调查报告均是近三年的成果。调查者们不畏艰险,多次深入偏远的山区,具体、真实地记录了傩戏和侗戏的发展状况,并且在材料充分的基础上完成报告。这两项调查报告呈现出以下几个特点:其一,立足调查,重视戏曲发展的现状描述与历史分析。在桂林傩戏的调查报告中,调查者引证历史文献,结合调查实际对桂林傩戏的发展现状进行了切实的描述,并且通过历史与现实的对比分析了桂林傩戏濒临失传的发展困境。对于龙胜侗戏的调查,调查者则对龙胜侗戏的演出剧目、演出场所,以及音乐构成均进行了分门别类的概述,并且着重表现龙胜侗戏在各方面的发展变化。其二,深入思考,探究戏曲遭遇发展困境的深层原因。在时代潮流的冲击下,很多地方戏曲都面临着发展困境,有些幸运地"被保护"起来了,有的则不得不在历史的长河中自生自灭。戏曲发展艰难的原因有共性,也有个性。这两篇报告在实地调查的基础上更加注意从剧种本身入手进行分析,如桂林傩戏发展停滞的原因中,调查者认为历代统治者的禁止阻碍了傩戏的发展,师公文化水平不高直接制约了桂林傩戏传承。其三,结合实际,为保护地方戏曲献计献策。调查者所提的保护建议并非纸上谈兵,而是对此有着深入的调查。如为了提出保护桂林傩戏的建议,调查者通过实地采访分析了关注桂林傩戏的人员背景、目前的保护措施实施效果、人才培养等多个方面,才实事求是地提出了保护建议。正因为调查者们认真负责的态度、深入钻研的精神,才有了这样可靠的调查结果。

广西剧坛的现实状况要求我们深入实地进行调查。这些地方戏曲所呈现的风俗与文化是基于不同民族、不同区域的,其独特个性是需要通过深入挖掘才能充分认识的。田野调查的优势正可以弥补这些剧种在文献记录上的不足,具体、全面、真实地展现我国不同民族之间戏曲艺术互相交融历史、独特发展的轨迹,以及目前的境遇。就这一点而言,《广西戏曲与文献论稿》立足于田野调查,结合戏曲文献的研究方法无疑是研究广西戏曲的科学思路。

三、标举新方法:多维的研究范式

地方戏曲大多是在民间小戏的基础上发展起来的,往往具有鲜明的乡土色彩和浓郁的生活气息。作为一门综合艺术,其对地域思想、文化、艺术等诸多方面的吸纳和表现能力是非常强的。这就要求研究者不能仅仅局限于一个角度、单个方面看问题。尤其经过一个多世纪的现代学术之路,戏曲的研究越来越需要开阔的学术视野,需要从不同角度和层次去深入研究。这对于广西戏曲研究而言尤其重要。只有多元的视角、多样的研究方法才有利于我们更好地呈现广西戏曲的整体风貌、艺术风格和民族性格。《广西戏曲与文献论稿》强调文献考证、历史溯源、田野调查、比较分析、理论观照、文本阐释等诸多方法相结合,基于广西戏曲的文化生态和对广西戏曲活动的基本认知,以广阔的研究视野对广西戏曲进行了多维立体的跨学科综合研究。这里介绍其中最为鲜明的三个特点。一是注重戏曲综合性的艺术特征,从不同方面对广西戏曲进行深入探讨。如戏台建筑、演戏活动、戏曲与宗教、戏曲与音乐、戏曲与语言、戏曲与舞蹈,以及戏曲与民俗。这样的讨论有利于我们从不同方面认识广西戏曲的演出形式和艺术风格,并且使得整个著作显示出了跨学科、综合性的特点。二是注重剧种、曲种之间的比较,进而总结出广西戏曲的艺术特征。如在"广西彩调与民俗文化"一节中将彩调音乐[翠金扇]与清代初期的时调[剪剪花]进行比较,将桂林的[打春牛]小调与彩调曲目[四季天]进行比较,等等。最终总结出彩调融汇多种民间民俗音乐的特点。再如"邕剧与粤剧响马戏在近代的发展走向"一节中作者就对邕剧和粤剧响马戏在戏剧排场、唱词、剧情矛盾等方面进行了纵横对比,最后总结出了邕剧对粤剧响马戏的继承与创新,并且勾勒出了响马戏发展的一个序列。这样的比较是非常有益的,我们从比较中可以深描出同一地区不同剧种、曲种之间相互吸收与融合的过程,总结出戏曲之间相互取舍的原则,对我们深入认识广西戏曲、保护和发展广西戏曲大有裨益。三是强调理论结合实践,呈现出学术研究与应用研究相统一的特点。该书中对广西戏曲的讨论并不仅仅局限于广西戏曲的历史形态,更重要的是为广西戏曲的发展寻找科学的路子。书中专设"承传论"一章即可看出作者对广西戏曲未来发展的热切关心和深入思考。另外"从粤剧《老鼠嫁女》看传统戏曲的突围路径"和"新编历史桂剧《七步吟》双'圆'的舞美设计"两节更是将目光放在了传统戏曲剧目的现代改编上,力图通过总结其中成功的经验和存在的不足为传统戏曲的发展献计献策。以上足见该书的作者对研究的现实性和应用性的重视。

作为广西戏曲研究的新作,《广西戏曲与文献论稿》尽管未能囊括广西的所有剧种,但其中对几种主要地方戏均有讨论。作者们以严谨的学术态度,科学的研究方法,对广西部分剧种(尤其一些濒危剧种)的深入调查,对广西戏曲所做的多维立体的分析,使得整个著作具有鲜明的问题性、现实性和应用性。这一著作不仅为广西戏曲的研究提供了新的文献史料和研究角度,也对广西部分戏曲新的发展动态和研究状态有所揭示,无疑对广西戏曲的深入研究具有很大的启迪作用,更为广西戏曲的保护和发展进一步夯实了基础。

广西地方戏曲调研策略与方法刍议

——以龙胜侗戏调研为例

韦 强①

[内容提要] 近些年,国家接连发布一系列保护戏曲文化的政策,显示出保护我国戏曲文化的态度与决心。广西境内的地方戏曲十分丰富,然而大部分还处于困境之中,急需保护。而保护地方戏曲,首先就需要做好调研工作,为地方戏曲的保护做好学术准备。而地方戏曲的调研,则需要讲究调研的方法与策略,如此才能完成科学、有效的资料搜集,为后期的学术研究提供基础。

[关键词] 广西 地方戏曲 调研 策略 方法

随着影视等新兴娱乐工业的兴起,地方戏曲近年来普遍处于一种生存困境之中,面临后继乏人、传统失承的局面。作为一个多民族聚居的地区,广西壮族自治区拥有包括桂戏、彩调、文场、侗戏等在内的丰富的地方戏曲剧种,然而其中大部分戏曲剧种都处在濒临消亡的边缘,急需文化抢救。2017 年,国家发布多项保护戏曲文化的通知与政策,显示出国家层面保护戏曲文化的决心与态度。然而广西地方戏曲的保护,不能仅仅依靠国家政策,更加需要文化工作者的积极参与与深入研究,如此才能为广西戏曲的保护提出科学、合理的建议和计策。而作为广西高校从事文化、艺术、民俗、戏曲研究与学习的学者与研究生,无疑是从事广西地方戏曲调查、研究的主力军,承担着广西戏曲文化研究的职责。而地方戏曲研究最大的特点,是需要进行深入的实地考察与田野调研,进行第一手的资料搜集。如此,才能更为真实、准确地捕捉到地方戏曲现实中的种种问题。因此对于广西地方戏曲的调研,就需要讲究一定的方法与策略。笔者于 2011 年至 2012 年曾参与广西龙胜侗戏的相关调研工作,因此以该项调研为例,略议广西地方戏曲保护的策略与方法。

一、团队的组合与建立

地方戏曲调研,是一个需要团队合作的工作。地方戏曲的戏台、文献、艺人

---

① 韦强(1986—),文学博士,湖南工业大学文学与新闻传播学院讲师,研究方向为戏曲研究。

往往分布在不同的乡镇、村寨,以一个人的力量,是难以完成对不同地区的文献搜集与艺人走访的。而地方戏曲往往又涉及方言、服饰、舞台等各个方面的文献资料整合,这也是需要一个团队才能完成的。以龙胜侗戏为例,龙胜是桂林市下辖的一个自治县,然而其侗戏却分布在广南村、地灵村等不同的村寨,每个村寨之间都有一个小时左右的车程,而这些村寨又分散于大山之中,交通十分不便。所以深入村寨走访艺人、考察戏台、搜集文献,是一件非常费时费力的工作。广西是一个经济相对落后的少数民族聚居地区,区内又多喀斯特地形的山峦,而很多地方戏曲的传承艺人、戏台和文献都分布在经济条件与交通条件不佳的村镇和山寨,这就使得广西地方戏曲的调研天然的存在客观难度。如果没有一个团队,调研工作很难完成。所以对于广西地方戏曲的研究者来说,从事地方戏曲的研究,首先应当组建一个具有较高水平的调研团队。

调研团队的组成,主要分为两个部分。一个部分,是团队核心领导,一般由专业学者担当,因为他们是戏曲调研的主要负责人。广西高校与文化部门的学者、研究者,应当主动参与到地方戏曲的保护,通过申报各级课题,组建专业的地方戏曲调研团队。第二个部分,是团队成员,往往由专业学者的研究生组成。研究生具有一定的学识基础与学术能力,同时又具有充沛的精力与体力,可以协助专业学者完成文献搜集整理、艺人采访记录等工作。广西拥有广西大学、广西师范大学、广西民族大学等实力雄厚的高校,它们在文学、艺术、戏曲等方面都具备招收研究生的资质,因此,应当大力吸纳广西高校文学艺术类的研究生参与到地方戏曲的调研工作,并激发他们的积极性。

对于如何激发研究生参与地方戏曲调研的积极性,笔者认为首先应当加强经济上的资助,免去研究生经济上的顾虑和负担。除了专业学者自身拥有课题资助,政府、学校也应当启动相关鼓励研究生科研的项目资助,吸引研究生参与到地方戏曲的调研工作。目前,广西已经拥有“创新杯”等面向高校学生的科研资助项目,这些项目的经费将用于研究生调研中车行住宿、设备购买等必须开销的方面。笔者参与的龙胜侗戏保护项目,就是获得的“创新杯”资助。但是就目前而言,很多针对研究生的科研项目资助经费数额较少,因此阻碍了研究生进行更为深入、广泛的调研,所以广西政府、教育厅、文化部门、高校应当考虑设立关于地方戏曲保护的专项资助政策,使得地方戏曲调研获得更好的经济保障。其次,也应当让研究生知道,参与地方戏曲的调研,对于他们自身的能力提高与学术进步也具有重要好处。地方戏曲的调研,涉及人际交往、资料整理、文字写作等方方面面的能力,通过实践,研究生可以在这些方面都获得提高。而且,戏曲调研可以深入到各个村寨、乡镇,体会到不同地区、不同民族的风土人情,了解中国基层社会的真实面貌,对于研究生的眼界开阔也是很有好处的。

此外，通过地方戏曲调研，研究生可能结识到很多艺术领域的艺术家或文化部门的工作者，这些人脉积累也会成为研究生步入社会的财富。

所以，对于广西地方戏曲的调研，首先应当拥有一个具有专业素养的团队，这个团队在学术上应该拥有一个核心领导，在组成上则应大力吸纳研究生为代表的青年。如此一来，团队既有学术能力的保障，又有完成基层工作的活力。笔者参与的龙胜侗戏调研得以顺利完成，就是因为拥有一个以导师为核心、研究生为主力的人员构成科学合理的团队。

二、提高调研者的综合能力

无论是研究生还是专业的学者，在调研中，也要不断完善、提高自己的综合能力。因为地方戏曲的调研，是一项涉及全方位素质的工作。具体而言，主要体现在三个方面。

第一，社交能力。地方戏曲的实践调研，需要和不同的人交往接触。对于调研者来说，首先需要和文化部门、艺术家进行理想的交流。因为以民间和民族戏曲为题，需要到乡镇、山村调查第一手的材料。这就需要借助包括文化局、图书馆在内的当地文化部门的支持，他们会保留一些当地民间戏曲的演出记载、表演光盘、剧本文献等相关材料，调研者在调研过程要与文化部门做好交流工作，以便从文化部门获得尽可能多的文献材料。而最重要的一点，是对艺术家进行采访交流。进行地方戏曲课题研究，就不可能不采访戏曲艺术家。调研者的选题不同，所需要采访的对象也不同。有的需要对较为专业的剧团进行采访，专业的剧团往往规模较大、组织有序，艺术家们也常在城镇进行表演；有的艺术家则只是普通的农民，身居偏僻的山村。相比之下，前者的采访交流相对容易，因为他们所居城镇，容易到达，组织有序，便于集中采访；后者的采访难度相对较大，因为这种业余的民间艺术家往往较为分散，又居住在偏远地区，交通十分不便，需要一个一个寻访，而且有的艺术家普通话不好，所以更需要调研者拥有成熟的交流能力。笔者在对龙胜侗戏进行田野调查时，就需要深入到各个村寨。龙胜地区的侗族艺人普遍居住在深山之中的广南村、地灵村，这些村寨距离龙胜县城都有几个小时的路程，一路盘山土路，而且每一个村落又相隔很远，找到不同的艺术家十分困难，因此尤其需要讲究方法。首先，一定要做好预约工作：笔者首先通过私人关系或者文化部门找到艺人的联系方式，电话确定好约访时间，然后从县城乘小巴到达广南村和艺人见面，如此便能顺利地找到受访艺人。其次，事先做好地理功课，根据村寨的距离和方位设计最为科学的采访路线。笔者在采访完广南村的艺人之后，又继续乘车赶往相邻的地灵村，然后根据事先预设的路线依次走访每一个村寨，如此便能在空间上和时间上都达到合理的分配，而不至于在路途上浪费过多精力与时间。

在采访艺人的过程中，则需要一定的交流艺术。首先，是语言关。笔者调研时，当地的艺术家由于经常到县城或者其他地区演出，普通话普遍不错，不过有的艺术家普通话不好，这就需要交流时格外耐心，有的艺人则只会说侗语，这就需要找到会普通话的村民帮忙翻译。其次，交流时要善于调动艺术家的情绪。艺术家对自己的艺术往往充满热爱，对自己的每一次演出都如数家珍，笔者采访的广南村的王开奇老师，谈及侗歌侗戏时总是热情洋溢，家里贴满了自己的演出照片。笔者就首先对他的个人演出和艺术创作进行采访，调动他的兴致。而对于一些年纪很大、已经不演出的老艺人，和他们多聊年轻时的演出，同样会让他们充满兴致。然而也不能漫无目的的闲聊，在调动起他们的兴致之后，也要多问自己需要的问题和信息。笔者在同老艺人交流时，在聊完他们个人的演出和经历之后，立刻询问侗戏演出的乐器、服饰、时间等研究需要的问题，此时，往往都会得到艺人们详尽的介绍和解答。这种交流方式与策略，也普遍适用于广西其他地区的戏曲调研。

第二，科学获取材料的能力。地方戏曲的调研，首要目的是为了获得戏曲演唱、表演、舞台、服饰方面的直接材料。戏曲是一门综合性艺术，包含唱、演、饰等多个方面，而这些方面仅凭文字资料往往不能获得更深层次的认知，舞台、服饰需要看到实景实物，表演、唱腔则需要看到真实的演出，如此才能对戏曲研究有一个更为真实准确的把握，因此需要搜集调研地区的第一手文献资料。在广西，地方戏曲的资料往往分散在不同地方，有的在文化馆，有的在图书馆，有的在村委会，有的在艺术家个人家中。而且文献资料种类繁多，有的是官方的地方志，有的是当地报刊的报道，有的是文化部门统计的数据，有的是艺术家自己收集的相关剧本。所以在实际调研中，面对的资料可能是丰富而又杂乱的，如何迅速、科学的获得对研究而言最具价值的资料，也是一项能力。例如笔者在龙胜调研时，广南村的侗族艺术家王开奇老师及其夫人就为笔者展示了侗族的民族服饰以及戏曲表演的服饰，但这些服饰与侗族其他艺术的服饰并无差别，无法突出侗戏的特色，因此笔者并未在服饰上花费过多精力。侗戏最大的特点在于演唱，因此在笔者的请求之下，王老师为笔者演唱了几个段子，让笔者对侗族音乐有了更为深入的认识。此外，地方戏曲最重要的实物遗产是戏台，因此笔者又重点考察了广南村与地灵村的戏台。广南村只有一个戏台，戏台是室内的，类似于剧院，可容纳几百人，虽然略有破旧，但装饰相当精致。而笔者到地灵村，戏台则有三四个之多，但每个戏台都是处于室外，而且戏台面积较小。地灵村和广南村相距不远，但戏台风格却截然不同，从而突显出龙胜侗戏文化一个重要的值得思考与研究的角度。因此如果能够科学有效的获取最具研究价值的资料,那么对于地方戏曲的研究将大有裨益。广西的地方戏曲形式丰富,每种戏曲形式都有自己的演唱特点与戏台风格,所以在地方戏曲调研中,一定要拥有科学获取所需材料的能力,以便能够准确、快速地得到对研究最具价值的资料。

第三,文献材料整理的能力。在获得研究所需的材料之后,还需要进行记录、整理,去粗取精,留下最为核心和有用的资料。笔者龙胜侗戏课题的完成,就有赖于先期资料经过了科学的整理。笔者认为,资料整理主要有三点方法:首先,摘选和课题最为相关的资料。笔者主要调研龙胜侗戏,然而在龙胜县图书馆,他们保存的侗戏书籍并不限于龙胜当地,还有湖南、贵州的侗戏书籍,这些就不必翻阅;此外,一些龙胜当地其他戏种的资料,也不必细致查阅,这样才能集中精力查阅和龙胜侗戏最为相关的资料。其次,使用多种材料整理手段。由于图书馆的书籍不能外借,所以必要时应当借助相机对选取的文字进行拍摄;此外,如果有的资料已经拥有电子数据库,则应充分利用数据库。最后,材料整理也应使用科学的分类方法进行归类,从而使得所获得的资料在使用时能够得心应手,信手拈来。

总之,广西地方戏曲从文化上,脉络纷繁;地域上,零散分布。这都要求调研者与研究者不仅具有学术素养,还应具备实践调研的各方面的能力。只有综合能力获得提高,才能为调研提供更好的主观驱动。

三、合理的分工与合作

地方戏曲调研,因为需要多人组成的团队,因此既需要培养团队合作精神,又需要团队拥有明确的分工,互相之间相互配合、共同协作。任何科研项目的实施都是一个系统工程,在系统各种因素中人是最重要的因素,好的人员梯队设计是取得科研成果的必要条件,团队协作水平决定了创新实践的高度。广西地方戏曲往往分布在少数民族聚居的山寨、农村,调研工作需要完成采访艺人、搜集材料、观摩演出等很多事情,更加需要团队拥有科学的分工。笔者的龙胜调研课题共有五个人组成,而课题恰恰分为五个部分:源流、服饰、舞台、剧本和保护。于是每个人负责一个部分,侧重点各有不同,以此才能集中精力,并发挥各人之所长。

在调研过程之中,则更需要大家团结紧密的合作。田野调查不仅需要长途奔波、风餐露宿,还需要在奔波之中保证调研质量,所以没有团结协作,是不可能顺利完成调研任务的。笔者的调研团队由三个男生和两个女生组成,男生主要负责体力活，例如购买车票、搬运行李，女生则负责保管调研资料等细致工作。在与人交往时，遇到领导一般是男生出面，采访艺术家时则女生更为主动，在某位成员与对方交流时，其他人随机应变，适时参与。如果大家不够团结，分工不明确，则会出现采访交流时相互抢话或者没人发言的尴尬情况。

在调研中，发放调查问卷是非常重要的一项，这也需要成员的协作和配合。首先，调查问卷的内容就需要大家集思广益，共同设计。其次，在发放问卷时，也应团结协作。例如，如果为男性受访者发送问卷，一般由男成员发放；为女性受访者发送问卷，则由女成员发放。如果遇到普通话不好的受访者，则需要团队中能够使用方言交流的成员发放。

总之，广西境内多复杂的山体地貌，很多村寨又经济落后，因此地方戏曲调研，往往遇到的都是非常艰苦的环境。调研中可能买不到车票，找不到住处，吃不好饭，睡不好觉，早出晚归等。这就要求课题调研者不仅要有吃苦耐劳、甘于奉献的精神，还要拥有团结协作的团队精神和科学明确的团队分工，如此才能高效率地完成调研工作。

四、结论

广西作为中国地方戏曲最为丰富的区域之一，区内的学者、研究者、研究生对广西地方戏曲文化的保护都责无旁贷。尤其是在国家愈发重视戏曲文化保护的大背景下，政府和文化部门出台了很多鼓励戏曲保护的政策，因此研究者更应该积极参与到地方戏曲的保护之中。而地方戏曲保护，首先需要做好调查研究工作。而调研工作，又应该讲究方法策略，首先组建科学合理的团队，然后不断提升研究者、调研者综合能力与素质，而在实际调研中，则应注重团队分工与写作，如此才能高效率地完成调研，对广西地方戏曲的深入研究打下坚实的基础。

从程式的“同而不同”看广西壮剧的艺术特性[①]

王 燕[②]

[内容提要] 丰富谨严的程式是中国传统戏曲表演的重要组成部分，不同的地方剧种在程式的运用上各有不同，较为灵活。从动作表演、脸谱化妆两个方面来探讨广西壮剧在程式上与传统戏曲表现的“同而不同”，以发掘广西壮剧艺术特性。

[关键词] 程式 壮剧 特性

一

程式化是中国传统戏曲重要的美学特征，戏曲的表演基本上都是程式化的，因此“程式”历来都是研究传统戏曲关注的重心。“程式”是戏曲艺术形式和技术上的规范，指一些特定的运用歌舞、表演等手段表现生活的行为，并将生活动作规范化，用特殊的艺术格式将它的形态固定、保存下来，是戏曲表演代代传承的基本元素。它们不是某一位或几位演员一时的发明，而是一代代的戏曲艺人从生活中选取适合舞台表演的元素，再经过长期的舞台实践和艺术加工最终定型的，并得到观众的认可。

程式是戏曲表演的特殊艺术语汇，它制约着戏曲形象的塑造，也贯穿于整个舞台表演。甚至可以说没有程式，就没有中国传统戏曲的表演。离开了程式，传统戏曲的节奏感、艺术特点和感染力就会大打折扣。

戏曲的程式也不局限于表演身段，其他如剧本形式、角色行当、音乐唱腔、化妆服装等各个方面带有规范性的表现形式，都可以泛称为程式。程式普遍广泛的运用，使得传统戏曲一方面取材于生活、反映了生活，另外一方面又与生活自然形态保持一定的距离，从而凸显戏曲的舞台性，体现出鲜明的节奏性和歌舞性。因为丰富程式的融入，中国传统戏曲具有较一致、稳定的舞台风格。

---

① 本文系“广西地方戏曲文献整理研究”（编号：F-KS14002）阶段性成果。

② 王燕（1982—），女，广西师范大学文学院在读博士研究生，广西师范大学漓江学院讲师，研究方向为中国古代文学与民间文学。

清中叶以后，相对于正统的京、昆大戏而言，各式各样的地方戏曲统称为“花部”。“花部”戏曲新腔尽出、遍地开花，体现出鲜明的地域特色，有自身的艺术魅力。尽管这些民间戏曲表演内容较简单，缺乏文学上的规范和格式，艺术上也不够完整、成熟，但它们在艺术表现形态上与京、昆大戏本质是一致的，就是王国维先生说的“以歌舞演故事”①。

被称为“土戏”的广西壮剧正是“花部”中的一员，它伴随着中国古代戏曲史上第三次高潮，在与其他剧种的交流学习中，在丰富的壮族民间文学、音乐舞蹈和说唱艺术的基础上发展起来。它是广西四大地方剧种之一，也是其中唯一的少数民族戏曲剧种。它可分为北路壮剧、南路壮剧和壮师戏，在清道光以后就已成型，流行于村镇寨集，以生动活泼、贴近民间生活的表演受到广大民众的欢迎。

地方戏与京昆戏有共同的艺术本质，在传播、交流与借鉴中继承着一定的戏曲文化传统，其中就包括程式的运用。然而，相比于京昆戏的程式谨严，地方戏更具有“活态”“自由”的特点，它们往往在传统之外，结合时代精神和地域文化特点实现创造性的转化。广西壮剧就是从程式的“同而不同”体现出其艺术特性的。

二

“当成熟戏剧沿着自己的轨迹行进时，这些特殊戏剧样式并未与之完全合拢，它们在与成熟戏剧的不时联系中，发展出了传统戏剧的多样性。”②以广西壮剧为例，清中叶以后，国家相对统一、稳定，位于国土西南的广西区域经济也得到了发展，内外交流日益密切，为南北戏曲传入广西创造了有利条件。来自中原、东南以及周邻的戏曲样式与广西本土文化不断碰撞、接触、融合，形成了丰富多彩的民族民间戏曲。

如广西北路壮剧的发源地田林旧州，地处滇、黔、桂三省结合部，历史上该区域是政治、经济、文化中心，也是滇、黔、桂、粤商品物资的集散地。明清以来商业繁盛，各地马帮客商云集，不仅带来了商品，还带来了丰富的戏曲艺术。来自各地的民间说唱启发了旧州戏曲的萌芽，此后在这片土地上，桂剧、彩调、邕剧、粤剧等多种剧种对广西壮剧在艺术技巧、表现形式、舞台表演等方面都或多或少产生影响，不断丰富自身的戏曲程式。

嘉庆年间，北路壮剧第三代原师岑秀龙、岑会明，第六代宗师杨连，为了丰

① 王国维著，叶长海导读：《宋元戏曲史》，自序，上海：上海古籍出版社，1998，第 2 页。
② 王学锋、刘文峰编著：《中国戏剧》，苏州：古吴轩出版社，2010，第 6 页。

富壮剧剧目，他们移植、创作了很多汉族剧目，有《双贵图》《朱买臣》《木兰从军》等，学习汉族戏曲剧本的表达样式。第八代全师黄永贵，咸丰年间生人，自幼爱好家乡土戏。光绪二年（1876）赴南宁参加科举考试，被邕剧深深吸引。结果弃考学戏，拜邕剧“新凤班”班主雷喜彩为师，勤学苦练。三年后回到旧州，将所学技艺运用到本民族戏曲壮剧的表演当中。

广西壮剧产生之初及之后较长一段时间，都没有明确的行当划分。后来受外来戏曲的影响，北路壮剧有了行当的划分。道光年间，四代“先师”黄从善时期，大略分为生、旦、老、丑等行。光绪中叶以后七代“全师”黄永贵时期，逐渐形成生、旦、武、丑诸行，武行正式登上北路壮剧表演的舞台。这样的角色行当划分，与当时同属广西地域的桂剧、邕剧等皮黄系统戏曲以“生、旦、净、丑”的行当划分有很大程度的相似。这些都反映出广西壮剧向传统戏曲样式的靠拢，有自觉遵循戏曲程式规范，是融入整体戏曲文化环境的体现。

但同时，相对于京昆大戏或其他皮黄戏系统剧种的程式来说，广西壮剧中的程式整体程度不高，较为简单灵活。一方面确实反映出广西壮剧与其他剧种尤其是皮黄戏剧种相比有一定差距，艺术还不够成熟和完善。另一方面，这样的表演形态也是广西壮剧人民结合本地、本民族历史、经济、文化等各方面实际情况，通过长期的舞台实践确定下来的，具有鲜明民族风格的表演形态。

三

在剧本形式、角色行当、音乐唱腔等方面我们都可以发现广西壮剧在程式上与传统戏曲表现的“同而不同”。本文主要从动作表演、脸谱化妆两个方面来探讨、发掘广西壮剧的艺术特点：

（一）动作表演

众所周知，昆曲、京剧等剧种都强调舞台“四功五法”，“唱、念、做、打”即为“四功”，“五法”指“手、眼、身、法、步”。广西壮剧在平时训练和演出中也强调“四功五法”，其中许多要求和表演技巧都与京、昆表演一致。比如讲唱功，要求演员要掌握戏曲旋律，吐字清晰，音准、腔圆。讲念功，壮剧老艺人也常告诫后辈“七分道白三分唱”；提指法，壮剧中的“扶兰指，掌心朝下，虎口相贴，中指第三骨节与拇指相贴，其余三指翘起”①，与京昆剧中兰花指的手法是一致的；其他的身法、步法也有许多类似之处。

然而，广西壮剧在做功中要求演员必须具备生角会走旦角，旦角会走生角，

---

① 政协田林县委员会编：《广西北路壮剧教程》，北京：燕山出版社，2011，第17页。

一专多能，一角多用。这种要求的提出主要是壮剧班社多为民间组织，规模有限，人力、财力较匮乏所致。

再有，广西壮剧的“五法”略有不同，壮剧提的是“手、眼、身、步、扇”五法，特别提出了“扇法”。其他剧种中人物角色也会用扇，比如昆曲《牡丹亭》中的杜丽娘、京剧《贵妃醉酒》当中的杨贵妃。而相比较于其他常用的舞台道具，壮剧中扇的运用尤为突出、广泛。北路壮剧中几乎所有的行当的表演都离不开扇子，老旦习惯用团扇，生、旦、丑、官等习惯用折扇，连群众演员也常用扇。壮剧流行着“文不离扇，武不离刀”的表演口诀，扇法在壮剧中占有重要地位。

壮剧表演舞台少有真景实物，景物多是虚拟的，扇子可以用来表达许多景物、代表各种用具，比如扇子可以当作面盆洒水、可以用作绣绷绣花、可以用作鸡盆喂鸡、可以下河代作船，甚至可以当作武器抵挡敌人等。同时扇子还可以表示不同人物的各种情绪，比如高兴、生气、自信、闲适、滑稽等。此外，扇子还有助于美化身段，便利歌舞。壮剧中持扇的手法就有撑扇、夹扇、握扇等，有荷花扇、燕子扇、摇摆扇、对唱扇近三十种扇花，表演非常丰富。这种擅长旋转扇花的表演是来自壮族民间的“花扇舞”“迎宾舞”，是当地民众喜欢欣赏的舞蹈样式。壮剧中对扇法的重视正是本民族文化的突出反映，是吸收本民族歌舞特点而形成的。

之前提到一些大型的剧种程式丰富、谨严，以京剧为例，主要人物上场在锣鼓的节奏下总有一套舞蹈动作，动作结束后有一个短促的停顿亮相，采用一种雕塑似的姿势来表现人物的精神面貌，称之为“亮相”。在广西壮剧中，南路壮剧的程式不太明显，但北路壮剧的上下场则较早定型。北路壮剧里小生、小旦、武将出场各有一定的台步和动作，如小生常用八字步，来回用正、反摆手法，然后站着亮相；小旦上场整发、理衣领，前行左右摆手，配合上身前后晃动，常用转舞扇，步伐缓慢，步法接近秧歌。

壮剧武将上场也与京剧武将“起霸”有所区别，京剧“起霸”男霸是由提甲出场亮相、云手、踢腿、弓箭步、骑马蹲裆式、跨腿、整袖、正冠、紧甲等基本动作连贯组成，整套动作结构完整、艺术精致、程式性强。壮剧武将上场则要简单得多，演员两手开山、挥舞，手高过头，行动大步，不断上下跳动转身，舞毕两手握拳，气势雄浑、粗犷，倒如同花山壁画舞姿的遗留。

壮剧中，某些特定角色的上场也有专门的套路，如记载“包公上场，身段利落，做作果断，走八卦步，场面严肃，两手插入袖内，左手抓一把粳米，右手抓一把糯米，用袖盖脸，走官步至台角前，两手散开，把米撒向台下，表示司理阴阳事,配以大锣大鼓点”。①

此外,壮剧各种角色上下场还有一个特点,即转弯时都要走直角,走到拐弯处需提起后脚跟,据老艺人解释这应是木偶戏动作的保留。

总而言之壮剧表演程式动作比较粗糙,演员表演较为自由,即兴空间较大,且民族风味浓郁。

(二)脸谱化妆

出色的化妆艺术是戏曲塑造人物形象,表达思想情感的重要舞台手段,也是传统戏曲重要的程式。中国传统戏曲有着独有的化妆造型艺术,散发着迷人的魅力。

演员会依据所扮演的人物的角色行当、主要性格特点等方面施以妆扮。一般来讲,在各个剧种中,饰演五官端正、面容俊秀、举止文雅的生、旦角色大多是略施脂粉,达到美化的效果即可,化妆大同小异。

在戏曲舞台上,以强烈的“象征性”和“夸张性”吸引观众欣赏目光的脸谱化妆是通过鲜明的色彩、变幻无穷的线条来为剧情服务的。它在形式、色彩和类型上是程式化的。通过脸谱的造型和颜色、图案,开宗明义地告诉观众这个角色的性格特征和道德伦理特征,显善恶、寓褒贬。许多剧种中会用到脸谱,如秦腔、昆曲、京剧、汉剧、桂剧、婺剧等。

京剧脸谱也是至今戏曲舞台上脸谱最多、最完整的脸谱体系。观众们在潜移默化中已习惯这些舞台符号,自然而然地识别白脸的曹操奸诈、红脸的关羽忠义、蓝脸的窦尔敦勇武,也明白“喜”张飞、“愁”包拯、“哭”项羽的寓意象征。舞台脸谱在人们头脑中将理念与观感统一成有机整体,产生共鸣。

清代中叶,地方戏兴起,在吸收其他剧种化妆艺术、经验和融合本地文化内涵的共同作用下,各地方剧种净丑的脸谱差别很大,体现出鲜明的地方特征和民间艺术气息。

广西壮剧的脸谱主要体现在武行和丑行上,生、旦等行没有采用。壮剧武、丑两行的脸谱与京剧等大戏相比要简单得多,只是经过一代代壮剧艺人的集体创造积淀的是壮乡的整体文化精神。

有学者认为地方戏中的脸谱源自代面。从壮剧形成发展的过程来看,壮剧脸谱应该与面具和涂面代妆有不可分割的联系。广西壮剧的一支壮师剧就是在壮族民间的祭祀娱神歌舞“师公调”和“师公舞”基础上形成的。早期的师公戏是要带着木制面具来扮演人物的,壮族的“师公”即巫师,与古代的傩礼一样,祭祀舞蹈一定要戴上面具。后来用纸画面具,再直接涂面化妆。南路壮剧的起

① 韦苇、向凡:《壮剧艺术研究》,南宁:广西人民出版社,1990,第222页。

源之一“末伦”,也是与巫觋有关。宗教文化对壮族民间戏曲表演有直接的影响。现在壮剧演出开始时保留的华光开台等习俗也鲜明的体现了这种文化的遗留。

脸谱化妆除了受到本民族宗教元素影响,同时在戏曲繁盛、传播时代也吸收了其他汉族戏曲的艺术经验,如地域近缘的桂剧、邕剧、广戏、彩调等。壮剧艺人们化为己用,壮剧的化妆脸谱程式在似又非同的形态下坚守自身的民族文化特点。

壮剧的脸谱表现有一定的格式,一般来讲常用的色彩有白、黑、红、蓝、绿五色。红脸表现勇敢鲁莽,白脸表现机智奸佞,黄脸表现内有心计,蓝脸表现顽强急躁。更简便的表达是忠红奸白,反面丑角加浓黑。北路壮剧流传的化妆和脸谱口诀是:“女旦长虹眉,文生画平眉,武生绘高眉,丑角三角眉,老头画白眉。花脸公子加白鼻,少者涂红粉,老者加皱线,山霸王画大花脸,反头婆额有黑印。文武清官画端正,包公额画阴阳图,脸上两边半黑白,华光大帝画三眼。”①

一些脸谱造型比较别致,如小丑,三角眼、三角眉,头大尾细,鼻子上画个白色的小乌龟或蚂拐,鼻尖点红,脸上两边各点一点红,八字胡须往上弯,嘴唇下面画几条山羊须,一上场便令人忍俊不禁。

正面形象的武生全面涂白底色,眉毛“马刀”形状,向两边额弯上,红面,中深边浅,嘴红,表示武士热血英雄。有时武生眉间会画上怒蛙图案,这是因为古代壮族崇拜青蛙图腾,把它用于武生脸谱,突出武士的英勇。

反面大花脸,比如山大王的画法,额中写红色“王”字,鼻梁两侧各画一条虎尾向耳下至脸中又上勾转回,两眉加大伸上额角,眼睛桃仁形状,眼窝黑,两眼角边各点白色圆点,口宽大,朱红厚唇,下巴画白、红、黑三条波浪线下弯,显示人物的阴险凶毒。

壮剧包公脸谱左右黑白对半,黑脸画白眉,白脸画黑眉,黑白对比鲜明,额中画阴阳镜,以示包公断阴阳两界,独具特色。

四

在一定程度上来说,不同的剧种体现了不同的文化。由于民族性和地域性的差异,中国传统戏曲文化呈现出多样存在的面貌。少数民族戏曲在本质内涵的体现、艺术形态塑造上都会受到各式各样的、丰富的民族文化特性的影响,最终促成多样的少数民族戏剧文化的存在。

---

① 于琛主编,廖明君、黄羽编著:《广西戏剧文化》,南宁:广西人民出版社,2012,第164页。

“京昆等大戏在表演上达到了高度的程式化，而许多地方戏的程式化程度看起来似乎不太高。传统地方戏在艺术表现上常常使用一种即兴的手法，即许多剧目的表演没有固定唱词，往往依靠演员的瞬间爆发，也叫即兴表演……相比较大戏中的程式，地方戏的程式显得抽象程度不够高，艺术含量不够浓厚，但从另外的意义上看，地方戏中的即兴空间也为演员的瞬间爆发留下了宽阔的余地，甚至更灵动，更具艺术意味。”①

广西壮剧在对传统戏曲程式规范的继承与改造、创新上，立足于传统戏曲本质，从民族特性出发，形成自身的艺术特性。这种“同而不同”既遵循了戏曲发展规律，坚持戏曲艺术审美特征，又留下了自由发挥的空间，对本民族戏曲的快速学习、表演、传播、普及起到积极作用。

---

① 王学锋、刘文峰编著：《中国戏剧》，苏州：古吴轩出版社，2010，第10页。

广西历史文化及其现代发展研究

试论西江流域的铜鼓文化

陈洪波　赵腾宇①

[**内容提要**]　铜鼓是我国古代南方少数民族及东南亚地区最具代表性的青铜制品，其最初作为乐器，而后演变成权力和财富的象征、指挥作战的军鼓，被视为重器或神器，广泛运用于祭祀等场合。铜鼓自诞生一直沿用至今天，在漫长的发展过程中衍生出的铜鼓文化是中国古代灿烂文化的一部分，是中国南方少数民族智慧的象征。西江流域是我国南方少数民族活动的中心地带，又是铜鼓文化传播的主要区域，是铜鼓文化的中心，所以通过流域的概念来进行铜鼓研究有着重要意义。

[**关键词**]　**西江流域　铜鼓文化　功能**

铜鼓是我国古代南方少数民族及东南亚地区最具代表性的青铜制品，其最初作为乐器，而后演变成权力和财富的象征、指挥作战的军鼓，被视为重器或神器，广泛运用于祭祀等场合。铜鼓自诞生一直沿用至今天，在漫长的发展过程中衍生出的铜鼓文化是中国古代灿烂文化的一部分，是中国南方少数民族智慧的象征。西江流域是我国南方少数民族活动的中心地带，又是铜鼓文化传播的主要区域，是铜鼓文化的中心，所以通过流域的概念来进行铜鼓研究有着重要的意义。

一、西江流域的地理概念

西江是珠江的支流，也是整个珠江的主干，西江流域是珠江流域的主体。西江发源于云南曲靖，流经广西，最后在广东佛山与东江、北江交汇，全长 2075 千米，流域面积 353120 平方千米，长度居中国河流第三位，航运量居中国第二位。

西江干流在不同区段有着不同的名称。源头至贵州省望谟县蔗香村以上

---

① 陈洪波（1974—），男，广西师范大学历史文化与旅游学院教授、硕士生导师，主要研究方向为文化遗产学。赵腾宇（1991—），男，广西师范大学 2014 级考古学及博物馆学硕士研究生，研究方向为区域考古。

称南盘江，以下至广西象州县石龙镇称红水河，石龙镇至桂平市区称黔江，桂平市区至梧州市称浔江，梧州市至广东省三水县思贤滘称西江。南盘江、红水河两段共为上游，黔江、浔江两段共为中游，西江段为下游，以下至磨刀门为河口段。

西江流域支流众多，河网密布，其中主要的有北盘江、柳江、左右江（左右江、邕江、郁江三者为同一条支流不同区段的名称）、桂江等。

西江流域地处亚热带，北回归线贯穿其中，气候温和多雨，年平均气温在14—22℃之间，年平均降雨量在1200—2200mm之间，但降水量地域分布和时间分配都不均衡，由东向西降水递次减少，并且每年4—9月降水量最大，11月至次年3月降水量最小，由此导致西江流域内洪、涝、旱、咸等自然灾害频繁。

西江流域具有较好的自然环境和丰富的矿产、农业、渔业、水利等资源，此地自古以来都是人类活动的聚居地，众多民族在这里繁衍生息。现在西江流域内生活的民族主要有汉族、壮族、苗族、瑶族、布依族、毛南族等，其中以汉族为主体，其次是壮族。各族人民在这一地区创造了丰富多样的民族文化，其中铜鼓文化就是南方少数民族民族文化中最具代表性的一种。

二、西江流域铜鼓的类型

（一）铜鼓的起源

通过对考古出土铜鼓和传世铜鼓的研究，现存铜鼓中年代最早（属春秋早期鼓）、最原始的当属万家坝型铜鼓。关于这一最早铜鼓由何演变而来的起源问题，一直是学者们争论的焦点。其中对不同说法做出归纳总结的闻宥先生，在他所著的《四川大学历史博物馆所藏古铜鼓考》一书中，将铜鼓的起源说法归纳为三种，即“鼓和鼓架结合说”“烹饪器却置说”“铜鼓和錞于有关说”。

1.錞于起源

錞于是一种青铜打击乐器，可悬挂，常与鼓配合，多用于军中指挥军队行进。《淮南子·兵略训》有：“两军相当，鼓錞相望”。錞于使用盛行于东周至汉代。錞于使用青铜铸造，形如圆筒，上部比下部稍大，顶上钮。钮多作虎形，故常有“虎钮錞于”之称。錞于和铜鼓由许多相似之处，例如都是一边有面，中空无底。錞于面上多有虎形钮，又与铜鼓鼓面的立体装饰相似。

图 1　山东刘家店子春秋墓出土铜錞于(M1:94)

从考古出土情况来看,1978 年山东省博物馆和沂水县图书馆对山东刘家店子春秋墓进行清理时,在一号墓中出土了两件錞于①,形制相同,圆首,顶部有绹索状环纽,平口外撇作长椭形,圆肩,无盘,束腰,素面。其中一件命名为M1:94,通高 49cm,钮高 4.5cm,下口长 26cm、宽 19cm。发掘者通过对一号墓出土器物的分析,推断一号墓的年代应为春秋中期。所以这两件錞于的年代下限应到春秋中期,是已知资料中发现年代最早的。

由于云南楚雄万家坝出土的早期铜鼓时代为春秋早期,故铜鼓由錞于起源的说法不成立,说二者共存更加可靠。

2.木鼓起源

汪宁生在他的《试论中国古代铜鼓》一文中,否定了铜鼓的"皮鼓起源说""錞于起源说"和"铜釜起源说",他详细论述了铜鼓起源于木鼓的观点,"我国西南地区以及东南亚、太平洋岛屿地区流行一种原始木鼓,将长木凿空,一端蒙皮,腰细,足部外侈如喇叭形,腰部系绳,背负于肩,以手或鼓捶击之。云南傣族、景颇族等至今仍用之,俗称'象脚鼓'。我们认为铜鼓的前身就是像'象脚鼓'这样的原始木鼓。"②汪宁生认为早期铜鼓的形制、纹饰均与原始木鼓相似,

① 山东省文物考古研究所、沂水县文物管理站:《山东沂水刘家店子春秋墓发掘简报》,《文物》,1984 第 9 期。

② 汪宁生:《试论中国古代铜鼓》,《考古学报》,1978 年第 2 期。

同时早期铜鼓“胴部多有横晕而腰则有垂直方格，前者应脱胎于原始木鼓绑扎鼓面的横带，后者应脱胎于原始木鼓部二系的绳子，如新几内亚原始木鼓腰部和鼓面就是这样绑扎的。”总之，汪宁生认为铜鼓的前身就是这种原始木鼓，随后由于铜鼓的出现，原始木鼓逐渐被替代，只在一些偏远地区还稍有保留。

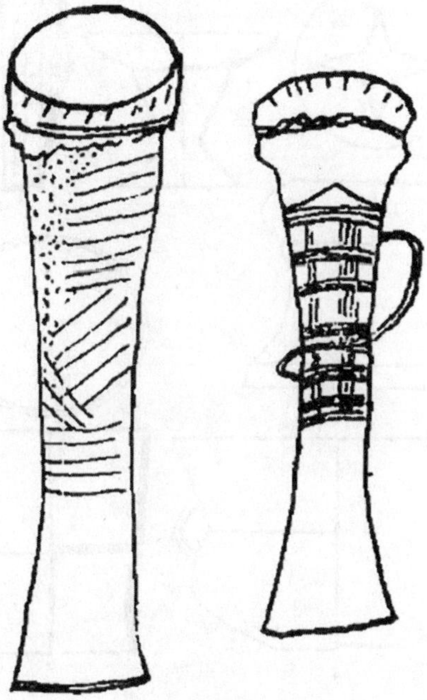

图 2　新几内亚木鼓

3.铜釜起源

冯汉骥先生在他的《云南晋宁出土铜鼓研究》一文中通过对晋宁出土早期铜鼓的分析，认为从早期铜鼓的形制上来看，它是由一种实用器（铜釜）发展而来的。他认为在云南地区青铜时代的早期，人们曾将一种鼓腹深颈的铜釜既作炊具，同时又倒置过来做鼓来敲。他在论述时引用了 1964 年云南祥云大波那木椁铜棺墓出土的一件铜鼓和一件相似的铜釜，在这次的发掘简报中提到：“此釜形状和铜鼓十分近似，倒置过来看，其异于铜鼓者只不过是打击面的直径较小、足边无折棱而已。过去，对铜鼓形式来源于何物，颇多揣测，迄无定论，此式铜釜之出现，又增添了一个值得注意的线索。”①冯汉骥提出：“祥云大波那铜棺墓中这种形状的铜釜及铜鼓的发现，给了我们以明确的启示。说明了早期铜鼓的一些特别形状的来源，例如鼓面为什么较小，胴部为什么特别膨胀，鼓身为什么缩小，鼓足为什么又复行奓开，鼓耳为什么在胴部与鼓体之间，等等。这都是

① 云南省文物工作队：《云南祥云大波那木椁铜棺墓清理报告》，《考古》，1964 年第 12 期。

因为：鼓面原本是釜底，胴部原是釜腹，鼓身原是釜颈的延长，鼓足原是釜口，鼓耳原是釜腹与颈之间的釜耳。又因为整个铜鼓是从铜釜发展而来，所以打击面只有一面而非两面。”①雷从云先生在其《关于铜鼓起源认识》一文中也提出了

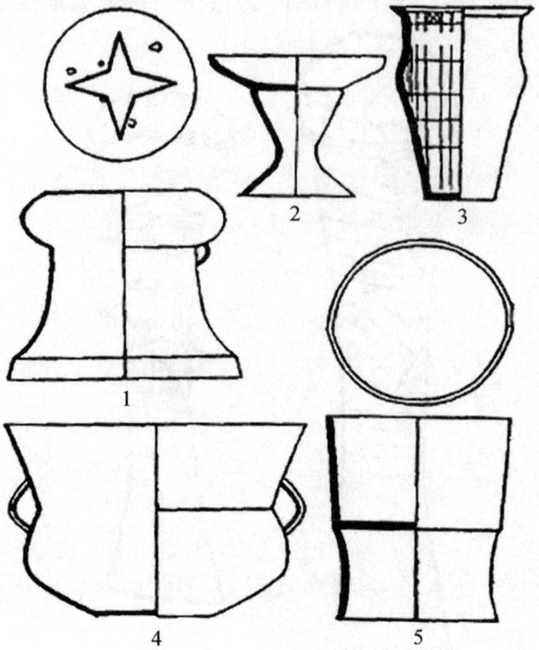

1.鼓　2.豆　3.尊　4.釜　5.杯

图3　云南祥云大波那木椁铜棺墓出土的铜器

铜鼓是由铜釜演变而来，“总之，楚雄鼓（万家坝铜鼓）和祥云鼓（祥云大波那铜鼓）的原始形制，它们与铜釜的某些相似性与联系，正是铜鼓由铜釜演变而来的明证”②。

此外，古人在乐器种类少、不发达的时期，常常会把盆、釜等炊具倒置过来敲打，这一习惯少数民族地区和中原地区同时存在。例如，《庄子·外篇·至乐》记载：“庄子妻死，惠子吊之，庄子则方箕踞鼓盆而歌。”

随着早期铜鼓（万家坝铜鼓和祥云大波那铜鼓）的发现和对早期铜鼓的进一步研究，现在铜鼓起源于铜釜的说法已经得到了大多数学者的肯定。

（二）分布在西江流域的铜鼓类型

西江流域是铜鼓文化传播发展的中心地带，是铜鼓文化由云南中西部向东传播的必由之路。它包含的铜鼓类型包括两种出现模式，一种是流域外传播至

① 冯汉骥：《云南晋宁出土铜鼓研究》，《文物》，1974年第1期。
② 雷从云：《关于铜鼓起源的认识》，《古代铜鼓学术讨论会论文集》，北京：文物出版社，1982。

此，例如万家坝型、石寨山型和麻江型；另一种是本地产生，例如冷水冲型、北流型和灵山型。这两种模式之间存在着相互继承的关系、影响与被影响的关系。

同时在铜鼓划分上，根据不同的特征条件还分成"滇式铜鼓"和"粤式铜鼓"两种。"滇式铜鼓"即春秋早期发源于云南中部地区的，并由此传播衍生出多种类型的铜鼓。它们的普遍特点是形体较小，鼓面小于鼓身，鼓胸突出，鼓腰收缩，鼓面太阳纹较大，光芒较长等。"粤式铜鼓"则是"滇式铜鼓"东传的过程中，和岭南地区较为先进的南越青铜文化进行交流，以两广交界的云开大山区为中心衍生出的一种新型的铜鼓系列。这种类型的铜鼓体型硕大，质地厚重，鼓面铸有立体青蛙塑像，花纹繁杂瑰丽以几何图案为主。

要确定分布在西江流域的铜鼓类型，我们可以根据西江流域境内发现了哪些类型的铜鼓来判断。由此我们将分布在西江流域铜鼓类型分成三个部分：流域外传播至此的滇式铜鼓、本地产生的滇式铜鼓、本地产生的粤式铜鼓。

1.流域外传播至此的滇式铜鼓

这种模式的铜鼓包括万家坝型、石寨山型和麻江型三种。

万家坝型：1993 年，在广西田东县祥周乡挖到两面铜鼓，鼓面小，鼓胸特别外凸，鼓腰极度收束，鼓足矮但足径大，花纹简单古朴，同云南楚雄万家坝出土的标准器类似，因而这两面鼓应为万家坝型铜鼓。① 1994 年，在田东县林逢乡挖到一面铜鼓，仍为此类型。②

石寨山型：1972 年 7 月，西林县普驮粮站发现一座西汉早期墓，其中出土了 4 面互相套合的铜鼓。③ 洪声在《广西古代铜鼓研究》一文中将这 4 面铜鼓划为丙型Ⅰ式、Ⅱ式，其中Ⅰ式两面（139 号、140 号），Ⅱ式两面（141 号、142 号）④，这四面铜鼓面部宽大，胸部突出，鼓面小于鼓胸，胸部以下收缩成近似柱形的腰部，体壁薄。鼓面太阳纹芒数不定，芒间填以斜线，太阳纹之外是一道道宽窄不等的晕圈。窄晕圈中装饰锯齿纹、圆圈纹、点纹等。宽晕圈装饰有鹭鸟纹。胸部也饰与鼓面相同的几何纹带，其主晕则是人物划船图。腰部除晕圈组成的纹带外，还有由竖直纹带分隔成的方格，方格中饰以人物跳舞和牛的图像。此种铜鼓花纹华丽，鼓型相对于万家坝型已经逐渐成熟，通过与云南晋宁出土的标准器比对，它们应属于石寨山型铜鼓。此外，贵县罗泊湾一号墓中也发现了 2

① 陈其复、黄振良：《田东县出土两面"万家坝型"铜鼓填补了广西铜鼓发展序列的空白》，《中国古代铜鼓研究通讯》，1993 年第 9 期。

② 陈其复、黄振良：《广西田东县再次出土万家坝型铜鼓》，《中国古代铜鼓研究通讯》，1994 年第 10 期。

③ 广西壮族自治区文物工作队：《广西西林县普驮铜鼓墓葬》，《文物》，1978 年第 9 期。

④ 洪声：《广西古代铜鼓研究》，《考古学报》，1974 年第 1 期。

面石寨山型铜鼓。①

麻江型：麻江型铜鼓产生于贵州，但由于其产生年代晚，沿用时间长，加之宋元以后民族之间交流更加频繁，很快就向南传播到了广西境内，到了明清时期广西还在大量铸造，现在西江流域地区保存有大量的麻江型铜鼓，仅广西壮族自治区博物馆就收藏有各式麻江型铜鼓300多面，其中比较有名的传世品有明代“天元孔明”鼓，清代“道光”年款鼓等。

2.本地产生的滇式铜鼓

这种模式的铜鼓有冷水冲型铜鼓。

冷水冲型：冷水冲型铜鼓发现较多，据不完全统计，岭南地区出土冷水冲型铜鼓约80多面，征集到的约38面②，其中重要的出土地点有广西金秀、广西藤县、广西桂平等。这类铜鼓的特点是高大轻薄，鼓面宽大，但不出沿或稍稍出沿。鼓胸略大于面径或与面径相等，稍微膨胀不突出，鼓腰上部略直，最小径在中部，鼓足较高，与胸部高度略等，鼓耳宽扁，饰辫纹，有的在四耳之外，还有半圆形环耳一对。纹饰总的特点是繁缛多丽，多用几何纹装饰。鼓面中心太阳纹芒的数量基本固定在12道，芒间夹实心双翎眼坠形纹。使用单弦或二弦分晕，但鼓面中部的主晕之间却多使用三弦分晕。鼓面边沿普遍装饰高大的立体青蛙，在青蛙之间有的还装饰马、龟、骑马者、水禽等塑像。鼓面、鼓身全部装饰有图案花纹，主晕为抽象化的变形羽人纹和变形翔鹭纹。鼓胸多有变形舞人图案和细方格纹，鼓足多有圆心垂叶纹。

从特点我们可以看出，冷水冲型铜鼓以“滇式铜鼓”为基础，同时包含了一些“粤式铜鼓”的基本风格，比如形体高大、环耳或半圆形环耳、几何纹装饰、三弦分晕出现、立体动物塑像装饰等。这种情况的出现主要是因为在外来“滇式铜鼓”石寨山型铜鼓的影响下，广西东部的少数民族人民以“滇式铜鼓”风格为基础，同时吸收“粤式铜鼓”的特点，在浔江—郁江周围创造出了冷水冲型铜鼓，并以此为中心向周围传播。从地理位置上看，浔江—郁江地区和“粤式铜鼓”流行的云开大山区相毗邻，民族条件相似，因而它们之间的交流非常频繁，铜鼓文化相互受到影响。郭立新在《论冷水冲型、北流型与灵山型铜鼓的关系》一文中认为冷水冲型铜鼓中的浔江型是在其邕江型的基础上，受北流型铜鼓影响而形成的一个冷水冲型铜鼓的地方类型。③

---

① 广西壮族自治区博物馆：《广西贵县罗泊湾汉墓》，北京：文物出版社，1988。
② 陈文：《岭南地区铸造古代铜鼓略考》，《社会科学家》，2000年第1期。
③ 郭立新：《论冷水冲型、北流型与灵山型铜鼓的关系》，《广西民族学院学报》（哲学社会科学版），1997年第3期。

3.本地产生的粤式铜鼓

这种模式的铜鼓包括北流型和灵山型。

北流型:此种铜鼓体型是所有类型铜鼓中最大的,其鼓面宽大,边缘伸出鼓颈之外,有的边缘下折形成"垂檐"(也称"裙边"),这是北流型铜鼓区别于其他类型铜鼓的关键。鼓足外侈,与面径大小相当。鼓耳结实,多为环耳。鼓面青蛙装饰小而朴实,太阳纹圆突如饼,以八芒居多,芒线细长。使用三弦分晕,装饰纹样多为云雷纹。新中国成立以来,出土的北流型铜鼓约有140面,征集到的约有40面①,其中能够确知其出土地点的约有150多面②,主要集中在两广交界地区,以广西北流和广东信宜为中心的几个县最为密集。

灵山型:灵山型铜鼓现存数量也比较多,出土的鼓大约有78面,征集的约有30多面。③ 它的分布地区是以广西灵山县、横县、浦北县为中心,即六万大山西侧至郁江横县段的两岸。灵山型铜鼓体型凝重,鼓面平展,稍广于或等于鼓身,边缘伸出,但不下折。鼓耳附于胸腰之际,均为带状叶脉纹扁耳。鼓面有高大华丽的立体青蛙装饰,蛙背上还饰有画线纹或圆涡纹。太阳纹继承北流型,圆突如饼,芒线细长。装饰花纹多以二弦分晕,并且饰有大量繁杂的几何纹。

从灵山型铜鼓的特点来看,可以明显看出它与北流型铜鼓的继承关系,例如体型高大、鼓面伸出鼓身、外形相似、太阳纹突出如饼、芒线细长、青蛙装饰、几何纹样等。但是灵山型铜鼓却也有着一些同北流型铜鼓不同的特点,例如扁耳、没有垂檐、青蛙装饰高大华丽、使用二弦分晕等,这些不同的特点恰巧又与冷水冲型相同。所以根据冷水冲型和北流型的共存关系,我们有理由相信,灵山型是以北流型为基础,同时受到冷水冲型铜鼓影响而产生的一种新类型。

三、西江流域本土铜鼓类型的社会功能

同许多青铜时代的重要产物一样,铜鼓在历史发展中对社会起到的作用也是在不断变化的,西江流域本土产生的三种铜鼓类型的社会功能也是多样的。笔者从音乐功能、宗教功能和象征功能三个方面来论述。

(一)铜鼓的音乐功能

铜鼓是一种乐器,这是其从古至今都未曾改变的功能。但是在铜鼓诞生之初,却既作炊具又作乐器。最早的万家坝型铜鼓,出土时鼓身带有明显的火熏

---

① 陈文:《岭南地区铸造古代铜鼓略考》,《社会科学家》,2000年第1期。

② 蒋廷瑜、廖明君:《铜鼓文化》,杭州:浙江人民出版社,2007,第51页。

③ 郭立新:《论冷水冲型、北流型与灵山型铜鼓的关系》,《广西民族学院学报》(哲学社会科学版),1997年第3期。

痕迹，并残留有烟灰，这就证明原始时期的铜鼓还是没有完全脱离铜釜的影子。

古代南方少数民族使用铜鼓演奏音乐大多时候都是用在宴饮等场合，比如《新唐书·列传第一百四十七下·南蛮下》记载："西爨之南，有东谢蛮……婚姻以牛酒为聘。女妇夫家，夫惭涩避之，旬日乃出。会聚，击铜鼓，吹角。"①到了现在，虽然西江流域的许多地区都已不再使用铜鼓，但是聚集在广西西北等地的壮族、瑶族、布依族等少数民族人民在节日、婚庆等节庆时依然会拿出来奏铜鼓乐、跳铜鼓舞。

此外，铜鼓除了演奏音乐，它还有召集人手的作用，这点非常类似于近代农村地区的村民们在村口放置的大钟。这是因为铜鼓和钟是低频响器，声音在空气中传播较远。史籍上对铜鼓这个作用也有记载，例如晋人裴渊的《广州记》说："鸣此鼓集众，到者如云。"又如《隋书·地理志》载："欲相攻，则鸣此鼓，到者如云。"②

（二）铜鼓的宗教功能

铜鼓被用于演奏音乐，而少数民族地区的乐舞常常又与宗教祭祀活动分不开，因此铜鼓也被广泛用于宗教祭祀。中国南方居民自古以来都有信奉巫鬼的传统，西江流域古时多是越人集聚地，这一传统更是普遍。位于广西宁明县的花山岩画，是目前中国保存最完好、内容最丰富的一处描绘骆越人巫术活动的岩画群。在花山岩画中有着大量关于铜鼓用于巫术活动的绘画，例如一群人围着铜鼓跳舞或者将铜鼓捧起祭祀等。

① 欧阳修、宋祁：《新唐书》，北京：中华书局，1975，第2965页。
② 魏征：《隋书》，北京：中华书局，1997，第543页。

图 4　花山岩画(局部)

其次,从鼓面纹饰上来看,冷水冲型、北流型和灵山型这三种西江流域的本土铜鼓包含了青蛙、龟等立体纹饰,太阳纹、云雷纹、水波纹等几何纹饰,划龙舟、羽人舞蹈等人物纹饰。这些都是当地少数民族对动物崇拜、自然崇拜、祭祀活动的反映,带有强烈的原始宗教的色彩。

(三)铜鼓的象征功能

铜鼓因为成为少数民族的乐器和神器,所以象征功能自然成为铜鼓最重要的一个社会功能。

青铜文明自诞生之日起,一些特殊的青铜制品就成为具有象征权力的器物,中原地区的青铜钺、青铜鼎、青铜簋等,南方少数民族地区就是铜鼓。晋人裴渊的《广州记》说:"有鼓者,极为豪强";《隋书·地理志》说:"有鼓者,号为都老,群情推服";甚至如《明史·刘显传》所说的:"得鼓二三,便可僭号称王。"

铜鼓既然代表了权力,那么统治阶级就可以把它作为珍贵礼物赏赐给有功者。例如《新唐书·列传第一百四十七下·南蛮下》记载:"西爨之南,有东谢蛮……赏有功者以牛马、铜鼓。"①同时,铜鼓由于其耗材量大、制作复杂,历来都是价格昂贵之物,这也客观上证明了铜鼓本身就是财富。《明史·刘显传》说其:"鼓声宏者为上,可易千牛,次者七八百。"如此贵重的铜鼓自然也成了富人们提高其社会地位的工具,"必争重价求购,即百牛不惜也。"《隋书·志第二十六·地理下》载:"诸獠皆然。并铸铜为大鼓,初成,悬于庭中,置酒以招同类。"②裴渊的《广州记》也记有此事:"俚僚铸铜为鼓,鼓惟高大为贵,面阔丈余。初成,悬于庭,尅晨置酒,招致同类,来者盈门。"由此可见,拥有铜鼓便是拥有社

① 欧阳修、宋祁:《新唐书》,北京:中华书局,1975,第 2965 页。

② 魏征:《隋书》,北京:中华书局,1997,第 543 页。

会地位的象征。

四、西江流域本土铜鼓类型的族属

前面我们提到,冷水冲型、北流型和灵山型铜鼓分属两个不同的铜鼓系列,但是却出现了相互借鉴、相互影响的情况,地理位置的相近是其中一个原因,另外一个重要的原因是使用族群的相似。

《后汉书·马援传》记载:“援好骑,善别名马,于交趾得骆越铜鼓。”通过今天学者的考证,骆越这个民族,是一个在战国至东汉时期活跃于左江—邕江流域到越南红河三角洲一带的少数民族。而“骆越”族名则仅见于两汉,也就是说两汉之后骆越一族或者消亡,或者其后裔在发展中变换了族名,显然可能性最大的是第二种。

那么根据骆越族主要的活动地域和时间,西江流域东部这一地区继骆越族出现的民族应该是僚人、乌浒和俚人。僚人,古时称獠,所居地域在晋人郭义恭《广志》中有载:“獠在牂牁、兴古、郁林、苍梧、交趾。”考证其地,僚人在晋朝时所居地域大致位于现在邕江—郁江—浔江流域和黔桂交界处牂牁江沿岸。同时《隋书·志第二十六·地理下》载:“诸獠皆然。并铸铜为大鼓。”由此可见,在两晋南北朝时期的邕江—郁江—浔江流域并使用大鼓的僚人,应该是冷水冲型铜鼓的使用者。

乌浒和俚人,是相继出现的同一个民族。乌浒的活动主要见于东汉时期,《后汉书·南蛮西南夷列传》说:“灵帝建宁三年郁林太守谷永以恩信招降乌浒人十余万内属,皆受冠带,开置七县……光和元年交趾、合浦乌浒蛮反叛,召诱九真、日南,合数万人,攻没郡县。”可见东汉时期,乌浒的活动地域遍及郁林、交趾、合浦、九真、日南,即从今天的郁江流域至越南北部和广西北部湾沿岸。俚人继乌浒而兴起,魏晋之后多见于史籍,有时称俚獠。《南州异物志》载:“俚在广州之南,苍梧、郁林、合浦、宁浦、高凉五郡皆有之,地方数千里。”即今天的桂东、桂东南和粤西这片以云开大山为中心的地区,这一地域同前面乌浒人的活动范围有重合,并加以扩大。乌浒和俚人使用的铜鼓亦为大铜鼓,《广州记》说:“俚獠贵铜鼓,唯高大为贵,面阔丈余。”由此可见,乌浒和俚人是粤式铜鼓北流型和灵山型的使用者。

通过以上的分析,骆越族在汉代之后不见族名,是因为其族群内部分化出了不同的支系,而支系都有了各自不同的称呼。僚人结合骆越原有的滇系铜鼓和乌浒人创制的粤系铜鼓,进一步创制了冷水冲型铜鼓,俚人又以北流型为基础,吸收冷水冲型的一些特点创制了灵山型铜鼓。所以冷水冲型、北流型和灵山型铜鼓相互借鉴、相互影响,应该跟僚、乌浒和俚人都是骆越后裔分不开的。

五、结语

铜鼓是历史上西江流域乃至南方地区少数民族的重要器物,但是今天不仅大部分铜鼓在社会变革中消失,而且铜鼓文化的流传也岌岌可危。19世纪末到今天,有志于铜鼓文化保护的国内外学者已经对铜鼓做了大量的研究,现在我们通过流域研究这样一种新的方式,试图从新的视角研究铜鼓文化。总之,对于西江流域的铜鼓文化,还有待进一步探讨。

论桂林山水诗的自然审美观

蔡文静①

［内容提要］　桂林的山容水貌在诗人的书写下成了“人化的自然”，文人学士笔下的山水诗也由于政治历史、粤西自然地貌等多种因素的影响而表现出了鲜明的地域特色和自然审美观。本文从古代的桂林山水诗文本出发，在粤西文化视域下探讨桂林山水诗独特的自然审美观。古代诗人以山水为吟咏中心，白描直叙、比拟夸张，或赞或叹，将桂林的佳山秀水、奇山异水之景与诗词歌赋融合，由外向内，层层展现山水带来的美感，于文字中展现纯自然的独特审美价值，也从这种审美中获得感受诗人内在的情感志趣以及山水与世人内在的旨趣韵味的文学审美价值。

［关键词］　桂林山水诗　礼赞自然　情感激荡　审美顿悟

山水诗，往往以自然山水为主要审美对象和表现对象，它不仅仅局限于描写山水，也包含着人文。在描山画水的山水诗歌中，自然景观中的山水实体已经不再是一种仅仅用作比兴的衬托对象，而是具有了独立的审美主体性。同时，在中国文人对自然与人的关系的认识流变中形成了独特的中国文人自然观，体现在山水诗歌的审美流变中亦即自然山水从外在的独立物向人的内心世界转化、融合，由欣赏山水的外在形式到探究其内蕴与旨趣，由极视听之娱的表面到怡神悦志，通过描绘自然、礼赞自然，获得精神上的慰藉以及人生哲理上的顿悟。

随着秦始皇统一中国，岭南与中央政权的联系增强，岭南渐为人们所知晓。桂林地处岭南，远离中原，在古代被视为僻荒化外之地。其典型的喀斯特地貌和亚热带季风气候，形成了洞幽景奇、奇峰林立、水清木秀的桂林山水。桂林山水是中国山水的代表，与其有关的山水诗也是中国古代山水诗文化中的重要篇章。尤其在唐宋后，一些文人学士任职桂林，贬官谪吏被流放途经此地，不少诗人都对这一方山水给予了不同程度的关注，创作了与桂林山水相关的诗歌。桂林的山容水貌在诗人的书写下成了“人化的自然”，文人学士笔下的山水诗也由

---

①　蔡文静（1988—），女，广西师范大学文学院教师，广西师范大学文学院中国古代文学专业在读博士研究生，研究方向为石刻文学研究。

于政治历史、粤西自然地貌等多种因素的影响而表现出了鲜明的地域特色和自然审美观。

桂林山水诗歌从内容主题上大致可分为三种：一是从“物感”的经验，对自然山水外在形式的纯自然美的赞叹；二是从“情感”的驱动，于山水美景描摹中抒发情感；三是探究山水的内在意蕴与旨趣，进而形成儒家的“比德”或是道家的“同德”。在这些山水审美中，山水成了诗人书写情思的媒介，诗人以山水作为表现和咏吟的中心。

一、以山水境界作为咏味的中心，礼赞自然

任职或是贬谪的文人学士，甚至是从未到过桂林的文人名家，他们用自己的文化修养结合自身对桂林山水的耳闻或是目染，将山水境界作为吟咏的中心，将桂林独特的山水景观描摹得绘声绘色、别具一格、闪烁多彩，咏出了桂林山水的诗意美。

桂林山水诗异于以往的其他山水诗，这些诗歌不同之处首先在于其咏赞的对象的独特性，无论是单独咏山水，还是合绘山水，诗歌的遣词造句、修辞用典都与桂林山水的特点相得益彰，让即使未曾到过桂林的人也能感受到桂林山水的独特。也正因如此，这些描山画水的山水诗具有很高的审美价值。

桂林的山峰气象万千，奇峰苍翠，洞景奇绝，促成了诗人笔下关于写山水诗歌的精彩纷呈。桂林山水诗中的山不同于王维笔下雨后静谧的空山，也不同于杨炯笔下的“绝壁横天险”的三峡。它如张孝祥留于桂林屏风山的石刻诗文中的山，“高岩画天开，仄径通石乳。卫堆青螺髻，嵂嵲白玉阙”①。也如黄庭坚感叹的“桂岭环城如雁荡，平地苍玉忽嶒峨。李成不在郭熙死，奈此百嶂千峰何”，雁荡山千峰平地而起，千姿百态，诗人更用一个感叹，更显出这山的奇丽。而山峰又有四时不同之景，如桂林古八景的“尧山冬雪”：尧山绝秀岭南天，雪压林峦飘素烟。高倚暮云屏掩翠，半消晴日玉开田；又如“西峰晚照”：西峰西向桂林西，数点晴云落照低。绝岳倚空排宝戟，斜晖转树绕雌蜺。而山峰中的各式岩洞幽深奇幻，洞中风景异尘寰，各种吟咏桂林山岩石洞的诗文不仅描绘了岩洞的外形奇幻，更增添了各种神仙奇幻色彩。如明人李棠、夏埙等十一人在龙隐洞的唱和诗石刻记载中的诗文：清秋一棹驻江湾，紫府丹崖绝可攀。石上有踪龙去远，洞中无事客游闲。盘空路出烟霞外，隔水楼阁奄画间。坐久都忘在尘世，何须海上问三山。② 诗歌描绘了被誉为神仙洞府的七星岩溶洞景观，岩内奇

① 杜海军辑校：《桂林石刻总集辑校》，北京：中华书局，2013，第193页。

② 同上书，第443页。

幻莫测的钟乳石，洞顶日月星光灿灿，地下河水静静流淌，正是“仙去儒游真境在”，“坐久都忘在尘世，何须海上问三山”。而这“栖霞真境”也便成了桂林八大古景之一的名景。诸如此类的关于山与岩的诗句正如桂林的风景名胜一样多而优，描绘独秀峰、月牙山、叠彩山等山的诗句都将桂林山景传神地呈现在读者面前，让人获得一种读诗而如游山观岩之快感。

描摹漓江之水的诗歌一如桂林的江水般灵动婉约。漓江的蜿蜒与澄澈给了诗人们无限的遐想与灵感，造就了关于漓江水的大量名句。清代诗人李秉礼的“漓江下瞰净如练，水底倒插卿芙蓉”，袁枚的“江到兴安水最清，青山簇簇水中生。分明看见青山顶，船在青山顶上行。”都描绘了漓江水的澄澈，正是因为有了这白绢清澈才生成了青山映水，如芙蓉生于水中，亦如船行于山顶的奇妙感受。流畅质朴简短的诗歌，将山水交相映衬的漓江风光生动地描绘了出来。漓江的若带如练、蜿蜒曲折也酝酿出“潭心绿水缓悠悠，长湾短湾凝不流。涓涓千尺澄见底，隔江空行鱼曳尾”这样耐人寻味的诗句。

桂林的水依山、山傍水，山水融为一体，共同成就了甲天下的桂林山水。因此，在桂林山水诗中，往往更多的是山与水共生，水乳交融、相辅相成，使得诗篇也更神韵具现。唐代诗人韩愈虽未曾到过桂林，却通过听闻了解了桂林山水，将其风情描写得恰如其分，在其《送桂州严大夫》中歌咏桂林：“苍苍森八桂，兹地在湘南。江作青罗带，山如碧玉篸。户多输翠羽，家自种黄柑。远胜登仙去，飞鸾不暇骖。”①颔联以高度的概括力写桂林山水之美，成了桂林山水的代言名句。诗歌将蜿蜒曲折的江河描绘比拟成青罗带，将拔地而起的峻峭玲珑山峰比作碧玉之簪。十个字就将桂林山水的独特描绘得生动美丽，写出了山的苍翠、水的澄澈，从中不自觉流露出一种艳羡之意。类似的诗歌不乏其数，朱晞颜曾在还珠洞留下石刻，借着韩愈诗篇表达自己的感受：江波荡漾青罗带，岩石虚明碧玉环。地接三山真迹在，天连合浦宝珠还。② 诗人融会韩诗“江作青罗带，山如碧玉篸”③，写山道水路回环曲折，联翩好景在峰回路转之际一一呈现在人的眼前。又借宋人王正功诗句说桂林山水，把“漓江秋泛”称为“绝妙”，将泛舟江上的独特感受融入诗句，更有韵味，更让人倾倒。再如李商隐的《桂林》诗句：“城窄山将压，江宽地共浮。东南通绝域，西北有高楼。”④用平白的语言点出桂林的城窄、江宽，且将东面景致、西北高楼淋漓尽致地一层层地展现出来，形象地体现了桂林这个“山水在城中，城在山水旁”的山乡水域独特的自然环境。

---

① 梁章钜撰，蒋凡校注：《三管诗话校注》，南宁：广西人民出版社，1996，第 180 页。

② 杜海军辑校：《桂林石刻总集辑校》，北京：中华书局，2013，第 250 页。

③ 汪森编，桂苑书林校注：《粤西诗载》第 3 册，南宁：广西人民出版社，1998，第 92 页。

④ 梁章钜撰，蒋凡校注：《三管诗话校注》，南宁：广西人民出版社，1996，第 195 页。

这些以山水为主要审美对象进行咏味的诗句宣扬了桂林的自然美,同时,桂林山水自然美也成就了文字艺术的诗意美。这些山水诗从多角度运用白描、拟人、夸张、比喻等修辞手法,生动逼真地再现了桂林山水的绮丽,让人能在优美的文字诗词中一览大自然赋予桂林的“山青、水秀、洞奇、石美”,从文字中领略到桂林山的青与奇、桂林水的清与媚,以及山水相映成趣的美好,获得一种精神上的愉悦。

二、以山水作为表现的中心,情感激荡

在交通不发达的古代,岭南地处边疆,成为贬谪官员的主要区域,这些区域自然拓宽了诗人的描写视野。桂林相较于其他岭南等地属于更偏远的蛮荒之地,与之相关的文学作品更具有其地域与题材的特点,因为大量独特的桂林山水被带进诗歌,又在山水中融入人文,或者是在情感中融入山水。在桂林山水诗的创作者中有很多是外来任职的官员或是贬谪官员,因此产生了很多表现积郁悲愤或是思乡送友之情感的诗作。而与此相反,因桂林佳山秀水美景而产生不舍或是向往之情的诗人也不在少数,因为地理的偏远与景色的独特,也就出现了表达不舍与向往情感的山水诗。在这些诗作中诗人结合桂林的自然容貌和人文特色,以山水作为表现中心,形成了一类独具特色的桂林山水诗。当然,此时的山水诗对山水的描绘,并不只同于如《诗经》中对景物以铺排比兴手法所做的描绘,不只是简单的衬托,诗人将异乡之景与自身心理共同表现出来,诗歌中展现的独特地域与自然风光也有了独特的审美价值。

在此类山水诗歌中,有的诗人将山水景物作为某种情感、精神的外化,他们用诗歌多角度地描绘桂林山水人文,或是用秀丽美景表现乐观之情,或是用峭壁碎石的奇险表现悲凉伤感之意,将对山水的欣赏归结于诗人的情感抒发。以我观物,物皆着我之色。与很多负面情绪缠身的诗人用险山恶水的环境衬托诗人人生悲楚的山水诗不同的是,桂林山水诗,更多的是诗人对山水的欣赏和描绘。

龙隐洞中的唱和诗有云:“丹崖有洞自天成,洞里清清水半泓。不但烟霞能适意,水光山色动相随。潭涌寒涛通岭海,洞含秋雨接湘川……”①这些唱和诗中生动地描绘了一幅桂林山水相融合的美景图:诗中将桂林的岩、洞、水、崖、雾等景简单却有韵味地结合起来,风卷云雾,山洞山崖各异,水光山色与烟雨云物相伴。朴实生动的语言将桂林的山水灵动与美巧妙地展现出来。正是如此幽

---

① 杜海军辑校:《桂林石刻总集辑校》,北京:中华书局,2013,第443页。

眇之景,忽然激发了诗人对悠游世外隐居的向往之心。于是,桂林山水的美好不仅是激起诗人情感的线索,甚至引发出诗人更深沉的情感体悟。陶弼的《桂林》诗,同样用山水美景来反衬自己的思乡之情,虽然桂林青罗带状的江水碧连山,城在山光水色之间,游人尽道宜人惟桂郡,诗人却"骖鸾客至只思"。桂林山水的柔美天成留不住诗人思乡念友的心,同时也能让诗人联想到归隐的美好。

地理与政治文化上的影响,也让山水诗中出现了表现眷恋、向往的山水情。曾出任桂林刺史的唐代诗人李渤在调离桂林时,便写下了《留别隐山》:"如云不厌苍梧远,似雁逢春又北归。唯有隐山溪上月,年年相望两依依。"①诗人形象地把自己比作浮云和鸿雁,从北至南,又从南回北,对此处的眷念焕发出诗人奇想,诗人希望最好能变成溪上月,便可年年与隐山相望不分离。脍炙人口的山水名句"江作青罗带,山如碧玉簪"②,也正是韩愈对桂林山水的一种向往之叹,认为如此的自然风光与风俗人情让人不自觉产生一种"远胜登仙去,飞鸾不暇骖"的艳羡之情。

类似的诗句在远迁至桂林的文人墨客笔下不在少数,诗人客观描绘了山水的秀丽,用美好来反衬自身情绪的悲戚或是乐观,让情感表现得更加深沉,也使得诗篇更具有文学性,而不只是一种载道言志的说理文字。这些诗歌中的山水景物,个性鲜明,表达了诗人在特定环境中的真实感受。诗中的景物描写给人以新颖的美感,同时在欣赏美景的文字中亦能深切感受到诗人的述志感怀。

三、以山水境界作为怡神悦志的中心,审美顿悟

在山水审美中,有一类诗歌往往蕴藉了诗人审美顿悟的人文生命意识,如山水中蕴含的自由、乐生等生命精神。山水已经不再是纯粹客观的独立审美对象,其内在的意蕴与旨趣,与诗人的顿悟相遇契合,诗人从山水中反观自我,于山水中看到了自我存在的价值或是某种象征人生的品质精神,从而获得一种欢欣鼓舞或是自在逍遥的精神慰藉与享受。诗人将自己隐藏于山水背后,让山水在人为的塑造中成为人的生命和情感的依托和载体,使得山水成了人文的代言者。有一些山水诗以道德的观点入诗,以精神观照欣赏山水,将山水作为某种精神、情感的象征和人文精神的外化。

最早涉及桂林山水的诗句是出任始安(今桂林)太守的颜延之,其"未若独秀者,峨峨郛邑间"③传诵千古,独秀峰也因此得名。同样描写独秀峰的诗句,

① 杜海军辑校:《桂林石刻总集辑校》,北京:中华书局,2013,第19页。
② 汪森编,桂苑书林校注:《粤西诗载》,第3册,南宁:广西人民出版社,1998,第92页。
③ 杜海军辑校:《桂林石刻总集辑校》,北京:中华书局,2013,第12页。

如袁枚的《独秀峰》:“来龙去脉绝无有,突然一峰插南斗。桂林山水奇八九,独秀峰尤冠其首。三百六级登其巅,一城烟水来眼前。青山尚且直如弦,人生孤立何伤焉?”①张固的《独秀山》:“孤峰不与众山俦,直入青云势未休。会得乾坤融结意,擎天一柱在南州。”②这些诗句都是对独秀峰这座矗然耸立的孤峰的贴切描绘,得山之神,塑造了独秀峰孤傲、高耸、峭拔的伟岸形象。同时是诗人反视自身、鞭笞自身的一种方式,会得孤峰之意,表现出自身的理想追求,可谓一语双关。这些诗句不仅是在写景,也是人格理想的一种宣扬。这些正是儒家的“智者乐水,仁者乐山”的“比德”的体现。山水景观的某种外在的形态或是内在的气质与人的某种伦理道德、意志特征相似暗合,于是诗人或是读者在观赏山水的同时也在反观自身,从而获得一种“乐”。桂林山石的形态万千、江水的明洁绵延、山洞的幽深奇幻,都在某一刻或是某一点上满足了诗人的审美需要而形成了一种审美关系,使得这些客观物象成为审美表达的对象,营造出一种道德意义上的审美效果,这既是一种比附了人格的自然美,也是一种审视人自身的美。

道家看重山水的自然美,在其著作中常引用山水来表现其道家“自然”理念,道家在人与自然的审美关系中尚“同德”,以宇宙生命永恒为基础的人的自然化,欣赏自然、无为,“观于天地”就是观照生机勃勃的自然与生生不息的万象,从观照中感受美,获得永恒、无限的审美体悟,进入一种自由的审美境界。受道家影响的山水诗文,其创作往往更多自由自然,融浪漫于其中,于自然的空间变化、时间的流动中表现宇宙无限、生机永恒的奥秘。宋代蓟北处士的《和水月洞韵》:“水底有明月,水上明月浮。水流月不去,月去水还流。”仅20个字便生动地写出了象山水月洞的月夜奇幻景象。全诗都是水与月交融的客观景物的再现,而后两句不仅描绘了水月洞中水与月相互间的动静映衬,同时也带给人一种佛家禅语的心境,如“人生代代无穷已,江月年年望相似”的人生感悟。再如叠彩山上的明人傅伦石刻诗文:“天成工巧点苔斑,聚景亭前水共山。漫数群峰环独秀,先声百粤震诸蛮。升平岭海民安乐,潇丽林泉日放闲。何处更期来此罪,笙歌檀板尽清欢。”③诗人写叠彩山所见的视野开阔、民生安乐的胜景,亭台楼阁与山水等自然景物与共的“佳山川”,让心灵在这灵秀山水自然间仿佛如“心与清晖涤”,期望着再来此处享受清欢。而李渤的《南溪诗》中写道:“玄岩丽南溪,新泉发幽色。岩泉孕灵秀,云烟纷崖壁。斜峰信天插,奇洞固神辟。窈窕去未穷,环回势难极。玉池似无水,玄井昏不测。仙户掩复开,乳膏凝更

① 杜海军辑校:《桂林石刻总集辑校》,北京:中华书局,2013,第888页。
② 汪森编,桂苑书林校注:《粤西诗载》,第7册,南宁:广西人民出版社,1998,第11页。
③ 杜海军辑校:《桂林石刻总集辑校》,北京:中华书局,2013,第575页。

滴。丹砂有遗址，石径无留迹。南眺苍梧云，北望洞庭客。萧条风烟外，爽朗形神寂。若值浮丘翁，从此谢尘役。”①诗中将桂林奇山秀水的美景与神话传说结合，使得诗人不禁产生追随浮丘公的归隐之念，也正是这美景缓和了诗人在政治上的满腹愁怀，诗人融入这美景中，也为桂林百姓做了很多好事。

纵观以上对桂林山水诗的自然审美观的探析，古代诗人以桂林山水境界为吟咏中心，用白描直叙、比拟夸张，或赞或叹，将桂林的佳山秀水、奇山异水之景与情志、顿悟融合，由外向内，层层展现了山水带给人们的自然美与人文美，于文字中展现了自然的独特审美价值，也从这种审美关系中获得感受诗人内在的情感志趣以及山水与世人内在的旨趣韵味的文学审美价值。桂林山水诗中表现的自然独特审美价值是融情融景的审美价值，既是桂林山水的独特自然、人文的美的体现，也是中国传统文化的显现。

① 杜海军辑校：《桂林石刻总集辑校》，北京：中华书局，2013，第17页。

大健康产业背景下对壮医药发展的思考①

蒋吉德 杨雄东②

［内容提要］ 通过相关文献和数据分析，结合实地调查，总结了大健康产业对经济发展方式转变和健康需求满足的意义，以及大健康产业实质分析、健康管理全程性、生命质量整体性三个重要发展方向。在此背景下讨论分析了壮医药发展过程中面临的“身份”问题、外来竞争者的蚕食和整体产品销售不容乐观等三大挑战及应对思路，以促进壮医药发展更好地融入大健康产业，助力广西区域文化自信力与竞争力的提升。

［关键词］ **大健康产业 壮医药 广西区域文化**

一、前言

近年来，大健康产业的话题方兴未艾。有关大健康产业的会议与论坛不断举办。传统健康产业领军企业纷纷跑马圈地。新兴、新型企业也不断跨界分食“大健康”蛋糕。各省市将大健康产业作为地区经济结构调整、产业升级的新动力，各类大健康产业园纷纷设立、大健康产业发展规划不断出台。尽管大健康产业的概念定义和产业划分尚存争议，甚至有部分行业对大健康产业的关联匹配有过于泛化与牵强之嫌，但是依据国务院印发的《关于促进健康服务业发展的若干意见》中指出的健康服务业的范畴和主要任务来看，少数民族医药发展与大健康产业息息相关。此外，中共中央、国务院从国家层面上提出了健康领域中长期战略规划，印发了《“健康中国 2030”规划纲要》。党的十八大提出了全面建成小康社会，全面深化改革开放，加快完善社会主义市场经济体制、加快转变经济发展方式的任务目标。全面建成小康社会不仅仅体现在经济建设、收入水平的提升，也体现在对疾病防治信心与能力的提升，对生理、心理整体健康和生命质量的关注等其他方面。习近平总书记指出，“没有全民健康，就没有全面小康”。在新一轮的区域竞争中，以挖掘和弘扬广西区域文化、提升广西区域

① 本文系桂学研究院·广西少数民族医药文献资料整理与壮医药发展协同研究创新团队阶段性成果。

② 蒋吉德（1978—），男，百色学院高级经济师，研究方向为市场营销。杨雄东（1979—），男，经济师，百色学院讲师，研究方向为人力资源管理。

文化自信和形象为己任的桂学研究者,在大健康产业框架下、在共享“一带一路”倡议所带来的发展红利趋势下,对桂学文化中的物质文化代表之一的壮医药发展进行思考势在必行,这样有着重要的学术和现实意义。

二、大健康产业发展是经济建设、转变经济发展方式的重要方向

美国经济学家保罗·皮尔泽(Paul Zane Pilzer)2002 年预言,继 IT 产业之后,健康产业成为全球经济发展的新引擎。在过去的五十年里,在对世界经济的贡献中,8%—10%的比例是健康产业做出来的,世界上任何国家和地区的 GDP 增速都低于健康产业的增长速度,国际经济学界称健康产业是“一个无限辽阔的亿兆产业”。5%左右(2015 年数据)是健康服务业在中国 GDP 中的占比,而美国 2009 年已达到 17.6%,数据充分说明中国健康产业具有巨大的发展潜力。①

当前在经济建设、转变经济发展方式上各省市也在加大力度发展大健康产业,各类规划、举措纷纷出台。2017 年 3 月 20 日,广西健康产业发展与合作新闻发布会在北京举行,广西区编制印发了《广西健康产业三年专项行动计划(2017—2019 年)》,计划建立健康产业发展重大项目库,遴选出涵盖健康养老、健康旅游、健康休闲运动、智慧健康、医疗和康复器械、健康食品生物医药研发等六大健康产业的 388 个项目,涉及总投资 2124.64 亿元。根据发展目标,到 2019 年,广西健康产业总规模将达到 3500 亿元,占地区生产总值 14%左右;到 2020 年,广西健康产业总规模达到约 4000 亿元,占地区生产总值 16%左右。2017 年 3 月 25 日,广西百色市举办百色市大健康产业高峰论坛,国内外知名专家、学者对百色市大健康产业发展进行研讨。

三、大健康产业发展是对全面建成小康社会的健康需求的满足

面临生活水平的提高、人口老龄化社会的到来和疾病图谱所显示的疾病病毒的快速变异等趋势,当前人们对健康的认知更多是关注自身整体健康与生命质量,而不再局限于疾病防治。传统意义上的疾病是非健康的直接表现,但是患者及其家属对预期的巨额治疗成本的担忧、对因病致贫的恐惧及由此带来的身心疲惫的亚健康则是非健康的间接表现。以下数据充分显示了潜在的健康需求的满足需要大健康产业的大力发展。

据统计,中国内地城市白领中有 76%处于亚健康状态,接近六成处于过劳

---

① [美]保罗·皮尔泽:《财富第五波》,长春:吉林大学出版社,2002。

状态，35 岁至 50 岁的高收入人群中，生物年龄平均比实际年龄衰老 10 年，健康状况明显降低。真正意义上的“健康人”比例较低，不足 3%。①

2010 年第六次全国人口普查主要数据公报显示，0 至 14 岁人口占 16.6%，60 岁及以上人口占 13.26%，其中 65 岁及以上人口占 8.87%，老年人由于生理机能的自然衰退产生的养生、保健和医疗等健康需求有着巨大的市场体量。②

慢性病呈现井喷状态，心血管病、各种肿瘤、高血压、高血糖等慢性病患者人数于 2012 年是 2.6 亿，2015 年因慢性病而死亡占到了整个疾病死亡率的 85%，因慢性病而引起的疾病负担占到整个疾病负担的 70%，有业内人士预言未来大健康产业的主流方向是慢病管理。③

因此，大健康产业发展无论对于正在努力打赢扶贫攻坚战、努力争取与全国同步进入小康社会的广西来说，无论对精准扶贫、防止因病致贫、防止因病返贫和产业扶贫而言，还是考虑到和谐稳定的社会建设，以及融入“一带一路”倡议，都有着极为重要的意义。如何利用大健康产业发展机会、整合发挥壮医药丰富资源，不断提升广西区域综合竞争力，这是一个值得思考和研究的重要课题。

四、大健康产业的基本内容与实质

基于维普智立方知识发现系统的统计，对于大健康及大健康产业的研究自 2003 年逐步兴起，到 2015 年达到了一个顶峰（图 1）。从已有关于大健康及大健康产业的研究文献来看，关于大健康产业存在众多看法与思路，各观点提出角度各有不同，但是在大健康产业的基本内容和实质上具有相通性。

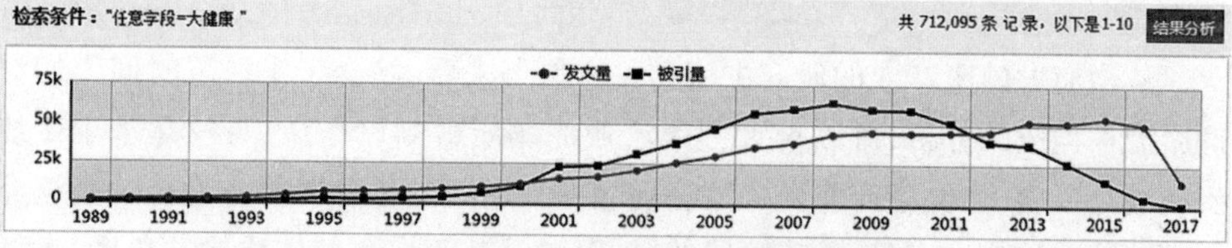

图 1　大健康主题研究趋势

（数据来源：维普智立方知识发现系统，2017-7-13）

全球产业分类标准和产业分类参考将大健康产业分为两个类别：医疗设备

① 林剑：《知识型员工优化管理模式探析》，《科技和产业》，2011 年第 9 期。

② 沈继伦：《人口老龄化对资本市场的影响——关于我国基本养老保险基金拟入市的思考》，《商业时代》，2013 年第 1 期。

③ 徐华峰：《中国大健康产业的现在与未来》，《知识经济（中国直销）》，2015 年第 3 期。

和服务；医药、生物技术和生命科学。

《关于促进健康服务业发展的若干意见》指出“健康服务业以维护和促进人民群众身心健康为目标，主要包括医疗服务、健康管理与促进、健康保险以及相关服务，涉及药品、医疗器械、保健用品、保健食品、健身产品等支撑产业”。《“健康中国2030”规划纲要》指出发展健康产业包括：优化多元办医格局、发展健康服务新业态、积极发展健身休闲运动产业、促进医药产业发展。

零点有数公共事务系统大健康事业部总经理姜健健（2015）认为健康产业主要包括三类：一是健康服务业，以医疗服务机构为主体的医疗服务业和以健康检测评估、咨询服务、调理康复等为主体的健康管理服务和健康保险；二是健康制造业，以药品、医疗器械和其他医疗耗材产销为主体的医药生产企业和以保健食品、健康产品产销为主体的保健品生产企业；三是健康关联产业，包括旅游业、住宿业、餐饮业、草药种植业和养殖业等。①

清科研究中心分析师刘小亚（2015）认为大健康产业关注对人生各阶段的全面的生命呵护，既包括生理、心理健康，还包括社会、环境和家庭等各方面的健康。从产业内涵分析，大健康产业包括生产与服务两个方面，健康生产如医药、保健品、医疗器械、健身器械的生产等；健康服务如健身娱乐休闲、康复疗养、健康咨询等。②

海青山、金亚菊（2017）从三个角度阐释大健康的基本特征。从健康产业发展的角度，产业融合以健康概念为主导；从社会发展和科技进步的角度，大健康产业的科技含量增加，集中体现为健康服务过程的数字化和信息化以及健康大数据的管理和整合分析；从健康理念的角度看，主要在健康服务的广度和深度两个维度上拓展，最终以人的身心自由和主观感受提升作为健康服务的实现标准。③

从当前大健康产业的研究主流和关注焦点来看，结合未来一段时间人们对健康需求构成的分析，可以对大健康产业的实质得到以下认识：一是基于传统疾病治疗角度，大健康产业要关注病前、病中、病后的各阶段与各途径的全程介入，即预防、治疗、康复疏导三阶段的贯通；二是基于生命整体质量的角度，大健康产业强调生理健康与心理健康并重，关注和降低亚健康状态，提高全社会整体健康水平；三是从大健康产业发展方向来看，预防性养生、老年化健康服务和慢性病管理是大健康产业的三大重要方向。

---

① 许亚岚：《大健康产业步入发展新阶段》，《经济》，2017年第2期。

② 同上。

③ 海青山、金亚菊：《大健康概念的内涵和基本特征》，《中医杂志》，2017年第13期。

五、大健康产业背景下对壮医药发展的思考

(一)大健康产业的实质与壮医理念不谋而合

于小冬在2014年指出21世纪是健康产业引领世界经济的时代,西方医学发展趋势是治疗—预防—保健,并从食物中提取营养素来进行保健;亚洲国家传统上的用食疗和药膳来养生保健越来越受到重视。①

大健康产业的发展需要文化的引领,壮医根据壮医药典籍整理形成并被壮族先民一直以来的实践检验行之有效的壮医理念可以引领广西区域范围内的大健康产业发展。例如:壮医的核心思想主张天、地、人三气同步,阴阳为本;壮医的生理观主张将呼吸道、消化道、尿道分别称之为气道、谷道与水道,将血液循环系统与神经系统分称龙路与火路,统称三道两路;壮医的病理观主要针对本民族常见的"毒""虚""伤""塞"诸病,研究了病因,建立起"毒虚致百病"学说与三道两路理论;壮医治疗原则是通过在对各种治疗方法进行凝练的基础上,发展出调气、解毒、补虚三大疗法。②

经中国老年学和老年医学学会认证的"中国长寿之乡"有73个,其中作为壮民族人民聚居地的广西有25个,居全国首位(2016年数据)。可以充分说明与壮民族人民健康息息相关的壮医文化、壮医疗法和壮医药的发展对大健康产业关注的焦点预防性养生、老年化健康服务和慢性病管理有着非常重要的研究价值。大健康产业的实质与壮医理念不谋而合。

因此,壮医药是中华民族传统医药的重要组成部分。壮医药是壮族文化的一个重要组成部分。壮医药是促进民族经济、民族团结的重要力量。壮医药为祖国医学发展做出了重要的贡献。壮医药是繁荣农村经济的重要手段。壮医药是农村医疗卫生保障的重要支撑。总之,壮医药是人类社会发展和文明进步的重要创造。③ 在大健康产业背景下,无论是百色等地市,还是整个广西区乃至全国范围,进一步深入挖掘壮医药的哲学内涵、治疗手段、医药配方,进一步加强壮医药的文化传承、人才传承与培养,都有着更为重要的现实意义。

(二)大健康产业背景下壮医药发展面临的冲击与应对思路

壮医药资源丰富历史悠久,滕红丽、梅之南编著的《中国壮药资源名录》(2014)收录的壮药品种就有2285种。壮医也被纳入国家执业医师资格考试范围。截至2015年,壮医资格开考以来共有近3000名考生参加考试,825人取得了执业或助理执业医师资格。此外对散居民间的5000多名民族医生进行了登

① 刘亚力:《中国大健康产业赶上美国需20年》,《北京商报》,2014年5月14日。

② 洪宗国:《壮医药思想内核与理论框架思考》,《中南民族大学学报》(自然科学版),2012年第2期。

③ 蓝毓营:《试论壮医药的战略地位》,《学术论坛》,2008年第9期。

记，有计划地聘请他们到相应的研究机构和医疗机构工作。经过广西民族医药工作者的共同努力，壮医药理论及临床诊疗方法研究有了一定进展，基本上建立了壮医药的理论体系和临床体系，一些独特的诊疗方法得到应用和推广。① 尽管今天的壮医药发展有着以上的喜人成就，但是壮医药发展依然遭遇不少瓶颈和冲击。

1.壮医药的“身份”问题

广西已经编制了《广西壮药质量标准》并通过了专家审定，结束了壮药没有典籍、标准的历史。但是广西的壮药材，却因为没有国家标准，无法列入国家药典，不能以民族新药申报，只能以中成药上报。例如桂西制药有限公司生产的妇血康颗粒，其实使用的就是壮药材艾那香。据2009年数据统计，广西区内现有的中成药和医院制剂中，有235个中成药品种、400多个医院制剂都是广西少数民族地区历史上的习惯用药，是疗效确切、处方和工艺都很明确的少数民族成方药。② 壮医药尽管已有壮医师的资格考试，但是没有壮药师资格考试。

从市场发展的角度而言，尽管针挑疗法、药线点灸疗法、竹罐疗法、经筋疗法、刮疗法、滚蛋疗法等壮医特色疗法这些无形服务能在患者的调理康复方面提供帮助，但是壮医药没有真正属于自己的最终有形产品，这将极大地制约壮医药的发展与推广。③ 大健康产业快速发展，对中成药、医院制剂和药膳同源等药材需求越来越大，壮医药始终“为他人作嫁衣”的情况不加以改善，长此以往将使壮医药的影响力越来越弱。

广西区本土制药企业、壮医药工作、民革区委和广西区工商联等各方力量都曾多次在重要会议上建议将壮药纳入国家药品标准体系，但是工作进展缓慢，所以壮医药发展需要更加主动在调理康复、药品研发、药膳同源的餐饮业、草药种植上融入大健康产业发展，扩大壮医药的影响力，提升话语权，以夯实壮医药国家标准出台的各项基础。

2.壮医药的精华面临“墙内开花墙外香”

从1988年开始，广西区就着手研究和整理民族医药，发掘了大量的民族民间验方、秘方和一批很有价值的民族医药古籍、文物和部分壮医诊疗技法，采集民族药物标本1万多份。④ 但是，一直以来西方发达国家通常将中国的传统医药看作是一个“公知领域”，并竭尽全力进行产业化开发。如以色列科学家向美国申请“治疗消化性溃疡和痔疮的中药组方”专利并顺利获得了授权，但其专利

---

① 姚琳：《壮医药发展之路依然漫长》，《广西日报》，2009年7月21日。

② 梁启成：《企业呼吁合法壮药“身份”》，《中国中医药报》，2009年7月13日。

③ 齐芳、田雅婷：《中医药知识产权应该如何保护》，《光明日报》，2009年7月8日。

④ 梁启成：《企业呼吁合法壮药“身份”》，《中国中医药报》，2009年7月13日。

说明书中直接承认其配方来自中国《中华本草》的英文版。[①] 在中国大健康产业市场巨额体量诱惑下，众多国家、国际医学机构和国际医药大集团已经加大对中国民族医药的研究力度，实则是看准了中国民族医药在大健康产业中的巨大商机。一些日本医学专家直接指出，汉医药对日本医学界来讲早已不是秘密，能感到神秘的是民族医药。[②] 若不尽早采取措施，加快壮医药典籍的挖掘整理和保护，壮医药文化、疗法和草药资源将很可能被这些外来的竞争者蚕食掉。

此外，由于以下两个因素，壮医药典籍的挖掘整理还有待加速。其一，壮民族稻作文化影响下的医疗价值取向虽然对壮医的发展有积极的方面，但是重农抑商、守土不思迁的性格对壮医的发展有不利的方面。壮族医师都崇尚以农为本，都喜欢从事农业生产活动，缺乏对医药知识精益求精的追求，祖辈相传的壮医药配方就藏在这些相对分散地从事着农业生产的壮医师家庭中。[③] 其二，由于历史上人口变迁、流动带动了壮医药文化的传播，最近在泰国、新加坡等境外以及中国香港等地区以中文为载体的历史报刊典籍中也有对壮医药的民族民间验方、秘方等记载和描述，这本是作为壮医药发展的重要工作之一的医药典籍挖掘整理应该关注的。

壮族人的崇尚农业的思想和境外壮医药典籍的流传不可避免地在前期的挖掘工作中有遗漏之嫌，也极容易被前述的竞争者以各种方式获得这些祖传的珍贵的壮医药医方，甚至长期积累起来的对壮医药草药生长习性等信息都悉数被获知。因此，通过根据历史上广西区域人口的流动轨迹开展跨境的基于汉字记载出版的壮医药文献的挖掘整理，加强壮医药药材类地理保护标志、医药专利、医药知识产权和医药非遗名录的申请，以此加强医药典籍的挖掘和保护，这是一个努力的方向。

3.壮医药整体产品销售形势不容乐观

随着国家医疗保障体系的完善，农村医疗保险的覆盖面不断扩大，极大地改善了居民特别是农村人口的健康状况，2016 年广西区新农合人均筹资标准由 30 元提升到 540 元，参合率由 59.8%提升到 99.29%，排西部地区前列；农村重大疾病保障病种达 27 种，政策范围内住院和门诊补偿比分别达 75%和 50%，大病保险实现全覆盖。此外，广西区各医疗机构也逐步设置了壮医门诊。

依据现有的医疗报销制度，西医药品和医疗服务项目占主要部分。例如：《广西壮族自治区基本医疗保险药品目录》(2010) 西药部分占 1395 项，中成药

① 朱正祥:《西部民族医药资源开发与生物多样性保护》,《中国民族医药杂志》,2003 年第 6 期。
② 马丽、戴铭、陈绩锐:《壮医药学派研究概述》,《中华中医药杂志》,2014 年第 8 期。
③ 庞宇舟、王春玲、黄贵华:《试论壮医药的哲学基础》,《医学与哲学》(人文社会医学版),2008 年第 5 期。

部分占1273项,民族医药部分仅占51项;《广西壮族自治区基本医疗保险和工伤保险医疗服务项目》(2010)划分为综合医疗服务类、医技诊疗类、临床诊疗类、中医及民族医诊疗类等四大类共计11359项,其中,中医及民族医诊疗类包括中医外治、中医骨伤、针刺、灸法、推拿疗法、中医肛肠、中医特殊疗法、中医综合类8个亚类,共计97项。此外,依据2016年发布的《中国的中医药》白皮书,2009年至2015年,中医类医疗机构诊疗服务量占医疗服务总量由14.3%上升到15.7%。2015年,公立中医类医院比公立医院门诊次均费用低11.5%,比住院人均费用低24%。此处的"中医药"是包含了民族医药的内容的,在次均费用和人均费用相比较低的情况下,专业的中医类医疗机构诊疗服务量的占比相对还是较低。由此推测出在整个药品和医疗服务消费总额中,壮医药整体产品和各项诊疗费用的销售占比还是极低的。

受制于没有形成真正的最终有形产品,壮医药整体产品销售一直受西医、中医和其他少数民族医药如苗医、蒙医、藏医等影响。据工信部数据统计,2016年1—6月,医药工业规模以上企业实现主营业务收入13635.65亿元(表1、图2、图3),同比增长10.14%,高于全国工业整体增速7.04个百分点,较上年同期提高1.23个百分点。各子行业中,主营业务收入增长最快的是中药饮片和医疗仪器设备及器械。在以上数据中,壮医药的贡献主要是被隐藏在中药饮片、中成药生产等各项子行业中的。

表1 2016年1—6月医药制造业各子行业的利润情况

行业	主营业务收入(亿元)	同比(%)	利润总额(亿元)	同比(%)
化学药品原料药制造	2363.02	9.55	207.19	33.30
化学药品制剂制造	3587.19	11.07	452.80	16.21
中药饮片加工	866.22	13.03	60.15	13.27
中成药生产	3050.77	8.16	326.43	6.14
生物药品制造	1490.63	9.32	186.10	5.07
卫生材料及医药用品制造	978.98	10.62	88.31	9.32
制药专用设备制造	78.84	6.46	6.47	-4.31
医疗仪器设备及器械制造	1220.00	12.60	122.25	29.30
医药工业合计	13635.65	10.14	1449.70	14.61

(数据来源:工信部消费品工业司)

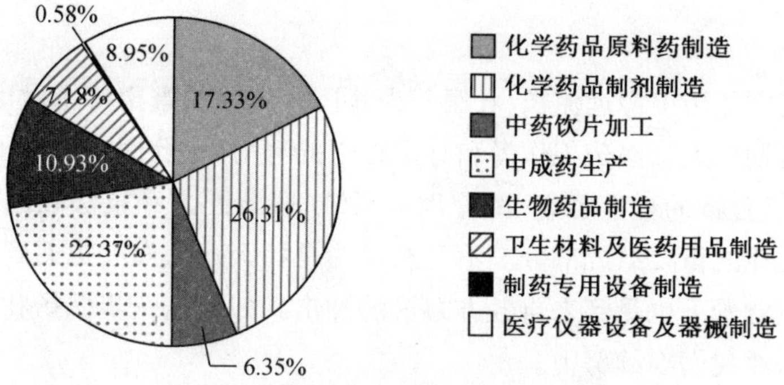

图 2　2016 年 1—6 月份医药各子行业主营业务收入占比情况

(数据来源:工信部消费品工业司)

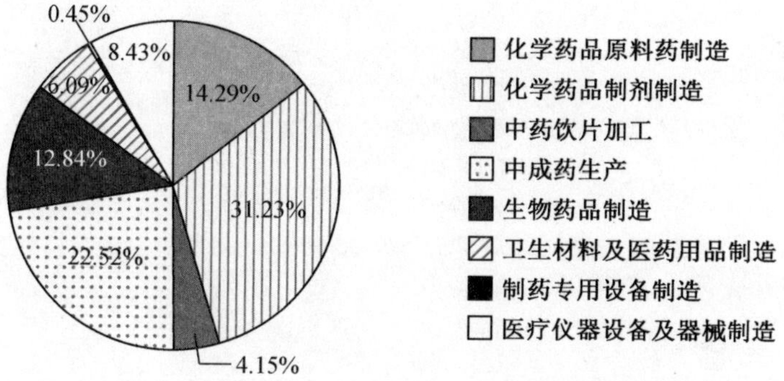

图 3　2016 年 1—6 月份医药各子行业利润占比情况

(数据来源:工信部消费品工业司)

在 2017 年广西区靖西市壮族端午药市的调研中,笔者接触多位连续多年参加药市交易的药农,了解到他们的药材采摘更多是依靠草药材的野外自然生长,成规模的特别是市场化运作的草药种植园相对较少。而同期举行的广西区崇左市,以及南宁市隆安县、武鸣区等地的端午药市由于没有当地政府的组织和规划,尚处于比较原生态的自发交易状态。这其中既有壮民族文化对端午药市的影响,也是相关部门对壮医药草药材种植重视不足所致。

为了加快壮医药发展,广西区政府统计部门、医药系统和壮医药工作者很有必要组织各方面的力量对壮医药整体产品销售作更进一步的统计,以便在大健康产业背景下,在重要饮片、中成药生产处于上升趋势的同时,更好地在原料药、饮片加工中占有更大的市场份额。特别是在原料药的种植上,要充分利用广西区得天独厚的气候,大力发展原料药材的种植。

六、结语

壮医药文化历史源远流长,壮医药为壮民族先民的繁衍传承做出了巨大贡献。在新时期广大壮医药工作者和有识之士的努力下,壮医药得到了进一步发展,形成自己独特的哲学思想、医疗理论系统、医药配方和技法壮医药文化,是广西区域文化的重要组成部分。不可忽视的是壮医药的发展也遇到了瓶颈,在大健康产业背景下也受到来自各方力量的冲击。如何进一步弘扬壮医药文化、造福一方需要我们继续努力。

“总分站”弹性管理：乡镇文化站的新生

——罗城仫佬族自治县乡镇文化站创新管理范式意义

岑学贵①

[内容提要]　罗城仫佬族自治县承担示范项目“乡镇文化站规范管理”，其主要精神是在全国率先执行文化站“总分站”弹性管理，主要目的是突破当前约束乡镇文化站的权属与工作指导主体之间脱离的格局，在“组织机构”“任务职责”等方面做了积极探索。通过几年的实践，罗城文化站获得了新生，在硬件建设、人员配备、制度保障、经费支持等方面都有体现。“总分站”具有多方面范式意义，集中表现为管理体制创新、评价体制创新、人事管理创新，以及利于体现均等性、利于投入使用效率到最大化、利于群众文化活动常态化、利于建立绩效评估制度等。

[关键词]　总分站　文化局　文化站　罗城

“十一五”时期我国公共文化服务体系框架基本建立，服务能力和水平显著提高，人民群众的基本文化权益得到更好保障。进入“十二五”，我国公共文化建设步入了全面发展提升的时期。根据规划，到2020年，我国基本建成“覆盖城乡、便捷高效、保基本、促公平”的现代公共文化服务体系。为了充分发挥典型的示范、带动作用，依据《文化部、财政部关于开展国家公共文化服务体系示范区（项目）创建工作的通知》，在“十二五”期间，在东部、中部和西部分三批设立若干示范区和示范项目。

2011—2013年，罗城仫佬族自治县（除了文件冠名，以下简称罗城）承担首批创建国家公共文化服务体系示范项目“乡镇文化站规范管理”（图1）。其主要精神是执行“总站（文化体育局）——分站（乡镇文化站）”（以下简称“总分站”）。示范项目推动了全县的文化建设。近年来，罗城县先后获得“全国文化先进县”“全国群众体育先进单位”“广西文学创作强县”“广西民间文化艺术之乡”“广西创建文化志愿者活动示范县”等荣誉称号。县图书馆获“全区公共

① 岑学贵（1968—）男，广西师范大学文学院博士、教授，广西师范大学公共文化服务体系建设研究所所长，研究方向为公共文化服务体系建设、非物质文化遗产保护。

图 1 示范项目启动动员大会

图书馆先进集体”称号，龙岸镇文化站电子阅览室成为全国示范点，东门镇文化站、龙岸镇文化站于 2014 年成为全国先进文化站、一级文化站；另有黄金乡镇文化站及乔善乡文化站被评为全国一级文化站。2015 年，图书馆、文化馆成为建立法人治理结构试点单位。

“总分站”成为全国乡镇文化站创新管理的新范式，在全广西乃至全国范围引起积极反响。先后有区内外 60 多批的市(县、区)组团到罗城考察和观摩学习。

总分站弹性管理的推行基于文化站发展的现实需要。

一、乡镇文化站发展：功能随时代变化

多年来，文化站的发展有许多变化：一是功能变化，由早期只附属于思想政治教育发展到趋于多样化；二是权属变化，由原来从属于县文化局到从属于乡镇人民政府；三是数量规模在波动中向上发展。

乡镇文化站建立于 20 世纪 50 年代，是我国特有的社会公益性单位。从不同的角度研究可分为不同的研究阶段。有的从其发展状态研究，认为文化站经历了探索期(1949—1956)、发展期(1957—1966)、混乱期(1966—1976)、恢复期(1977—1982)、发展期(1983 年后)；也有的纯粹从发展历程来研究，按时间分为三个阶段：1949—1978 年、1978—2003 年、2004 年以来。在此，暂且按如下三个时间段对文化站的发展做简要分析。

(一)计划经济时期的文化站(1958—1978):为政治服务

文化站伴随着人民公社产生。1958年,人民公社建立,文化馆(站)应运而生。从1958年到1978年,尽管期间几经波折,尤其是"文革"十年,但其工作重点始终都是强调文化活动为政治和中心工作服务的,用文艺形式宣传党的方针、政策,是其履行职责的重要表现。在权属上,乡镇文化站与乡镇政府、其他乡镇事业单位,都属于县人民政府在基层社会的延伸,直接受县文化局的领导,人事权、财政权(包括工资待遇)都受属于文化局。自然,工作上也由文化局安排,与经济发展一样,一切都服务于"计划",具有明显的时代特征。在服务形式(角色定位)上,文化站的角色是复杂的,既是文化产品的生产者,又是文化产品的供给者,同时还是社会和政治宣传的参与者。

(二)改革开放到"十五"末期(1979—2004):为经济服务

改革开放之初,文化站的行政关系还属于县文体局。20世纪80年代末到90年代初期,我国在农村实行了乡镇机构体制改革,撤区并乡。从此,文化站原来的"三权"(人事权、财政权、事业权)由原来隶属于县文化局转变成了隶属于乡镇,县文体局对乡镇文化站具有的直接行使以上"三权"的部门转变成了只是对各乡镇文化站具有业务指导关系的部门。这种权属关系一直延续到现在。这个阶段,国家于1994年执行的"分税制"财政体制改革直接影响到乡镇文化站的工作定位。文化站(馆)工作的任务由原来的为政治服务变成了为经济建设服务,还承担着乡政府分派给的其他任务,创收和代替乡政府收费变成了文化站的主要任务,文化服务反而变成了业余。文化站变成了可有可无的摆设机构,甚至是随意安排人员的部门。

(三)"十一五"以来(2005年至今):为公共文化服务

"十一五"以来,文化站的工作成为公共文化服务体系建设的重要组成部分。

一是"乡镇文化站"到"乡镇综合文化站"名称的变更,功能趋向综合。《关于进一步加强农村文化建设的意见》指出,乡镇可结合乡镇机构改革和站(所)整合,"组建集图书阅读、广播影视、宣传教育、文艺演出、科技推广、科普培训、体育和青少年校外活动等于一体的综合性文化站",由此,"乡镇文化站"以"乡镇综合文化站"的名称出现在政府文件中。名称的变化,也对综合文化站的功能定位提出了新的要求,乡镇综合文化站要由单一功能向综合功能转变,扩大了其服务覆盖面。

二是乡镇综合文化站的"公益性事业单位"性质得以确认。2005年,中共中央、国务院《关于深化文化体制改革的若干意见》中指出:"国家兴办的图书馆、博物馆、文化馆(站)、科技馆、群众艺术馆、美术馆等为群众提供公共文化服务的单位，为公益性文化事业单位。”这是新中国成立以来第一次以文件形式确定了文化站的公益性。

二、“十一五”以来的乡镇文化站：成就与矛盾并存

罗城试行“总分站”制是在公共文化服务体系建设背景之下，因此有必要分析“十一五”以来我国乡镇综合文化站的概况。从中可知，这个阶段文化站得到了迅速发展，取得了卓越的成绩，同时，也存在许多不合时宜的迫切需要解决的问题。

（一）成绩显著

其突出成绩主要表现为文化站在数量、资金、法制及人员编制等方面取得了前所未有的长足发展。

一是文化站数量在波动中稳定增长。尽管城镇化速度加快，不少省份行政撤地区组建城市，文化站的数量有所波动，但总体而言是在稳定中增长。到2010年底，乡镇文化站的数量34121个，基本上实现文化部“乡乡有综合文化站”的建设目标。到2011年底，全国共有乡镇（街道）文化站40390个，其中乡镇综合文化站34139个。

二是文化站建设资金大幅度提高。2007年，国家发展改革委、文化部联合实施了《全国“十一五”乡镇综合文化站建设规划》，这是新中国成立以来，中央预算内投资力度最大的农村基础文化设施建设工程。2007年到2010年，中央财政共投入39.48亿元，补助全国乡镇综合文化站的建设。2011年，文化部会同财政部联合印发了《关于全国美术馆、公共图书馆、文化馆（站）免费开放的工作意见》。根据规定，中央财政按照每个乡镇综合文化站每年5万元的标准，对中部地区和西部地区分别按50%和80%的比例予以补助。2011年，全国共下拨专项资金8.93亿元，对全国21710个乡镇综合文化站给予了补助。

三是乡镇综合文化站法制化进程加快。2009年9月，文化部以文化部令的形式颁布了具有标志性的《乡镇综合文化站管理办法》，使乡镇综合文化站的管理纳入了科学化、法制化轨道。

四是乡镇综合文化站人员编制进一步得到保障。《关于加强地方县级和城乡基层宣传文化队伍建设的通知》（中宣发〔2010〕14号）对乡镇综合文化站人员编制问题进行了明确规定：“每个乡镇综合文化站（中心）至少应有1至2个编制，比较大的乡镇可适当增加编制。”这为乡镇综合文化站人员配备提供了坚实的制度保障。

五是设施情况明显改善。到2011年年底，全国乡镇综合文化站平均每站

面积由 2006 年的 277.01 平方米,增长到 2011 年的 516.38 平方米,增幅达 86.4%。平均每站文化活动用房面积由 2006 年的 175.49 平方米增长到 2011 年的 391.00 平方米,增幅达 122.8%。免费开放及信息资源共享工程,全国每个乡镇综合文化站由原来配备 4 台计算机扩充到 10 台。文化站的服务能力得到极大的提高。

(二)矛盾突出

尽管文化站建设取得了长足的发展,但是由于历史与现实等多方面因素,还存在许多制约文化站可持续发展的需要迫切解决的突出问题,主要表现为:

一是行政权属约束文化站发展。乡镇文化站的人事、财政受制于乡政府,在业务上受到县(区)文化主管部门的指导。文化上级部门缺乏有效的行政领导权和财政支配权,以致出现文化站工作人员随意被支派从事非文化站工作、下拨经费被挪用占用、文化站的设备被随意占用等现象,严重影响了文化站的正常工作开展。

二是经费投入难以保证及时足额到位。全国大多数乡镇没有独立建制的乡镇综合文化站。据统计,到 2011 年底,全国仅有 1067 个乡镇综合文化站为独立核算单位,仅占 3.1%。这种情况就造成乡镇综合文化站经费全部依托于乡级政府,文化资金难以有效监管,文化站的资金被挤占和挪用的现象较为普遍。

三是队伍素质参差不齐。据统计,到 2011 年年底,全国乡镇综合文化站从业人员共 78148 人,其中,在编人员 38337 人,占 49.1%;高级职称人员 951 人,中级职称人员 7587 人,分别仅占到从业人员总数的 1.2%和 9.7%。而且这些人员中有多数是年老体弱者。因此,大部分乡镇综合文化站仅由一些临时聘用人员具体负责乡镇综合文化站的日常管理。再加上日常业务培训不够,全国乡镇综合文化站从业人员中缺乏专业人员的问题异常突出。

三、"总分站"弹性管理:从理论到实践

由以上分析可知,约束文化站的发展有多种因素,其中之一是体制因素,集中表现为乡镇文化站的权属与工作指导主体之间的脱离。因此,公共文化服务体系建设视域下,应该积极探讨突破体制瓶颈的管理模式。罗城县试行"总分站"弹性管理模式具有其现实政策基础及实践范式意义。

(一)"总分站"的可行性

罗城位于广西北部,河池市东部,云贵高原苗岭山脉九万大山南麓,于北宋开宝五年(972)始置县,1952 年天河、罗城两县合并为罗城县,1983 年 8 月 30

日,经国务院批准成立罗城仫佬族自治县,1984 年 1 月正式挂牌成立,是全国唯一的仫佬族自治县。从 1979 年开始,9 个公社先后设立了文化站。1982 年后,9 个乡镇(原来的 9 个公社)文化站业务由文化馆、文化局指导,人员纳入各乡镇统一管理。1985 年,除了县级文化馆,全县 11 个公社(后改为乡、镇)都建立了文化站。1992 年底乡镇文化站“三权”(人、财、物权)由罗城仫佬族自治县文化体育局下放给当地乡镇党委、政府。

罗城文化站在繁荣基层文化方面做出了卓越的贡献,同时,在公共文化服务背景下其现状也是全国文化站的缩影,其所遇到的困难也是全国文化站的集中体现。突出表现为:不能保证全天候免费开放;专业人才队伍缺乏;人员资源被挤占现象严重;下拨资金不能保证及时到位甚至被挪用;设施使用效率低;工作开展常态化难以保证。这些现实矛盾,需要突破现行行政体制格局的瓶颈才能克服。“总分站”弹性管理模式是突破的积极尝试,这项模式有两大优势:

第一,有国家政策基础。《乡镇综合文化站管理办法》(2009)中规定,乡镇综合文化站(简称“文化站”),是指“由县级或乡镇人民政府设立的公益性文化机构”,这意味着文化站可以由县级人民政府设立,也可以由乡镇人民政府设立。按照其精神,各地可根据实际情况实施不同的管理体制和管理模式。而事实上,我国目前基本上都执行由乡镇人民政府设立文化站的管理模式。罗城县试行“总分站”弹性管理模式,既是对现行通行管理模式的突破,又是对《乡镇综合文化站管理办法》的形式回归。

第二,图书馆“总分馆”提供了借鉴。图书馆“总分馆”制源于西方,在欧美和澳大利亚、日本,及我国香港、台湾地区普遍存在。总馆和分馆是“一元化”垂直管理系统,总馆对分馆的人、财、物实行统一管理。如洛杉矶市立图书馆下设 66 个分馆,香港公共图书馆系统共有 67 所图书分馆;澳门中央图书馆由 1 个总馆和 7 个分馆组成;台北市立图书馆有 55 个分馆,分布 12 个区。美国公共图书馆几乎从其诞生之初就有总分馆机制。我国公共图书馆总分馆建设源于 20 世纪 90 年代末,也是在借鉴国外图书馆管理成功经验的基础上发展起来的。现在,我国部分图书馆已推行了总分馆制,尤其是在大中型城市的图书馆。

图书馆总分馆制的运行机制仅局限于图书馆系统。而公共文化服务体系涉及多个行业、多个行政部门、多个群体的联动,比图书馆系统更复杂,所以图书馆总分管制不可能完全复制其模式,然而“总分馆”管理形式可为乡镇文化站“总分站”提供借鉴。

(二)“总分站”弹性管理的实践

经过多方面论证,借鉴图书馆“总分馆”理念,罗城于 2012 年在全国率先推行乡镇文化站“总分站”弹性管理模式。其实践历程大概可以分为示范项目的

创建实践阶段(2012—2013)及巩固提升阶段(2013 年以来)。其主要精神如下:

1.组织机构。由罗城县委直接领导,县政府组织实施,县文化体育局制定工作标准并组织具体执行,乡镇文化站配合完成。

2.组织方案。成立“总站—分站”弹性管理机构:县文化体育局是文化站“总站”,各乡镇文化站是“分站”。

3.任务职责。主要围绕“人”“财”“物”明确职责。“总站”“分站”分别签订责任状。

示范项目创建期间(2011—2013),全县各文化站按照“十有”(有阵地、有队伍、有经费、有书报、有设备、有制度、有活动、有培训、有档案、有特色)进行规范建设发展。2014 年以来,在“十有”基础上,按照“六个一”(一栋文化楼、一个乡村戏台、一个篮球场、一个农家书屋、一支文艺队、一支篮球队)建设标准,进一步深化和推进村级公共文化服务中心建设,促进基层文化建设健康发展,实现各文化场馆功能齐全、设施完善、管理到位、惠及全民的建设目标。

人员管理。总站负责对分站人员组织培训提高;总站统一招聘文化站协管员,统一培训,统一调配到各分站;总站对分站的专职工作人员具有人事任免指导意见。从 2014 年起对乡镇文化站在岗在职人员探索尝试弹性管理。即试行乡镇文化站人事管理采取“文体局+乡镇人民政府”共同签署有效的联席管理体制,以保证工作的可持续性及避免人事任免的随意。这一尝试于 2015 年在广西河池市得到全面推广。

资金管理。上级下拨的示范项目创建资金及免费开放资金由总站统一管理,通过“县管乡用”的形式由总站直接下拨到分站;分站对创建资金的使用采取月度计划及直接到文体局报账形式支付;总站督促各文化站专项基金专款专用;总站督促各分站地方财政配套资金落实到位。

资产管理。总站负责指导分站硬件建设;总站对分站“财、物”统一归县文体局指导管理。

绩效考核。总站促成把文化站工作纳入政府绩效考核范围;总站促成各级部门提高创建工作在绩效考核中的权重;总站的创建绩效考核对文化站的人事任免具有直接指导意义。

(三)“总分站”弹性管理:文化站的新生

经过几年的实践检验,“总分站”弹性管理取得了突出的成绩,文化站获得了新生。

1.硬件建设达标。到 2012 年年底,全县所有文化站硬件建设在建筑面积及功能设施上都达到文化部要求,全县 11 个乡镇全部建成 400 平方米以上的乡

图 2　2008 年的乔善乡镇文化站

镇文化站。昔日简陋而低矮破旧的乔善乡镇文化站(图 2),变成了设施齐全宽敞明亮的高楼(图 3)。到 2015 年 5 月,已建有 80 个村级公共文化服务中心、86 个村屯文化活动室、149 个农家书屋、125 个村文化信息资源共享工程服务点和 82 个村屯篮球场。全县公共文化设施建筑面积人均已达 0.3 平方米,高于广西平均水平。

图 3　2012 年的乔善乡镇文化站

2.人员配备达标。到 2012 年年底,全县 11 个文化站都按规定配备了专职干部,11 个乡镇 141 个行政村(社区)配备了由县级财政补贴的文化协管员,罗城也因此成为广西首个实现村级文化协管员全覆盖的县(区)。到 2015 年 1 月,罗城已经组建文化志愿队伍 12 支、农村业余文艺队 126 支、农村业余体育队 138 支、龙狮队 30 多支,各类乡土文化骨干人才 401 人。

3.制度得到保障。罗城先后出台了一系列制度方案,如《乡镇文化站工作考评办法》《乡镇文化站各项管理制度》《关于乡镇文化站配备文化专职管理员

图 4　文化站内村民自由阅读

和村级配备文化辅导员的意见》《村级文化协管员聘用管理办法》等，把文化站的建设纳入乡镇政府的绩效考核，为文化站的文化工作正常开展提供了制度保障。

4.经费得到落实。通过签订“文体局—乡（镇）长—文化站”三方责任书，免费开放经费实行“县管乡用”管理方式，其他常规建设经费及时拨付。

图 5　村民在文化站的书架上找到《农民工进城就业指南》

5.工作开展常态化。2012 年元月开始，罗城县率先在河池市实行“三馆一站”（县文化馆、图书馆、博物馆及乡镇文化站）免费开放，每周开放时间达 56 小时。到 2012 年年底，各文化站工作开展基本达到常态化。文化站中常看到老百姓自由阅读（图 4）或查找就业信息的身影（图 5）。仫佬族依饭文化节、广西罗城国际攀岩旅游节、“仫佬山乡大舞台”、“周周演”广场群众文化活动、“仫佬山乡大舞台”、“美丽新罗城 · 幸福仫佬乡”、“仫佬山歌会暨歌王邀请赛”等群众喜闻乐见的文化活动丰富多彩，服务群众 502740 人次。

四、结语:“总分站”的范式意义

进入新时期,我国加强了社会治理力度。文化治理是社会治理的重要组成部分。文化站是最为基层的公益性事业单位,在公共文化服务体系建设中起到重要桥梁作用。如何更大程度地发挥其供给侧作用,当然还有许多值得探讨实践的方式。“总分站”弹性管理是当前积极探索的方式之一。

“总分站”弹性管理模式似乎与我国当前“减政放权”的大背景“背道而驰”,但通过梳理我国乡镇文化站发展历程及对罗城的实践成效可发现,在新时期公共文化服务体系建设视域下,这仍为可喜的探索,且具有多方面范式意义,集中表现为“三个创新”“五个利于”。

(一)三个创新

1.管理体制创新。习近平主席强调:“推进国家治理体系和治理能力现代化,就是要适应时代变化,既改革不适应实践发展要求的体制机制、法律法规,又不断构建新的体制机制、法律法规,使各方面制度更加科学、更加完善,实现党、国家、社会各项事务治理制度化、规范化、程序化。”罗城率先实行“总分站”管理模式,在不改变乡镇文化站当前体制格局的基础上,既有效地开展基层文化工作,又体现了“简政放权”的时代精神。

2.评价体制创新。文化治理是国家治理的重要组成部分。然而,“文化治理不是指简单发挥文化的社会功能,而是具有特定的问题意识和政策指向”。文化部强调要从五方面着力推进文化治理能力现代化,其中之一是“充分发挥政府在公共文化资源配置、管理协调中的主导作用”。《关于加快构建现代公共文化服务体系的意见》进一步强调指出,要“创新公共文化管理体制和运行机制”“各地要根据实际,建立相应的协调机制”“探索整合基层公共文化服务资源的方式和途径,实现共建共享,提升综合效益”。当前,绝大多数文化站难以成为独立的编制部门,这就造成了工作需求与管理之间的现实矛盾。要解决这一矛盾,只有通过评价体系才能撬动部门联动,才能发挥政府的协调作用。罗城县把乡镇文化站的建设列入政府的绩效考核范围并加大其考核权重,提升了文化站的地位与影响,为工作的顺利开展奠定了基础。

3.人事管理创新。“人”“事”难以提高工作效率。罗城勇于打破这种僵局,与人事部门联合签署对文化站的人事任免,保证了乡镇文化站队伍的稳定性及业务开展的延续性及专业性。

(二)五个利于

1.利于公共文化服务网络均等覆盖。在总站统一指导下,统一建设文化设施,保证了文化服务网络全覆盖,从而缩小各乡镇文化站在文化设施方面的差距,体现了均等性。资源统一管理也避免重复建设和资源浪费,提高资源的利用效率。

2.利于公共文化服务人才配备。总站统一聘任公共文化专业人才、志愿者(文化辅导员),统一培训,保证了人员配备到位。

3.利于公共文化资金投入效率最大化。一方面,使下拨资金能够及时到位;另一方面,使资金不被占用挪用,从而保证了工作正常开展。

4.利于开展群众文化活动常态化。一方面,在总站的指导下能够正常的开展活动;另一方面又可克服各文化站在产品供给上重复设计而造成的人力物力浪费,利于群众文化活动常态化。

5.利于建立公共文化服务绩效评估制度。总站量化公共文化示范工作绩效考核指标,一方面增强了政府各部门、各乡镇文化站工作的积极性;另一方面也利于工作统一督察,从而提高示范工作的科学性及工作效率。

当然,"总分站"制之所以称之为"弹性"管理制度,是因为针对承担项目创建过程中出现的问题而又无法超越现行行政隶属体系来解决而制订的制度,具有"临时"的短期性。也许,随着《公共文化服务保障法》的制订与实施,随着乡镇文化站的行政关系及财政关系的改变而完善或废除。

《桂学研究》(第四辑)稿约启事

《桂学研究》由广西师范大学文学院/新闻与传播学院·国家文科基础学科(中国语言文学)人才培养和科学研究基地、桂学研究·广西“2011协同创新中心”联合主办,由广西师范大学出版社出版,每年出版1-2辑。

本辑以“根植岭南八桂民族土壤,打造新型地域文化之学”为宗旨,正在组稿的第四辑主要设置“特稿”“桂学之学(桂学理论)研究”“桂学之流(桂学历史)研究”“桂学之魂(广西精神)研究”“广西古籍文献研究”“广西民俗事象研究”“广西历史人物研究”“广西民族及地方语言研究”“广西文学艺术研究”“广西特色文化研究”“桂学与非遗保护传承”“桂学与公共文化建设”“桂学与文化创意产业”“桂学与中国南疆文化”“桂学与海上丝绸之路”“桂学与东盟国家文化”等栏目。

选稿标准是:高水平、有新意,扎实、科学、规范、严谨。

来稿篇幅以10000字以内为宜,特别优秀的稿件可不受此限。

竭诚欢迎海内外专家、学者不吝赐稿。来稿一俟刊发,即奉赠样书两册。

来稿注意事项如下:

1.来稿请直接将WORD电子文本发送至383595030@qq.com,本辑不接受纸质文本。

2.在论文标题之下、正文之前附上论文摘要(300-400字左右)、关键词(3-5个)、作者简介(包括姓名、出生年月、性别、民族、籍贯、工作单位、学位、职称、所在省市及邮政编码)。论文标题、论文摘要及关键词还需译成英文。

3.注释和参考文献均放在当页,按先后出现的顺序,以脚注形式标出。其序号为①、②、③、……(余依次类推)。参考文献的顺序如下:

(1)专著:主要责任者,文献名,出版地,出版单位,出版年,起止页码。

(2)译著:原著者国名,原著者,文献名,译者名,出版地,出版单位,出版年,起止页码。

(3)期刊文章:主要责任者,文献题名,刊名,年,卷(期)。

(4)报纸文章:主要责任者,文献题名,报纸名,出版日期(版次)。

(5)专著中的析出文献:析出文献主要责任者,析出文献题名,专著主要责任者,专著名,出版地,出版者,出版年,析出文献起止页码。

(6)外文参考文献要用外文原文,作者、书名、杂志名字体一致,采用正体。

4.来稿引用马克思主义经典作家著作,请采用人民出版社最新版本。如《马克思恩格斯选集》《列宁选集》用1995年版,《列宁全集》用1984年以后版本,《毛泽东选集》用1991年版,《邓小平文选》(一、二卷)用1994年版,等等。

5.为确保学术规范,来稿请务必对所有引文(含间接引文)认真核实,并注明出处。否则,均被视为不规范稿件,不予刊发。

6.来稿文责自负,本刊有权对来稿作文字修改,如不同意,请在稿件上加以注明。

7.除“特别转载”外,本刊只刊发此前未发表的作品,请勿一稿多投。来稿一律不退,也不奉告审稿意见,敬请海涵。

地址:桂林市育才路15号广西师范大学文学院/新闻与传播学院《桂学研究》编委会

邮政编码:541004

联系人:唐迎欣

电子信箱: 383595030@qq.com

电话:13597339077